JN290735

考古民俗叢書

東アジア先史学・考古学論究

甲元眞之　慶友社

目　　次

序論　考古学と先史学

I　発掘調査の記録

1　貝の花貝塚・貝の種類と分布……………………………………3
2　栄浦第2遺跡7号竪穴…………………………………………9
3　平安宮内裏内郭廻廊跡第2次調査……………………………39
4　GENERAL SURVEY IN BATAN ISLAND ……………………77

II　東北アジアの先史時代

1　朝鮮の初期農耕文化…………………………………………127
2　朝鮮支石墓の再検討…………………………………………150
3　東北アジア出土の石製鋳型…………………………………179
4　EXTENSION OF EAST ASIAN MEGALITHIC CULTURE ……198

III　文明の中心と周辺

1　安陽殷墓の構造………………………………………………211
2　先史時代の対外交流…………………………………………232
3　朝鮮・対馬海峡………………………………………………260
4　MEGALITHIC MONUMENTS IN ANCIENT JAPAN …………271

IV　生業活動研究

1　東アジアの先史時代漁撈……………………………………281

2　農耕文化の日本的特性 …………………………………………308
　　3　縄紋と弥生——複合と重層— ………………………………327
　　4　PREHISTORIC SUBSISTENCE ECONOMY IN NORTH EAST ASIA
　　　　…………………………………………………………………335

V　先史学・考古学の方法論

　　1　先史学研究と文化人類学 ………………………………………343
　　2　気候変動と考古学 ………………………………………………366
　　3　ゴムの方法論——考古学と民俗学— …………………………412
　　4　FORMATION OF SAND DUNES
　　　　AND THE CLIMATIC DETERIORATIONS ………………427

　　引用参考文献 …………………………………………………………439
　　あとがき ………………………………………………………………461

図 表 目 次

図1　7号竪穴実測図1 ……………11
図2　7号竪穴実測図2 ……………12
図3　7号竪穴出土土器 ……………18
図4　7号竪穴床面出土土器 …………19
図5　7号竪穴床面出土石器1 ………20
図6　7号竪穴床面出土石器2 ………21
図7　7号竪穴床面出土遺物1 ………21
図8　7号竪穴床面出土遺物2 ………23
図9　7号竪穴床面出土遺物3 ………23
図10　7号竪穴イ号埋土出土土器 ……24
図11　7号竪穴イ号埋土出土石器 ……24
図12　7号竪穴出土土器 ……………25
図13　7号竪穴ハ墓壙出土遺物 ………26
図14　7号竪穴表土・埋土出土土器1 …28
図15　7号竪穴表土・埋土出土土器2 …29
図16　7号竪穴表土・埋土出土土器3 …30
図17　7号竪穴表土・埋土出土石器1 …31
図18　7号竪穴表土・埋土出土石器2 …32
図19　7号竪穴出土遺物1 ……………33
図20　7号竪穴出土遺物2 ……………34
図21　7～9トレンチ間出土遺物 ………35
図22　7～9トレンチ表土・埋土出土
　　　石器 ………………………36
図23　栄浦第2遺跡7号竪穴北側ヒ
　　　グマ頭骨配置概念図 ………36
図24　平安京内裏発掘調査位置図 ……40
図25　発掘調査区 ……………………41
図26　N区北壁断面実測図 …………45
図27　E区基壇実測図 ………………47
図28　E区基壇掘込部分実測図 ………48
図29　E区基壇試掘抗断面実測図 ……49
図30　S区基壇実測図 ………………50
図31　S区瓦溜平面実測図 ……………51

図32　羽目石実測図 …………………51
図33　軒丸瓦拓本図1 ………………52
図34　軒丸瓦拓本図2 ………………53
図35　軒丸瓦拓本図3 ………………54
図36　軒丸瓦拓本図4 ………………54
図37　軒丸瓦拓本図5 ………………56
図38　軒丸瓦拓本図6 ………………57
図39　軒丸瓦拓本図7 ………………58
図40　軒丸瓦拓本図8 ………………58
図41　軒平瓦拓本図1 ………………60
図42　軒平瓦拓本図2 ………………60
図43　軒平瓦拓本図3 ………………62
図44　軒平瓦拓本図4 ………………62
図45　軒平瓦拓本図5 ………………62
図46　軒平瓦拓本図6 ………………62
図47　文字瓦・瓦凹面拓本図 …………64
図48　平・丸瓦拓本図1 ………………64
図49　平・丸瓦拓本図2 ………………65
図50　緑釉陶器実測図 ………………66
図51　白色土器実測図 ………………67
図52　黒色土器実測図 ………………68
図53　土師器実測図 …………………69
図54　須恵器・土師器・カワラケ実
　　　測図 ………………………70
図55　E区基壇内・S区瓦溜出土瓦拓
　　　本 …………………………71
図56　広隆寺・内裏第1次調査時出土
　　　瓦拓本図 …………………73
図57　朝鮮の土壌分布図 ……………129
図58　石鏃 ……………………………131
図59　石耜 ……………………………132
図60　牙鎌と石鎌 ……………………134
図61　石庖丁 …………………………135

図 62	石庖丁の分布図 ……………136
図 63	磨盤と磨棒 ………………138
図 64	有段石斧と抉入石斧の分布図 …144
図 65	坪村第 10 号・11 号、松新洞第 31 号支石墓実測図 …………162
図 66	松新洞第 10 号支石墓実測図 …163
図 67	松新洞第 5 号支石墓実測図 ……164
図 68	支石墓関係出土遺物 ……………166
図 69	キン洞・天真堂支石墓実測図 …168
図 70	新岱洞・天真洞支石墓実測図 …170
図 71	墨房里支石墓実測図 ……………171
図 72	支石墓変遷概念図 ………………176
図 73	磨製石剣編年図 …………………177
図 74	石製鎔范出土遺跡分布図 ………180
図 75	シニェ・スカール、三峰里遺跡出土品 ……………………181
図 76	永興邑・伝平壌出土品 …………184
図 77	草芙里遺跡出土品 ………………187
図 78	崗上・臥龍泉・牧羊城・紅山後・ 雹神廟遺跡出土品 ………………190
図 79	安陽の遺跡分布図 ………………212
図 80	安陽大司空村 1953 年発掘区域図 ……………………………214
図 81	安陽大司空村 1958 年発掘区域図 ……………………………216
図 82	後崗墓地群配置図 ………………218
図 83	郭家荘 M160 号墓出土遺物 ……221
図 84	孝民屯 1713 号墓出土遺物 ……223
図 85	小屯 M18 号墓出土遺物 1………226
図 86	小屯 M18 号墓出土遺物 2………227
図 87	氷河期以降の陸橋 ………………234
図 88	曾畑式土器の変遷図 ……………236
図 89	シャーマン岬出土の石銛・石錘・結合式釣針 ………………239
図 90	アレウト族の結合式釣針 ………239
図 91	シベリア出土の銛、西北九州出土の石銛・石鋸及び渡辺誠による石鋸の推定使用図 ……………241
図 92	赫哲族のシャーマン ……………247
図 93	漢城期の百済古墳と日本の初期横穴式古墳 ……………………250
図 94	貝符・貝札出土遺跡分布図 ……256
図 95	狸山支石墓 ………………………262
図 96	朝鮮無文土器時代の磨製石器類 ……………………………………266
図 97	朝鮮の青銅武器 …………………267
図 98	対馬出土弥生時代後期後半の土器 ……………………………268
図 99	中国中央部における漁撈具分布図 1 ……………………………283
図 100	中国中央部における漁撈具分布図 2 ……………………………284
図 101	中国東部地域出土漁撈具 ……285
図 102	居延出土の投網、土錘と尹家城出土網針 ……………………290
図 103	渤海湾地域出土漁撈具 ………291
図 104	東北朝鮮・沿海州出土漁撈具 ………………………………297
図 105	逆 T 字形釣針出土分布図と対象とする魚および使用法 ……300
図 106	回転式離頭銛と海獣・チョウザメ出土分布図と装着法 ……301
図 107	弥生人の系譜 …………………329
図 108	弥生人の生業暦 ………………331
図 109	石器組成図 ……………………333
図 110	ヨーロッパにおける C^{14} の濃度変化 …………………………368
図 111	アメリカでの年輪年代の変化 ………………………………369
図 112	東広島市黄幡出土木材の年輪 ………………………………369
図 113	中央アジアにおける現在の植

図114　BC2000－1800の中央アジアの植生図 ……………………373
図115　老虎山遺跡の柱状図と考古学編年表 …………………………375
図116　二里頭遺跡の花粉ダイアグラム ………………………………379
図117　上海地域の砂堤と馬橋遺跡層序 ………………………………383
図118　東翁根山遺跡の断面図 ………386
図119　天馬曲村岩性柱状図及び堆積物分析表 ………………………388
図120　軍都山遺跡の遺構断面図 ……389
図121　東郷湖を規準とした環境変化 ……………………………………399
図122　新町遺跡出土夜臼式土器と大浜遺跡出土黒川式土器 …………404
図123　紀元前8世紀頃の乾湿地域差 ……………………………………410
図124　モンテリュウスの型式分類と編年 ……………………………422

List of figure

Fig.1　Map of Batan Island showing position of the archaeological sites. …………78
Fig.2　Potsherds ……………………83
Fig.3　Burial Jars ……………………86
Fig.4　Potsherds ……………………87
Fig.5　Potsherds ……………………96
Fig.6　Potsherds ……………………105
Fig.7　Potsherds ……………………108
Fig.8　Potsherds ……………………109
Fig.9　Stone tools …………………111
Fig.10　Stone tools …………………112
Fig.11　Stone tools …………………113
Fig.12　Stone tools …………………114
Fig.13　Stone tools …………………115
Fig.14　Stone tools …………………116
Fig.15　Stone tools …………………117
Fig.16　Stone tools …………………118
Fig.17　Stone tools …………………119
Fig.18　Stone tools …………………120
Fig.19　Stone tools …………………121
Fig.20　Selected sites of Dolmen, Stone Circle and Circular earthen enclosure ………………………………199
Fig.21　Oyu-Nakanodo Stone Circle and Kami-Shiroiwa Stone Circle ………201
Fig.22　Kiusu Circular earthen enclosure ………………………………202
Fig.23　Distribution map of Dolmen in Northeast Asia ……………………204
Fig.24　Dolmen of Kingdon, Songsindon and Seokjeolggok ………………205
Fig.25　Dolmen of Munheungri, Shuan fan, Huojia wo and Samgeon ………207
Fig.26　Dolmen of Xi mu chen and Shi peng shan……………………………209

表1　貝の花貝塚出土貝類 ……………4
表2　丸彫りした熊の出土地名表 ………37
表3　縄紋晩期～弥生早期・前期の編年 …………………………………311
表4　下王岡遺跡出土動物 …………320
表5　日本における完新世の環境変化と砂丘遺跡の変化 ………………409

序論　考古学と先史学

　物質資料を素材としながら歴史的世界を展望する学問に考古学と先史学がある。この二つの学問分野は、今日の日本では混同されているかあるいは考古学に代表させて語られることが多い。しかし考古学研究は主として古代文明世界の物質資料を扱うのに対して、先史学は古代文明が発達しなかった地域の人類史を解明することが大きな役割であり、歴史研究における文字史料の有無により大きくその性格を異にするものである。もっとも角田文衞氏は文字の有無で学問を区分することは間違いであると主張され、文字史料も物質資料をも歴史研究の素材に含める古代学を提唱されていることからすると、お叱りをうけるかもしれない。

　ところがヨーロッパでの研究の実態をみてゆくと、地中海地域の古典古代が典型的に発達した場所では考古学が、ローマ帝国の版図に組み入れられた中ヨーロッパ地域では古代学が、古代文明の恩恵に浴さなかったノルディック地域では先史学がそれぞれ取り入れられている。このことは歴史研究をおこなうときに充分な文献史料が存在する時代には考古学が、文献史料があっても不十分な時代では古代学が、文献史料をまったく欠く時代では先史学が有効な研究法であることを自づから物語っているといえる。

　考古学研究はローマやギリシャの文化遺物や遺構を究明することから開始され、文献では表しえない世界を様式的に捉えることがその本命となった。一方古代文明の発達しなかった世界では、遺物の型式学的把握や層位学を援用して時代の流れを把握し、民族誌を勘案することで遠く過ぎ去った時代の解明を果たすことが先史学の役割となっている。ここでは文献史料も民族誌と読みかえることで、現代までもがその照射の対象ともなりうるのであり、考古学研究よりも、より汎用性が高いとみることもできる。

　日本においては浜田耕作氏により京都大学文学部に考古学講座が開設されて以来、考古学が一般的名称となってきた。これとは別に、エドワード・モース以来、東京大学理学部人類学教室では先史学研究が推し進められていて、列島

東西での学問の棲み分けが見られたのである。東日本では縄紋文化が典型的に発達し、先史学研究がより適切な研究法であったのに対して、西日本は古墳の築造が盛んで、その後古代国家の中心地となったという歴史的事情も関わっていることも、そうした傾向に拍車をかけたものと思量される。日本の大学においては「考古学」の名のもとに、大略、東日本では先史学が、西日本では考古学がそれぞれ講じられているのが実情である。

先史学研究が基本であった東日本に所在する東京教育大学の八幡一郎先生の膝下で学んだことから、私の研究法は必然的に先史学のそれであった。平たく言えば、物質資料を研究の対象とし、型式学的手続きを経てそれらを序列化しながら時期相を明らかにして、道具の使い方や社会的意味関係は民族誌の知識を援用するというものであり、学生当時学界を風靡していた史的唯物論も、枠組みは別としてその内実の多くは民族誌からの借用であったことから、こうした接近法については別に何も違和感を覚えることはなかった。

こうした経緯があり、私の研究は直接教えをいただいた八幡先生の考え方を基本とし、民族誌に関しては大林太良先生、生態学に関しては藤本強先生、社会や社会構造に関しては岩崎卓也先生から多くを学ぶことで先史学や考古学の研究の考え方を身につけてきた。ここに掲載した論文はそうした筆者の研究手法が確立する過程での揺れ動きつつある状況で作成したものもあり、お世話になった諸先生方に対する私なりに模索した回答でもある。

2008 年 8 月

I 発掘調査の記録

1 貝の花貝塚・貝類の種類とその分布

　貝の花貝塚は千葉県松戸市の常総丘陵の一角をなす舌状台地の突端近くに、縄紋時代中期末から晩期前半にかけて形成されたものである。貝層の分布は各時期にわたって広範囲に認められても全体的に堆積は薄く、厚いところで70〜80cm、通常は30〜40cmの堆積をなしていた。純貝層は20cm内外で分在してみられ、残りはおおむね混土貝層もしくは混土貝層を呈していて、土器型式による明確な分離（単純貝層という意味で）は困難であった。これら貝層の各箇所でおのおのバケツに約半分採集した資料のうち、今回は29地点をピックアップしてそのあらましを述べたいと思う。なお、出土した貝類の同定は国立科学博物館の小菅貞男先生に依頼した。

(1) 貝層を構成する貝

　1年半の発掘調査で出土した貝類は、ヒダリマキマイマイ、キセルガイ類などの陸棲の貝類を含めて約40種に及び、中でもハマグリ、サルボウ、アサリなど近海の浅い砂土中を好んで棲息する貝の量が長期間にわたって数多く抽出できた。出土貝類は表示したが、1%未満のものは割愛している（採集地点に関しては『松戸市貝の花貝塚発掘調査中間報告』1を参照されたい）。

　ハマグリは晩期と後期初頭のBGC-3地点を除いてすべての場所でみられ、採集時にはあまり目につかなかった地点においても、万遍なく出土量の1/3は占めている。また一般的に径2〜3cmばかりの小型のものが多く、中期末の土器のみを伴出する貝層においては、例外なく小型のものばかりであった。後期には数量的に他の貝類との比率は変わらないが、やや大型のものが多くなり、さらに後期も末になると再び小型のものが大半を占める傾向にある。

4　Ⅰ　発掘調査の記録

表1　貝の花貝塚出土貝類表

時期	採集場所	その他	ヤマトシジミ	ハマグリ	サルボウ	オキシジミ	アサリ	シオフキ	ハイガイ	アカニシ	オオノガイ	イボニシ	イボキサゴ	ウミニナ	スガイ	マガキ	イタボガキ	ツメタガイ	バイ	エゾマテ	ナミマガシワ	カガミガイ
Ⅰ（中期末）	25号址内	阿玉台もあり	△	×	○	○		○										☆	○			
	13号址内		☆	□	○	☆	○						○								☆	○
	15号址内		○	□	☆	○	△	○		○												
	28号址内			□	○		○															
	23号址内		×	○	○	☆	☆				○	×	○									
	G-13-Ⅱ	加EⅡが主で堀Iあり		□	○	○																
	32号址内	加EⅡと堀I	○	×	△	○	☆	○		○	○		△					☆				
	MP拡張	〃	△	△	☆	☆	☆		○	○												
Ⅱ（後期初頭）	BGC-3			×	☆	○	×			○												
	Rトレ-1			□	○	○	○															
	AH-C			○	○	○	○				○							○	○	○		
	BG-a-3			□	○	☆	○			○												
	公団ベンチ		×	☆	○	☆	☆															
	BF-b-7			□	○	○		○					☆									
	BF-b-6		○	△	△		△								☆							
	G-B-Ⅰ			☆	×	○	○			○	○											○
	32号址内	堀之内加B		○		○	○	○	○													
	EC-i-8	〃		×	○	☆		☆	○	○	☆											
	AE-a-2	〃		○	☆	○	☆	×														
Ⅲ（後期中葉）	BG-de-2			×	☆	☆	○	○													○	○
	BF-b-5			□	○	○	☆	○					○									
	J-3		○	□		☆	○	○	○	○						○						
	EC-h-8		△	☆	○	△		○	○	○		△						○				
	E-13			□			☆	○	○													
	E-8		△		△	○			☆	○								○	☆	☆		
Ⅳ（後期末）	33号址内		○	△	○	△	☆		○		☆							○	○	○	○	○
	K-7-Ⅱ		×	☆			○		○									○	○			
	EC-i-9		◎																			
Ⅴ（晩期）	K-7-i		◎																			
	8,9号住居址上		◎																			

◎　80%以上　　□　50%以上　　×　49〜35%　　△　34〜20%　　☆　19〜5%　　○　4〜1%
1%未満は切り捨て

ハマグリに次いで多く見られたのはサルボウで、中期末から後期初頭にかけての時期に顕著であった。とりわけ中期末にはハマグリとあわせて出土総量の6割以上を占めるに至っている。しかも21号住居址落ち込み貝層中では、ハマグリ53.7％、サルボウ14.5％、また2号住居址ではサルボウが54％、ハマグリが19％出土した事実にみられるように、中期末段階では、ハマグリとサルボウが全体として一方が他方を補い合うかたちであり、総じて出土貝類の大半を占める。これが季節的なものか、時期的な違いによるものかは不明であるが、当時において食用に供される主たる貝類であったことを思わせる。シオフキ、オキシジミは各地点各時期にわたり万遍なくみられたが、シオフキは後期初頭に、オキシジミは後期中葉に至りめだって多くなり、主要な貝構成の仲間入りをしている。オキシジミは場所によっては比較的純粋なかたちで貝層をなすのが見られ、また単一時期の土器を出土する、例えばCE区においては、このオキシジミを主体とする貝層があり、加曾利B式の粗製土器の破片が大量に発見されている。量的には少ないが、ほぼ全期間にわたってみうけられるものに、アカニシとオオノガイがある。後者はどこでも普通以上の大きさのものばかりであった。アカニシは大型のものには決まって体層部分に3〜4cmの打ち欠いた穴がみうけられた。

　ごく少数ではあるが、ヤマトシジミは中期末や後期初頭の貝層の中にも存在したが、量的に増加してくるのは、後期も末からである。表で、後期中葉のEC-h-8区にヤマトシジミが多くあるが、これは加曾利B式土器を伴出する貝層中に、焼けたヤマトシジミがブロックをなしていたので、特に拾い出して他の貝との比を出そうと試みたためである。遺跡形成の終わり近くになると、CE区においてはいわゆる安行Ⅱ式、AE区においては安行Ⅲb、c式と言われてきた土器を純粋に包含する発育良好なヤマトシジミだけの貝層が、5cmくらいの厚さで拡がりをみせていた。ナミマガシワ、エドマテ、イボキサゴ、イボニシの類は多くの場合、一塊りとなって発見された。このためナミマガシワは2号住居址やBC区において、エドマテはE-8区、イボニシは21号住居址内、イボキサゴはBF区において、量的には少なかったが特に目立った。マガキ、イタボガキのカキ類は、数量的にも時期的にも多くはなく、ただ貝塚の西半分より南よりあたりで、大型のものがよく採集された。

以上の他、カガミガイ、バイ、ツメタガイ、スガイ、ウミニナ、ハイガイ、オニアサリ、ベンケイガイ、オキアサリ、テングニシ、カモメガイ、アカガイ、ウバガイ、マツカサガイそれにヒダリマイマイ、キセルガイ類等々、ごく少数ながら発見された。

　上記のように貝の花貝塚では、縄紋時代中期末ではハマグリとサルボウを主体とし、後期初頭にはハマグリを主体としてサルボウ、シオフキが補足的なものとして、組み合わせがみられる。さらに後期中葉ではハマグリが依然として主要な貝構成物であることに変わりはないが、シオフキ、サルボウが抜けてオキシジミと入れ替わり、後期末から晩期にかけては、完全にヤマトシジミに圧倒されるという傾向がみうけられる。オキシジミは比較的混土質を好み、ハマグリ、アサリ、サルボウ、シオフキは砂質を好んで棲息するが、いずれも近海や内湾での淡水の注入するような塩分濃度の薄い海域に棲息することに変わりはない。そして時とともに河口近くの塩分のまじる所に産するヤマトシジミが量を増して行き、晩期の段階ではマツカサガイなど真水にしか棲まない貝を伴うようになってくる。このことは貝塚を形成し始めた頃にはある程度淡水の影響が窺われ、貝塚を捨て去る頃には、完全に淡水に支配されるようになったこと、換言すれば海進期から人々は貝の花に居を構えだし、居を移す頃にはかなり海退も進行していたことを示し、関東一円の海退現象と規を一にするものと思われる。

(2) 貝層の拡がり

　従来、馬蹄形貝塚の一つに数え上げられていた貝の花貝塚も、実際には北端と南端に切れ目があり、相対する円弧状の貝層が「い」字形に堆積したものであった。貝の散布範囲は東側よりも西側が一回り広く、二つの貝層の北端は東側が内側に、西側のものが外側に向かってそれぞれ延びて入り組んだ形に出来上がっている。縄紋時代中期の加曾利EⅡ式の土器を伴う貝層は10ヶ所みられた。そのうち9例までは加曾利EⅡ式を単独に包含するもので、他の1例は貝層が帯状に堆積し、下層から上層へと漸移的に土器型式に変化がみられ、明確に一線を画するのは困難であった。さて、前記の9例の貝層は直径3～4mの円形もしくは楕円形の小ブロックを形作っており、しかも中央部は加

曾利EⅡ式の住居址の床面に接し、壁際は間層をおきながら、いわゆるレンズ状に竪穴の中にすっぽりとおさまる堆積の仕方をしたものが8例あった。またこうしたやや窪んだ貝層上部には次の時期において、1つの面—埋め甕の場所—として利用されたという所見が、21号住居址など3ヶ所において確認されている。BG区においては、全面的に広く後期初頭の貝層の散布したものがみられたが、それらは厚薄の差があり、結局は5つの塊にまとめられ、まわりの「貝層」はまとまりの中の飛沫であると思われる。さらに貝塚の北端に離れて二つのブロック状の貝堆積があり、同様なことがS・R両トレンチで確かめられているので、この時期にもブロック状の堆積から貝層が成り立っていることがわかる。ただAE区やBF・FD区などでは層状的なあり方をしているので、ここでは定かではないが、後期中葉でもBG区やCE区のオキシジミ層でまとまりをみせ、晩期にはヤマトシジミを主体とする純貝層がブロック状に堆積していたことは、先述したとおりである。こうしてみるとこの貝塚においてはブロック状にあるまとまりをもって貝が棄てられ、あるときはそのまま残り、あるときは二次的な作用の結果崩れて板状になり、これらがいつしか馬蹄形の貝塚を形成していったものと推測される。

　時期的な貝層の分布を考えてみると、中期末には10個のブロックのうち8個までが西側にあり、R・S両トレンチからBG区まで点々と散在して、ほぼ後の円弧状の貝層の骨組みが出来上がっているのに対して、東側の貝層においては二つのブロックがHトレンチとCE区にあって、後の貝層の両端部を抑える形で分布している。そして後期初頭に東側の貝層の形成も進み、ほぼ相対する円弧状の貝塚ができあがるように考えられる。そしてこの堆積にあたっては、AH区とBF・FD区の所見によると、東側の貝層においては、円弧状の内側から外側に、西側にあっては外側から内側に向かって形成された様子があり、全体としては、貝塚は西から東にむかって移動するようにつくられていったことが窺える。以上のことを踏まえて貝層と貝層外の遺物包含層や住居址との関係、及び晩期に至って出土貝類の絶対量の急減にみられる、貝類に対する依存度の減少などが問題となるが、これらはすべてより高い見地からの総合的判断が必要であり、それは本報告を待つとして、ここでは一応知りえたことを要約すると次のようになる。

1. 貝層は個々のブロックよりなり、堀之内式の段階でほぼ現状のものとなった。
2. 貝層は北端と南端で途切れ、円弧状に相対する「い」字形に堆積する。
3. 貝層鹹水の貝類を主体とし、終末期においては汽水もしくは淡水産のものとなる。

2 栄浦第2遺跡7号竪穴

はじめに

　オホーツク海に沿って北西から東南方向に走る海岸砂丘の内側は、海岸と並行に幾段もの狭隘な平坦地を形成しながら、海抜が3mほどのライトコロ川の沖積地へと続いている。この7号竪穴と称するのは、栄浦竪穴住居址群の東端に近く、砂丘背後の沖積地に向かって緩やかに傾斜をみせる海抜が9〜7mのテラス状地形に立地し、道道からオホーツク海に抜ける林道のすぐ傍らにある。5m隔てて西には7号址と同様の輪郭を呈する8号竪穴があり、東北にやや離れて円形の窪みをみせる9号竪穴が存在している。

(1) 発掘経過

【7号竪穴】　7号竪穴の発掘前の形状は、長軸をほぼ南北にとる「亀の甲」形で、オホーツク文化期の竪穴として典型的なものであった。東西約10.5m、南北9m、深さ1.8mを測り、南端の一部は林道により埋められていた。窪みの中央部及びその他数ヶ所に盗掘坑と思われるピットがあり、一部は深さ20〜30cmにも達するものがあったが、遺構の主要部分を損なうほどのものではなかった。

　発掘は長軸と短軸に沿って竪穴を4分割し、相対する「コ」字形にセクション土手を残しながら進め、4分割した小区は東北側から左回りにA、B、C、D区と名づけた。竪穴の窪み沿い約10cmばかりは黒色の腐食土層（第1層）が全面を覆い、この第1層中、あるいは第2層と接するあたりには、全体にわたって流れ込みと思われる遺物類が散在していた。土器にはオホーツク式土器、擦紋式土器が多数を占め、続縄紋式土器、縄紋式土器もわずかに混ざっていた。但し殆どが小破片であり、復元が可能な大きさのものはわずかしかなかった。この他にA区で土製紡錘車が1点、D区では青銅製の垂飾が出土しているが、伴出年代は把握することはできなかった。

　第2層は現表土から30cmばかりまでのやや赤みを帯びた黒色砂層であり、

住居址の壁近くは少し厚い堆積をなすが、ほぼ全面的に均一に存在していた。遺物の出土量は最も多く、かつ復元可能な土器が数点あり、石製品、骨製品、角製品の数も豊富であった。しかしながら土器に関しては第1層と様相が類似していて、本来的には相違のないことから両者を一括して表層として取り扱うこととした。この竪穴の南端を通る道路は断面からみると硬く締められた薄い黒色土、木炭混じりの黒色土と続き、この下に竪穴を埋める表層の一部が竪穴の肩の上位に及んでいる。このことから道路の改修によって竪穴は改変されていないことが判明した。表層の下位には中央に炉をもつ不整円形の浅い掘りこみを有する竪穴状遺構が検出された。この竪穴状遺構の東・南側には木炭を混える層が見られたが詳しい性格は不明である。

表層の下には東及び南側ではオホーツク式の竪穴を埋める暗褐色の砂が堆積していたが、北及び西側では灰褐色の揚げ土が一部流れ込んでいた（図1）。この灰褐色砂層の下には、東・南側と同様に暗褐色砂層がみられ、ほぼ均一に分布している。しかし、西側の一部では、上位の不整円形竪穴遺構によって影響を受けたと思われ、この暗褐色砂層は極めて薄くしか存在していない。また北・西の壁近くでは、白っぽい砂の流れ込みがドーナッツ状に分布し、東及び南側に炭化物を多く含む暗褐色砂層のみ堆積しているのと対照的であった。

第3層の下にオホーツク文化期の竪穴住居址がある。中央に「コ」字形の粘土床をもち、粘土床の間に焼土を配するもので、竪穴内の北壁には、いわゆる骨塚もみられた。この竪穴の粘土床、焼土は撹乱を受けていて、かつ中央部付近には我々が基盤と想定した茶褐色の砂が見られないので、ダメおしのために掘り下げたところ、長径ほぼ4mの円形竪穴住居遺構が見つかり、さらにこれを切り込んで4基の墓壙状の遺構と3ヶ所のピットを検出した（図1・2）。

【7～8トレンチ】　発掘前、7号と8号の中間に径1m内外、深さ10～20cmほどの小ピットが見られた。これが何であるか、また7号と8号の新旧関係を明らかにするために、両竪穴の調査終了後、幅1mのトレンチを設定した。その結果ピットは明らかに人工のものと考えられ、層位関係から8号よりも新しく、おそらく7号よりも新しいという所見がえられたのみで、明確な時期と遺構の性格については詳らかにはしえなかった。出土した土器片が少々と石器があった。またこのトレンチからミズナラ、オニグルミの堅果が出土し

2 栄浦第2遺跡7号竪穴　11

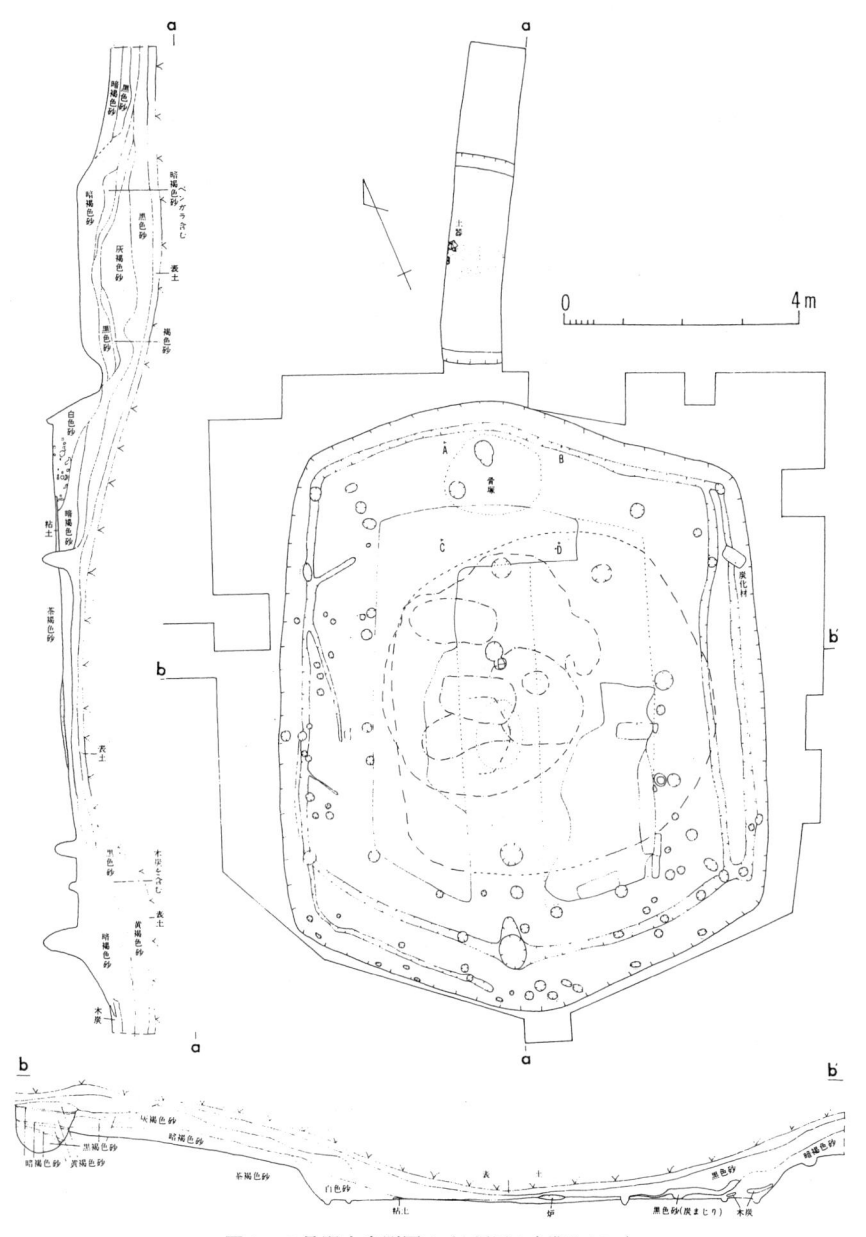

図1　7号竪穴実測図1（土層図の水準は 8.5m）

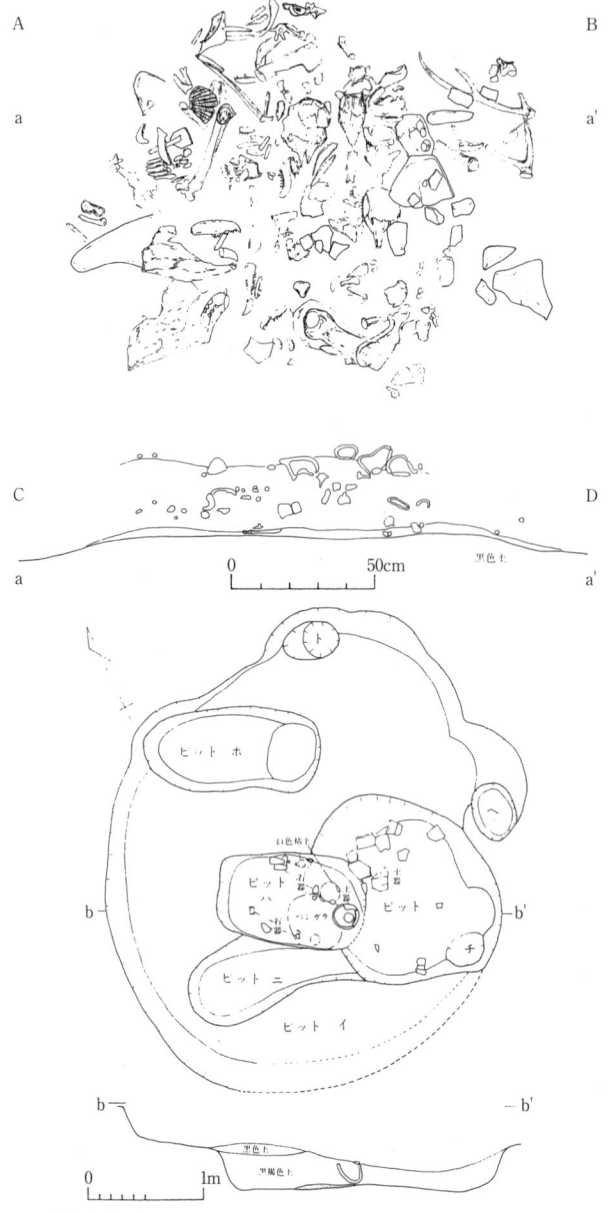

図2　7号竪穴実測図2（土層図の水準は6.5m、上段は骨塚、下段は竪穴下遺構）

た。

【7〜9トレンチ】　7号竪穴と9号竪穴との相関関係を把握するために、7号竪穴南北線上のセクション土手に沿って、長さ5m弱で幅1mのトレンチを設定した。表層は7号竪穴上を覆うものの続きで、やや厚みをましているものの、伴出土器に大差はない。この表層の下には7号竪穴の揚げ土と思われる灰褐色砂層が、7号竪穴の壁の立ち上がりから4.5mほどの範囲に分布している。この灰褐色砂層は厚いところでは60cmにも及び、それは後述する竪穴遺構の窪みが現地表面に現れないほどであった。この灰褐色砂層の下位には木炭を多く混じえた黒色砂層が、竪穴の窪みにレンズ状に堆積していて、縄紋晩期、オホーツク文化期などの土器片が若干出土した。7号竪穴に近い部分では、灰褐色砂層と黒色砂層の間には薄い褐色の砂層が10cmほど堆積していて、投げ込みと推定される焼土や魚骨を多数含んでいた。この薄い褐色の砂層の南端は、7号の掘り込みのために切断されていて、7号竪穴の壁の一端が1.2mであることが確認できた。トレンチの2/3ほどのところでは、木炭を混ずる黒色砂層と暗褐色砂層の中間にベンガラを含む暗褐色砂層が介在している。但しこれは層として確認するよりも、暗褐色砂層の上面にベンガラが棄てられたものと考えたほうが妥当かも知れない。ベンガラは量的には多かったが、プライマリーな状態ではなかった。基盤である茶褐色砂層の上には、暗褐色砂層がある。トレンチのやや南側に寄って中央に炉をもつ円形状の竪穴があり、前北式の甕型土器が散在していた。径は約4mほどであるが、トレンチを拡張しなかったこと、7号竪穴の揚げ土のために窪みが表面に現れないことなどから、その輪郭は確認できなかった。この竪穴の南に7号竪穴が近接しているために、竪穴の掘り込みは検出できなかった。北側においては暗褐色砂層を切り込んで前北文化期の竪穴遺構が営まれたものであり、黒色砂層は当竪穴が築かれた時点では表土であったと想定できる。

(2)　発掘した遺構

【不整円形状竪穴】　オホーツク文化期の埋土と表層に挟まれた中間層に形成された直径が約5.2mばかりの竪穴である（図1破線）。中心部よりやや北に偏して炉をもつが、壁の立ち上がりは一部で確認されたにとどまり、また柱穴も

セクション土手にかかった3つが認められただけで、その他の構造は不明であった。炉は一部後世の盗掘により壊されているが、焼土の拡がりは50cm×30cmに及ぶ。焼土の厚みはさほどないが、その上下は漸移的に色を変えていて、プライマリーな状態であったと認定しうる。この竪穴の床面にはこの竪穴に伴う状態で検出された遺物は皆無であった。この竪穴もしくはその近くから出土した遺物には各時期のものが雑多にあり、しかもその出土状況は二次的様相を示しているので、遺構の年代を決定する資料にはならない。この遺構が築かれた時には、下部にあるオホーツク文化期の竪穴が埋まり始めたばかりであり、部分的にこの埋土を片付けた場所もみられるが、大部分はこの窪みをそのまま利用して一時的な居住地として使用されたものと推測される。

【オホーツク文化期の竪穴（7号竪穴）】　長軸をほぼ南北にとる10m×8.2mの六角形をなすこの時期通有の形状である（図1）。仔細にみると竪穴の外郭線は北に向かってややすぼまり、北方の2辺は4mと3.5mで少し西よりに頂点を持つ。壁の立ち上がりは南側と東側では暗褐色砂層を切り込んで竪穴が作られていること、及びこの暗褐色砂層のすぐ上はこの竪穴の揚げ土である灰褐色砂層があることから、暗褐色砂層上面が竪穴の「肩」と認定したが、その高さは72cmを測る。他方北側の壁では7～9トレンチの断面所見から、灰褐色砂層の下にある魚骨を多く含む薄い褐色の砂層が断ち切られていることから把握でき、それは1.2mであった。竪穴の内部は、壁の下端に12～15cmの小溝が1条全体をめぐり、東側と南側の西半分には別の同じくらいの大きさの溝が1条余計に見られる。西側では竪穴内部に向かって3本の短い支溝が掘られていた。この小溝の一部には、直径が12cm、竪穴の床面からの深さ20～30cmの小穴が穿たれていたが、撹乱もあり全体にわたっては確認できなかった。南側と西側の壁の一部では壁中に斜角度で小穴が掘り込まれているのが認められた。竪穴の中ほどでは、幅1.6m、厚さ5cm内外の薄い粘土床が「コ」字形に配されていたが、西側中央よりの一部と東北側は、撹乱のために確認できなかった。この粘土床の中間南よりにやや偏して、1m×20cmの三日月形に焼土が分布していた。またこの焼土のすぐ北には、火を受けた痕跡をもつ石が1点みられた。元来は1m80cmの楕円形の炉址の周囲を囲むものであったと思われる。上部の不整円形状の竪穴遺構築造期か、あるいはそれ以前

に現在見る形に変わられたものであろう。竪穴の長軸を結ぶ線上には4個の大きなピットが存在する。南側のものは、竪穴内をめぐる小溝の中に設けられ、直径約45cmで床面からの深さは88cmもあり、7号址では最大のものであった。他の3ヶのピットはいずれも径35cm、深さは60cmで、そのうち中央と北側のピットには少し浅い小孔が並んでいて、中央のものにはピットの底に2ヶの平石が置かれていた。

以上4件の主柱穴に対し、竪穴の東側半分と南側、西側には粘土床と床面を取り囲む小溝との間に、径15cmばかり深さ30～10cmのかなりの変差をもつ小さなピットが多数確認された。いずれもこの7号址に伴うもので、小溝を挟んでみられる小孔ともに溝に立てられた壁の側柱穴と推測される。竪穴内の北より中央部分には1.6m×1.3mの長方形の範囲に、いわゆる「骨塚」があった。その一部は粘土床の上に載りかかってはいたが、大部分は粘土床と竪穴北側の壁の間に位置していた。骨塚の周囲には石が点在して廻り、幾分高く拵えた中央部には、5体のクマの頭蓋骨が正面（南側）を向いて並べてあり、その周囲には多数の骨角類（クジラ、シカ、クマ、それに齧歯類など）が置かれ、中には明らかに火を受けた痕跡を留めるものもみられた（図2-上）。骨塚にはこの他にホタテの貝殻、切断痕のあるシカ角、クマの丸彫、オホーツク式土器などが発見された。

床面から出土する土器はすべてオホーツク文化期に属するものである。骨塚から検出された復元可能な2点の土器を除いて出土品は、竪穴の南西側（C区）と東南側（D区）の粘土床の上、粘土床と小溝との間にのみ分布していた。凹石、石皿も同様の配置であるのに対して、鏃は骨塚の間藁からの出土が多いというように対照的であった。その他の主要な遺物としては、骨塚でクマの丸彫、骨塚に近い床面からエイの木彫りと組み合わせ式釣針の線刻、D区ではクマの木彫りと鉄片（おそらくは刀子）1点が検出された。

【7号址下で発見された遺構】　前述したように、7号址の中央部及び東北部が撹乱を受けていたこと、中央部の床面が他所で基盤と考えた黄褐色砂層ではなくてやや黒ずんでいたことから、7号址調査後床面を掘り下げて精査して発見された遺構群である（図2-下）。7号竪穴下位で確実に把握できた遺構は、円形の竪穴とそれを切り込む2基の墓壙、2基の長方形竪穴、3ヶのピットで

あり、それぞれイ号、ロ号……チ号と命名した。

イ号址：7号住居址の床面下約35cmに床面をもつ直径約3.5mの円形竪穴である。後に形成された遺構により撹乱を受けているために、西側の壁を除いては当時の状態をとどめてはいない。柱穴、炉址、その他の施設は何も検出できなかった。この竪穴の床面からははっきりとした時期を示す遺物は出土していない。埋土中の遺物も7号址をつきぬけてオホーツク文化期以降のものが混入する可能性もある。但しこのイ号址の完全に残されていた壁の一部が、7号址床面の撹乱を受けていない粘土床の下位に位置することから、7号址よりも以前に構築された遺構であることは明白である。

ロ号址：イ号址の東南側にあり、イ号址とニ号址を切り込み、ハ号址とチ号ピットにより切られている遺構である。直径が1.5mのほぼ円形を呈する竪穴で、イ号址の床面より30cm下位にあるが、イ号址を埋めるのが黒ずんだ黄褐色砂層であり、黄褐色砂層より上位での掘り込みの端緒は検出できなかった。ハ号址、チ号ピットにより切断されているために、一部の壁はなだらかに沈んでいる。墓壙の床は丸底ぎみに中央部がゆるやかに窪むが、特別な施設は見出すことができなかった。遺物としては墓壙の北よりに前北式土器の大型甕が出土しており、この墓壙の副葬品と思われる。

ハ号址：長辺1.3m、短辺78cmで北に偏する西向きの長方形墓壙である。イ号址のほぼ中央部にあって、イ号址、ロ号址、ニ号址を切り込んで構築されている。断面の所見では、イ号の床面下の一部に、薄い黒色砂層を挾んで黒褐色砂層があり、床面は黄褐色砂層であった。東壁の一部は埋土がロ号と同質のために確認できなかったが西側その他では、ほぼ垂直的に落ち込み、その高さはイ号床面から35cmであった。墓壙内の東端には、口縁部に一部打ち欠きのみられる後北C類の片口土器1点が、上向きに据えられていた。墓壙中央部の一部にはベンガラと粘土がしかれていた。またベンガラから少し離れて石斧が1点、北側の壁直下には短冊形と撥形の石板3点が置かれていて、その他に黒曜石スクレーパー数点が副葬品としてみられた。

ニ号址：長辺1.4m、短辺66cmの長方形竪穴で、ハ号址、ロ号址により北と東側を切り取られているため委細は不明。竪穴内には、特別なしつらえはなく、伴出遺物は見当たらなかった。ロ号址、ハ号址と同様の墓壙であったと想

定される。

　ホ号址：イ号址の北よりにある西向きの長方形竪穴で、一部イ号址の壁を切っている。長辺1.4m、短辺70cmを測り、竪穴内東側40cmは幾分と低くなっている。その他にはなんの拵えも見当たらず、遺物も出土していない。

　ヘ号、ト号、チ号ピット：楕円形のピットでいずれも上位の7号址を掘り込んで形成されている。但しこれらピットの性格は不明であるが、ト号ピットは7号址中央部の粘土床の一部を切り込んだ上位の不整円形竪穴に伴うものである。

　7～9間トレンチ内竪穴：前述したように7～9間トレンチの最下層で検出された前北式土器を伴う竪穴である。1mのトレンチの幅を拡張することがなかったので、詳細は不明。トレンチ内の所見では、差し渡し3.3mで西に向かって拡がる円形の竪穴と推測される。竪穴の中央部には、幅40cmに焼土が広がり、トレンチ中央部西端に炉が存在していた。この炉の南縁にはかなり大きな石が1点配されていて、北側では前北式の甕形土器破片が見出された。また7号址よりの床面にはベンガラが敷かれていたが、それは広くは及んでいない。南側の壁の立ち上がりは低いが、北側の壁は黒色砂層を切り込んでいて、かなり高い。検出された遺物は前北式土器のみであった。

　　　(3)　発見した遺物

　この調査区で発見・採取した遺物には、土製品、石製品、青銅製品、鉄製品、骨角製品があり、質量ともに豊富であった。そのうち遺構にプライマリーに伴ったと認定できるのは、ごく一部であり、殆どは遺構を埋める層の中に「流れ込み」の状態で検出されたものである。以下遺構に伴った遺物から紹介する。

【土器類（図3）】　　図上で復元できたものは3点のみで残りすべては破片であった。復元しえたもの（図3-5～7）について述べると、5は小型の甕形土器で全面良くヘラ磨きされ、胴上部に一条の貼付浮紋を廻らし、その下部に7～8個の円形浮紋を配している。上部は一部が欠損。6は二重口縁をなす甕形土器で、口縁部上下と胴上部にそれぞれ2条ずつの刻目を有する貼付浮紋をあてがっている。全面良く研磨されているが、器の内外面にススがかなり付着

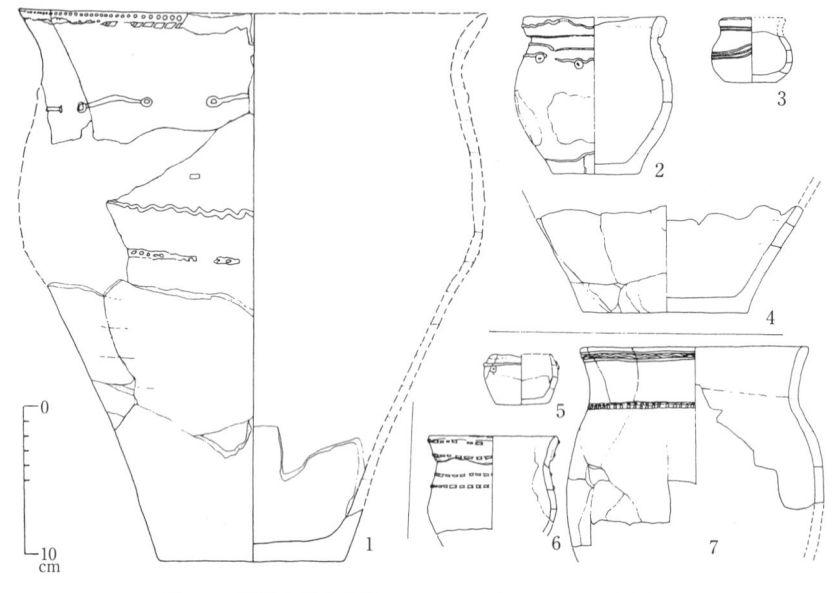

図3　7号竪穴出土土器　　1～4：表土　　5～7：竪穴床面

している。以上2点は骨塚の付近から出土した。7はD区で発見されやや外反しながら立ち上がる口縁をもつ中型の甕形土器。口縁部には2条の貼付浮紋の間に、波状の貼付浮紋を埋め、口縁部と胴部の境界は刻目をもつ浮紋が二重に廻らされている。器内外ともヘラ磨きされ、胴部には二次焼成を受けた痕跡が明瞭で、内外面ススの付着が多い。胴上半部のみ現存。以上3点とも竪穴の使用年代を示す資料足りうる。破片（図4）で貼付浮紋を紋様の主体とする類（1～22）には、大型の甕形土器で口縁部に波状紋を2～3条廻らせたものが多く、中には貼付浮紋の間に波状紋を加えたもの（3）、あるいは波状紋から円形浮紋を吊り下げたもの（18）もみられる。貼付浮紋に刻目を持つ仲間（23～26）には、中型の甕形土器が多いと思われ、いずれも口縁部の紋様として2～3条の浮紋を配し、それに刻目をつける。一つにはさらに円形の大きな浮紋を付けたものもある（25）。無紋の類（27・29～32）は、大型の鉢と小型の甕形土器があり、31の口縁は厚めに口縁帯を形成している。28は口唇部に刻目をもち、胴上部と頸部には刻線の間に、横位に刺突痕を入れるもので、29と共に本遺跡出土の中ではやや古いグループに属するものであろう。33～41はオ

2 栄浦第2遺跡7号竪穴　19

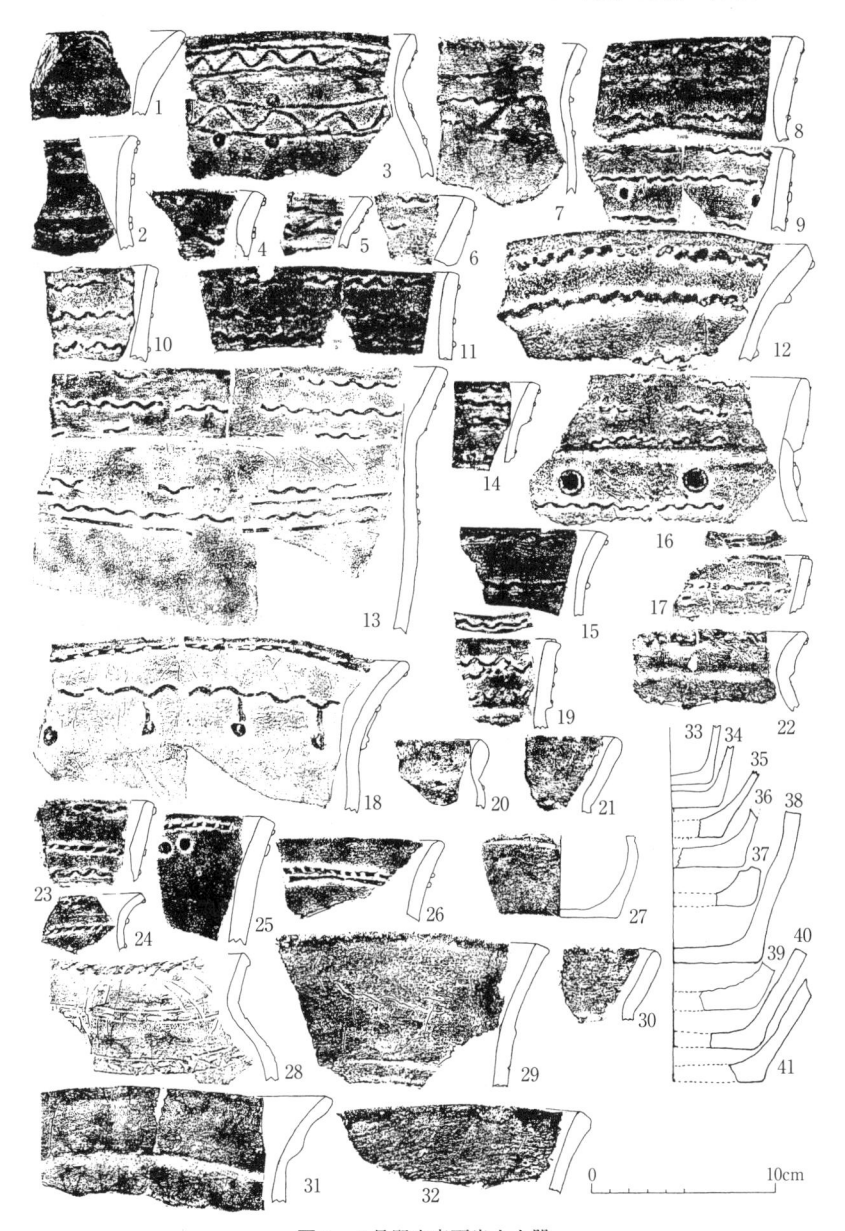

図4　7号竪穴床面出土土器

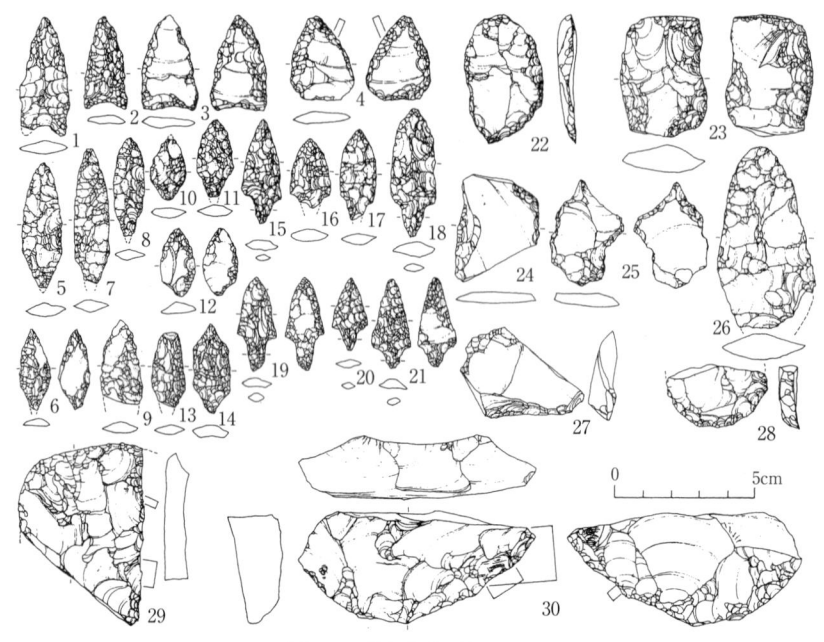

図5　7号竪穴床面出土石器

ホーツク式土器の底部である。

【石器類（図5・6）】　石鏃（図5）：黒曜石製で両面加工が施されている。無茎式（1～4）と有茎式（5～21）の2種類がある。22～29は不定形の削器と考えられるものであり、30は元来石核であったものを、削器として再利用している。

　石皿・凹石（図6）：いずれも破片であり、うち2と3には小さな凹みが認められる。

　磨石（図6）：全面良く研磨され、平らな中央部はやや凹んでいる。

【骨角製品・木製品（図7）】　1は熊の胸像で骨塚からの出土。鹿角の根元部分を頭にして丸彫したもので、熊が少し頭を傾けたあどけない表情を巧みに表現している。熊の像の下5cmほどからは一方の側だけ」やや張り出しを設け、握るのに適切な太さに仕上げられている。部分的に焼けて破損している。おそらくは2、3と一つに繋がっていたものと思われる。2と3は埋土層出土。4は炭化した木製の小片に口を開けた熊が丸彫されている。現長は2.3cm×

0.9cm。5は直径4.5cm、長さ12.5cmの楕円形鹿角に、エイの浮彫と組み合わせ式釣針が陰刻されている。エイは長さ7.5cm、幅2.9cmに浮彫され、吸気孔も表出されている。組み合わせ式釣針は2本の線と先端部、円形のチモトの部分より成り立ち、チモト部分とそれにつづく線分はより深く刻まれている。楕円円筒形の下端は丁寧に丸みをもって削られ、中心分には「ハ」字形にしぼまる孔があけられている。また上端の絵のある裏側

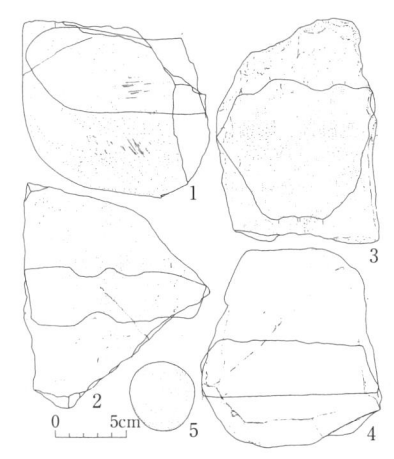

図6　7号竪穴床面出土石器

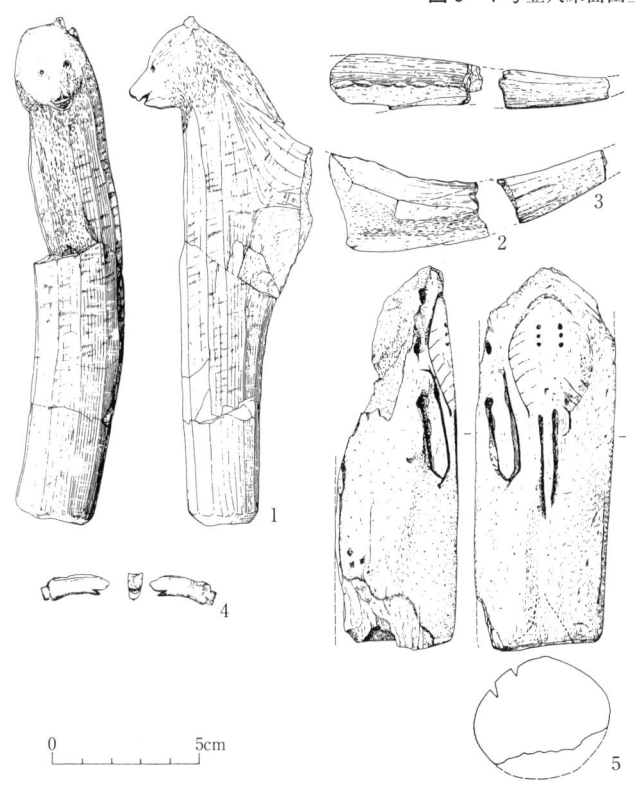

図7　7号竪穴床面出土遺物1

は鹿角が崩れ始めていて、元の形は知り難い。但しエイの左端で崩れかけた縁には、円形のチモトと思われる刻みがあり、2組の組み合わせ式釣針が対称的に描かれていた可能性もある。

　図8-2は長方形の鯨の骨板で、破片のために委細は不明であるが、1つは骨鍬の一部とも見ることができる。現長23.3cm×3.3cm、8.4cm×5.1cmを測る。4は切断痕のある鹿角で、鹿角の枝角先端部近くに鋭利な刃物で数条の切込みが見られる。4には別に中央部枝分かれする箇所にも10回前後の切込みをした痕跡が窺われる。3は骨塚から、4はB区床からの出土。

　図9-2〜4は骨鏃で、鳥管骨の一端を切り落として拵えている。2は半裁にして平らにしたもの。3は管骨を斜めに切断し、基部は平坦につくるもの。4は切断した尖端とは反対側をそぎ落として、片側のみに抉りのある茎を作り出したもの。1はヤスで獣骨の先端部を鋭く尖らしたもの。現長は16.5cmを測る。5と6は槍先と思われ、5は陸獣骨（鹿？）、6は海獣骨製である。7は鹿角製で組み合わせ釣針の一部と思われる。基部はきれいに削り落とし、そのすぐ近くは2ヶ所斜位にはいる切断痕が認められる。

【鉄製品】　1点にもD区床面から出土した。サビがひどく元の形をうかがいえないが、刀子の先端部と思われる。現長5.6cm、幅1.4cm。

【イ号址埋土遺物】　イ号竪穴を埋める土中にあった類で、総じてイ号竪穴に本来的には伴うとは考えがたい遺物である。撹乱を受けていたために、一部は後述するロ号墓壙のものと混ざり、一部はオホーツク文化期以降のものも入った可能性もある。

　土器（図9）：すべて破片である。貼付浮紋にひねり、もしくはつまみを加えて不連続の線分にしたもの（1）、口縁上端に内側から突瘤をつくり、縄紋を施紋するもの（2・3）、外反する無紋の口縁をもち、口唇部に縄紋を施すもの（4）、3条の大きい刻線の下位に縄紋をはいするもの（5）、平底の底部に羽状の縄紋をもつもの（6）、やや粗い縄紋を斜位に施したものが全面に及ぶ台付の鉢形土器（7）などがある。これらのうち1は図15-1・7は図12-7と同一個体である。また2、3は本来ロ号の前北式土器などと等しく、ロ号の副葬品であったものが、撹乱によりイ号にもたらされたものと考えられる。

　石製品（図11）：石鏃は2点出土。無茎式と有茎式である。3〜7はスクレー

2 栄浦第 2 遺跡 7 号竪穴　23

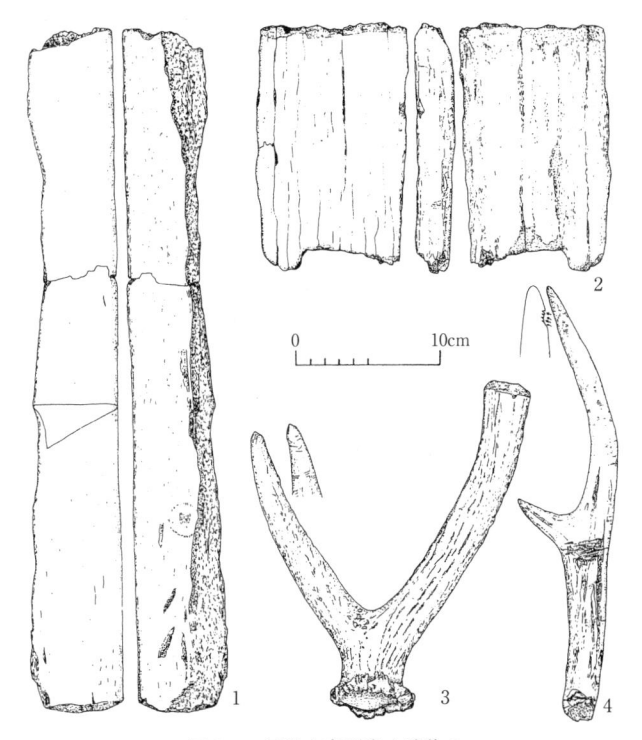

図 8　7 号竪穴床面出土遺物 2

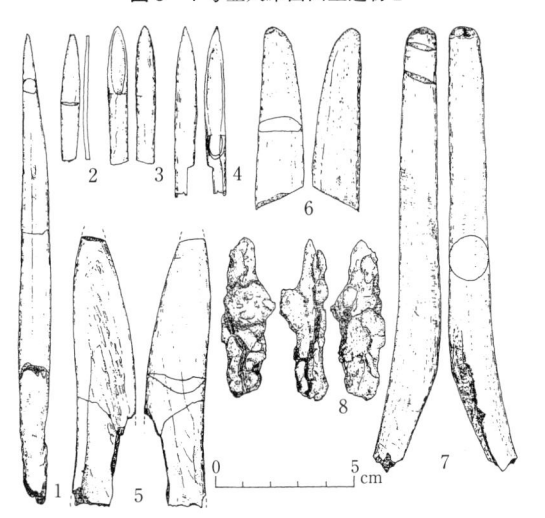

図 9　7 号竪穴床面出土遺物 3

24　I　発掘調査の記録

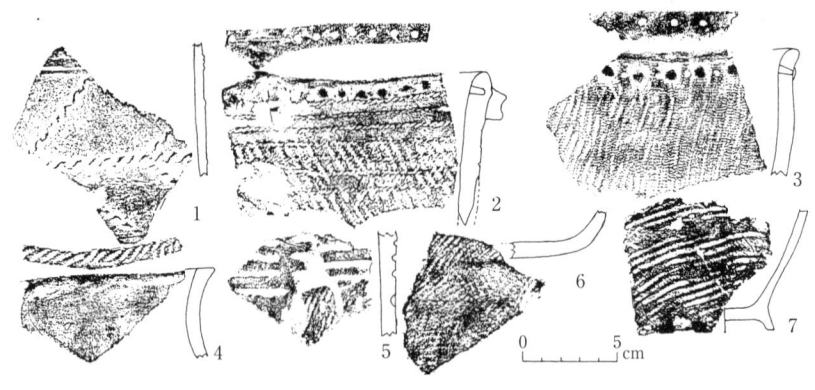

図10　7号竪穴イ号埋土出土土器

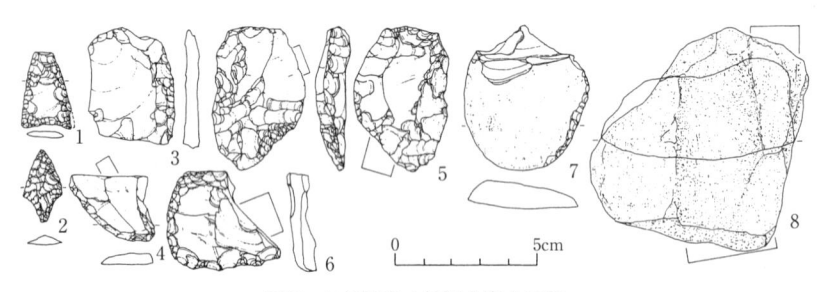

図11　7号竪穴イ号埋土出土石器

パーで、7以外は両面加工が施されているが、7には一部自然面が残されている。以上すべて黒曜石製。他に石皿1点がみられる（8）。これは7号竪穴に属する可能性が高い。

【ロ号址出土遺物】　基本的にはロ号墓壙の副葬品と考えられる。

　土器（図12）：器形には口縁部と胴部の区別がなく、内傾する大型の鉢、短い口縁部に肩をもつ甕、大きく外反するものなどがみられる。大型の鉢（1・2）は口唇に2条の縄紋が施され、口唇近くに内側から突瘤がなされ器のほぼ全体にわたって縄紋が廻らされている。器の上部から浮紋に刻目をもつ垂線が3本平行に（1）、あるいは3本に下した外側にさらに末広がりに2本の同巧の垂線が配されている。6もほぼ同時期と考えられよう。7は波状の口唇に大きい刺突痕をもち、口縁上部には2条の縄紋を廻らせて、中央には無紋帯を設け、口縁と胴部との境界には、縄紋列、刺突痕列、縄紋列の順序で紋様が廻ら

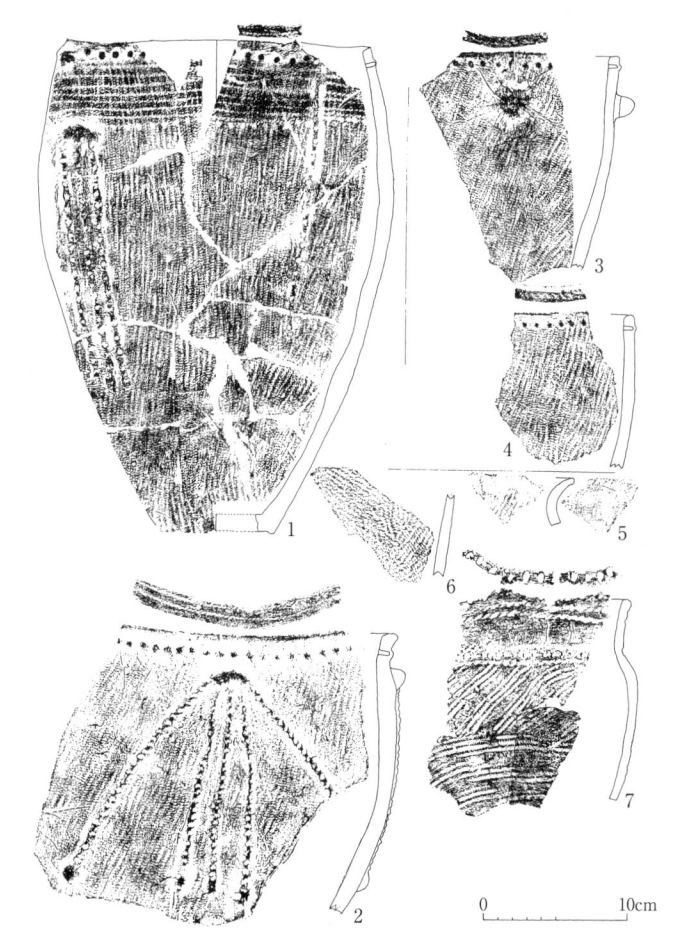

図12 7号竪穴出土土器　　1、2、5～7：ロ号埋土　　3、4：7～9間トレンチ床面

される。胴上部は斜位に胴下部は横位～斜位に縄紋を施す。図9-7と同一古代であり、縄紋晩期直後の道南にみられる土器の要素を強く保有する類である。

【ハ号墓壙出土遺物】　　いずれもハ号墓壙の副葬品であり、土器と石器が見られる。

　土器（図13）：平底で片口の中型鉢形土器。胎土は砂質で長石を含み、焼成はあまりよくない。胴部中央に微隆起線を挟んで3本単位の横走の縄紋を2

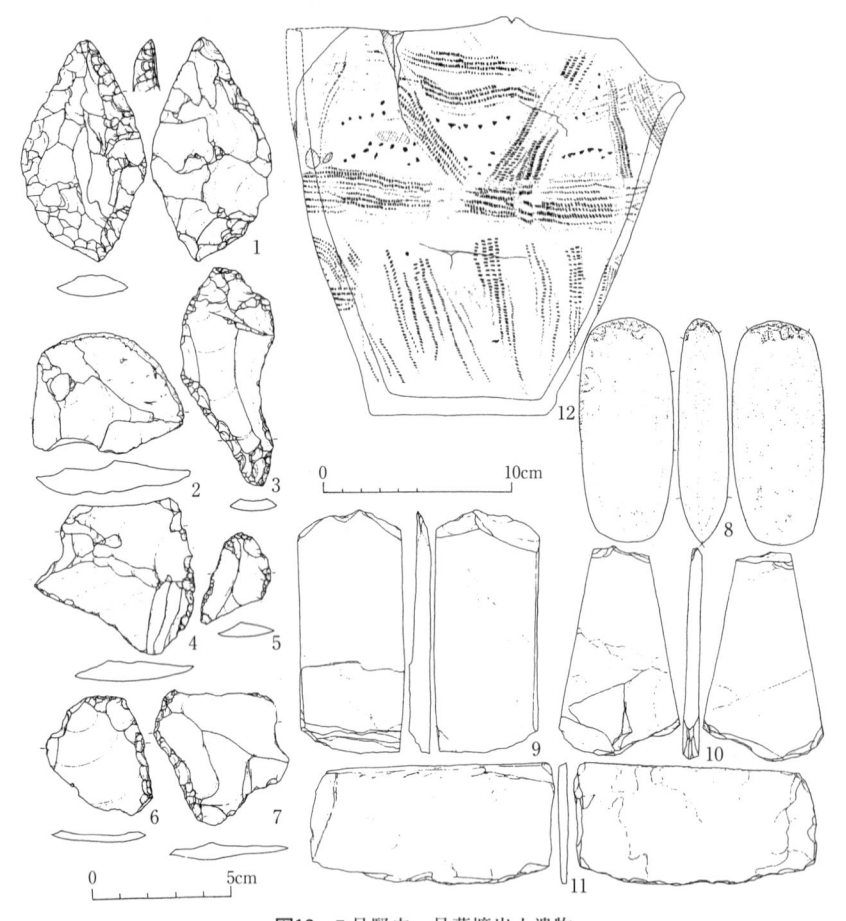

図13 7号竪穴ハ号墓壙出土遺物

～3組飾り、4対の「ハ」字形の隆起線でさらに4区画される。この紋様帯の下位は片口とその裏側に円形刺突紋を配する楕円形の縄紋の縁取りがなされる他は、縦位の上紋が施されるのみである。中央縄紋帯の上部と口縁に沿って横走する縄紋帯の間は、山形に数列の縄紋を廻らし、空白部は刺突紋で充填される。口縁は左右に一つずつの切込みを有する山形突起がみられ、口縁部のほかの部分には刺突列点が施されている。片口のついた反対側は口縁が一部欠け、縦に割れているが、この割れ目の左右には一部に内外面からの孔が穿たれてい

る。内側の調整はあまりよくない。内面及び外面の一部にはススの付着がはなはだしく、外面の一部には二次的な焼成をうけて変色し、かつ器面があれて脆くなっている。日常生活品を副葬用に転用したものであろう。

　石器（図13）：蛤刃の石斧は上部に使用のためと思われる打烈痕を留めているものの、完形で長さは12.6cm、幅4.9cm、厚さ2.7cmを測る（8）。9〜11は続縄紋期の墓の副葬品として一般的に見受けられる類で、スレート製。10は撥形、9と11は短冊形を呈する。いずれの面も良く研磨されているがどの面にも刃は付け垂れていない。1〜7は形状が一定していないが、すべて、いわゆるスクレーパーの類で、うち1は両頭をなす。

【7号竪穴表層及び埋土の遺物】　表層及び第2層に含まれる遺物には変化はなく、本質的には同一と考えられるので一括して扱う。

　土製品（図3、図14〜16）：ややまとまって出土した擦紋式土器を除いては、破片が多く復元しうるものは少ない。図上で復元しえたオホーツク式土器（図3）のうち、1は胴上部と口縁部に最大径をもつ大型の甕で、口縁部に刺突列点を、そのやや下に刻目のある貼付浮紋をもつ。2は二重口縁を有する小型の鉢形土器で貼付浮紋と円形紋をもち、3はより研磨された小型の黒色壺で、口縁部と頸部の境に2本、胴中央部に3本とそれぞれ沈線が施される。以上3点ともオホーツクの住居址と同一時期のものである。

　図15-1はトビニダイ式土器、2〜20はオホーツク式土器で21〜24はその底部である。25〜29は擦紋式土器でうち28、29はより古い時期のものであろう。これらの時期よりも先行すると思われる遺物は、図16に掲げた。1・2・9は続縄紋、3・5〜8は縄紋晩期から続縄紋初頭にかけての頃のものであり、他は晩期の土器片と思われる。晩期の土器のうち17〜20は早い時期のものであろうか。

　擦紋式土器はこの地方では珍しくまとまって検出された資料であり、個別的に説明を加えていこう（図14）。1は短い口縁が急速に外反する深鉢。口唇には浅い凹みがめぐり、全面ハケ調整の後、口縁部に7〜5本の沈線紋と胴上部に3〜5本の配された沈線紋の間は、2本の沈線で鋸歯状紋がみられる。下部の沈線紋の中間と最下部にはそれぞれ1条の刺突痕列が廻る。器面内部の胴下部は縦位に上部は横走のヘラ磨きが施されている。2は大きく外反し、口縁

28   I   発掘調査の記録

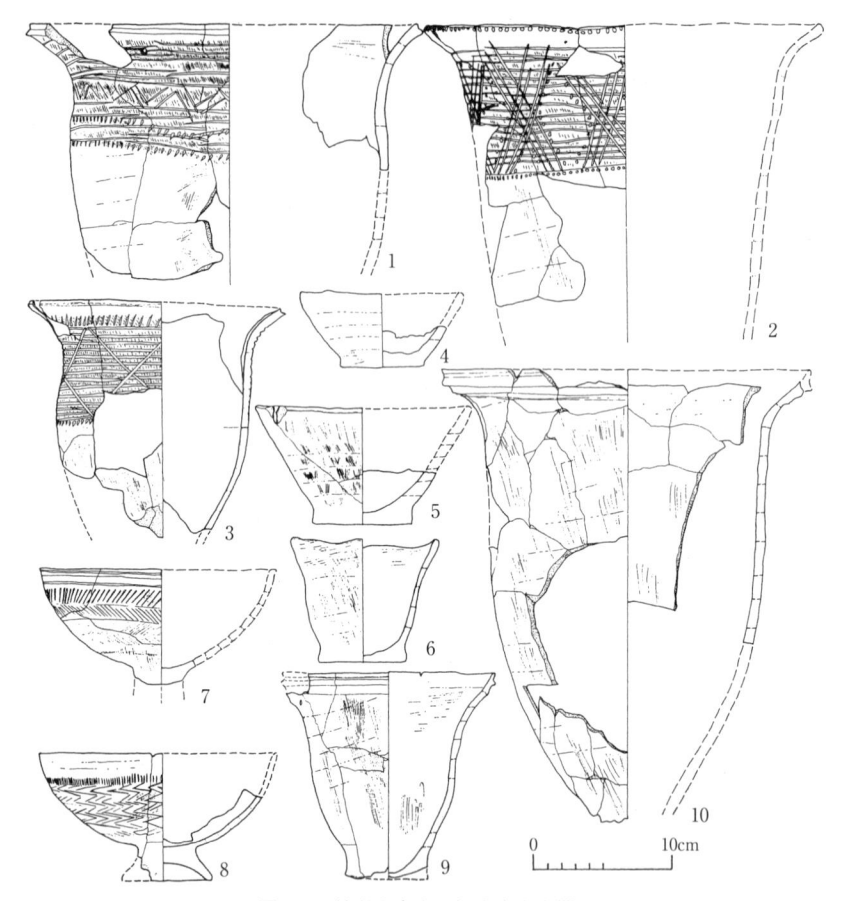

図14 7号竪穴表土・埋土出土土器1

からすんなりとしぼむ大型の鉢形土器で、口唇部は浅く凹み、突出部に斜位の刻目を廻らす。器全体に縦位のハケ調整をおこなった後、口縁部下より胴上部にかけては13本内外の横走沈線を配し、この沈線紋帯を3～4本のX状の沈線で区画する。この区画された菱門帯と三角帯の外側には三角形の刺突紋を配し、さらに沈線紋帯の下位にも施す。内面は横位のハケ調整の後前面ヘラ磨きが行われている。3は口縁部が大きく外反する中型の甕形土器。口唇部がわずかに凹み、口縁下の長めの斜線列と胴中部の刺痕列の間は、12本の横走沈線紋があり、それを7組のX状沈線が区切る。これら沈線紋の間には器面全体

2 栄浦第2遺跡7号竪穴　29

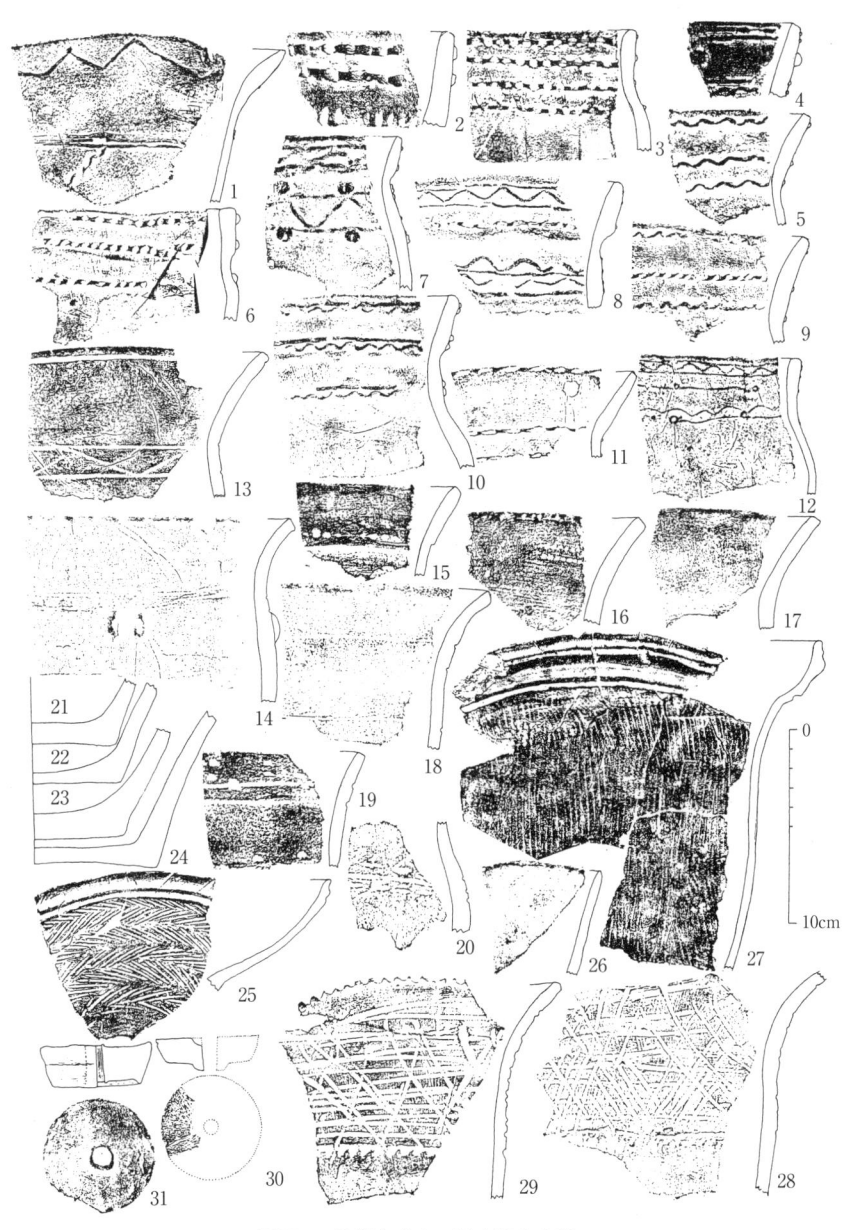

図15　7号竪穴表土・埋土出土土器2

30　I　発掘調査の記録

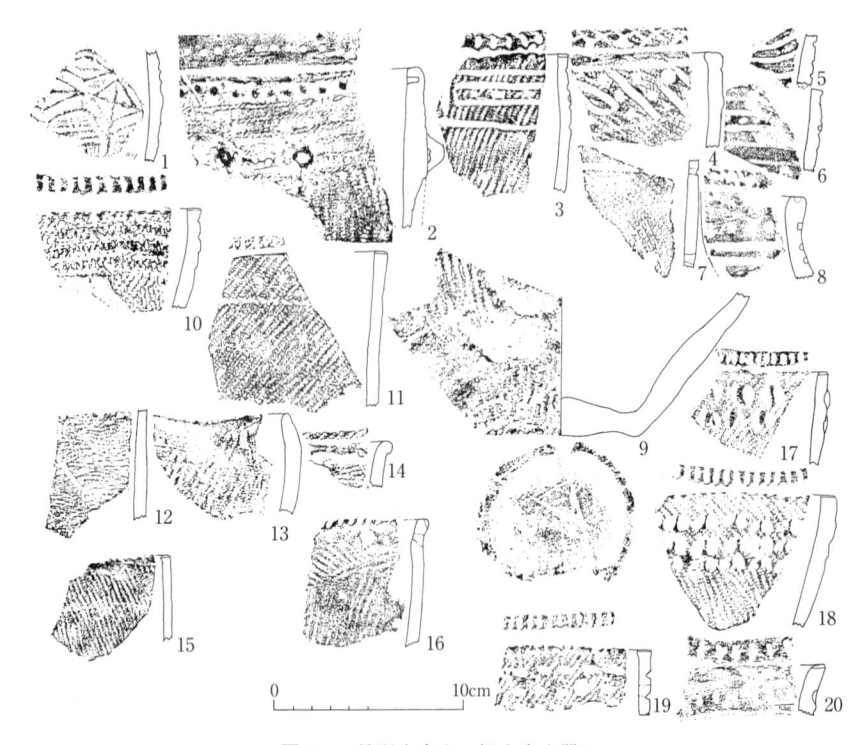

図16　7号竪穴表土・埋土出土器3

に施された粗いハケ状痕跡が残り、一種の紋様となっている。胴部以下は無紋でハケ調整痕を留め、内部はハケ痕とそれを打ち消す粗いヘラ磨きがみられる。器の内部にはススが全面に付着し、一部はふきこぼれの形で外部に及んでいる。4は口縁がやや内傾する小型の浅鉢で、内外面伴にヘラ磨きを行うが、乱雑なために粘土帯と粘土帯との接合面を完全に隠すには至っていない。底部はわずかにドーナツ状にくぼむ台がついている。5は4よりはやや大きい同巧の鉢で、1cmばかりの台がつく。6は波状の口縁をもつ小型の平底鉢で、頸と胴下部はややすぼまっている。外面はハケ調整の後ヘラ磨きが施され、内面は国章を呈するが艶はない。土器内部はススが付着し、ふきこぼれの痕跡もある。7・8は高坏で、いずれも深みのある椀を浅い台に取り付けたもの。7は口縁部をヘラ磨きし、中央部は突出するためにその上下では浅い溝となっている。この口縁部と胴下部にある2条の沈線の間は2組の横走綾杉状を呈する。

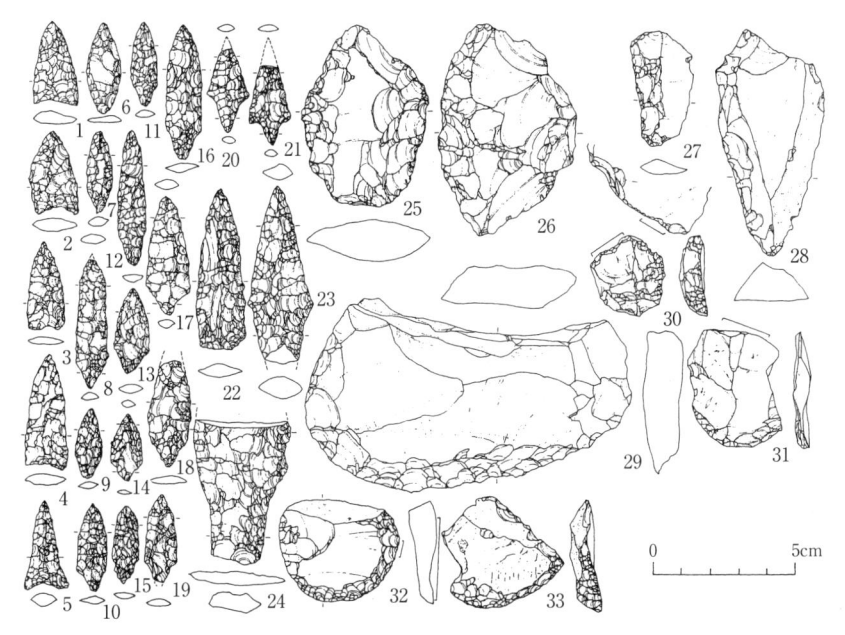

図17 7号竪穴表土・埋土出土石器1

内面は黒色で全面ヘラ磨き、台と坏の接合はホゾ式のために、一部坏内底は円形の凹みが生じている。8は口縁部を無紋にし、口縁と胴部の接点に縦の沈線紋を配し、胴部は5段の綾杉紋で飾るほかは、7と同巧である。9は口縁が外反する無紋の中型鉢で、口縁部には断面三角形の凸帯が廻り、その上下は浅い溝となる。口縁部から下は胴下部で緩やかに湾曲しながら平底に至る。器全体に縦または斜位のハケ状痕が認められ、器内部では下部は縦の上部は斜めのヘラ磨きを施している。内面の黒色は高坏と同様である。器面にはいくつもの段がそのままにされて凹凸がはっきりとし、口縁の一部が欠損しているのを繋ぎ止めるべく1対の小孔があけられている。10は口縁が大きく外反する無紋の大型の鉢形土器で、口縁部には2条の三角凸帯が走り、その上下は浅い溝となる。胴部以下はやや膨らみをもちながら底部へと続いている。器面内外には粗いヘラ磨きのために縦位の痕残り、内黒の内面は丁寧なヘラ磨きがみられる。以上の擦紋式土器はいずれも焼成は良好で堅緻である点共通する。1～6の土器群は擦紋式土器の中でも古い段階のものであり、近辺では類例が少な

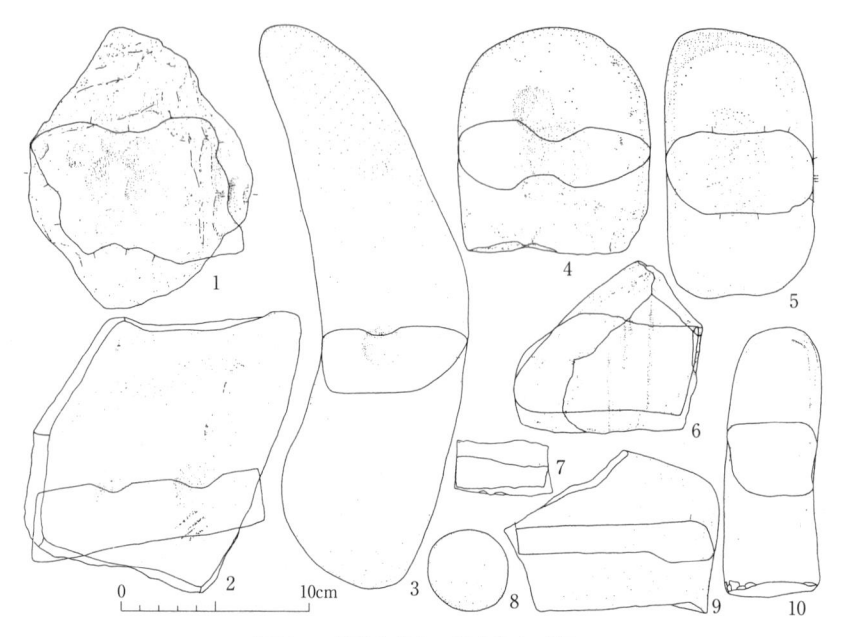

図18　7号竪穴表土・埋土出土石器2

い。この7号竪穴表層及び第2層で検出された土器群は、さらに二つの時期に分けられる可能性がある。すなわち大型ないし中型の鉢形土器において、口唇部に沈線もしくは凹線をもち、大きく外反擦る口縁部と胴上部には、横走沈線紋による紋様帯を形成する1群の土器と、口縁に凸帯をもつ無紋の土器群である。そして後者では内面に黒色の加工がなされ、新たに高坏が器種に加わる。但し特定の遺構でのセットとして把握されたわけではないので、断定はできない。

　紡錘車（図15-31・32）：2点出土。いずれも擦紋時代のものである。

　石器（図17・18）：量的に多くみられたのは石鏃である。図17-1～5は無茎で、6は柳葉形、7～21は有茎式で、どれも黒曜石製。石槍（22～24）は両面加工が施してあり、25～33はいわゆるスクレーパーである。図18では1と2は凹石の破片であり、うち1には両面に、2は片面に凹みがみられる。3はほぼ中央に1ヶ所だけ凹みがあり、4には両面に凹みがあって、周囲はよく研磨されている。6、7、9は砥石で片面には小溝がつく。8は石弾であろう。10は

図19 7号竪穴出土遺物1

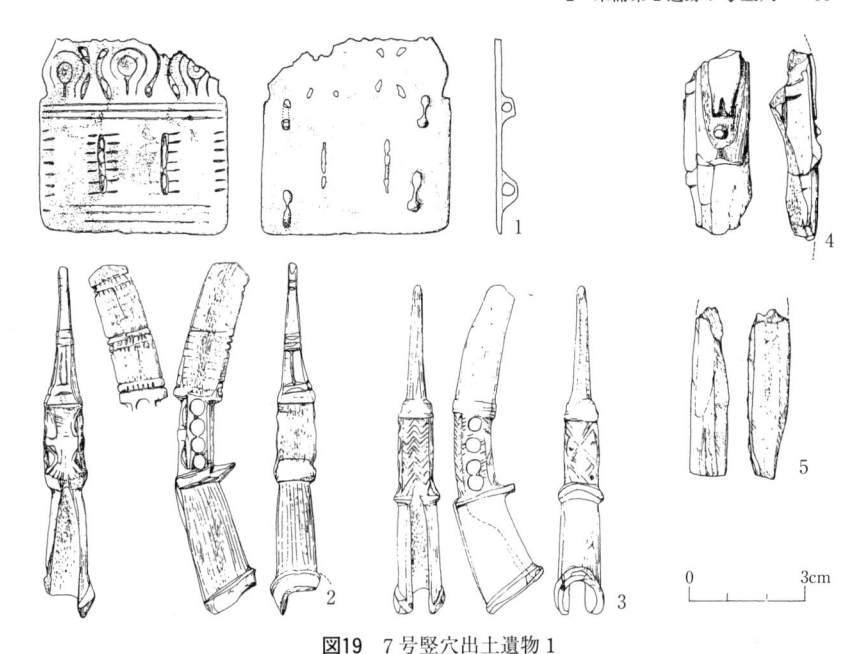

　叩き石と考えられる。

　青銅器（図19-1）：垂飾 4.8cm×4.9cm。右上端は破損しているがほぼ完形。下端と中央やや上部にある3本の直線により紋様帯が区画され、上部紋様帯は3個の偽同心円紋が透彫され、その4周に4個の小孔がある。下部紋様帯は長方形の面をほぼ3分するところに縦の垂直孔があけられ、それぞれの端々には1列7個の刺突列点がみられる。裏面には、梯形をした鈕の中心に孔をあけた紐懸けが4ヶつく。

　鉄器（図20-19～21）：長方形の薄い鉄板で、周囲に小さい孔を穿ったもの。おそらくは小札で小孔は鋲留であろう。破片であるが4枚出土している。

　骨角製品（図20）：1～3は先端を尖らした刺突具で、1と2は鳥骨、3は鹿の尺骨から作られている。4～9は回転銛で、うち9はその未製品と思われる。材料はいずれも海獣の肋骨。17は鯨骨製骨鍬で一部が欠損している。18は紡錘車。そのほかは用途不明製品で、10・11は海獣骨、12は鯨骨、23～16は鹿角製である。その他にいわゆる楽器が2点、切り込みのある鹿角などがみら

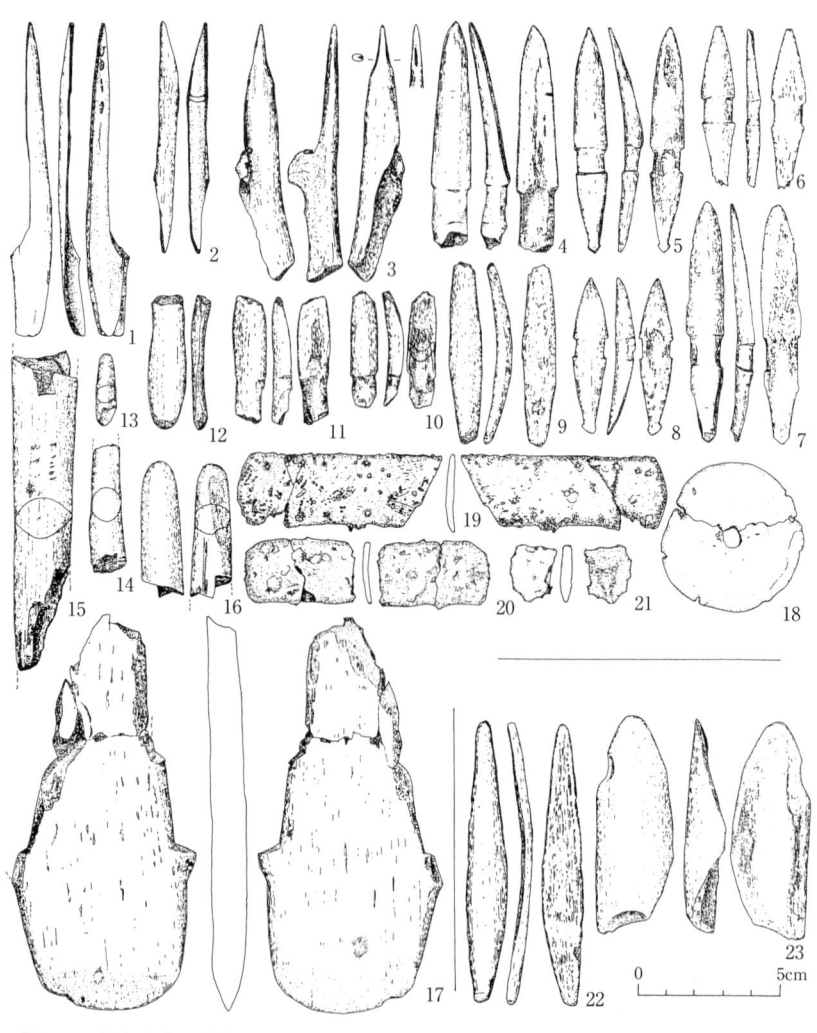

図20　7号竪穴出土遺物2　　22、23：7～9間トレンチ表土・埋土　　他は竪穴表土・埋土

2　栄浦第2遺跡7号竪穴　35

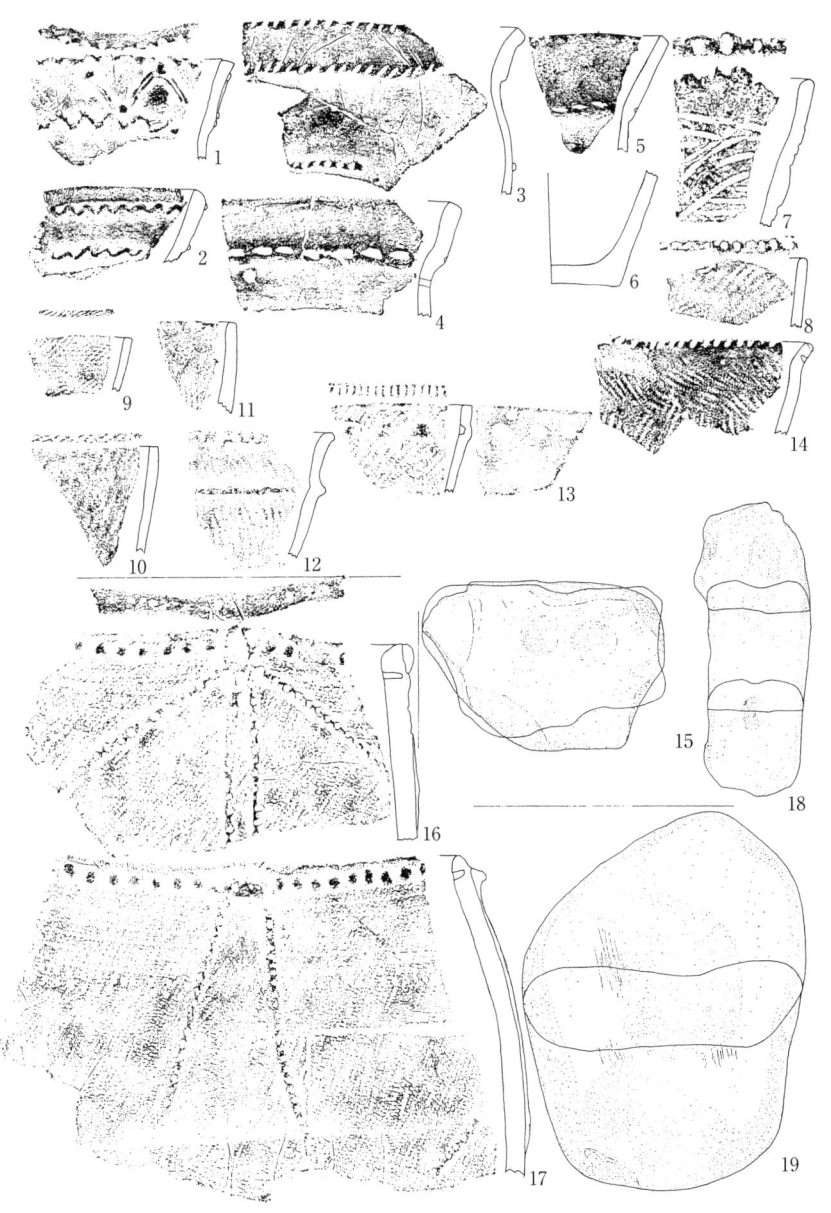

図21　7〜9間トレンチ出土遺物　　16、17、19：床面　　他は表土・埋土

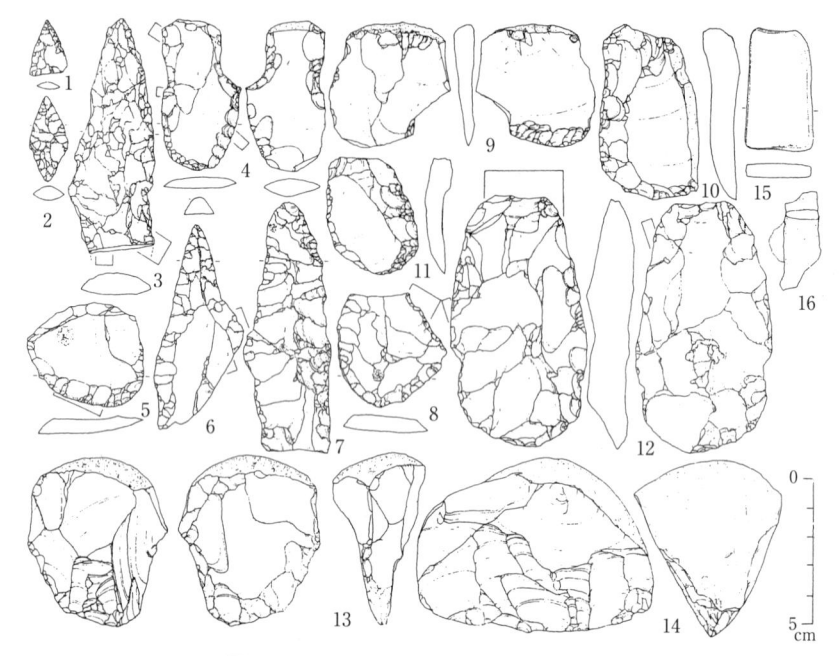

図22　7〜9間トレンチ表土・埋土出土石器

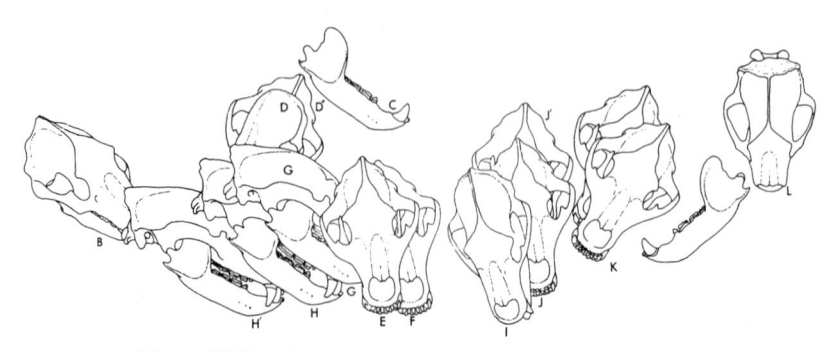

図23　栄浦第二遺跡、7号竪穴北側骨塚ヒグマ頭骨配置概念図

れる（図19-2〜5）。

【7〜9間トレンチ出土の遺物】　土器（図12-3・4、図21）：貼付浮文をもつもの、沈線紋を主紋とするもののごときオホーツク式土器、縄紋を主文とするものなどに分けられる。このうち7〜9トレンチの住居址から検出された遺物は図12-3・4、図21-16・17である。

石器（図21-15・18・19、図22）：図21-19を除きいずれも埋土中で採取された。鏃が2点、槍1点、つまみのあるスクレーパー、エンド・スクレーパー、刺突具、ナイフ、両面加工の靴箆状刃器、片面に原石面を残した加工刃器などがあり、図12-15・18は凹石である。

　鉄器（図21-16）：小破片のため不明であるが刀子の破片と思われる。

　骨角製品（図20-22・23）：いずれも未完成製品と思われ、22は回転銛の製作途中のものかもしれない。22は海獣の肋骨、23は陸獣（鹿？）骨である。

4）小　　結

　7号竪穴はオホーツク文化期の典型的な竪穴住居であり、一部破壊を受けていたがほぼ全容を知ることができた。左記にも触れたようにこの竪穴はオホーツク文化期の前後にも種々の形で利用された地点に設けられていて、縄紋晩期以降の遺物が見られる。なお骨塚での動物骨の配置状況は図22に示される。

表2　丸彫した熊の出土地名表

1. 常呂郡常呂町栄浦第2遺跡7号住居址	鹿骨	オホーツク文化
2. トコロチャシ	ヒグマのペニス骨	オホーツク文化
3. 網走市モヨロ貝塚	サメ骨	オホーツク文化
4. モヨロ貝塚	牙	オホーツク文化
5. 網走郡美幌町	石	？
6. 根室市オンネモト	鹿角	オホーツク文化
7. 紋別郡湧別町川西	牙	オホーツク文化
8. 旭川市東旭川	石	？
9. 礼文島船泊砂丘	牙	オホーツク文化
10. 礼文島香深ナイロ	トド骨	オホーツク文化
11. 礼文島	牙	オホーツク文化
12. 樺太東多来貝塚	牙	オホーツク文化
13. 択捉島植別貝塚	鯨骨	オホーツク文化

出典：1. 本報告、斉藤忠・藤本強「北海道常呂町栄浦第2遺跡7号竪穴の遺物」『考古学雑誌』第53巻第3号、1967年。
　　　2. 東京大学文学部『オホーツク海沿岸知床半島の遺跡（下）』1964年。
　　　3. 米村喜男衛『モヨロ貝塚資料集』1950年。
　　　4. 米村喜男衛『モヨロ貝塚資料集』1950年。
　　　5. 甲野勇他『日本原始美術』2、講談社、1964年。
　　　6. 北構保男・岩崎卓也「北海道根室市オンネモト遺跡の調査」『考古学ジャーナル』1967年12月号。
　　　7. 甲野勇他『日本原始美術』2、講談社、1964年。

8. 狭山郡司「珍しき石器」『東京人類学雑誌』第10巻 1910年。
9. 児玉作左衛門・大場利夫「礼文島船泊砂丘遺跡の発掘に就いて」『北方文化研究報告』7、1952年。
10. 滝口宏「礼文島の石器時代」『世界の秘境シリーズ』2巻10号、1962年。
11. 松下亘「北海道とその隣接地の動物意匠について」『北海道考古学』4、1968年。
12. 平井尚志「サハリン考古学と樺太博物館」『Mouseion』11、1965年。
13. 谷敬一「択捉島東海岸発見の骨牙器」『史前学雑誌』3・4巻 1931年。

3 平安宮内裏内郭廻廊跡第2次調査

　　はじめに

　近年、都市の再開発計画が急速に具体化されはじめ、都市内部での歴史的遺跡が日増しに破壊の憂き目にあうようになってきた。こと平安京に関しても大規模な建設工事が相次いで、古都の容貌を日ごとに変えてゆきつつある。また千本通りと丸太町通りの交差点を中心とした平安宮内においても民有家屋の増改築はもとより、ガス管や水道管の敷設工事などによって蒙るものから、商社などによる建設工事に至るまでの破壊により、平安宮を歴史的に解明する手懸りが刻一刻と失われていく状況下にあるといっても過言ではない。

　都市内という現実の条件下では、平安京のプランや平安宮跡の一致関係を的確に把握し、変貌する状況に対処する必要に迫られてくる。そのためには指図などで示された建造物の具体的な位置関係を把握するための、良好な標準遺跡の究明が先決であり、平安博物館ではその母胎である古代学協会発足以来20年近くにわたって、調査研究を続けてきた。

　平安宮内裏関係では、昭和35年8月新に出水通り土屋町西入る十四軒町において、小規模な調査をおこない、平安時代の整地層を検出した。さらに昭和38年9月、出水通りと土屋町通りの交差点を中心とした一帯で下水道工事に伴う調査を行い、多数の平安時代瓦を採集したのである。ところが。同年の下水道工事に伴う調査で、下立売通り土屋町西入るの地点で、凝灰岩の切石列が検出されたのをきっかけとし、昭和44年2月内裏内郭廻廊跡の調査を行って、廻廊西側の一部を明確に捉えることができた。

　この上京区田中町467番地は、その後田中清氏の購入されるところとなり、民家を解体して、新たに建物が築かれる運びとなった。この話を聞くに及んで、平安博物館では廻廊の南限を把握し、かつその構築年代を極めるために、当地を再度発掘することとなった。発掘の結果、廻廊の南限は検出し得なかったが、凝灰岩切石列を27mに渡って検出し、構築年代の一端を把握してほぼ当初の目的を達成した。その後博物館では内裏跡第3次、第4次の調査を行

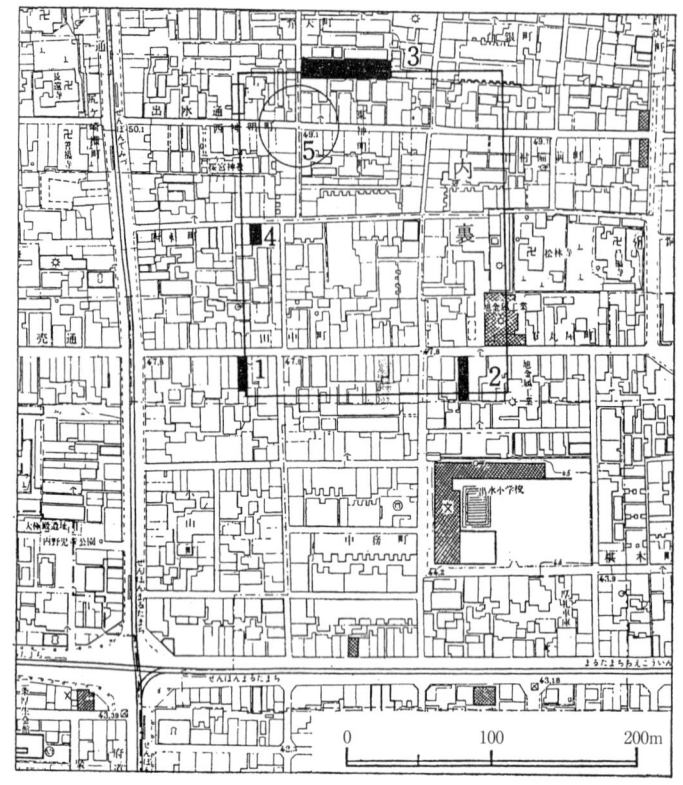

図24 平安京内裏発掘調査位置図　1：昭和44・48年調査　2：昭和49年調査　3：昭和49年調査　4：昭和35年調査　5：昭和38年調査

い、とりわけ第4次調査では、蘭林坊跡の側溝を検出して、内裏内郭廻廊の位置関係を明確にしたのである（図24）。内裏内郭廻廊の第2次調査は、昭和48年8月4日から9月2日までおこなった^(註)。

(1) 調査の経過

今回の調査の主目的は内郭廻廊の位置づけと遺構の構築年代の把握であった。前者に関しては、昭和38年及び44年の調査で内郭廻廊跡であることは確認しえたので、内裏全体のプランの中で、その以降は西側のどの部分にあたるかが課題となってきた。内裏の位置を最も南におく考えでは、当発掘区の北

端に武徳門の一部がかかることとなり、また北に設定する説においては、発掘区の南端で廻廊は東方向に転換することが予想されたのである。そのために前回遺構を検出したトレンチをまたいで、幅2.5mに長さ27mのトレンチを、敷地東境界に接して設け、北より南に15m地点で2分し、E区、S区と仮称して発掘を進めた（図25）。そして廻廊の外側中和院との間の状況を把握するために、E区に接して4m×3mのN区を、S区に接して5m×4mのW区を設けて調査を行った。

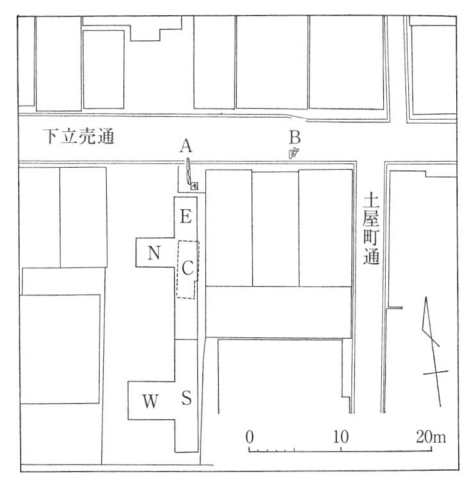

図25 発掘調査区　A・B：昭和38年調査　C：昭和44年調査　E・S・N・W：今回調査

　発掘前の当該地は、下立売通りに接する地点から、敷地南端まで約35cmの落差をもって傾斜しており、この南端と南側にある民家の敷地との間は、約40cmの急激に落ちる段となっていた。敷地全体には、解体前にあった3軒の民家の基礎があって、コンクリートが張られており、また敷地の北中央よりと南側西よりの所には、使用されていた井戸及び下水の施設があって、必ずしも良好な状態にはなかった。

　調査はE区内の昭和44年調査地（図25-C）の再発掘からはじめ、前回の遺構を検出した後に、その南側と北側を拡張して調査した。そのうち北側に於いては、前回の列石の続きが発見されたが、南側では井戸などの後世の掘り込みにより基壇は切断されていた。E区の南端近くの基壇内の埋め土と思われる凝灰岩片が混ざった暗褐色土が、トレンチ東端ぎりぎりにつづくために、同様傾向をみせるS区の発掘を進行して、地覆石と羽目石よりなる列石を3m20cmにわたり検出することができた。

　S区の列石が途切れるあたり、西側には平安時代の瓦溜があり、また列石の南には大きく防空壕が掘られていたために、続きの遺構は検出できなかった。

但し、列石の南端は廻廊の屈折点ではないことは確かである。この結果E・S区内24m、下立売通りの昭和38年調査分を加えると、27mにわたっての廻廊の存在を確認することができたのである。

廃土の関係上E、S区の列石周辺を砂で保護しながら、埋め戻した後に、N、W区の調査にあたった。N区は井戸、下水道など発掘前の知見で明らかに破壊されていると予想される地点は外し、しかもE区の調査状況から最も層位的に安定した場所を選ぶという条件のために、東西4m、南北3mの小範囲しか調査することはできなかった。N区の西南部を除いては層位的に安定した状態にあって、焼土に混ざって土器や瓦などが出土したが、道路面を除いては平安時代の遺構は何も検出されなかった。

W区はN区と同様の条件の下に、S区の石列を検出した西側に東西5m、南北4mの範囲を発掘した。この地区では近世後期以降の井戸、ゴミ溜めなどによる撹乱が激しく、それらは地表か4mにも及んでいて、平安時代の層はまったく破壊されており、平安時代遺物も殆ど出土しなかった。

当敷地のほかの地点もW区と同様の状態が聞き取り調査の結果予想され、またそこは内裏と中和院との間の道路面にあたることから、以上を以って調査を終了した。

(2) 遺跡の概要

今回の調査は廻廊基壇の検出が主目的であったために、発掘したE・S・N・W区あわせて発掘した面積は99.5m^{2}に留まった。これは敷地全体の1/3に過ぎないが、廻廊の西側は中和院との間の道路であり、遺構の検出が殆ど期待できないこと、W区では平安時代の遺構面よりも深く、後世の掘り込みによる撹乱があったためである。これに関して小規模の発掘のため、危険防止のうえから近世以降の井戸などは完掘していない。同様にE区南半分とS区基壇外掘り込みもその底面を確かめるには至らなかった。

(3) 層 位

調査した4区のうち、E・S区は帯状に長いトレンチを設定したために層位も煩雑で全体を通してのキー・バンドはみられなかった。そのためにここでは

便宜的に、①E区の基壇が残存する所、②E区—S区の基壇が壊されている所、③S区の基壇が残存する所に分けて説明しよう。

　①E区　　北側、廻廊の基壇が残存する所の層位は、後世の掘り込みなどによる撹乱は少なく、割合と良好な状態であった。この部分の北側には地表にコンクリート舗装があり、その下はコンクリート基部の砂礫となって、次に元来の表土層である砂利混じりの灰黒色土がある。この下位には黄褐色粘質土と暗褐色粘質土層が続く。黄褐色粘質土は所によって厚薄があるが、暗褐色粘質土層は安定した層となっている。これらはいずれも近世後半以降の遺物が含まれ、この層の下位には暗褐色を基調とする層があり、上部は粘土質を主体とするが、下部はより黒味を帯びた砂質気味となっている。この二つの層中には桃山時代の瓦片やカワラケを多く含み、聚楽第に関係する金箔軒丸瓦も出土した。そして黒褐色砂質土とその下位にある茶褐色土の境には花崗岩の礎石が据えられていて、東端は廻廊基壇の上部と一致する。礎石は2点置かれていただけで、その全体像は不明であるが、先年の調査時でも確認された聚楽第に関連するものであろう。

　一方この区の中央付近には、暗褐色の粘質土層より切り込まれた方形の遺構があり、内には焼土が充満していた。この掘り込みの底部は一部廻廊の基壇をも約30cm切断している。層位的にみて、聚楽第に関するよりも後の時期のものと考えられるが性格は不明である。聚楽第に関連する建物以下の層は、東側では廻廊の基壇を構成する暗褐色粘質土で、西側基壇外には灰褐色の粘質土が堆積していた。この灰褐色粘質土は北側が厚く、南側では薄くなり、また下位に及ぶにつれて黒味を増してくる。灰褐色粘質土の下位は、検出された基壇羽目石の上部と一致し、平安時代の瓦をはじめとする遺物類を多数含んでいた。瓦当面が完形の西賀茂瓦窯型式の瓦もその一つである。羽目石と地覆石の中途までは、暗い茶褐色粘質土が自然堆積の状態でみられ、中にはカワラケを多く含む平安時代の遺物が集中していた。この暗い茶褐色の粘質土の下位東側には、灰褐色の粘質土層がレンズ状に入り込み、西側の砂礫を含む茶褐色土がその下に入り込む状況であった。地山である褐色の砂礫土は東側に傾斜し、凝灰岩製地覆石の下部あたりに接するか、ややくだり気味であり、基壇外のトレンチ中央部の低まった部分は幅60cm弱の溝状遺構となっている。この区の南端

には、基壇をかすめるようにして径1.4mの井戸があるが、遺構を壊すにはいたっていない。

　②E・S区　中央列石が壊されて基壇の一部のみ存在する部分は、最近までの家屋敷地面以下、錯綜する掘り込みで層序の把握は極めて困難であった。この区西側の大半は主として近世後期の深い落ち込みがあり、それは列石の下にまで及んでいた。東側基壇の周辺では、廻廊基壇の上部にのりかかるようにしてある凝灰岩混じりの茶褐色土より上部、地表に至るまで、撹乱が多くみられた。この茶褐色土の下には、暗褐色～黒褐色粘質土があり、部分的に黄色粘土のブロックが混ざっている。この層はまた部分的に厚薄があって、ブロックの混ざり具合も均一ではない。基壇を構成する埋め土の一部かもしれない。さらにこの層の下位には、明確に基壇を構成する黒色土があり、地山の砂礫層に続いている。

　③S区の基壇が残存する部分及びその南側についても、層序は余り芳しくなかった。まずこの区の北側には、E・S区中央部から続く近世後期の堀込が基壇すれすれにまで及んでおり、撹乱が甚だしかった。一方S区南端には防空壕があり、それ以前の遺構をまったく破壊していて、基壇が残存する部分とその南西側で、わずかに残された遺構が検出された。表土と平行するコンクリートの上面から、焼土や土器類を多く混じえる黒褐色粘質土層までの1m余りの間は撹乱がひどく、明確に掘り込みを把握し得なかった。黒褐色粘質土はこのトレンチの中央部分のそれと性格を同じくし、その一部は基壇外の瓦溜に及んでいた。しかしこの層の拡がりはトレンチの両端にまでは及んでいない。基壇の外側、瓦溜あたりは、基壇の石列と同一の高さには暗い茶褐色粘質土に覆われていて、中に多数の平安時代遺物を含んでいた。この層の下位には径が1mほどの隅丸方形をなした瓦溜があり、その縁は基壇の推定線よりも内側に入り込んでいた。このことにより、基壇の一部を破壊して瓦溜が作られたことが分かる。

　③N区　北半は撹乱もなく整った層序をみせていたが、南半は井戸をはじめとする新しい時期の堀込が多い。N区北側では最上面に薄いコンクリート舗装があって、その下に土管などの施設があるものの深くは及んでいない。多く雑多なものを含む黒色を主体とした表土層がその下20cmばかり続き、その

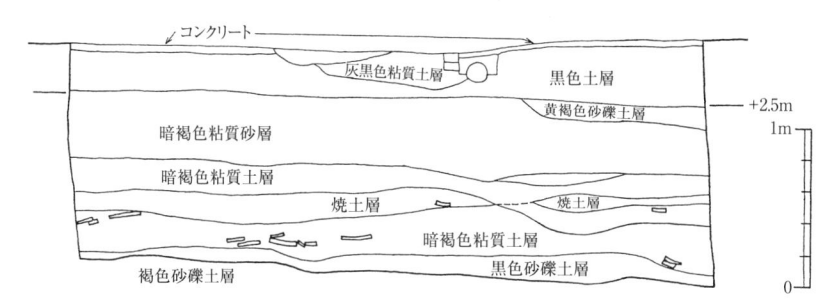

図26　N区北壁断面実測図

下位には東側一部に礫を多く混じえる黄褐色土がみられるが、大抵は暗褐色粘質砂層でこれが40cmほど続き、近世のカワラケなどを含んでいた（図26）。これ以下は60cmばかり暗褐色粘質土であり、その中間に焼土を多く混じえる層が帯状にあり、暗褐色土を二分するかたちとなっている。遺物はこのうちの下部に集中しているが焼土の中にも含まれ、それらには時代的変化は余り見られない。これにつづいて黒色の砂礫土が薄く続き、褐色の砂礫土層にいたる。これは褐色の礫層が一部侵食を受けて変化したものと考えられ、遺物を少々含むことから、内裏と中和院の間の道路面に相当するものと考えられる。N区南半分では撹乱層は黒色砂礫土層の上部にある暗褐色粘質土層にも及んでいたが、黒色砂礫層には達せず、平安時代の遺構としては、道路面以外にはなかったことが分かった。

④ W区　発掘区全域にわたり撹乱を受けていた。ここでは多数の堀込が錯乱し、地表下2mにも及び、平安時代の遺物を含む暗褐色粘質土や遺構が確認しうる黒色砂礫土層は破壊されていた。これらはE、Sトレンチの西側とN区南半に続く近世後期以降の撹乱層の一部と考えられ、遺構の確認は不可能であった。平安時代の遺物が若干出土はしたが、いずれも新しい時期の掘り込み中からの検出である。

　　（4）遺　　構

この調査で確認された意向は、廻廊基壇と基壇外側溝、道路面及び瓦溜である。うち道路は地山の褐色礫層を整形したのみの簡単なもので特筆することはない。

A 凝灰岩基壇（図27・28）

羽目石と地覆石より構成された凝灰岩製の基壇は、E区で長さ7m、S区で3.2mを確認した。その中間12.8mは後世の撹乱により破壊されてはいたが、石列背後の詰土と思われる土層の連続することから、27mに及ぶことが知られる。このうちE区で発掘した石列の南側2.4mは第1次調査時に検出した部分である。

E区の基壇は8点の地覆石と16点の羽目石よりなる。地覆石は長さ80～90cm、横幅30cm、高さ25～30cmと割合と一定した大きさの凝灰岩でできており、地覆石の上肩、羽目石と接する部分には、10～17cmの刳り込みが横位に設けられている。但し南側2点の地覆石ではこの刳り込みと羽目石のそれが一致していない。こうした不一致は南より4番目と5番目の地覆石にもみられる。ここでは両者の肩に10cmと7cmの幅で刳り込みがみられるが、その上面羽目石にはそれに対応する所作は何もみられない。地覆石の外面は多少の出入りがあって均整とはなっていないが、その上面の羽目石と接する部分は一定している。但し全体としては南側に向かって降っていて、E区石列の地覆石の南北の高低差は13cmを測る。

羽目石は大小まちまちであり、一部に保存状態が良くないものもみられた。完形品でみると、羽目石には2つのタイプが認められる。うち大きなものは長さが60cm前後、幅10～15cm、高さ31～35cmで、小さいのは長さ28～35cmを測る。羽目石はいずれも基壇の内側に接する部分は平坦であるが、外面はその横位中央付近で稜線をもつ屈曲部があり、底部は地覆石の刳り込みと対応する刳り込みがみられる。但しこの相互の繰り込みは必ずしも一致していない。とりわけ南側地覆石2点ではそれが顕著であり、地覆石の刳り込みと羽目石の間を瓦片や凝灰岩の破片で埋めたりしている。羽目石列の外面はすべて一定の直線上に位置するよう据えられているが、1例だけ北側から4番目の羽目石は、他のものより7cmばかり外側に据えられている。束石であろうとも考えられるが、羽目石背後の土の上面で比べるとやや南下がりである。

地覆石・羽目石とも外面は綺麗に整形されているが、一部にはノミ痕を残すものもあり（羽目石南より3番目）、側面はそれが顕著である。

基壇、石列の内側上面は暗褐色粘質土で構成されている。この暗褐色粘質土

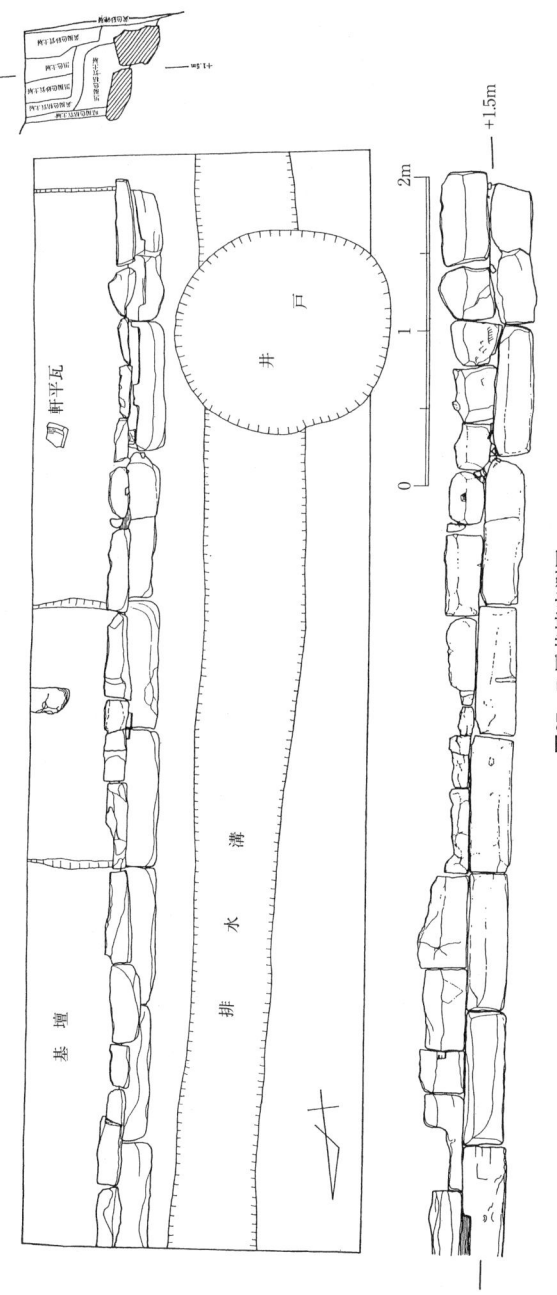

3 平安宮内裏内郭廻廊跡第2次調査   47

図27 E区基壇実測図

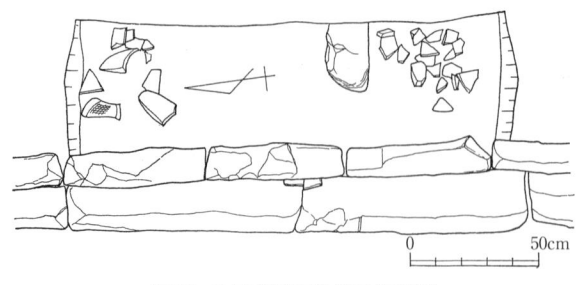

図28　E区基壇掘込部分実測図

の上面に剣頭文軒平瓦の破片がみられたが、これは基壇内の遺物ではなく、落ち込んだ状態にあった。E区基壇ほぼ中央部には、近世の焼土を混じえる掘込があって、一部基壇の上面に喰い込んでいる。その掘り込みの底には基壇の暗褐色粘質土に食い込むようにして瓦片が多数発見されている（図28）。これにより基壇築造の年代を把握する手懸りが得られた。

　基壇を構成する石列背後の詰土は必ずしも一定したものではない。南端部の断面でみると（図27）、上面は羽目石の上端の高さとほぼ一致して、暗褐色粘質土が5—6cm詰められている。この層の下部、列石よりの部分には凝灰岩片や土器小片を多く含む黒褐色粘質土があり、地覆石の下部まで達している。一方基壇の内側よりでは厚さ10cmほどの茶褐色砂質土が中央付近で下位に落ち込み、地覆石の下部で黄褐色の砂質土層に接している。この茶褐色砂質土の下は黒褐色砂質土、黒色土、黄褐色砂礫土となる。すなわち黒色土までは自然堆積土であり、この上に黒褐色砂質土を加えて基壇の原形をつくり、さらにこれら3層を一部整形して茶褐色砂質土を覆うように固め、地覆石と羽目石を据えた後に、黒褐色粘質土で列石を固定し、暗褐色粘質土層で基壇を作り上げたものである。

　一方E区の石列で北側より2番目の羽目石をはずした時に検出された基壇内部の土の堆積状況は、これとはいささか異なる（図29）。上面から暗褐色粘質土、黒褐色粘質土、茶褐色粘質土、黒褐色粘質土層と続き、基壇内部に下がり気味に積まれている。ここでは石列の南の方とのレヴェルの差異のためか、黒色土も撤去され、また地山である黄褐色砂質土を2段に整形して、羽目石と地覆石の背後は砂利を多く含む黒褐色粘質土層で埋められている。このうち上から2番目の黒褐色粘質土中には、凝灰岩片や土器片さらには多数の瓦片が含まれている。基壇内部のこれら平安時代の遺物を含むことや羽目石と地覆

石の食い違いなどから、E区列石は二次的な組み合わせであることは容易に理解される。

　S区の石列基壇は6枚の地覆石と7枚の羽目石で構成されている（図30）。地覆石はE区のそれよりはやや大きく、長さが60〜65cmで、高さは25cm内外を測る。地覆石のうち南側のものは、地覆石外面のラインよりも12cmほど奥に引っ込んで置かれているが、すぐ南側に設けられた防空壕のために委細は検討できなかった。但し、基壇が東折するところの構造であるという積極的な所作は認められなかった。地覆石が羽目石に接するあたりにある刳り込みは、E区と同様である。南側から数えて4枚の地覆石は割合と固定されていたが、E区の南端にレヴェルに比べても30cmも低く、またE区の北端のそれとは45cmも下がって置かれている。S区北側の2枚の地覆石は石列に接して西側にある後世の掘り込みのために、ずり落ちるような形状で残り、北端のものは地覆石の上面でも、S区の他の地覆石よりも25cm下がっている。

　羽目石はE区のそれと同様に大・小2種凝灰岩で出来ている。一部に破損のあとが認められるが、地覆石と羽目石の刳り込みが密接していて、E

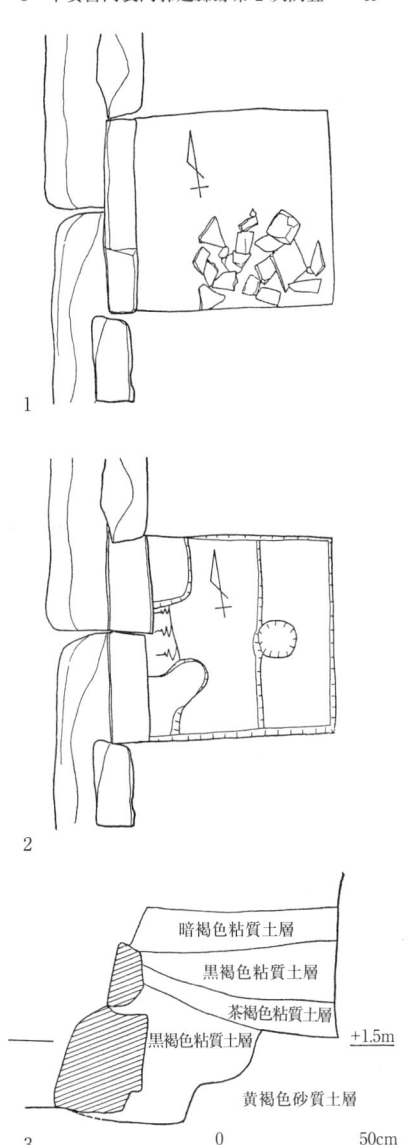

図29　E区基壇試掘抗平面・断面実測図

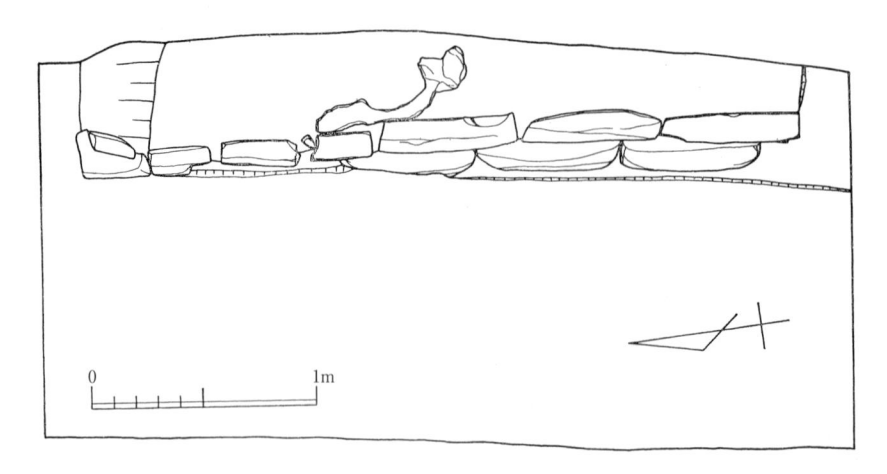

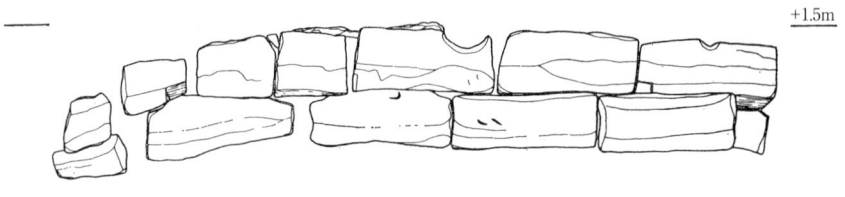

図30　S区基壇実測図

区南側のような食い違いはみられない。北よりの3枚の羽目石は地覆石に沿って下がり気味であるが、他のものはその上端のレヴェルでほぼ一致し、E区の羽目石との高低差は37〜38cmであった。

　石列内側の土の盛り上げ方はE区南端の層とほぼ同じである。

　S区南端の地覆石と羽目石の接点から、E区北端のそれを結ぶ線の磁北からの傾きはN6°37′Eである。京都市内の磁北は真北より6°21′西にずれていることを考慮すると、この内裏の廻廊の基壇は真北よりも16′東にずれているのみであり、民部省南築垣のそれとのブレがほぼ一致していて、平安京創設期の規準の精密さを知りうる。

　　B　排水溝（図27）

　排水溝は基壇の外側、基壇に沿うようにして南に流れる幅50〜60cmの浅い掘り込みである。その幅は一定せず、また溝の深浅も異なる。黄褐色の砂礫層

の上面には、水が流れたことを示すように鉄分が付着してやや赤みを帯びている。人工的に形成されたとは考え難く、基壇創建時以降自然にできた流路と思われる。この排水溝は石列が壊されている部分にもあり、雨落ちの溝として存在したものと思われるが、E・S区中央部で近世の掘り込みにより、南側は切断されている。

C 瓦　溜（図31）

S区の南側、石列の基壇が切れた西南側にある。瓦溜の北端は近世の掘り込みにより切られているが本来は南北に長い隅丸方形であったと想定される。東西93cm、南北105cm、深さ15cmを測る。瓦溜には凝灰岩を混じえる黒褐色土が主で（部分的に焼土を混じえる）、瓦の分量は多くはない。また瓦溜の上層に瓦は多く、下部は焼土を混じえる土で満たされている。この瓦溜のプランは明らかに基壇の推定線上にあり、基壇がさらに南側に続いていたとすると瓦溜により基壇が破壊されたであろう位置に築かれている。瓦溜の中には小破片の瓦が多く、土器も少数ではあるがみられた。これら遺物はまとまって一度に廃棄された状態にあった。なお出土遺物はすべて平安時代に属するものであり、他の時期

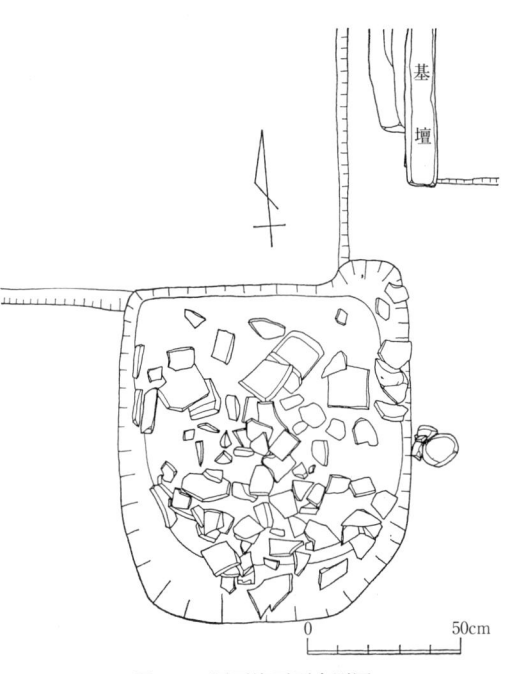

図31　S区瓦溜平面実測図

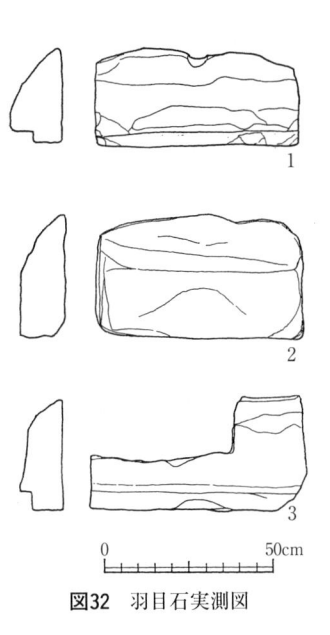

図32　羽目石実測図

のものは含まれていない。

なお図25-3〜5、7、8のレヴェル表記は内野公園内にある大極殿碑よりの相対差である。

（5） 遺　　物

今回の調査で出土した遺物は石炭箱にして約20は箱分であった。それらのうち大半は平安時代の瓦類であり、土師質の灯明皿がこれに次ぐ。緑釉陶器や須恵器、白色土器、内黒土器などは小破片が多く、出土量は極めて僅かでしかなかった。

A　軒丸瓦類（図33〜40）

軒丸瓦は併せて50余点出土している。そのうち多くは平安時代に属する。これらのうち完形品はわずかで、大部分は小片のため委細は不明なものが多い。類例が多く復元が可能なものを重点的に紹介し、他は図示するに留める。

重圏紋軒丸瓦（図33-1）：中心から周縁にいたる丸瓦の1/6ほどの破片である。色調は明るい灰褐色で胎土中には雲母片を含み、焼成はやや軟質、内区には幅約6mmの圏線が3本めぐるが、一部は剥落する。筒部との接合部には指による圧痕が残る。難波宮跡6011B型式で、平安宮では内裏第4次調査の折に類例が出土している。

単弁12葉蓮華紋軒丸瓦（図33-2）：中房あたりと周縁の一部を残す小破片である。ややちいさめの中房には低く蓮子が1＋6めぐり、内区には弁間紋がなくて花弁の上半が接するように12葉配されている。花弁の他の部分に比べ、子葉が幅広で高いのが特徴である。内区と外区珠紋帯と周縁の間はそれぞれ細い圏線がめぐり、周縁は高い。色調は灰褐色、胎土は極めて良好で、焼成は堅緻。平城

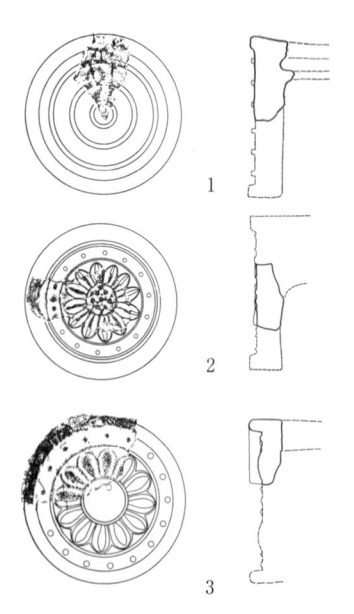

図33　軒丸瓦拓本図1（縮尺1/8）

3　平安宮内裏内郭廻廊跡第2次調査　53

宮跡6133C型式で、平安宮では内裏第4次調査時に同型式のものが出土している。

　単弁12葉蓮華紋軒丸瓦（図33-3）：中房を欠き周縁と内区1/3ほどが残る小破片である。灰褐色の色調をなし、焼成は堅く良好。胎土中には少量の雲母を含む。周縁は高いが珠紋や弁紋は低い。弁間文はなくて花弁の上半が接合して紋様単位となる。子葉はやや短く幅広である。平安宮醬院跡、内裏第4次調査時にも同型式のものが出土している。長岡宮式の瓦と思われるが、型式は判じえない。

　複弁8葉蓮華紋軒丸瓦（図34-3）：周縁から弁区までの小破片である。色調は茶褐色で胎土中には雲母や長石を含む。焼成は極めて良好。

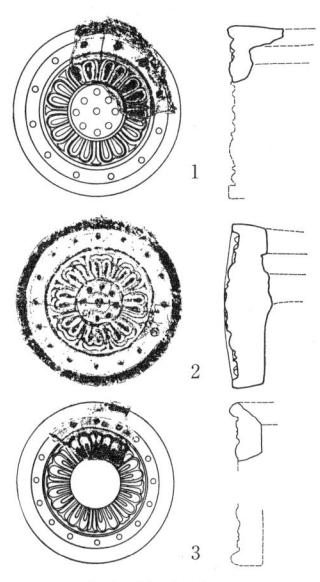

図34　軒丸瓦拓本図2（縮尺1/8）

一条の圏線で珠紋帯と区画された内区には、細くて短い子葉を持つ複弁があり、各弁間には双子状の弁間紋が配されている。中房は欠損しているため不明であるが、平安京内では西寺跡出土品に同型式のものがあり、1+6の蓮子をもつ。周縁の外側には外枠被せの范傷が残り、瓦当面裏側にはヘラ削りが施されている。

　複弁8葉蓮華紋軒丸瓦（図34-2）：完形品。灰黄色の色調で胎土中には砂粒や小石粒を多く含む。周縁や珠紋帯及び圏線は隆起が高く、外区に対して内区は肉厚となる。弁間紋は三角形状となって中房に至る。中房は1+8の蓮子が配されるが、中央の蓮子と周縁の蓮子の間には幅3mm前後の浅い輪がめぐる。この輪は豊楽院出土の同型式の瓦にもみられるが、この型式瓦を製作したと想定される西賀茂瓦窯出土品の中で、この型式のものはみられない。但し西賀茂瓦窯の他の型式のものには、1点ではあるが同巧のものを見出しうる。瓦当面には横位の范傷が数本みられ、周縁の外側には范被せの痕が認められる。

　複弁8葉蓮華紋軒丸瓦（図34-1）：蓮華紋軒丸瓦の珠紋帯と内区花弁を含む破片で、中房を欠く。色調は灰褐色、胎土中に砂粒が多く、粗い。明瞭に表出した複弁と撥状の間弁紋が特徴的で、西賀茂瓦窯出土品に類例が認められる。

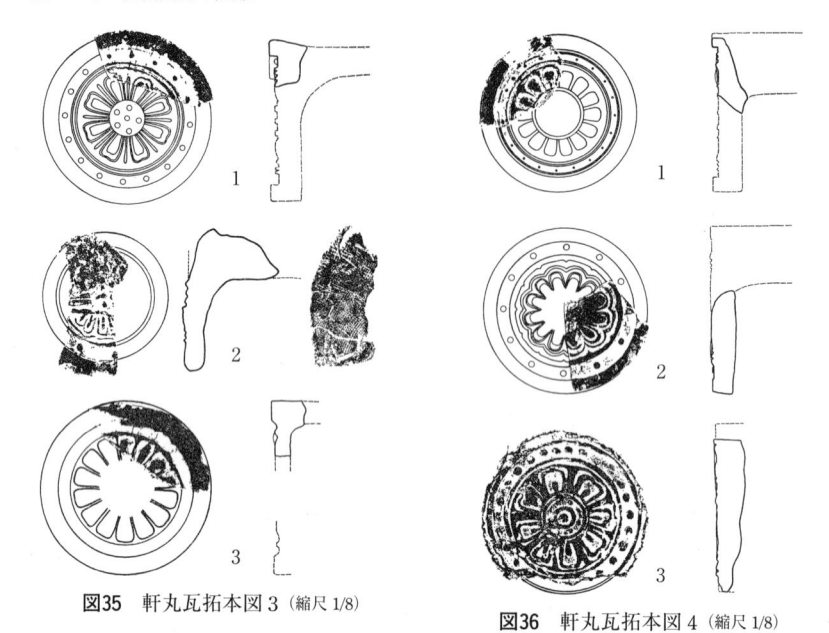

図35 軒丸瓦拓本図3（縮尺1/8）　　**図36** 軒丸瓦拓本図4（縮尺1/8）

完形品でみると、やや大きい中房に1＋8の蓮子をもつ複弁子葉の紋様構成である。平安宮内でしばしば類例をみる。

単弁8葉蓮華紋軒丸瓦（図35-1）：周縁と花弁先端部のみ残る緑釉瓦片である。色調は灰黄色で濃緑の釉薬がかかり、胎土には小石を含んでいるが、焼成は比較的良い。周縁は高く、珠紋および内・外区を分ける2本の隆起圏は著しい。これと同型式の瓦は平安宮朝堂院、豊楽院などの各地点で多数出土している。平安博物館が昭和49年に発掘した醍醐の森瓦窯址から、緑釉はかかっていないがこのタイプの完形品が発掘されている。一方幡枝瓦窯址ではこれと同型式のものが採集されているが、委細は不明である。この瓦は完形品でみると、外区には16個の珠紋を配し、2条の圏線で内・外区を画して、精緻な8葉の単弁の間には、棒状の弁間紋を各々配している。中房は1＋5の蓮子が廻る。

複弁8葉蓮華紋軒丸瓦（図35-2）：周縁から内区までの縦長小破片である。胎土中には砂粒が多く見られ、焼成は普通。色調は黄白色、周縁は幅広であるが高くはなく、珠紋帯と弁区には3条の広い圏線が廻らされる。子葉の短い

複弁が弁間紋をもたず孤立的に表されるが、紋様の崩れが甚だしい。中房には1+4の蓮子がある。瓦当面には中房の下位の部分に笵傷が横位に認められる。いわゆる1本造りの技法で造られ、裏面には布痕がみられる。

単弁14葉蓮華紋軒丸瓦（図35-3）：内区の一部と外縁を残すのみの小破片。色調は灰色。胎土は良質で焼成は普通。瓦当面はヘラ切利される。珠紋帯はなく外縁と内区の間には太く隆起した1条の圏線があり、弁間紋はこの圏線と接する。花弁は平たく弱弱しい。これと同笵の豊楽院出土の瓦をみると外縁はかなり高い拵えである。

単弁14葉蓮華紋軒丸瓦（図36-1、図39-1～8）：本遺跡で最も多く出土しているがいずれも小破片である。色調は灰色―灰黒色で胎土には小粒の石、砂が多く含まれ、焼成はやや軟質もしくは普通。やや高い外縁と隆起した弁区の間には細い2本の圏線が廻り、その圏線に挟まれて小さな珠紋が不規則に21個配されているらしい。太く隆起した間弁が相互に接した中に、短い棒状の子葉がみられる。中房には1+6の蓮子がある。全体に作りは粗雑であり、紋様も崩れたものが多い。類例としては豊楽院、朝堂院出品にみられ、内裏4次調査では完形品が検出されている。

単弁12葉蓮華紋軒丸瓦（図36-2）：中房から外側まで扇形に1/4ほど残る破片である。色調は明褐色で胎土、焼成とも良好。雲母を少量含む。瓦当面はヘラ切りされ、紋様は平坦になる。隆起した子葉を取り囲むように2本の輪郭線があるが、うち外側のそれは花弁と花弁の間に1条の弁間紋のように配されている。外側の輪郭線と珠紋帯の間には1条の圏線がみられるが、この圏線も花弁の単位にそって内側に少々入り込むように設えてある。珠紋帯ではこの位置に性格に12個の珠紋が配される。瓦の背面は布目痕を有するが、断面でみると瓦当を構成する粘土は二枚に分かれる。

単弁8葉蓮華紋軒丸瓦（図36-3）：色調は黒色～灰色。胎土は精錬され焼成も良好。明確な外縁をもたず、珠紋帯との間に1条の圏線を有する。珠紋帯には太目の珠紋が約29点配される。1条の太い圏線で区画された内側には、幅広い弁間紋が相互に連なり、花弁は屈曲する輪郭と小さな子葉で構成される。中房には1+8の蓮子が配されているが、中心の太い蓮子と周縁の小さな蓮子の間には4mmの太い隆起する圏線が廻る。今までの所類例はない。

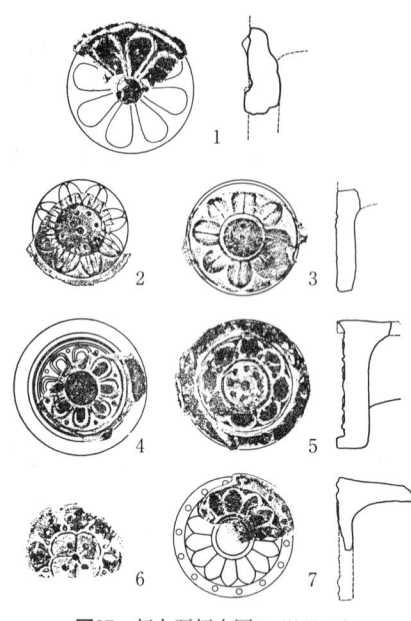

図37 軒丸瓦拓本図5 （縮尺1/6）

単弁8葉蓮華紋軒丸瓦（図37-1）：周縁を欠くが内区と中房を残す1/3ほどの破片である。色調は灰黒色。胎土は精選されているが焼成はやや軟質である。内区は太く隆起するT字形の弁間紋が相互に連なり、幅広い素弁が8葉配されている。中房は小さくて高い。蓮子は1+6か。白鳳期のものと類似するが便化した素弁から受ける感じから、平安時代に降るものと思われる。平安京内では今のところ類例はない。今回の調査では他に2個体分出土している（図39-13・14）。

単弁8葉蓮華紋軒丸瓦（図37-3）：ほぼ完形品。黄白色の色調、胎土焼成は良好。明瞭な外縁を待たず、2条の圏線に囲まれた弁区には、弁間紋はなく陽出された花紋に葉脈を浮き彫りした紋様単位が、1枚おきにあたかも花弁の重ねのように表現されている。やや大きめの中房には、1+6の蓮子がある。筒部には外縁ぎりぎりに接合されるが、横長の瓦当面をもつ。3個体出土している（図39-11・12）

単弁8葉蓮華紋軒丸瓦（図37-4）：外縁の大部分と弁区の一部を欠損するもの。灰色の色調で、雲母と長石を胎土に含み焼成は普通。外縁と内区の間には2条の圏線が廻るが、外縁は不整円形で范型は内区のみにあてられたと思われる。内区には太い輪郭線とずんぐりとした子葉からなる花弁が8個配され、花弁と花弁のあいだには太目の珠紋がみられる。中房は浅く、不鮮明であるが1+4の蓮子があるらしい。平安宮址では朝堂院跡、内裏第1次調査時に出土している。

単弁8葉蓮華紋軒丸瓦（図37-5）：ほぼ完形。色調は灰黒色、胎土は緻密で雲母・長石を含む。焼成は良好。高い外縁と内区との間には細い圏線が1条廻るのみで珠紋帯はなく、内区には桃実状の蓮華紋を8個配する。弁区と太

い圏線で区画された中房には、1＋8の蓮子が太めに付されている。筒は外縁ぎりぎりに接合されている。平安宮では朝堂院跡で同笵品が出土している。

単弁14葉蓮華紋軒丸瓦（図37-7）：中房を含む1/3ほどの破片。但し中房は摩滅して蓮子は不明。灰色の色調で胎土には砂粒を多く含む。焼成はやや軟質。外縁はなく、幅狭な珠紋帯と大き目の圏線に挟まれた弁区には、逆三角形で中房にはとどかず横の相互に連なって界線となる弁間紋と、剣頭紋状の花弁で飾られる。瓦当は薄く、筒は瓦当の上縁に接合されていて、筒の下瓦当の背面には、薄く粘土のあてがいがみられる。平安京では類例はない。

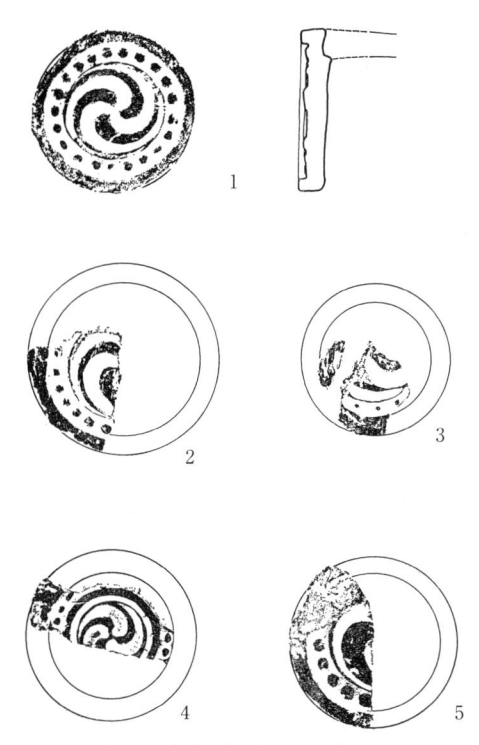

図38 軒丸瓦拓本図6（縮尺1/6）

単弁8葉蓮華紋軒丸瓦（図37-6、図39-15）：内区の一部と外区を欠損する。黄褐色の色調で胎土には小石を含むが焼成は堅緻。擬宝珠状の花弁の外には、細線で輪郭を描き中房は扇状に4区切りした中に、蓮子を置き、それら蓮子を中央のそれと結び付けている。これと同笵と思われる古代学協会所蔵の完形品では、外縁はなく1条の圏線で内区と区画された狭い珠紋帯には蓮子よりやや小さな珠紋が24点廻っている。

三ツ巴紋軒丸瓦（図38-1）：完形品。灰色で胎土中には多量の雲母を混じるも粘土は精選され、焼成は堅緻。左回りの三ツ巴の尾が相互に絡んで圏線の役目もはたす。巴の先端は尖り気味ではあるが接することはない。外区には大きめの珠紋が21個配される。外縁はやや高く外周は不整円形でかつ外周の幅は一定しない。瓦当面には笵傷が数ヶ所横位はしるのがみられる。筒は瓦当の上

図39 軒丸瓦拓本図7（縮尺1/8）

図40 軒丸瓦拓本図8（縮尺1/8）

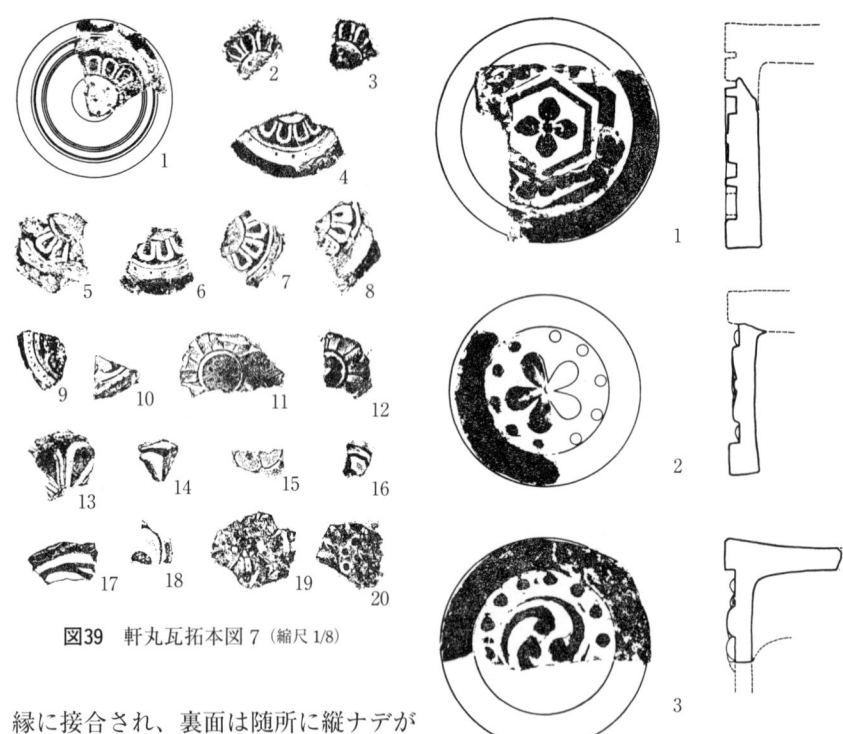

縁に接合され、裏面は随所に縦ナデが施されている。瓦当面の一部に笵型を外しやすくするために雲母を含む砂を撒いた形跡が認められる。

三ツ巴紋軒丸瓦（図38-4）：外縁外区の大半と内区の一部を欠損するもの。灰色の色調で胎土は良好。焼成はやや軟質。幅広の外縁と5mm前後の断面台形状の圏線に挟まれた珠紋帯には、間断なく大きめの珠紋が配される。内区には小さな左回りの三ツ巴が描かれ、尾は相互に連なり、先端部も接している。平安京では三条西殿跡の第1次調査のおり、同型式瓦が出土している。

三ツ巴紋軒丸瓦（図38-3）：外縁・内区の一部を残す小破片。色調は灰褐色で胎土中に小石を多めに服務。焼成はやや軟質。高い外縁の内側には小さな珠紋が配され、狭い圏線に、左回りの三ツ巴の尾が接している。内区中心部は不明。

三ツ巴紋軒丸瓦（図38-2）：色調は灰褐色で胎土に砂粒を含む。焼成は普通。

図38-1と同型式。瓦当の表面に雲母を含む砂が付着する。

　三ツ巴紋軒丸瓦（図38-5）：約半分ほどの破片。灰色の色調。胎土に砂粒を少々含み、運もが全体に多い。焼成は良好。幅広・肉厚で左回りの三ツ巴を中央に配し、低い圏線と高い外縁に囲まれた外区には大きな珠紋を数多く配する。筒は瓦当の上端で接合されている。

　以上のほかに平安時代に属すると思われる瓦では小破片が多く委細は知りえないものが少なくない。また聚楽第に関係する桃山時代の瓦も出土している（図40）。

B　軒平瓦類（図41～46）

　軒平瓦は全部で60余点出土している。聚楽第に関係する桃山時代の瓦を除いてはすべて平安時代に属する。軒平瓦では完形品は皆無で、小破片のものが多い。

　均整唐草文軒平瓦（図41-1・2）：中央部のみの破片。色調は灰色、胎土中には長石を少し混入させ、焼成は堅緻。帆かけ船状の紋様をもつ中心飾から左右に唐草が三反転半し、両端も唐草の一種となるもの。弧深が深く顎は緩やかにひく。凹面は布目、凸面には縄目が施されるが、瓦当近くはヘラ削りされる。長岡宮7757-B型式で、川原谷窯産。平安宮内でも内裏、朝堂院跡などで数多くの同笵がある。今回は3個体出土。

　均整唐草紋軒平瓦（図41-3）：瓦当の右1/3残す破片。これと同型式の瓦は西賀茂窯で出土している。紋様は割合とシャープで整っている。外縁は浅いが弧のはりは強い。王面には布目がみられるが、凸面の縄目は1.7cmほどの単位で瓦当面と平行に施されているのが特徴的である。色調は黄褐色。胎土中に砂粒を多く含み、焼成はやや軟質。瓦当面のみからすると平安宮でも類例は多くみられる。

　均整唐草紋軒平瓦（図41-4）：中心飾から右側に1/3ほど残る破片。対向C字に背C字を組み合わせた中心飾から左右に三反転する紋様であるが、その彫は比較的深い。黄褐色の色調で、小石を胎土中に多く含む。焼成はやや軟質。西賀茂窯出土品に類例が多く見られる。

　均整唐草紋軒平瓦（図42-1）：瓦当半分近くの破片。色調は黄褐色、胎土中

60　Ⅰ　発掘調査の記録

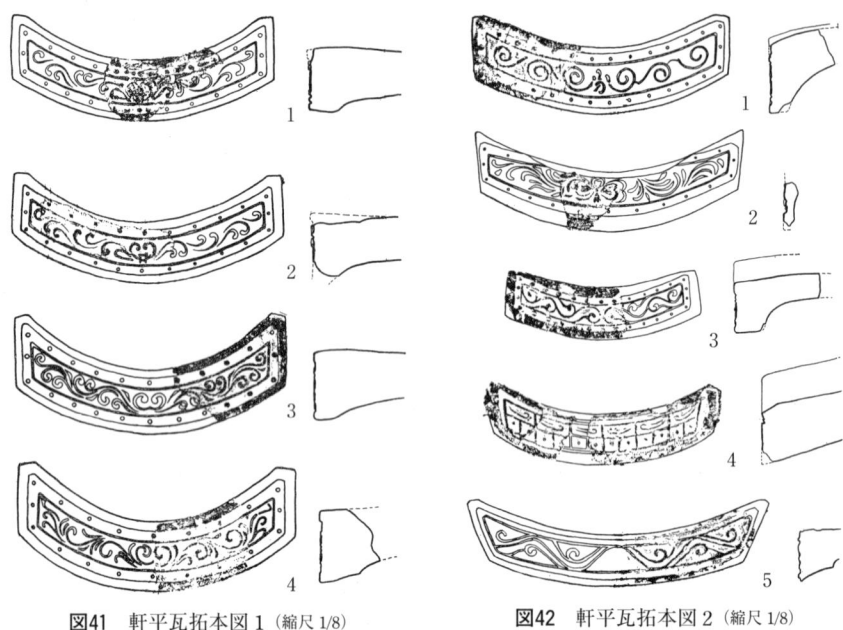

図41　軒平瓦拓本図1（縮尺1/8）　　　**図42**　軒平瓦拓本図2（縮尺1/8）

に砂を含む。焼成はやや軟質。1本の隆起線で三反転する巻きの強い唐草であり、内裏4次調査、朝堂院跡、太政官跡などから同型が知られており、「小乃」の銘を中心とする均整唐草紋であることは良く知られている。顎は無顎で、瓦当に対して筒は鈍角に接合される。凹面の布目は粗く、凸面は多くヘラ削りが施される。

　均整唐草紋軒平瓦（図42-2）：中心飾りの部分のみの破片。黄褐色の色調で胎土に砂を含む。焼成はやや軟質。輪郭線をもつ2個の花弁とそれを持たない2個の花弁を向き合わせにした中心飾をもつ。内裏第1次調査時に完形品が出土している。それによると枝葉をおおくもつ唐草を三反転するもので、瓦当面の上縁の幅が広くなり、界線の部分まで延びている。今回の調査では2個体出土し（図43-5）、内裏3次、同4次調査でも発掘されている。平安宮以外ではオーセンドー廃寺出土品に類例がある。

　均整唐草紋軒平瓦（図42-3）：瓦当半分ほどの破片。灰白色の色調で胎土に細石をあまり含まず、焼成も良好。内区中央の珠紋を中心として複線で表された唐草紋が左右に四反転する。紋様から見るとむしろ左右両脇から中心に向

かって反転するようにもみえる。外縁と界線に接するように珠紋が配されるが、その数は多く、ことに脇区に4個ある点は、他に類例をみない。三条西殿跡、や朝堂院跡で類例が検出されているが、それらよりも小さい造りで、紋様の表出にシャープさを欠く。瓦当面には范傷が認められる。凹面は布目で外縁の部分にまで及んでいる。3個体出土し、うち1点には瓦当面や外縁をヘラ削りしている。

　変形唐草紋軒平瓦（図42-4）：破片数がもっとも多い瓦で、5個体紋は想定できる。色調はどれも黄褐色で、胎土中に小石が多く焼成はやや軟質。内区は界線を方形に区画して上下2段に区切り、上段には蕨手状の唐草紋を中央に向けて配し、下段はさらに二分して珠紋を1点づつ置くもので、この単位を左右3個ずつ配するが、左右ともに中間のものは上段の唐草の一方は棒状に便化している。范型は外縁の中央まで出あり、凹面の布目も外縁の際まで達し、顎はない。個体によっては外縁をヘラ切りしているものもあるが、一部はそのままで凸面の布目が外縁に及ぶものもみられる（図46-2）。同型式の瓦は内裏1時、4次、民武省跡、朝堂院跡などで出土が確認されている。

　変形唐草紋軒平瓦（図42-5）：軒平瓦の右半分の破片。灰褐色で胎土は緻密、焼成もかなり良い。中心飾は不明ではあるが、上下に屈折する界線の内外に唐草を三反転させたもので、外縁と界線の間には珠紋はなく、狭い空白地帯となる。3個体出土しているが内1点は凸面に格子叩きが付されている（図44-6）。

　以上の復元しえたもの以外は小破片が多く類例も少ないことから、拓本だけに留め、簡単な説明を加えることとする。

　図43-1・2は図41-1・2と同型式の均整唐草紋軒平瓦で、長岡宮7757-Bである。瓦当面が切られているため（木型に粘土を押し込む前の段階での切断か？）、紋様の表出は平面的となっている。同図3は灰黒色の色調で焼成が良好な軒平瓦。対向C字を中心飾として三反転する唐草紋をもつものの一部である。紋様はシャープで唐草の枝先端部が特徴的であり、西寺出土軒平瓦に酷似するが同一の范ではない。同図4は均整唐草紋軒平瓦の一部であるが、紋様の大部分が剥落し委細は知りえない。同図5は均整唐草紋の中心飾近くの小破片。類例は殆ど知られていない。赤褐色の色調で焼成は普通。同図6は図41-2と同型式でオーセンドー廃寺の出土品と同じである。同図7は均整唐

62   I   発掘調査の記録

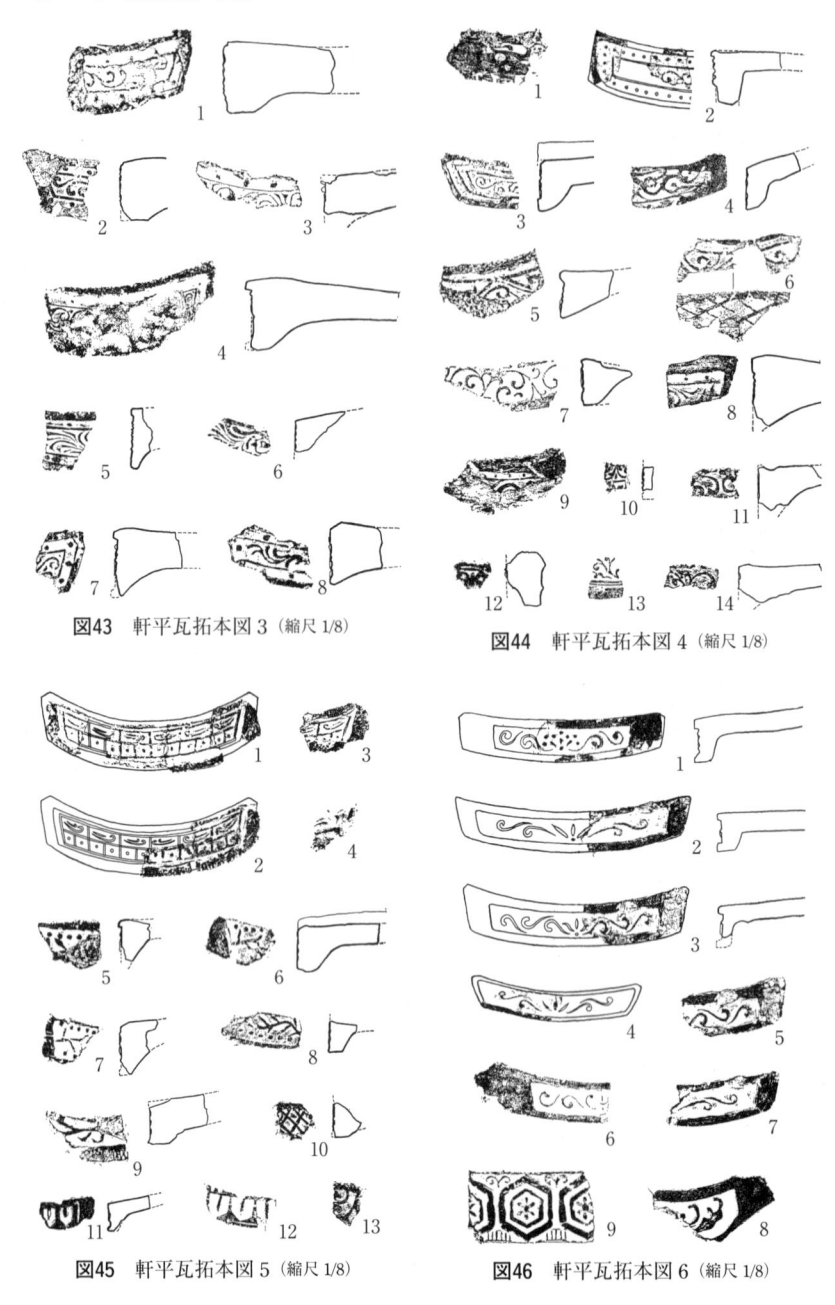

図43　軒平瓦拓本図3（縮尺1/8）

図44　軒平瓦拓本図4（縮尺1/8）

図45　軒平瓦拓本図5（縮尺1/8）

図46　軒平瓦拓本図6（縮尺1/8）

草紋軒平瓦の端部に近い小破片。紋様も割合しっかりと表出されており、唐草の端が下向きにからまっている。平安京以前の瓦かもしれない。同図8葉均整唐草紋軒平瓦の左1/3ほどの破片で、中心飾に「栗」の銘をもつ来栖野瓦窯出土品の流れを汲む類である。紋様は来栖野窯製品よりも横長にデフォルメされた感じを受ける。黒褐色で胎土には砂粒を多く含むが、焼成は堅緻である。

　図44-1は瓦当面の残りが悪く紋様の委細は分らないが、図41-3と同様に来栖野窯系統のものであろう。顎の部分には粘土の貼付け痕が見られ、指による押圧を留めている。砂粒を多く含み、黄褐色の色調で、焼成は普通。同図2～4は図42-3と同様に瓦当の左右両端から四反転する唐草紋を配するもので、顎が発達するのが特徴的である。2は内裏3次、4次調査時に出土しており、4は円勝寺出土品に類例がある。同図5及び6は図42-5と同型式、同図7は流麗な偏行唐草紋を配する軒平瓦であるが、他の同巧のものに比べいささか小ぶりである。円弧に近い唐草の端は外縁と接して切られている。同図8～14は小破片でよく分らない。うち11と12は同図2～4と同様に瓦当の両端から中央に向かう均整唐草紋で、11はその中心部かとも思われる。

　図45-1～4は図42-4と同型式の瓦であるが、破片のため同范か否か不明。外縁部は多くヘラ削りが施されているが、それがみられない所では凸面に縄目痕が残る場合がある（同図3）。同図5～8は偏行唐草紋が主紋様で界線はなく、上縁と下縁に珠紋を密に配する。いずれも黄白色の色調で焼成は甘く、胎土中に砂粒を含む。5～7は同型式である。平安宮内では類例はこれまで知られていない。同図9は5～8と同様の偏行唐草紋であるが、珠紋はなく。顎の部分に縄目痕が見られる。同図10は斜格子紋軒平瓦の破片で、外縁により紋様が途切れて三角形となった部分に珠紋を配しており、平安宮でも内裏跡出土品に類例が見られる。同図11と12は剣頭紋軒平瓦の破片であるが、剣頭紋の大きさ、幅とも相互に異なる。なお瓦当の表面には11では右端に、12では下外縁に范傷が残る。

　このほかに聚楽第に関連する瓦も出土している（図46）。

C　文字瓦（図47）

　文字瓦は3点出土している。

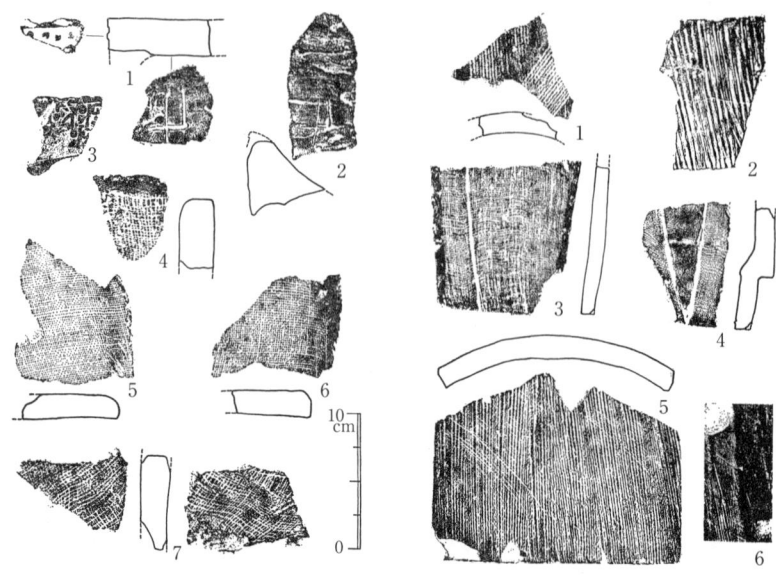

図47　文字瓦・瓦凹面拓本図

図48　平・丸瓦拓本図1（縮尺1/8）

　図46-5～8にみられるような変形唐草紋軒平瓦の筒の凸面に、「七」を陰刻したもので、綴りの順序は逆である（図47-1）。軒丸瓦の凸面をヘラ削りした後に「七」を陰刻したもので、瓦当面が剥落しているために、どのような文様と結びつくかは不明。しかしこうした造りのかわらは平安時代の後期に多い。字のつづりは逆順序である（図47-2）。乳白色に近い色調で小生はやや軟質の丸瓦の凸面に、「筑前」に逆字を陽刻したもの。2度笵をおしたために一部が二重になっている。大宰府関係の資料の中に類例を見出しうる（図47-3）。

　D　その他の瓦

　1枚造りの手法で瓦を拵えたと考えられる類がある。側縁の中途まで布目が及ぶものと側縁全体にこれが達するのとがある（図47-4～6）。丸・平瓦どちらにも認められ、その時期は平安時代でも古い段階ではない。また平瓦の凹凸両面に布目痕をもつものもある（図47-7）。

　平瓦の凸面は縄目をもつものが多く、5cm前後の幅でもって縄目が施されたことを知りうる資料がある（図48-1）。しかしこうした縄目を持つ瓦は多く

凹面に桶の板の幅を知ることができるものがあり（同図6）、この桶の幅板によって縄目の施紋幅が制約を受けたと思えるものもある（同図6）。こうした縄目を持つ瓦は平安時代の前半期のみに多く、平安時代も後半期になると瓦の凸面に条痕が残り、縄目が不鮮明になる類も見られる（同図2）。この種の瓦は灰褐色の色調を主とした焼成が極めて堅緻なものであり、平安京、例えば三条西殿跡のような平安時代後期以降に創建された建物などに多く伴うことが知られている。

　筒の尾部が玉縁状になるものと行基葺になるもの（図48-3・4）があるが、行基葺のものは少くない。また玉縁状のも

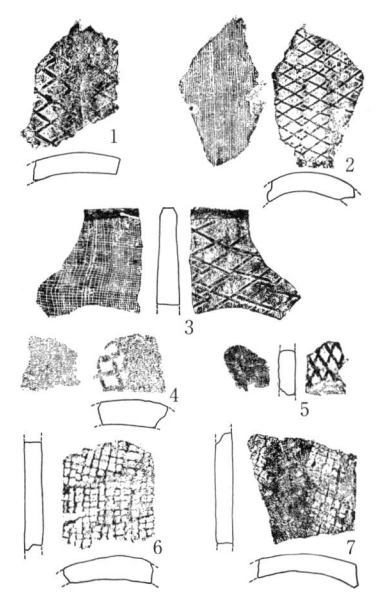

図49　平・丸瓦拓本図2（縮尺1/8）

のも段がかすかに存する程度のものも多く、時期が降るにつれてこうした手法で造られた丸瓦が増加する。

　瓦の凸面に格子目を持つものが少なからず出土した。図示したように（図49）、格子目の形状もまちまちであり、格子目の施紋の一方の端は知りえるが、他方の端が分らないために格子施紋の単位は把握できない。これら格子目をもつ瓦の凹面にはすべて縄目痕が認められ、北部九州に類例を求めることができる類である。これら格子目施紋の瓦は平安時代でも後半期に多い。

(6)　土　器　類

A　施釉陶器（図50）

　緑釉陶器は20数点出土したが完形品はなく、しかも殆どが小破片であり、図化できたのは数点に過ぎない。これらの多くはE区、N区の暗褐色土層からの出土で、とりわけN区に多くみられた。緑釉陶器は器種の上では大・中・小の3種に分かれ、かつそれら相互の間でも型式に差が認められる。

　小型陶器（図50-1）：浅緑色の釉薬がかかる土師質の緑釉陶器で、幅に対し

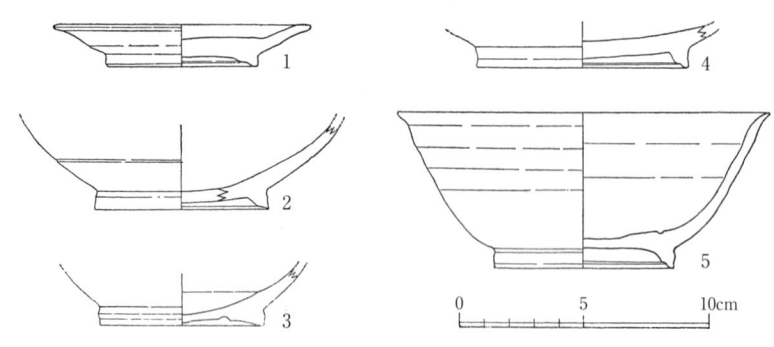

図50 緑釉陶器実測図

て器高は低い。幅広の脚部から外反ぎみに口縁にいたるもので、器底は厚い造りとなっている。脚の内部はヘラ状器具で浅い段が施されている

　中型陶器（図50-2・3）：外反気味の脚部から膨らみをもって口縁にいたる深緑の須恵質の緑釉陶器で、平安宮跡では最も普通にみられるタイプである。脚部の内側はヘラ削りで面取をおこなうもの（同図2）とそれが幅広になっていわゆる蛇の目高台を呈するもの（同図3）とがみられる。

　大型陶器（図50-4・5）：幅広の胴部が膨らみを持って頸部にいたる口縁が急に外反する土師質の緑釉陶器で色調は浅緑から深緑まであるが、焼成はいずれも弱い点共通する。脚部の内側にはいずれもヘラ状工具で段が浅くつけられる。4はあるいは盤であるかもしれない。

　以上の緑釉陶器は須恵質と土師質に分けられ、後者には口唇が外反する点と脚部内側部に特徴が表される。前者は中部地方から近畿地方にかけて顕著に分布するのに対して、土師質の緑釉陶器は西日本に広がっている点異なりが窺われ、かつ図50-2にみられる脚部の整形技法は愛知県折戸53号窯の灰釉陶器と共通し、平安京近郊の小塩窯の製品と見分けて類似する。また少将井遺跡での伴出関係から10世紀前半頃の製品とすることが可能である。一方軟質の緑釉陶器は今日未だその生産窯が未発見であるが、緑釉陶器の中では最も後出するものであり、京都市本山遺跡出土品と共通する点及び西日本での土師器との共伴関係から、11世紀の製品であると比定される。

図51 白色土器実測図

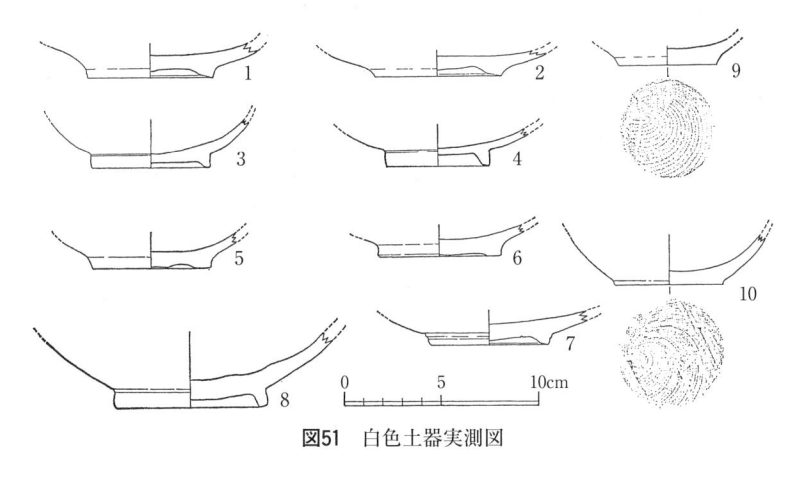

B 白色土器（図51）

　明るい灰色もしくは乳白色の色調をもつ精製土器類である。内外面とも丁寧な磨きがなされている。器種も多くあるらしく、盤、椀、皿の3種に大まかに分けられる。完形品が皆無であるために脚部のつくりと器種の関係はよくわからない。脚部が大きく八字状に開くもの、蛇の目高台、もしくは脚部の低いもの、平底のものに分けることができ、それぞれが上述した器種に相当すると思われる。平安京内部でも類例は多くはなく、内裏関係遺跡から集中的に発見される点に特色が認められる。先述した緑釉陶器と脚部の形状の類似からすれば、10世紀頃の所産と推定される。

C 黒色土器（図52）

　褐色もしくは暗褐色の色調で内面に炭素を付着させかつその部分にヘラ磨きを施した台形の椀形土器である。炭素は内面のみならず口縁周辺の外部にも及ぶことがある。口縁内側に浅い段が1条廻り、内面は横位もしくは緩やかな斜めのヘラ磨きが施されている。器壁は薄く、三角形の貼付け高台をもつ。胎土中には多量の雲母を含み、平安京内で発見されるこの手の土器に共通する。「黒色土器」の仲間で内黒土器と称すべきか判断に迷うが、瓦器との共通点が多いことは指摘できよう。但し口縁内部に1条の沈線をもつ手法は瓦器の中でも古式のものであるが、台の作りは瓦器に比べればより後出するものと類似

図52　黒色土器実測図

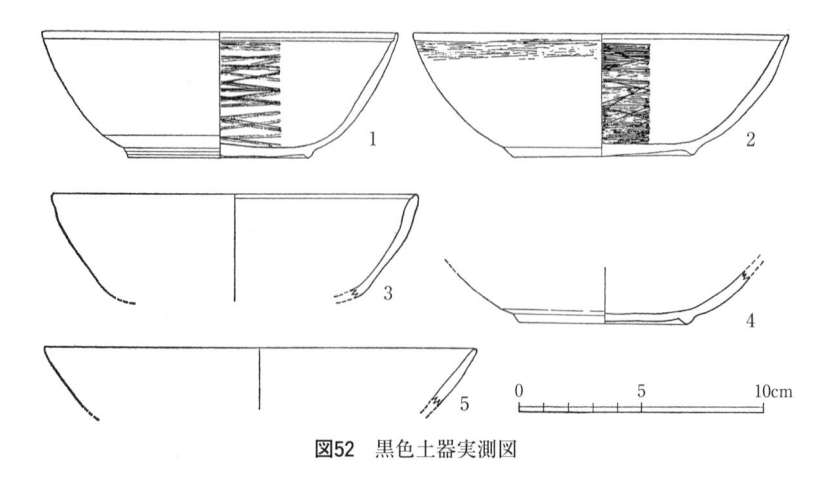

する。土師器の皿や緑釉陶器との伴い方からすると、10世紀頃のものと思われる。

　D　須恵器（図54-1）
　今回の調査では須恵器は極めて少数しか出土していない。玉縁状の口縁ぉを有する比較的大きなものは鉢で、器内外面に轆轤痕が顕著にみられる。少将井遺跡出土の完形品でみると、これに極めて小さな平底がつく。このほかに図化しえなかったが、坏と思われる破片も少数している。

　E　土師器（図53、図54-9）
　土師器には高坏と灯明皿がある。高坏は脚不正径ではあるが部とすその一部のみの破片で、不整形ではあるが9面の面取をもち、全面丁寧なヘラ磨きが施されている（図54-9）。前回の調査で出土したものに比べると、やや時期が降るものと思われる。灯明皿は破片の状態で多数出土した。器は口縁の大きさから3種に分類することが可能であり、いずれも内側口縁の近くにススの付着や芯のあとが認められ、灯明皿として使用されてことが窺える。口縁の形状はヴァライティーに富むが、強く外側に屈折し、口唇がまるまって立ち上がるものが多い。この屈折は指ナデにより生じたものであり、鎌倉時代のカワラケにも引き継がれる。この灯明皿には時期差が認められ、中でも図53-5・6の

3　平安宮内裏内郭廻廊跡第2次調査　69

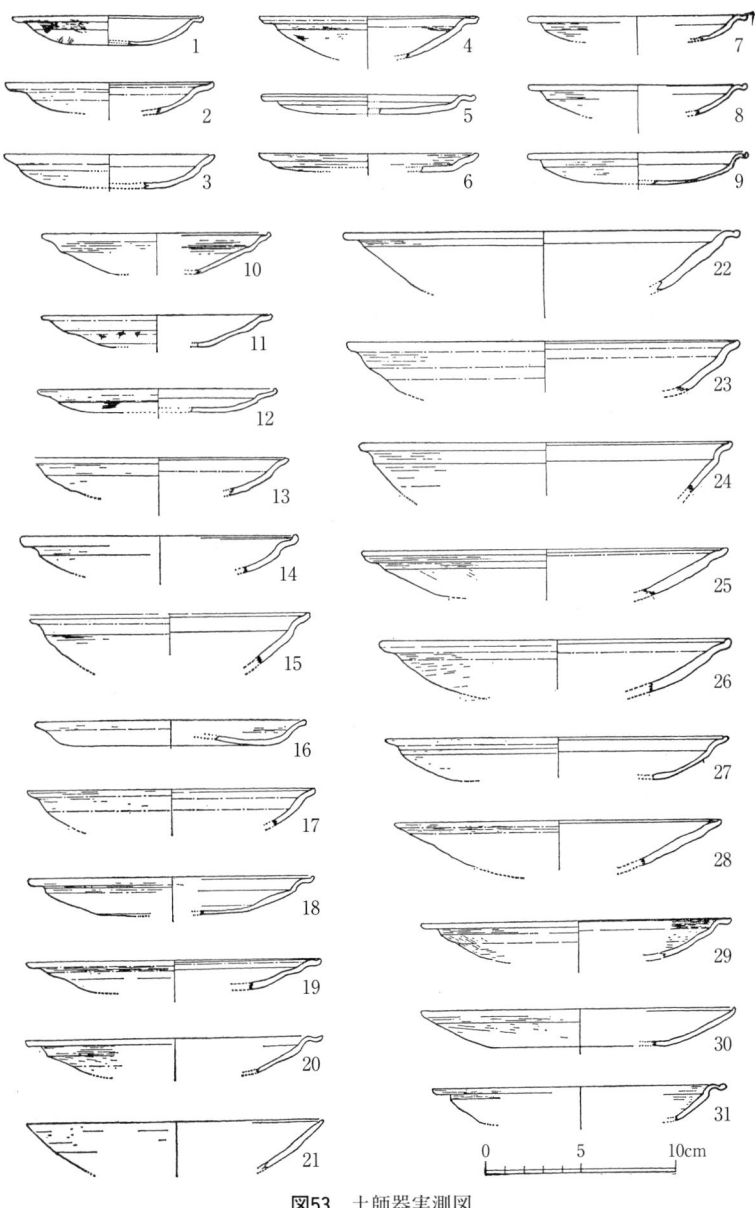

図53　土師器実測図

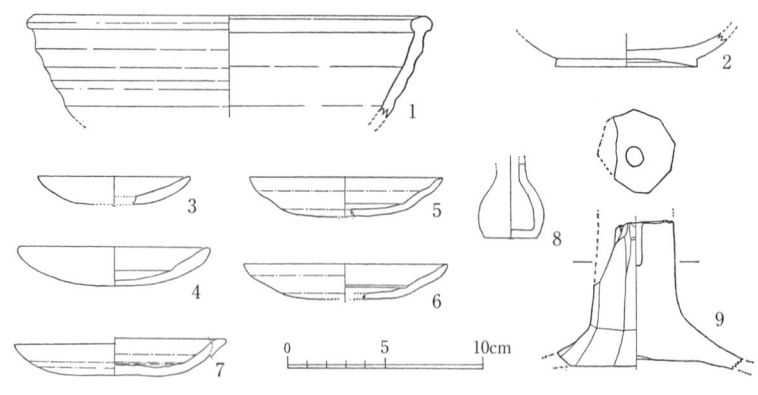

図54　須恵器・土師器・カワラケ実測図

ように器高の低いものは平安時代の後期にまで降るものであり、22以下のものは広隆寺の調査時に多数検出されている。

F　桃山時代のカワラケ（図54-3～8）

聚楽第に関連する遺物で、3～7は灯明皿である。口縁近くの器壁が厚くなり、見込みに沈線もしくは段をもつ。器はいずれも2ないし3枚の薄い板状の粘土を張り併せて拵えられていて、この時期の前後には類をみない特異なつくりとなっている。8は小型のいわゆる薬壷である。

(7)　考　　察

以上発掘調査の概要を記述してきたが、最後に検出した遺構について若干の考察を加えてみよう。

2回にわたる調査で検出した内裏内郭廻廊の西側の部分は、今回の調査で27mも連続することが判明し、位置関係からして内裏の内郭廻廊であることは疑問の余地はない。すなわち平安宮の指図を朝堂院や豊楽院の遺構を検出した地点を規準としてあてはめていくと、この発掘地点に廻廊基壇が位置するのであり、これら位置関係は民部省南築垣や蘭林坊の位置とも一致してくる。そこでここでは発掘した廻廊基壇の建設年代について考察を行うこととする。

E区で検出した廻廊基壇では地覆石と羽目石の両方につくられた刳り込みが必ずしも一致せず、ズレが生じている所に凝灰岩片や瓦片を詰めて補強した部

分がみられた。さらに地覆石に切込みが
あるのに、それと対応する羽目石には何
の所作も見出しえないことは、この部分
の基壇が平安宮創設時期のものではない
ことを示している。一方石列の裏側には
詰め土があるが、その中に凝灰岩片や土
師器とともに、多くの瓦類が混ざってい
る。この瓦類の中には瓦当面をもつもの
が5点出土している（図55-1・3〜5）。
他に1点剣頭紋軒平瓦がある（図56-2）
が、これは基壇の上面から採取されたた
め、一応除外して考えよう。なんとなれ
ば、廻廊基壇は地覆石、羽目石の上部に
葛石が置かれるのが通常であり、羽目石
より上部は破壊されたと見るべきであ
る。ためにこの剣頭紋軒平瓦は基壇とは
直接に関係しないものと見なされるからである。

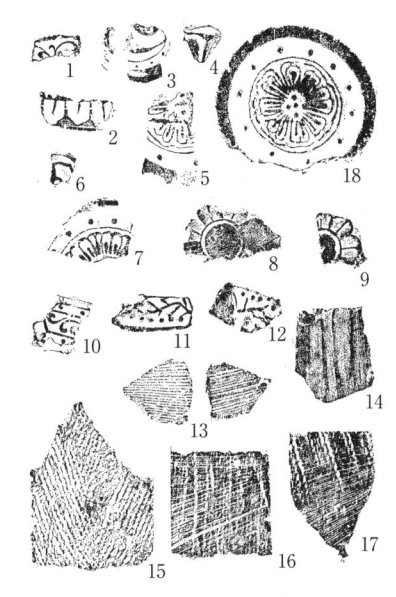

図55 E区基壇内・S区瓦溜出土瓦拓本図（縮尺1/8） 18は参考品

　基壇内で出土した瓦4点のうち軒平瓦は1点である。これは軒平瓦末端の小片で、しかも下半は欠損している。紋様としては唐草紋が描かれるが、偏行唐草に近い感じのものである。灰黒色を呈し焼成は極めて堅緻。凹面には布目痕がみられるが、条痕もそのまま残されている。端辺にはヘラ削りがおこなわれ、凸面にヘラや指による主として横位のナデがみられる。平安博物館所蔵品の中には類例はみあたらないが、つくりからすると平安時代後期のものであろう。巴紋軒丸瓦と単弁8葉蓮華紋軒丸瓦片（図55-3・4）はE区北端近くで基壇を掘り下げた時に出土した。巴文の瓦は三ツ巴であるらしく、圏線と外縁の間に小さな珠紋を廻らす。単弁8葉蓮華紋軒丸瓦は弁区の一部のみの小片で委細はふめいであるが、図37-1と同型式と思われる。類例がまったくないためにその年代は決め難い。E区基壇中央付近、近世の掘り込みにより基壇の一部が壊された所から出土した複弁8葉蓮華紋軒丸瓦（図55-5）は、平安宮下水道工事に伴う調査のおりに発見された瓦（同図18）と同笵で、笵傷から今回の

調査で出土したものがより新しい順番で製作されたことが知られる。いわゆる1本造りの手法で作られているが、瓦当面と布をつける瓦当の裏面は剝落するところもみられる。なお前記の瓦とは同范ではあるが筒部の位置は正反対となっている。平安時代中期の所産である。

このようにしてくると平安時代後期の瓦が基壇内から出土する事実により、その時期以降に基壇が再構築されたことが分る。さらに詳しくは三ツ巴紋軒丸瓦が出現した以降であると限定できる。

他方S区南寄にあった瓦溜も遺構の年代を把握する手懸りを与えてくれるであろう。廻廊基壇はS区の末端部においても東側に屈曲する様子をみせていない。また先述した民部省南築垣や蘭林坊の発掘からすれば、廻廊基壇はさらに南側へ続くはずであり、東折する地点は今回の発掘地点からははずれることとなる。すると、廻廊基壇の延長線上に設けられた瓦溜は当然のことながら、基壇の一部を壊すこととなる。瓦溜と基壇の直接の切りあい関係を把握することはできなかったし、また瓦溜の上部の切り込み層を確認できなかったので断定はしがたいが、瓦溜の中に平安時代後期以降の遺物は何ら認められなかったので、内裏内郭廻廊が使用されていた時期とさほど遅れずにこの瓦溜が作られたことが考えられる。すると今回発掘した廻廊基壇の構築年代は、三ツ巴紋軒丸瓦使用時期以降、この瓦溜にある遺物の内最も新しい時期のものよりは古い段階の形成によることが想定できる。

瓦溜から出土した遺物には少量の土師器、緑釉陶器片を含むが他はすべて瓦片であり、7個の軒瓦を含めて総数は石炭箱1箱分に過ぎない。軒瓦のうち軒丸瓦の1点（図55-7）は、西寺跡出土品と同型式で、軒平瓦の1点は（同図10）長岡宮7757-B型式であり、この二者を除くいずれも平安時代後期に属する遺物である。そして軒丸瓦と軒平瓦2点は、類例に乏しいためにその時期を特定することは難しい。

他方この瓦溜で出土した平瓦・丸瓦類の中に時期を特定するのに都合の良い資料ももられる（図55-3～17）。同図14は平瓦で凹面に布目痕が、上下に指なでをおこなうためにかきけされそうになっている。また13および16・17では粘土板を糸切りに下痕跡を明瞭に留めている。とりわけ16・17の場合には糸切りの速度が左右で異なるために、円弧を描くように付せられており、13

ではこれが両面に及ぶのである。こうした糸切り痕を留める平・丸瓦の類は平安時代でも後期に多く見られ、後期でもその後半期に著しいことは平安京でも三条西殿遺跡のような平安時代後期後半頃の遺跡や尊勝寺の出土品にみることができる。同図15のように1枚造りでの平瓦の凸面の縄目が叩きにより付けられる類も同様に考えられる。この手の瓦は、太秦の広隆寺で出土していて（図56-1）、

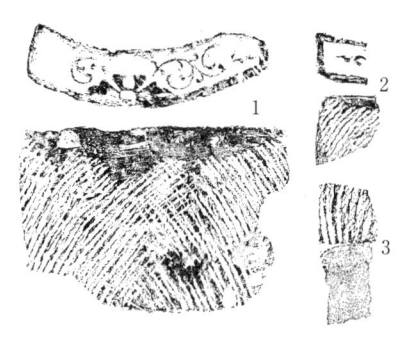

図56　広隆寺跡・内裏第1次調査時出土瓦拓本図（縮尺1/8）

内裏の第1次調査をはじめとして（同図2）、平安宮内の多くの遺跡でみることができる。とりわけ内裏第1次調査で出土した軒平瓦は、その紋様構成と製作技法から、香川県陶邑瓦窯跡で生産されるものと類似し、陶邑窯産の瓦が平安宮に搬入されたものと考えうる。さらにこの陶邑窯ではこの宝相花紋軒平瓦と対になる軒丸瓦として三ツ巴紋軒丸瓦を生産しており、宝相花紋軒平瓦は三ツ巴紋軒丸瓦と同時期の所産であることが分かる。但し陶邑瓦窯の巴紋には珠紋が配されていない点異なりがあるが、平安時代後期後半を中心とする時期のものであることは想定しうる。とすればこのS区瓦溜の作られた年代はその最も新しい時期の瓦でみて、平安時代後期後半以降であるとすることができる。

　こうした手続きを踏まえてくると、今回発掘した遺構が平安時代後期後半を中心とする時期に限定して考えることができる。次にこうした考古学的な見通しと、文献に記された平安宮の焼亡・再建の記事との関連からより限定した年代を検討してみよう。

　天徳4年（960）9月30日夜、宣陽門付近から起こった火災は、折からの東北の風に煽られて温明殿や宣陽殿に及び、忽ちのうちに内裏を全焼せしめたのであった。それまでに貞観年間応天門や大極殿が焼亡したことはあったが、内裏が罹災したのは初めてであり、平安宮創建以来実に167年目のことであった。その後鎌倉時代安貞元年（1227）京内の火災が東風にのって内裏に及んで罹災するまでの間、十数回にわたり、内裏は焼亡・再建を繰り返してきた。そ

れは以下の通りである。

  平安宮の創設：8世紀末   内裏焼亡：天徳4年（960）9月
  第2回造営：応和元年（961）   内裏焼亡：貞元元年（976）5月
  第3回造営：貞元2年（977）   内裏焼亡：天元3年（980）11月
  第4回造営：天元4年（981）   内裏焼亡：天元5年（982）11月
  第5回造営：永観2年（984）   内裏焼亡：長保元年（999）6月
  第6回造営：長保2年（1000） 内裏焼亡：長保3年（1001）11月
  第7回造営：長保5年（1003） 内裏焼亡：寛弘2年（1005）11月
  第8回造営：寛弘8年（1011） 内裏焼亡：長和3年（1014）2月
  第9回造営：長和4年（1015） 内裏焼亡：長和4年（1015）11月
  第10回造営：寛仁2年（1018） 内裏焼亡：長暦3年（1039）6月
  第11回造営：長久2年（1041） 内裏焼亡：長久3年（1042）12月
  第12回造営：永承元年（1046） 内裏焼亡：永承3年（1048）11月
  第13回造営：天喜年間（天皇 内裏焼亡：天喜6年（1058）2月
     内裏に未帰幸）
  第14回造営：延久3年（1071） 内裏焼亡：永保2年（1082）7月
  第15回造営：永徳2年（1098） 内裏焼亡：久安6年（1150）以前
     一部未完成
  第16回造営：保元2年（1157） 内裏焼亡：12世紀末葉
  第17回修造：文治5年（1189） 内裏焼亡：承久元年（1219）7月
  第18回修造：承久2年（1220） 内裏焼亡：安貞元年（1227）4月

以上18回に及ぶ内裏の造営・修造が行われたことが分かる。今回検出した遺構の年代を考察するにあたっては、先の発掘知見から第16回以降の造営・修復にかかわるものとなしえよう。なんとなれば、巴紋軒丸瓦の出現期は大治年間（1126～1130）以降とするのが、最も遡上する説であり、もし仮に巴紋軒丸瓦が法勝寺の創建当初（1077年）にまで遡るものとしても、基壇の内に巴紋軒丸瓦が埋められていたという事実、しかもその巴紋軒丸瓦の外区珠紋は退化していて、巴紋軒丸瓦の最も古い型式とは考え難い点から、11世紀の遺物とは想定しえないからである。

承久元年（1219）7月大内守護源頼茂が仁寿殿で自害し、殿舎に放火したこ

とが原因で内裏は全焼した。翌年から内裏の造営は始まったが、その折に屋根は桧皮が葺かれていたことは、安貞元年（1227）の火災記事にみることができる。

　　僅新立之殿舎。葺桧皮敷棒屋。皆以為灰燼

従って第18回の内裏修造と今回発掘した以降との関連は薄いといえよう。一方『山槐記』安元元年（1175）9月2日の条には、

　　二日庚辰、雨下。自去夜至今朝大風。日向遷任功宮城西面瓦垣三町令取損色。今夜天有光気。

とあって、保元2年の内裏造営の時には瓦は葺かれていたことが知りうるのである。文治5年（1189）の造営・周保区の時の状況は文献には見出せないが、剣頭紋軒平瓦などの12世紀末葉の瓦が存在することから、文治の造営時期にも瓦葺であったことが予想されるのである。従って今回検出した内裏内郭廻廊基壇は、保元か文治のいずれかの造営時に手が加えられたものとその時期を限定できよう。

　永保2年（1082）7月29日内膳司大炊屋から起きた火は、中和院と内裏に及んだ。この際に内裏全体が焼亡したか否か不明であるが、『公卿補任』大治5年の条に、藤原基隆が造宣陽殿賞として康和2年に従四位上に叙されていることから、永保2年の火災で内裏の其部分も焼失したことが分かり、内郭西廻廊も破壊されたであろうことはその位置関係から容易に肯ける。この火事のあとで内裏の棟上が行われたのは、17年目のことであり、それも未完成であった。そして地震や風雨のために次第に破壊をうけて、久安6年（1150）には殆ど全壊した。すなわち『本朝世紀』久安6年8月4日の条に、

　　又大内裏中仁寿殿顛倒。近年内裏殿舎払地顛。所残比一殿也。今亦如此。
　　可傷々々。

とあって、火災によらず廃失していったことが知られる。この間白河法皇は鳥羽離宮を造り、堀河天皇は二条第や高陽院などの諸殿舎を日常の住処とし、殆ど内裏を省みなかったし、関心を示していない。このことから造営中の内裏が破壊しても修復はしなかったと見られるので、巴紋軒丸瓦が内裏に葺かれる機会はこの間なかったこととみなされる。また保元2年内裏は造営されたのであるが、儀式のあるとき以外内裏は使用されず、安元元年の大風で一部が崩

れ、治承元年（1177）の大火で八省院・中和院が焼出した後は、福原遷都などがあり、この期間に瓦が葺かれる機会はなかったと見ることができる。すると巴紋軒丸瓦が内裏で使用されたのは、保元2年の改築の時であったとみなしてさしつかえない。

　このように、文献記録との照合の上で類推を加えていくと、保元2年改築の時に葺かれていた巴紋軒丸瓦をはじめとする瓦が、基壇の中に容れられたのは文治の造営時をおいて他にない。S区瓦溜が基壇を切るようにして作られたのは、承久の変での炎上後、廻廊も桧皮葺になり廻廊の規模が縮小されたことによるものか、あるいは再建が中途で終わったためと考えられる。

4 GENERAL SURVEY IN BATAN ISLAND

Foreword

Our general survey was conducted in the areas between Mt. Iraya and Mt. Matarem in Batan Island. It was made as completely as possible in the time available during the excavation and new 60 sites could be found (fig. 1). The areas surveyed are mainly composed of many eroded small hills, which are usually less than 150 meters high above sea level. On the tops of the hills and their vicinities many archaeological remains are observed.

1. Location No. 1

Setting

Locations No. 1 to 4 are situated along the road between Basco and Pagasa. Location No. 1 is situated on a small hill, which is about 100 meters high above sea level and locating north of Ino site (Location No. 3). Red slipped shads are observed in black band under the thick surface layer which is one or two meters deep. The black band, which is approximately 20 meters in length, is in line with its surface and accumulated lenticularly.

Findings

Potteries found at this site show little variation in shape and decoration. Most of these are red slipped jars with horizontal smoothing round rims.

2. Location No. 2

Setting

Location No. 2 is situated approximately 200 meters south of Location No. 1, adjoining to the north of Ino site. The site is cut by a road and in its section two Pit-dwellings are observed. One of these dwellings is 3 meters in length and 30 centimeters in depth. There are many fragments of potteries and charcoal scattered in

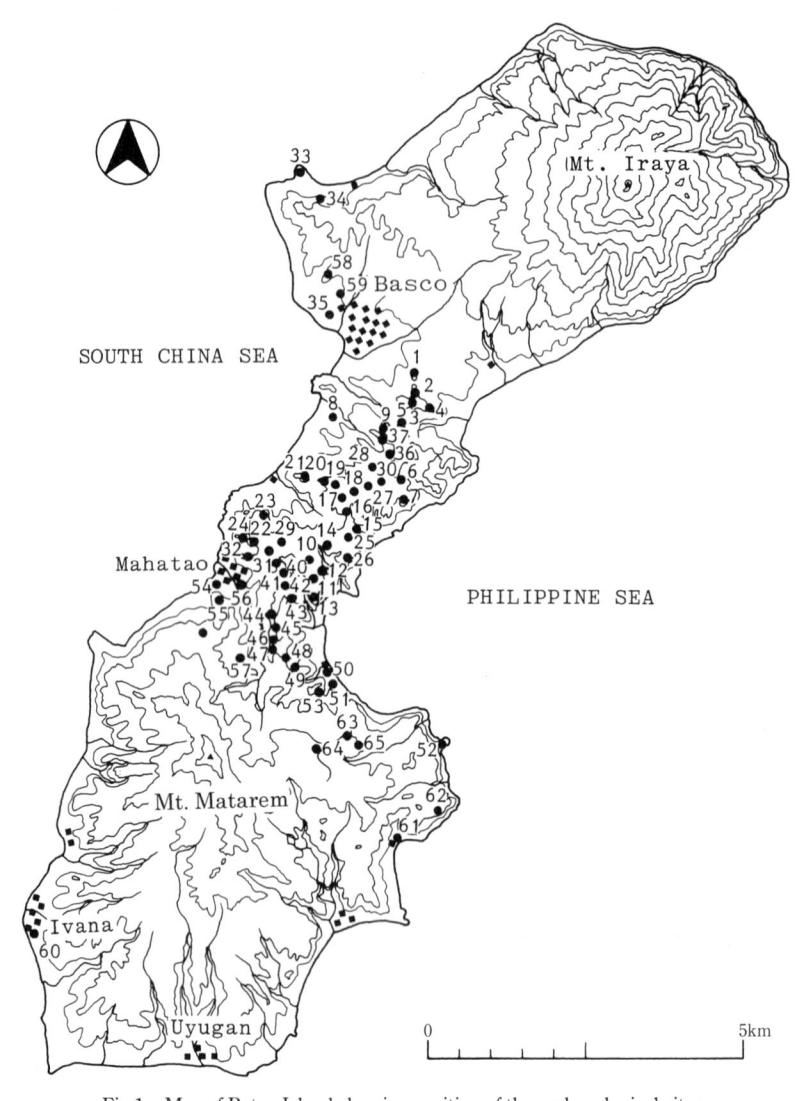

Fig.1 Map of Batan Island showing position of the archaeological sites.

the dwellings.

Findings

Most of the findings from this location are jars which have wide or narrow necks, slightly out-slanting or low, straight rims and rounded sides with fine smoothing by fingers or a pebble (fig. 2-1 to 4).

3. Location No. 3 Ino site

Setting

Location no. 3, which is called Ino, is situated on the highest hill (127 meters high above sea level) in the area. Its top, which is approximately 30 square meters, is cut off to be squared in plan and trapezoid in cross section. There are small terraces slightly below the top, which produce prehistoric shards.

Findings

The amount of the shards which are acquired in the site is not very large. Pot making technique, including forms and pastes, is very similar to those from location no. 1 and 3.

4. Location no. 4 Balugan site

Setting

Location No. 4 lies at a height of approximately 80 meters high above sea level on an small hill near the Balugan bay, east of Location No. 3. There is a burial jar which is cut into halves by a road. Inside the jar, human bones and fragments of charcoal covered with pebbles are detected. Around jar, there are two other burial jars covered with small stone board of 5 or 6 centimeters thick. In the field slightly away from Location No. 4, there is a small settlement which produces several shards with thin cross section.

Findings

A coarse plain jar with low, straight rim, rounded sides and bottom of brown is found and it produces several small fragments of jars without red slip which contain mica fragments and grains of sand in the paste.

5. Location No. 5 Pagasa burial site

See the excavation report

6. Location No. 6 Pasto site

Setting

Location no. 6 is situated in the south of the hills which lie in the center of Batan Island. Its height above sea level is approximately 100 meters. The section cut by a road has two layers, containing the archaeological relics, which are approximately 20 meters in length. The stratigraphy of this section is as follows;

  0 — − 20 centimeters surface
  − 20 — − 85 centimeters Gray silt
  − 85 — − 135 centimeters Black silt
  − 135 — − 155 centimeters Light brown silt
  − 155 — − 175 centimeters Dark brown silt with fragments of charcoal

Findings

The third and the fifth layers produce prehistoric shards, one of which is a small jar with low, straight rim, narrow neck and carina side, and red slipped on both sides of its rim and sooty below the neck (fig. 2-5). The other potteries found from the site are red slipped fragments with thin bodies.

7. Location No. 7 Dibang site

Setting

Location No. 7 is situated on the plateau at a height of approximately 80 to 90 metes above sea level, 300 meters away from Past site. There is a cemetery of the burial jars on the long and narrow plateau stretched down into the east coast from the central highland. One of them located near the end of the plateau is a double jar, upper parts of which is rounded bottom, and two others are lower parts of the double jars, upper parts of which can not be detected. In addition to the jars, there are small fragments of burial jars scattered in the area of approximately 100 square meters.

Findings

All of the three jars have brown paste with sand temper, low, straight rims and rounded sides and bottoms. Several fragments of small slipped pots, which seem to be grave goods, have low rims, narrow necks, in-curving sides with thin cross section and flat bottoms (fig. 2-6 to 8).

8. Location No. 8 Tamalun site

Setting

Location No. 8 extends over a vast range of fields and hills lying on the east side of a tableland near Tamalung Point on the west coast of the Island, which is located along the road running Basco to Mahatao. Location No. 8 is subdivided into 5 spots Most of the burial jars with lids are found at the foot of the tableland, in the area of 100 square meters at a height of 5 to 10 meters above sea level.

The second spot is located at the end of the tableland and 10 meters higher than the first spot. Several small fragments of earthenware are scattered in and around the spot.

The third spot is located in the central part of the tableland near the second spot. There are piled of stone tools gathered by farmers, in which grinding stones and slabs are observed in addition to stone net sinkers.

The forth spot is located on the tableland at a height of approximately 25 to 30 meters above sea level, little higher than the third spot, and producing many findings in the area of 500 square meters.

The fifth spot is located in the north of the forth spot, 30 meters away from the forth spot. Many small fragments of pottery are scattered on the top of the hill and its vicinities.

Findings

Only burial jars are collected at the first spot. They have low, strongly flaring rims, rounded sides and bottoms with coarse smoothing on their surfaces. The paste of these urns contains pumice and mica fragments and grains of sand. Net impressions are found inside the bottoms. In the figured cross section a break is seen in the body wall at the point of the upper part of net impressions (fig. 3-57 to 59). These urns are made in two stages, the first of which is the molding of the lower part and the second of which is the addition of the upper part to the bottom. This technique is almost same as the making process of wares utilized in Uyugan, Batan Island today. The estimated size of these urns is 50 centimeters in diameter at rims, 70 centimeters at bodies and 70 centimeters high. Inside the urn, there is an iron slug as grave goods.

Porcelains found at the second spot are i ; a cup with white glaze which has a hemispherical body with a ring-foot (fig. 2-3). ii ; blue glazed one with hollowed bottom (fig. 2-10). iii ; a fragment of olive glazed vase with four spouts (fig. 2-13). All of them date back to late Sung. Earthenware collected here are coarse plain jars with low, thick rims, and rounded bodies without slip and a red slipped ring-foot of bowl. There are several grinding stones and stone slabs which are crashed in small pieces.

Stone implements found at the forth spot are net sinkers and grinding stones. The former, which are made of flat pebbles, are notched out on both sides (fig. 9-1 to12, fig. 10-16, 17). The grinding stones are made of flat, first-seized stone which have smoothed surface and notched sides (fig. 10-18). Shallow bowls collected at the spot have four types;

i : Plain hemispherical bodies with thick cross section (fig. 2-19, 20)

ii : Red polished surface with an incised horizontal line below rims (fig. 2-14, 15, 21)

iii : Finely red slipped bodies with slightly in-slanting rims and a series of small looped inscription set in a line on both sides of the rims (fig. 2-22)

iv : Coarsely smoothed bodies with sands and mica fragments in the paste and meander motifs of small looped inscriptions on the exterior surface below rims (fig. 2-16)

Jars have low flaring rims and narrow necks and red slipped coasts faintly on both sides around the rims after smoothed horizontally (fig. 2-17, 18, 23, 24). Bottom of

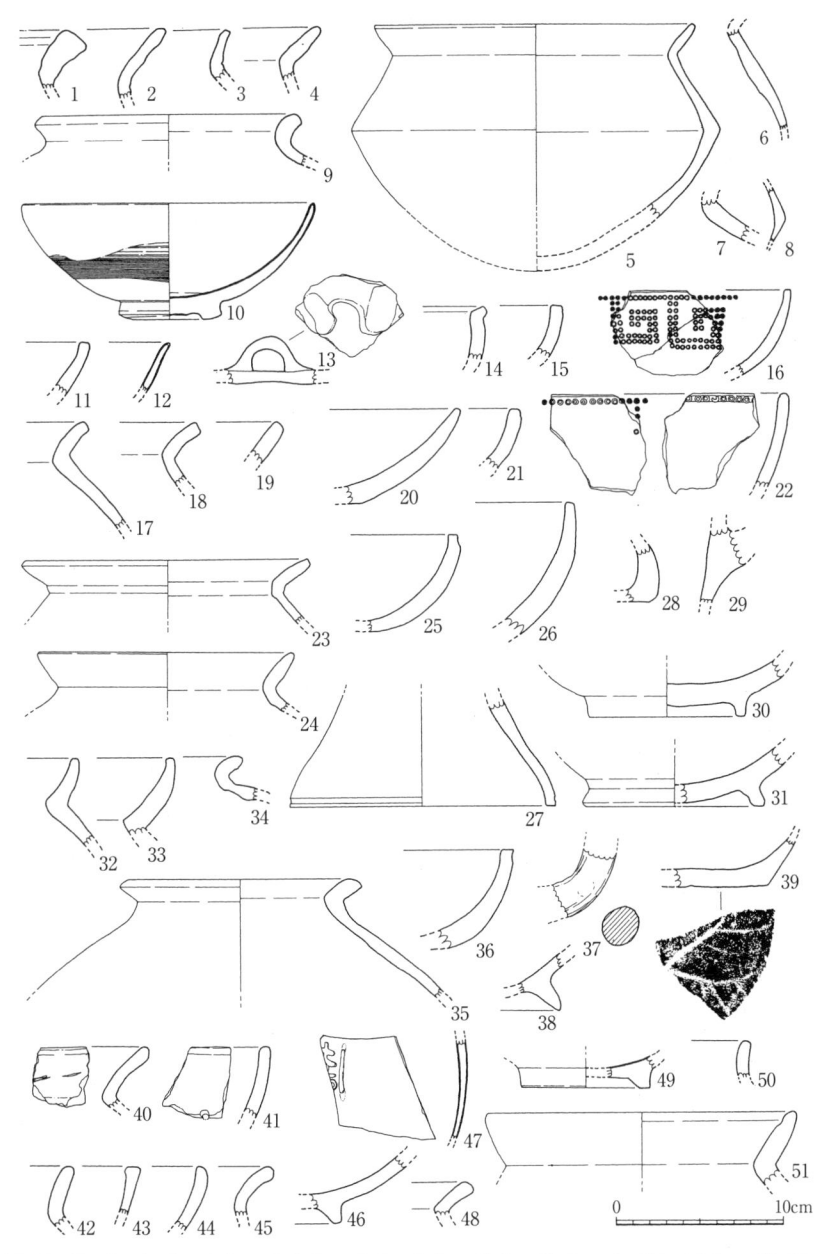

4 GENERAL SURVEY IN BATAN ISLAND 83

Fig.2 Potsherds, 1 to 4: Loc. 2, 5: Loc. 6, 6 to 8: Loc. 7, 9 to 39: Loc. 8, 40 to 46: Loc. 36, 47 and 48: Loc. 37, 49 and 50: Loc. 11, 51: Loc. 12.

the jars has circular strings without slip (fig. 2-30, 31). The other type of earthenware found here are shards of ring stands which have a shallow incised line at the end of stands and are finely red slipped on the exterior surface (fig. 2-27). The paste of these potteries has sand and mica fragments in the bodies.

Jars collected at the fifth spot are sub-grouped into two types;

 i : Large jars with roll-out or low, flaring rims, narrow necks and rounded sides (fig. 2-35)

 ii : Middle size jars with high, in-curving rims which are finely smoothed and well slipped

Five shallow bowls are observed at the site. They are thick in cross section and have hemispherical sides with red slipped surfaces. A shallow line incised at the exterior surface beneath rim (fig. 2-36). A fragment of looped handle (fig. 2-36) and lid with a leaf impression on its flat surface (fig. 2-39) are found. Seven net sinkers made of stone with notching on both sides are collected at this spot (fig. 9-11 to 15).

9. Location No. 9 Ijan site

Setting

Location No. 9 is situated on a rocky hill approximately 500 meters away Ino site in the south west, crossing a valley. East to west side of the hill has steep precipice and the south does a cliff approximately 10 meters high. The dimension of its top is approximately 150 square meters and there are three small terraces among the concaved rocks. Each of the terraces produces several prehistoric shards and many pebbles which may be used for throwing at the tome of war or quarrel. A small terrace spreads at the southern foot of the rocky hill, where a lot of prehistoric potteries and stone tools are distributed.

Findings

Findings collected at the top of Ijan site are very small fragments of earthenware and could not be identified. A small terrace at the foot of the hill produces many shards of jars which have plain coarse smoothing with flaring rims of brown and red (fig. 4-97). Three shallow bowls have in-curving sides with red slipped surface and fine smoothing (fig. 2-106, 107). Several net sinkers which are made of pebbles notched on both sides are found (fig. 10-21, fig. 11-22). The seize of these sinkers is not so small as those from the forth spot in location No. 8.

10. Location No. 10

Setting

Location No. 10 is situated on the shoulder of the rolling plains which are stretched from Sumhaw site (187 meters high above sea level) to the east coast of Batan Island. Its top is cut off to be squared in plan and trapezoid in cross section and has terrace of 50 meters by 70 meters. Under its thin surface, there is a black band which contains a few fragments of potteries.

Findings

A few fragments of jars with red slipped surfaces and urns are acquired by surface collection.

11. Location No. 11

Setting

Location No. 11 is situated on the terrace approximately 100 meters south east of Location No. 10. The top of the hill has a flat base like location No. 10 and produces many fragments of potteries and Chinese porcelains.

Findings

Fragments of burial jars in brown color without slipped surfaces are found. Among the Chinese porcelains found at this location are blue glazed cup with low foot and unglazed base (fig. 2-49) and a fragment of blue dish with olive glaze.

12. Location No. 12

Setting

Location No. 12 is situated at the end of small hill at a height approximately 120 meters above sea level, on the south of location No. 11. Several shards are gained

86   I   発掘調査の記録

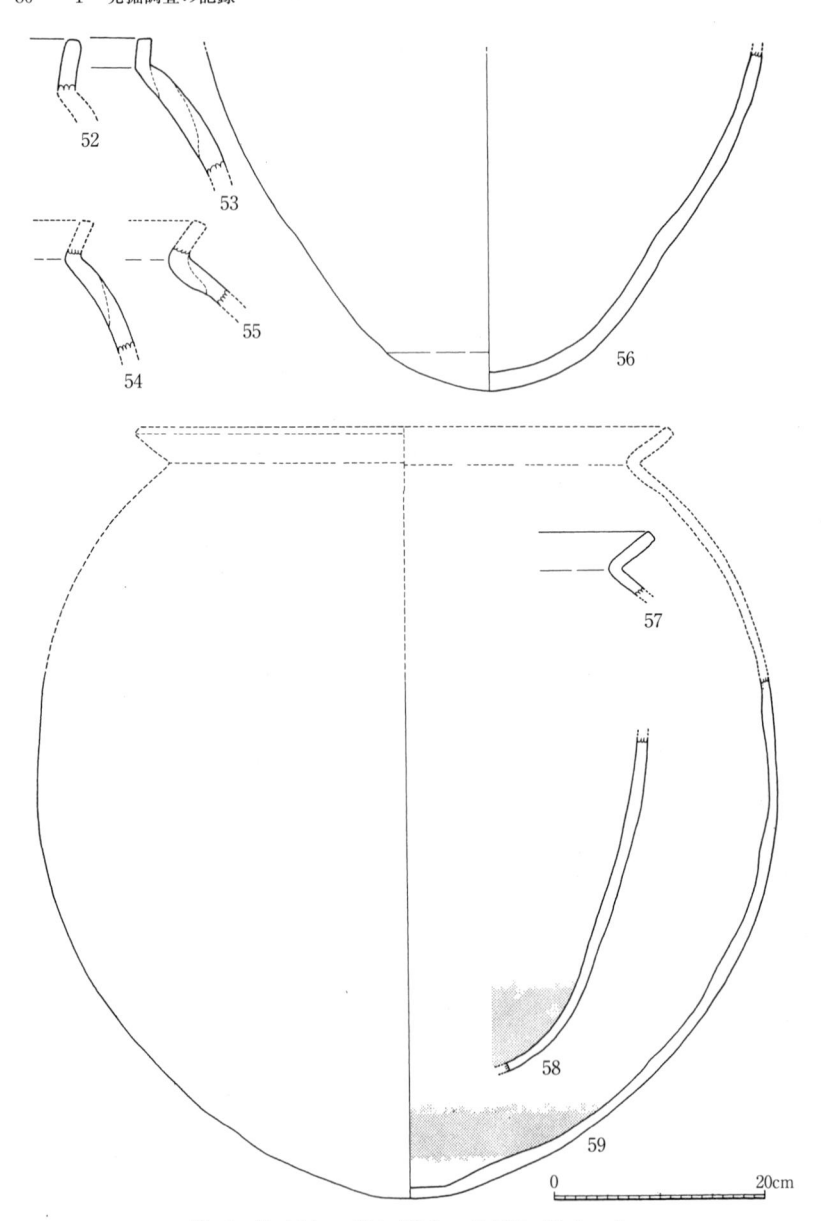

Fig.3   Burial jars, 52 to 56: Loc. 5, 57 to 59: Loc. 8.

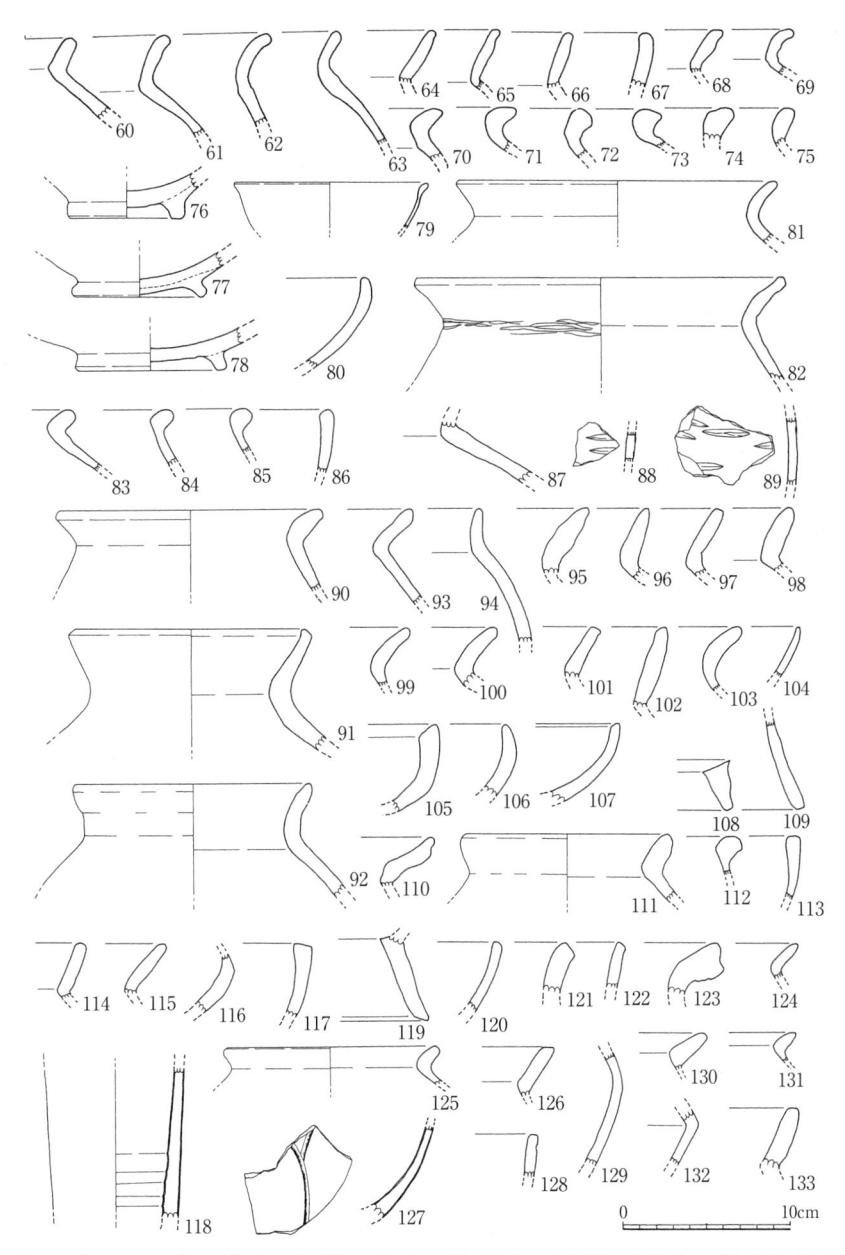

4 GENERAL SURVEY IN BATAN ISLAND 87

Fig.4 Potsherds, 60 to 82: Loc. 14, 83 to 86: Loc. 15, 87: Loc. 16, 88 and 89: Loc. 18, 90 to 93, 95 to 105 and 108: Loc. 21, 94, 106, 107 and 109: Loc. 9, 110 to 113: Loc. 22, 114: Loc. 23, 115 to 117: Loc. 24, 118: Loc. 25, 119 and 120: Loc. 26, 121 and 122: Loc. 27, 123 to 133: Loc. 30.

by surface collection.

Findings

Jars found at this site have low and thick, flaring rims with red slipped surfaces. A small hollowed line is incised on the interior surface below rim (fig. 2-51).

13. Location No. 13

Setting

Location No. 13 is situated at the end of the hill which runs from Sumhaw to the Mananoy Bay; lying on the terrace that commands the Balintang Channel. The site produces only few fragments of potteries on and around it narrow arête.

14. Location No. 14 Tayupaya site

Setting

Location No. 14 is situated 800 meters east of Sumhaw site and producing many findings on and around the top of its terrace which is approximately 500 square meters and 150 meters above sea level. Under 15centimeters surface, there is a dark brown layer which is 50 centimeters in depth and produces prehistoric relics. Among relics, spiral shells, lids of turban shell, bird bones, grinding stones and potteries are observed.

Findings

Most of the potteries are hard burnt plain jars, which have high, flaring rims, narrow necks, rounded or sharply in-bending sides and rounded bottoms with ring-foots (fig. 4-61 to 66, 81, 82). The color of these potteries is dull black to light brown, usually brown. The other type of jars have low, out-slanting, flaring or rolling over rims with red slipped surfaces, narrow necks, rounded sides and rounded bottoms (fig. 4-70 to 75). These red slipped jars contain grains of sand and mica fragments in the bodies. Three shallow bowls are found, which have hemispherical bodies with in-curving sides and red slipped surfaces on both sides (fig. 4-80). All shallow bowls are finely smoothed and burnt relatively hard. Fragments of porcelains are found; a small bowl with flaring rim, a porcelaneous stoneware in grayish white covered with a smooth brown glaze (fig. 4-79) and a cup with blue glaze.

15. Location no. 15 Pirundan site

Setting

Location no. 15 is situated approximately 800 meters northeast of location No. 14 Tayupaya site and occupying a relatively large part of the terrace. Under the surface, there is a thick black band which produces red slipped wares.

Findings

Most of the wares collected at the location No. 15 are finely red slipped jars which have low, flaring or rolling over rims and rounded sides. These bodies are very thin (6 mm. to 3 mm.) and finely smoothed by pebble horizontally and/or vertically on the exterior surfaces and horizontally on the interior (fig. 4-84 to 85). A bowl is hemispherical shaped with slightly in-curving side and has fine horizontal smoothing on the surface both inside and outside after red slipping. The thickness of body increases from bottom to rim (fig. 4-86).

16. Location no. 16

Setting

Location No. 16 is situated 500 meters north of Pirundan site. This location lies on a small terrace that separates two valleys, one of which leads to Hanib and the other of which does to the east coast. The height of this location is approximately 110 meters above sea level.

Findings

Several fragments of jars with slipped thin bodies and rounded bottoms are collected at the site (fig. 4-87).

17. Location No. 17

Setting

Location No. 17 is situated on the top of a hill which is approximately 5meters in diameter, north of location No. 16. In the 40 centimeters layer under the surface, findings like cowry shells and other kinds of shell are stratified. No archaeological implement could be found.

18. Location No. 18 Tinih site

Setting

Location no. 18 is situated on a top of the hill which is approximately 150 meters high above sea level and locating 500 meters away south of Pagasa Town. Its top of the hill is cut off to be trapezoid which is approximately 30 sluare meters. Several earthenware are observed in the 20 centimeters black band under the surface.

Findings

The jars collected at the site are plain, well burnt and sooty at the lower bodies and have finely smoothed surfaces on both sides. They have bamboo leaf shaped inscriptions in three or four lines at the center of the bodies (fig. 4-88, 89).

19. Location No. 19

Setting

Location No. 19 is situated on a small hill which lies along a road running from Tinih site to Hanib. Its top is approximately 120 meters high above sea level. Several fragments of red sipped wares are collected on and around the hill.

20. Location No. 20

Setting

Location No. 20 is situated on a narrow terrace, 100 meters west of Location No. 19. Only two slipped wares are found at this site.

21. Location No. 21 Ijian site

Setting

Location no. 21 is situated on a terrace at a height of approximately 120meters above sea level, northeast of Hanib. The terrace, which looks like a fort, is separated from the rolling the plains running down from Location No. 18 to Location No.

20. North to West

side of the terrace have a steep precipice down to the coast and the southern inclines gently to the back of Hanib. Its top inclined slightly occupies comparatively large area, where many fragments of shards could be collected.

Findings

Four types of jars are collected at this site

i ; A large jar with a high, slightly flaring rim whose top is in-curving faintly and finely smoothed on the whole exterior surface and inside of the rim. The paste contains pumice and mineral inclusions. The color is brown to light brown (fig. 4-91).

ii ; Jar with high, flaring rim, narrow neck. This type jar has small crystals in the paste And lustrous black flakes on the surface and is coarsely smoothed on the whole body. The color is dark to gray (fig. 4-92, 93 and 102).

iii ; Jar which has low, out-slanting rim of well burnt body with red slipped surface (fig. 4-90)

iv ; Jar with high, flaring rim narrow neck and low ring-foots (fig. 4-108)

Three shallow bowls are observed at the site. One is hemispherical shaped whose paste and smoothing technique is very similar to the jars mentioned above. The other type of shallow bowls has thin body with fine red slipping on both surfaces (fig. 4-105).

22. Location No. 22 Chatan site

Setting

Location No. 22 is situated on a square terrace which is approximately 120 meters high above sea level, locating 700 meters west of Sumhaw site. Under the surface which becomes thinner because of the cattle breeding, there lies a black band which produces several fragments of earthenware.

Findings

The amount of the shards which are acquired in this location is not large. Jars are sub-grouped into three types.

i ; Jar with flaring rim whose top has a horizontal incised line (fig4-110). The paste contains pumice and mineral inclusions similar to the jar found at Location No. 21.

ii ; Jar with low, flaring rim, narrow neck and rounded and thin body. Red slip coats on the whole body with small crystals and lustrous black flakes in the paste. The color is red brown on both sides (fig. 4-111).

iii ; Jar with roll-over rim and thin body. The paste contains many lustrous black flakes and pumice in the body. The whole body is well smoothed and slipped on the surface (fig. 4-112).

A shallow bowl which is hemispherical shaped with in-curving rim is collected at this site. Red slip coats the surface and it contains pumice and mica fragments in the paste (fig. 4-113). This bowl is similar to the one found at Location No. 15;

23. Location no. 23 Vanichas site

Setting

Location no. 23 is situated at the end of the rolling plateau running down from Sumhawsite to the west coast. Its top, which has narrow terrace, is approximately 110 meters above sea level. There are several fragments of vessels (fig. 4-114) similar to the findings collected at Location NO. 22

24. Location No. 24 Tekekan site

Setting

Location no. 24 is situated on a narrow terrace which is approximately 300 meters west of Location No. 22. Its north and south sides have a steep precipices down to the coast. Several fragments of vessels are collected on and around the terrace.

Findings

Most of findings at this location are plain jars with relatively high, flaring rims, narrow necks and sharply in-bending sides. All of these potteries are coated with red slip and smoothed well (fig. 4-115, 116). Hemispherical bowls with in-curving sides and flat bottoms (fig. 4-117) and fragments of ring-footed jars are found.

25. Location no. 25

Setting

Location no. 25 is situated on a small hill along the road running Mahatao to Pagasa, locating 100meters south-west of Location No. 15, at a height of 150 meters above sea level. On the top of the hill and its vicinities, several burial jars and porcelain are observed in addition to spiral shells.

Findings

White porcelain collected here is a fragment of bottle with grayish white glaze which dates back to Sung-Yuan Dynasty (fig. 4-118). Burial jars, fragments of bodies, have rounded sides with surface-smoothing on both sides. The paste contains small crystals and pumices in the bodies. The color is dark to light brown.

26 Location No. 26 Balugan site

Setting

Location No. 26 is situated approximately 200 meters from Location No. 25and situated on a relatively large terrace which leads down to the east coast. The area which is used for cattle breeding, produces a red slipped bowl with in-curving side, ring-footed jars and several fragments of wares (fig. 4-119 and 120).

27. Location No. 27

Setting

Location No. 27 is approximately 500 meters south of Pagasa at a height of 155 meters above sea level. The site is situated on a junction of the rolling plains, one of which diverges to west and the others of which runs to south-west. Its top is a narrow terrace which several shards are observed.

Findings

A fragment of burial jar found here is similar to the findings collected at Pagasa burial site, is found. It has thick well polished body with small lustrous black flakes and pumices fragments in the paste (fig. 4-121). A fragment of jar with non slipped surface and a flaring rim is also found. Thickness of cross section of body is 12 millimeters to 6millimeters (fig. 4-120).

28. Location No. 28

Setting

Location no. 28 is situated on a small terrace, 20 meters west of Pagasa. Its height is approximately 20 meters above sea level. There is a black band in the section cut off by a road which leads to Tamalung Point. The thin band (20 centimeters in thickness) contains many fragments of charcoal and several shards with red sipped surfaces.

29. Location 29 Sumhaw site

See Chapter II

30. Location No. 30 Pagasa site

Setting

Location no. 30, which is called Pagasa, is situated on the highest hill in the area at a height of 165 meters above sea level and is midway between Location No. 3 Ino site and Location No. 29 Sumhaw site. The top of the site commands a fine view all the way from Mt. Irayato Mt. Matarem. The site has been destroyed by the construction of Rader Station and a road running around the station. Many fragments of wares are acquired by surface collection.

Findings

Four types of jars are collected at the site

i ; Small jar with low, flaring rim and narrow neck. Whole part of body is coated with red slip and finely smoothed (fig. 4-125).

ii ; Jar with thick, hollowed, flaring rim. The surface is coarsely smoothed on both sides (fig. 4-123).

iii ; Jar with relatively high, flaring rim without slip. It contains fragments of mica

4 GENERAL SURVEY IN BATAN ISLAND 95

and quartz in the paste (fig. 4-126).

iv ; Jar with no slip on both surface and a hollowed line incised at the outer part of rim. The paste is similar to those of the third type (fig. 4-128).

Chinese porcelain is also collected. It is a bowl of grayish white porcelaneous stoneware body which is covered with an olive glaze and decorated with carved overlapping petals on the exterior surface (fig. 4-127). This is the type assigned to the Yuan Dynasty. A grinding stone is collected here too.

31. Location No. 31

Setting

Location No. 31 is situated on a small hill along a road running down from Sumhaw to Mahatao, and approximately 50 meters away from Sumhaw site. There are small fragments of burial jars with smoothed brown surfaces, similar to the findings at Location No. 5 and No. 27.

32. Location No. 32 Mahorohoron site

Setting

Location No. 32 is situated on a terrace which is 100 meters to 110 meters high above sea level. The dimension of its top is approximately 4000 square meters and all sides except for the east has a steep precipice running down to the coast. Only through a narrow ridge, the east side of the terrace is linked with the end of the rolling plains stretched from Sumhaw site. Many archaeological remains are exposed on and around the terrace, which is a garlic field today.

Findings

Most of the wares are jars which are sub-grouped into two types

i ; Large jar with low or roll-out rim, narrow neck and large rounded sides. Its rim is usually thicker than its body; 15 millimeters to 7 millimeters. The body is coarsely smoothed on both sides (fig. 5-134, 135).

ii ; Finely red slipped and rounded jar with relatively high, flaring rim and rounded or sharply in-bending sides (fig. 5-136 to 139). Some of this type has high

96　I　発掘調査の記録

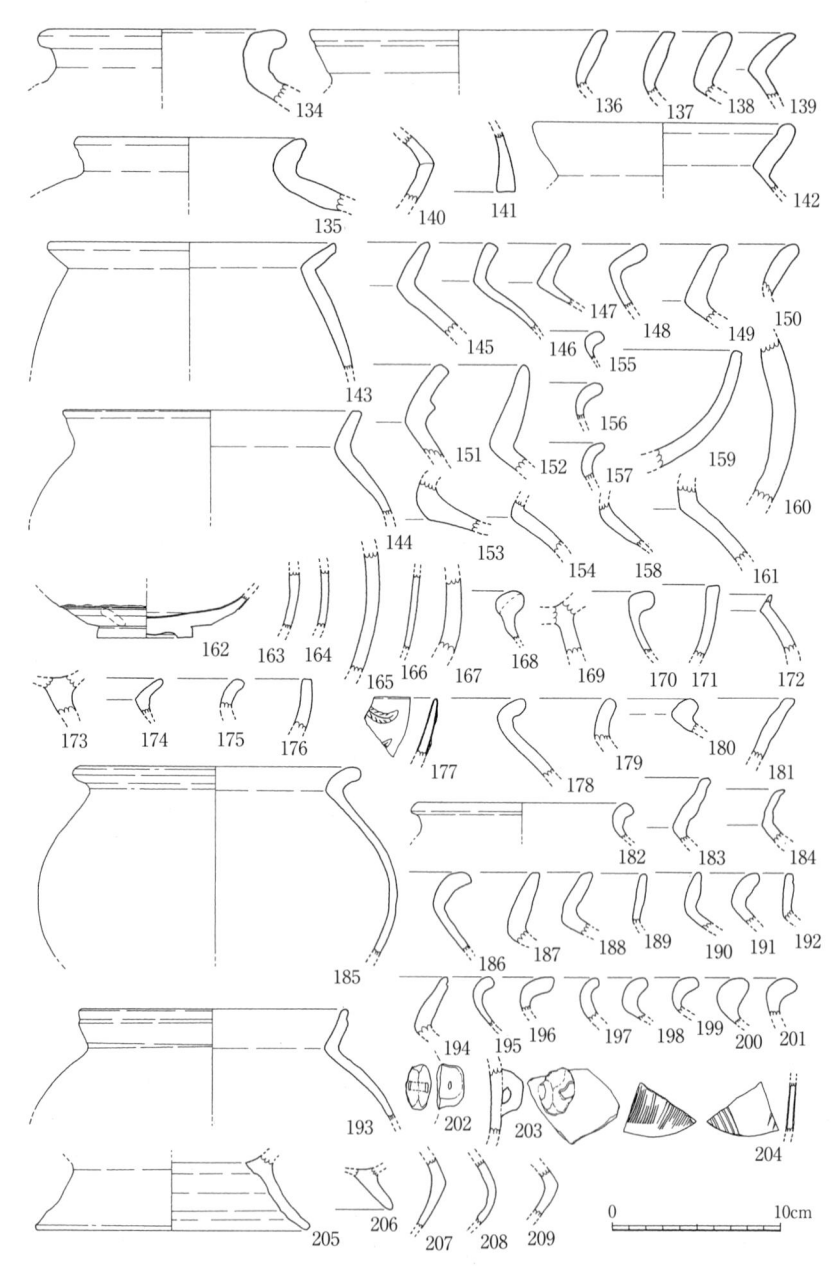

Fig.5　Potsherds, 134 to 141: Loc. 32, 142 to 161: Loc. 33, 162: Loc. 35, 163 to 165: Loc. 40, 166 and 167: Loc. 41, 168 and 169: Loc. 42, 170: Loc. 43, 171 and 172: Loc. 44, 173: Loc. 45, 174 to 177: Loc. 46, 178: Loc. 47, 179 and 180: Loc. 48, 181 to 209: Loc. 49.

ring-foot (fig. 5-141) and contains small crystals and lustrous black flakes in the paste. Some surface has fine parallel horizontal lines, particularly on the rim. The cross section of the body is relatively thin; 7 millimeters to 5 millimeters in thickness.

33. Location No. 33 Diojo point (Songsong) site
Setting
Location No. 33 is one of the Neolithic sites which were discovered by Dr. N. Kokubuand Prof. A. Evangelista during the survey of the Batan Islands in 1964. A stepped adze and several red polished wares were collected then and the site was named Songsong after the Songsong Bay in front of the site. Location No. 33 is situated on the Diojo Poit which is a rocky hill jetted out into the South China Sea, west of the Songsong Bay. Around the hill, there is a steep precipice, approximately 15 meters high. The dimensions of its top is approximately 500 square meters and there are open fields and stepped terraces among the concaved rocks. The stone foundations of the houses and roads which were already destroyed partly are arranged rectangularly at the central part of the hill. Each of the stepped terraces among the rocks produces several prehistoric remains and also many pebbles which might have been utilized in case of war.

Findings
Many jars collected at the Diojo Point site are sub-grouped into five types.
i ; Well smoothed jar with low, out-slanting rim and elongated body (fig. 5-143). The paste contains small mineral inclusions. The surface color is red-brown to brown.
ii ; Coarsely smoothed jar with low, flaring or roll-out rim and thin, rounded sides. This type has small crystals and lustrous black flakes in the paste. The color is red-brown to brown (fig. 5-155, 156).
iii ; Red slipped jar with relatively high, slightly flaring rim, narrow neck and rounded sides. The cross section of the rim is thick but that of the body is very thin (fig. 5-145 to 149).

iv : Coarsely smoothed jar with high, flaring rim. The paste of this jar contains many small mica fragments and crystals. The color is light to dark brown. This type of jar is found most frequently in the site (fig. 5-152).

v ; Jar with high, flaring thick rim and triangular string attached to the neck (fig. 5-151). The surface is well smoothed and has red slip on the whole exterior part of the body and upper part of the interior of the rim.

Shallow bowls are hemispherical shaped with well smoothed surfaces (fig. 5-159). The interior surface and the upper part of the exterior surface is red slipped. The surface color is red to red-brown and the paste color black. This type pottery contains small crystals and lustrous black flakes in the paste. Stone implements found at the site are net sinkers grinding stones. Net sinkers are made of pebbles, larger than the findings at Sunget site, mentioned below, which have notched sides (fig. 14-37). Large grinding stones are circularly shaped with edge trimmings and notched sides. Small ones have ellipsoid shape which are beaten to be hollowed on both sides (fig. 14-38, fig. 15-40 and 42).

34. Location No. 34

Setting

Location no. 34is situated on the rolling plains stretched down from Mt. Irayaand approximately 500 meters south of location No. 33 Diojo Point site. Its height is 80 meters above sea level. Several red slipped wares are collected on and around the top of the hill.

35. Location No. 35

Setting

Location No. 35 is situated on the north of the Guest House in Basco City and at the West end of a hill stretched down Mt. Iraya. Fragments of burial jar and a Chinese porcelain are collected.

Findings

The Chinese porcelain is a fragment of the large cup with grayish blue glaze. The paste of the hollowed bottom and inner bottom has turned orange (fig. 5-162).

36. Location No. 36

Setting

Location No. 36 is situated on a small hill which lies between Pagasa and Ijan. On the top of the hill and its vicinities, small fragments of wares are observed in addition to cowry shells (fig. 2-40 to 46).

37. Location No. 37

Setting

Location No. 37 is situated on a narrow terrace, south of Ijan (Location No. 9).

Northern and southern sides of the terrace have steep precipices approximately 30 meters high. A coarsely smoothed jar with ring-foot and porcelain with brown glaze are collected at the site. The porcelain has inscription of the Chinese letter on the surface (fig. 2-47 and 48).

38 and 39 are missing numbers

40. Location No. 40 to 43 Jiratay site

Setting

Location no. 40 to 43 are situated along a road running between Sumhaw to Panay Tayn. Each site is located on a narrow terrace and its vicinities. In the section cut off by the road, several archaeological materials are observed.

Findings

Potteries collected at these sites are small in number. Most of findings are red slipped jars with roll-over or low, flaring rims and rounded bodies. They contain small crystals and mica fragments in the paste and have well smoothed surfaces. The color of the surfaces on both sides is red to dark brown (fig. 5-163 to 168).

41. Location No. 41 Panay Tayan site

Setting

Location No. 41 is situated on the large terrace near the fork of the roads, one of which goes to Uvoy and second of each to Mahatao and last of which to Sumhaw. Its height is approximately 110 meters above sea level. The section cut off by the roads produces pit-dwellings and fragments of potteries. The stratigraphy of this section is as follows;

　　　0　—　－15 centimeters Surface
　　－15　—　－40 centimeters Grayish white silt
　　－14　—　－90 centimeters Black silt
　Under －90 centimeters Brown silt

Pit-dwelling observed in the black band is 5 meters in length and 40 centimeters in depth and has pit holes of small size near the wall. The other pit, 1 meter in length and 40 centimeters in width, is found 10 meters away from the dwelling.

Findings

Two types of shallow bowls are observed in addition to the fragments of jars.

i ; Hemispherical shaped with fine smoothing, vertically inside and horizontally outside, and red slipped on both sides (fig. 5-171).

ii ; In-curving side with low, sharply out-slanting rim and well smoothed surface without red slipping (fig. 5-172).

These bowls have small crystals and small lustrous black flakes in the paste. The color in the paste is dark brown and surface color is red to dark brown.

42. Location Nos. 45-48

Setting

Location Nos. 45-48 are situated on the small hills which are scattered over the rolling plains stretched south east from Panay Tayan. The height of these sites is approximately 100meters above sea level on an average. The dimension of each site is not so large and a few fragments of potteries are collected at these sites.

Findings

Several fragments of the jars which have coarsely smoothed surfaces with variable inclined rims are observed. White porcelain collected at Location No. 46 is a fragment of the cup decorated with a narrow leaf pattern outside. A stone implement found at Location No. 45 is a small disc with vertical trimmed edge (fig. 5-173-180).

43. Location No. 49 Tayid site

Setting

Location No. 49 is situated on a large terrace and its inclined vicinities, which lies at the end of the hills stretched southeast from Sumhaw. Its height is approximately 100 meters above sea level. The dimensions of the site where the archaeological materials are acquired by surface collection are approximately 100o square meters. Several hearths and stone arrangements are disclosed in the sections cut off by a road. The stratigraphy of the section is as follows;

```
    0    —   - 10 centimeters Surface
  - 10   —   - 35 centimeters Brown silt
  - 35   —   - 85 centimeters Grayish brown silt
  - 85   —   - 100 centimeters Black silt
  - 100  —   - 120 centimeters Dark grayish white silt
  - 120  —   - 150 centimeters Blackish brown silt
  - 150  —   - 190 centimeters Dark brown silt
  Below  - 190 centimeters Yellowish brown silt
```

Many archaeological materials are observed in the fourth layer (black band), the sixth layer (Blackish brown silt) and the seventh layer (Dark brown silt). The black band spreads widely over the site and several stone arrangements are disclosed in this band at the inclined planes of the site. The stone arrangements consist of the fist sized stones which are arranged in square or ellipse and they have no traces of burning. The hearths disclosed in the seventh layer have pit holes with much ash and many fragments of charcoal in addition to the jars at the bottom of the pits.

Findings

Many jars found at this site are sub-grouped roughly into four types;

i ; Small jar with low, slightly out-slanting rim, narrow neck and thin, rounded body (fig. 5-185). The jar has many grains of sand and small lustrous black flakes in the paste and is roughly smoothed. The exterior surface and upper part of the interior is sooty. This type of jar is burnt hard. The color is dark brown to brown.

ii ; Red slipped small jar with low, flaring or rolling over rim and narrow neck (fig. 5-182). The body is very thin and has many grains of sand and mica fragments in the paste.

iii ; Large jar with high, out-slanting or flaring rim. The body is relatively thick and finely smoothed on both surfaces. The jar of this type has small crystals and lustrous black flakes in the paste and is burnt hard (fig. 5-186 to 190).

iv ; Jar with high, slightly in-curving rim narrow neck ad large rounded sides. The thickness of the cross section of the body is very thin. The body is burnt hard, well smoothed on both surfaces and coated with red slipping on the exterior surface and upper part of the interior (fig. 5-193). The surface color is red to brown and the paste color is light brown.

Several ring-footed jars are observed in this site. Figure 5-205 is a fragment of ring-footed jar with finely smoothed surface. It contains many mica fragments in the paste and burnt hard. The color is grayish brown to black. This type of the ring-foot is very similar to those found at Sunget site and has close connection to the Formosan Gray Pottery (fig. 8-303). A Chinese porcelain with an olive crackled glaze, fragments of perforated handles and red slipped bowls are also collected.

One of the most remarkable findings at the site is an earthen mould for casting metals, which is acquired in the central part of the site in addition to the red slipped wares. A fragment of an earthen mould, 7 centimeters in length, 6.3 centimeters in width and 3.7 centimeters in thickness, is semi-cylindrical shaped in cross section (fig. 15-43). A haft of spear point is carved on the flat surface. Around the carved circular haft it has two small, narrow vertical ridges which are out-curving toward the end. The seize of the carved haft is 3.3 centimeters in width and 7 millimeters in depth. The end of the haft becomes thinner and wider than the other side. A pin is also carved near the haft. The base of mould is cut off to be flat and the upper part of the base is incised triangularly.

44. Location No. 50 Uvoy site

Setting

Location No. 50 is situated on a small and narrow terrace, which lies between beach and hill at a height of approximately 10 meters above sea level near Uvoy. Fragments of red slipped jars and burial jars are found in the sections which are destroyed or cut off by a road.

45. Location No. 51 Jora Manaoy site

Setting

Location No. 51 is situated on the south of Uvoy and at the end of the inclined planes at a height of 10 -20 meters above sea level. The dimensions is approximately 800 square meters. Black bands appeared on the top of the surface, because of erosion caused by several channels from the top of the hills. Several fragments of jars and stone tools are observed in this site.

Findings

Two types of jars are collected at the site. Figure 6-210 is a large jar with low, out-slanting rim and elongated body, which has finely smoothed surface on both side. The color is brown to dark brown. Figure 6-212 has roll-over rim, coarsely smoothed surface and many grains of sand in the paste. One of the findings is a shallow bowl which is a hemispherical shaped with a ring-foot. It has a finely smoothed surface which is partly red slipped. The thickness of cross section of the body is grayish brown and partly red (fig. 6-211).

The grinding stone is oval shaped and roughly smoothed on both sides and upper surface (fig. 15-44). Two small holes are engraved on both sides and upper syrface. Its weight is 268 grams.

46. Location No. 52 Lakoidi site

Setting

Location No. 52 is situated on the shoulder of the Lakoidi Point stretched out into the Philippine Sea and approximately 1 kilometer away south of Uvoy. He site has a small terrace, where fragments of burial jars and brown polished jars are observed (fig. 6-214 to 218).

47. Location No. 53 Jora site

Setting

Location No. 53 is situated on a small hill at the back of Jora Mananoy site. The height of the site is approximately 100 meters above sea level. The small hill which is 5meters in diameter, is cut off by a road and three human bones are observed in that section. Several fragments of burial jars are also found around them.

48. Location No. 54 Pamensan site

Setting

Location No. 54 is situated at the foot of the hill in the south of Mahatao near the coast. The height is 10 meters above sea level. This site is the jar burial cemetery. Large fragments of jars are scattered all over the site. The burial jars with lids and double jars contain iron slugs insides. The jars observed here, very similar to those in Location No. 8 have low, straight rims, rounded bodies and hollowed bottoms and have brown polished surfaces. Inside the jars, net impressions are detected.

49. Location No. 55 Naidi site

Setting

Location No. 55 is situated on the terrace at the back of Location 54, at a height of approximately 30-40 meters above sea level. The area which is covered with woods is approximately 1000 square meters and produces many burial jars covered with fist- seized stones on top of them. The fist seized stones are arranged in circular approximately 1 meter in diameter like a cairn. The burial jars, similar to those

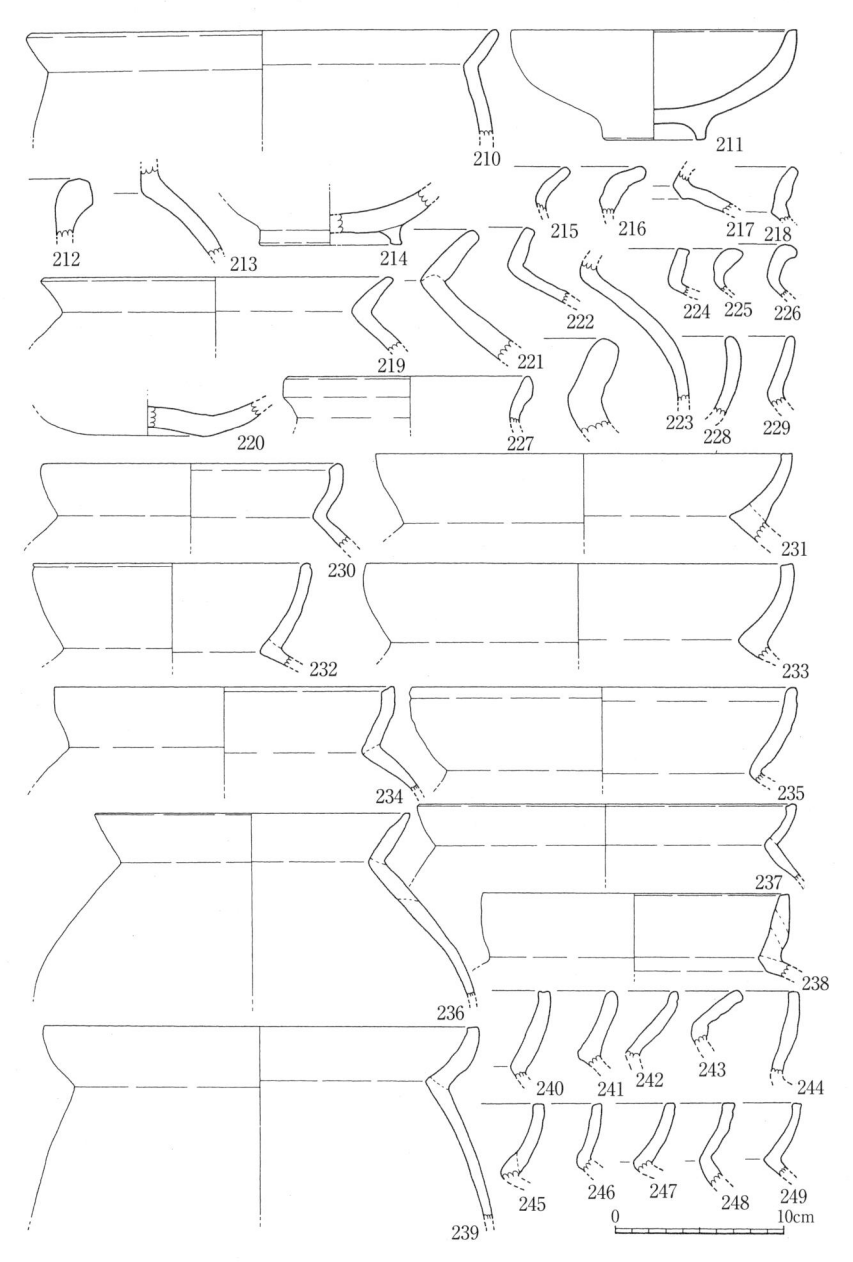

4 GENERAL SURVEY IN BATAN ISLAND 105

Fig.6 Potsherds, 210 to 213: Loc. 51, 214 to 218: Loc. 52, 219 to 223: Loc. 54, 224 to 229: Loc. 55, 230 to 249: Loc. 56.

of Location No. 54, have thick bodies in cross section with low, flaring rims large necks rounded sides and slightly hollowed or flat bottoms. Some of them have lids with flaring rims and flat bottoms. The color is brown. The surface is well smoothed on both sides （fig. 6-224 to 229）.

50. Location No. 56 Sunget site

Setting

Sunget site is situated on the lower hill at a verge of Mahatao at a height of 10-15 meters above sea level. The hill lies at the end of the rolling plains stretched down from Mt. Matarem. There is a small river on the southern side of the hill. The site is cut off by a road which runs from MahataoChurch to Mt. Mataerm. Pit-dwelling and archaeological materials are observed in the section. The area is approximately 600 square meters. The stratigraphy of Sunget site is as follows;

   0 — −17 centimeters Surface, brownish gray sandy silt
  −17 — −47 centimeters Bluish gray sandy silt
  −47 — −60 centimeters Brown sandy silt
  −60 — −105 centimeters Brown silt
  −105 — −120 centimeters Dark brown silt
  −120 — −240 centimeters Brownish black silt
  Below −240 centimeters Light brown silt

The burial jars, similar to those found at Location no. 54, 55, observed in the second layer and the Neolithic implements are acquired in the sixth layer in addition to many fragments of charcoal. The pit-dwelling is observed at the bottom of the sixth layer. It has a wall of 60 centimeters deep in cross section. The brownish black silt which produces a lot of the Neolithic remains extends 30 meters in length in parallel to the road.

Findings

The jars collected at Sunget site are classified into two groups; large or small and each group is further classified into three types. The small jars mostly with 10-15 centimeters in diameter, are sub-grouped into three types;

i ; Jars with low, in-curving rims, narrow necks and rounded sides (fig. 6-203). The bodies coarsely smoothed, contain small crystals and sands in the paste. The surface color is brown with considerable fire clouding. This type of jars is small in number in this site.
ii ; Jars with high, in-curving rims, narrow necks and rounded sides (fig. 6-232, fig. 7-251, 252, 254 and 255). The surfaces both inside and outside are finely smoothed and well polished. The paste contains small crystals and many lustrous black flakes in the body. The surface color is red to red brown.
iii ; Jars with high, straight, out-slanting rims, narrow necks and rounded side (fig. 7-250, 253). Red slip coats all over the exterior surfaces and a part of the interior surfaces of the rims. The whole bodies are well smoothed. The surface color is red to red brown and the paste color is light brown. They have small crystals and many lustrous black flakes in the paste.

The second and the third types of jars have high ring-foots.

The large jars with 25 centimeters in diameter on an average are classified into three types;
iv ; Jars with low, out-slanting rims, wide necks and elongated sides (fig6-236). The surfaces on both sides are well polished without red slipping. The body contains small grains of sand and lustrous black flakes in the paste. The surface color is brown to light brown with considerable fire clouding.
v ; Jars with low, in-curving rims, wide necks and elongated sides (fig6-237, 239). This type of jars is burnt hard and well smoothed without red slip. The surface color is dark to light brown with considerable fire clouding.
vi ; Large sized jars with relatively high, in-curving rims, wide necks and rounded sides (fig. 6-231, 233, 235). The paste and surface smoothing are very similar to the small jars in the second type.

Several bowls are hemispherical shaped with a high ring-foot (fig. 7-271, 275, 276 and 281), and without a ring-foot (fig. 7-268, 269, 270, 272, 277). Most of the ring-footed bowls have in-curving sides with red slipped surfaces and are well polished as the whole. The body has small crystals and small lustrous black flakes in

108　I　発掘調査の記録

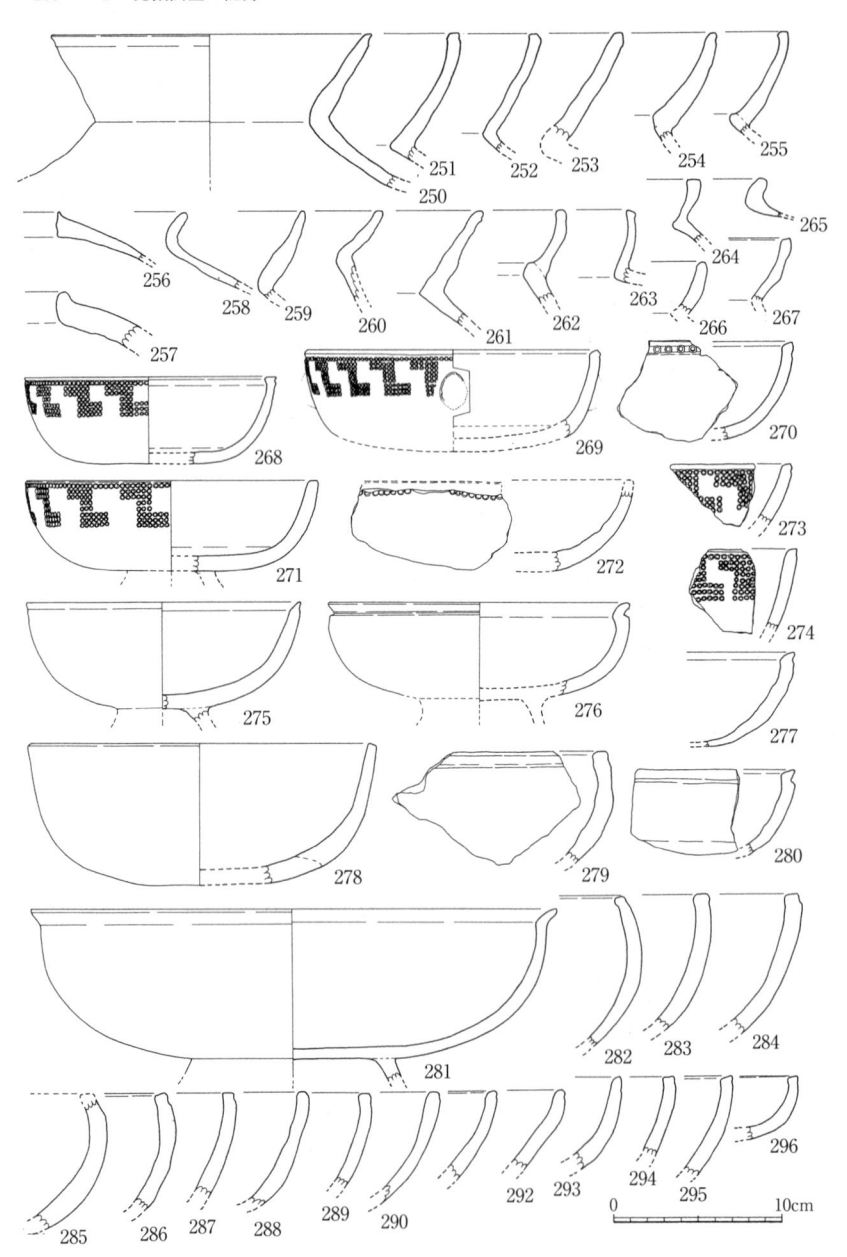

Fig.7　Potsherds, Location No. 56.

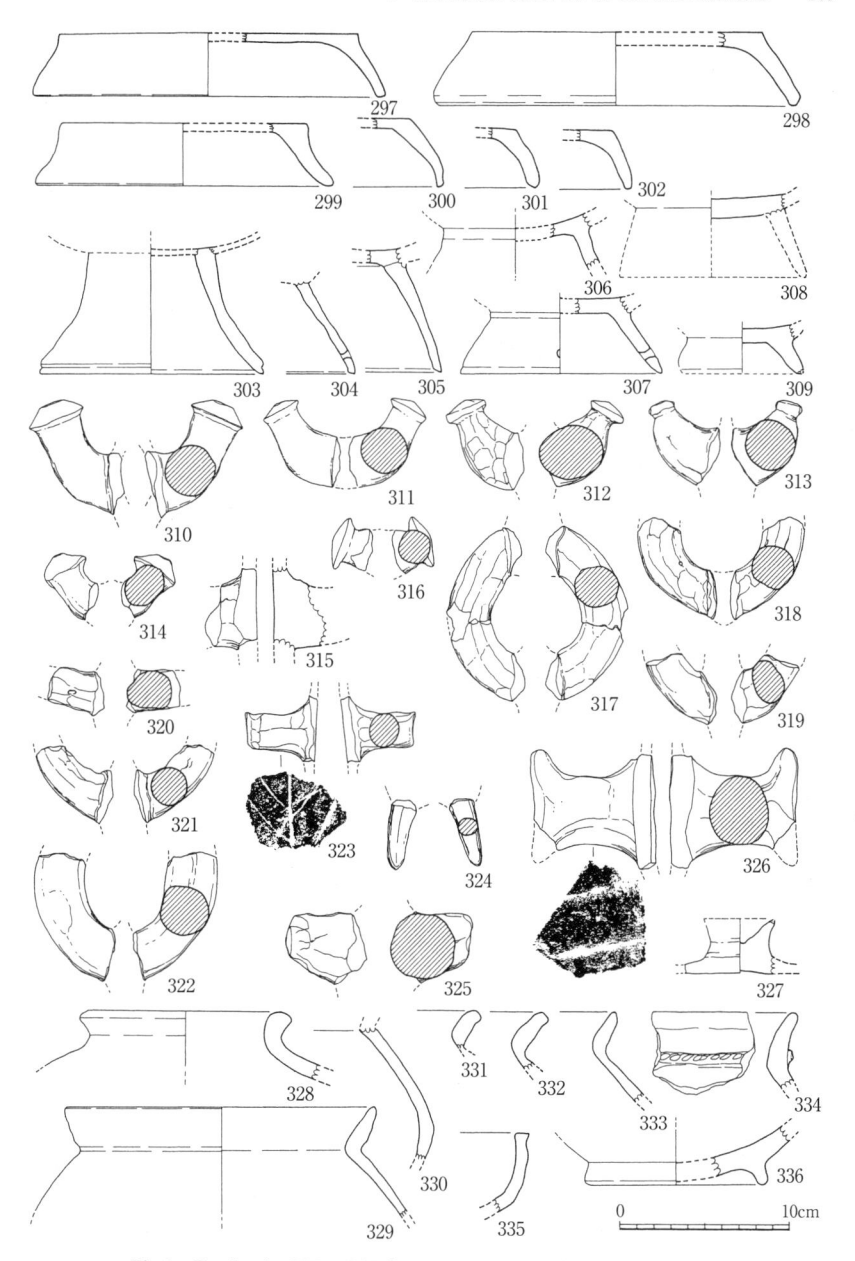

4 GENERAL SURVEY IN BATAN ISLAND   109

Fig.8   Potsherds, 297 to 327: Loc. 56, 328 to 335: Loc. 58, 336: Loc. 59.

the paste. The surface color is red and the paste color is brownish gray. The shallow bowls without a ring-foot sometimes have a series of small looped inscriptions set in a row on the exterior surface under the rims (fig. 7-270, 272) or the meander motifs of small looped inscriptions on the upper part of the body. The other type of these bowls has many small crystals and many lustrous black flakes in the paste. The whole bodies are well smoothed. The color is brown to dark brown and sooty at the bottom.

A lot of fragments of the ring-foot are collected at the site. Various shapes of the ring-foot are observed from low foot to perforated high foot. All of these ring-foots are well smoothed and coated with red slip. Among the ring-foots, most remarkable one is Chinese Gray Pottery. Figure 8-303 has a flaring base with an incised horizontal line at the bottom. The traces of horizontal smoothing is well as if it were made with potter's wheel. The color is brownish gray to dark gray. The paste color is brown. The body is burnt very hard. Gray ring-foot is acquired beneath the stepped adze in the section.

Several earthen lids of burial jars are also found. The lids whose figures are low, flaring rims attached to the small circular tables (fig. 8-297 to 302). have coarse surfaces with many grains of sand in the paste and faintly burnt bodies. The color is brown. They acquired in the second layer in addition to burial jars.

A lot of fragments of handles are collected at the site. They show various shapes and seizes. Figure 8-310 to 316 have mushroom-shaped handles and are well smoothed on their surfaces. Their bodies are burnt hard. The color is brown to brownish black. They contain small crystals and lustrous black flakes in the paste. Figure 8-317 to 322 are vertical looped handles attached to the upper part of the body. In addition to the handles there are short stick-shaped handles. They have leaf impressions at their ends, which are attached to the bodies.

Several small stone pendants are collected at this site. Figure 16-45 is half broken. It is made of slate and shaped like a willow leaf with a hole in center. Figure 16-46 is a pendant made of slate and shaped rectangularly. A hole is observed on the upper part of the body. Figure 16-49 is made of slate and well polished as a

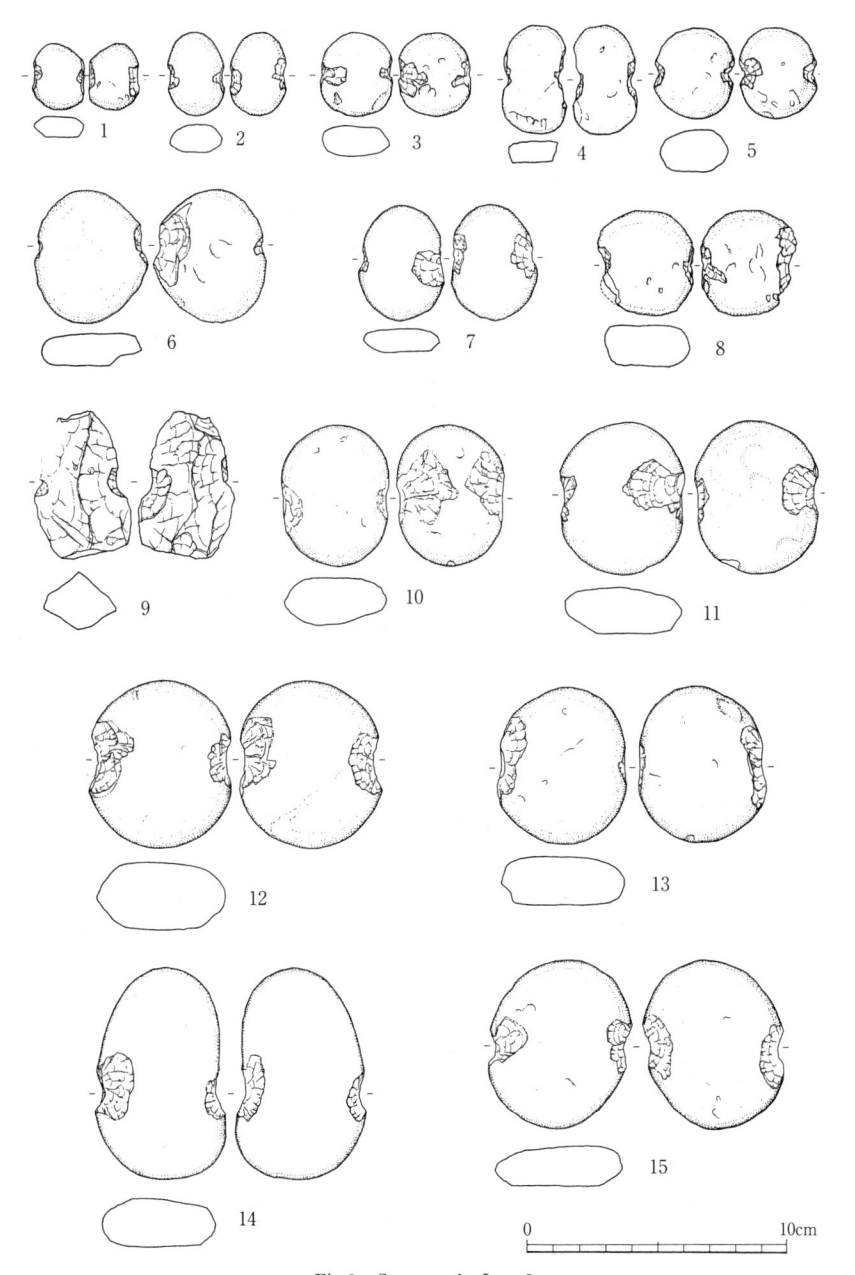

4 GENERAL SURVEY IN BATAN ISLAND   111

Fig.9 Stone tools: Loc. 8

112   I   発掘調査の記録

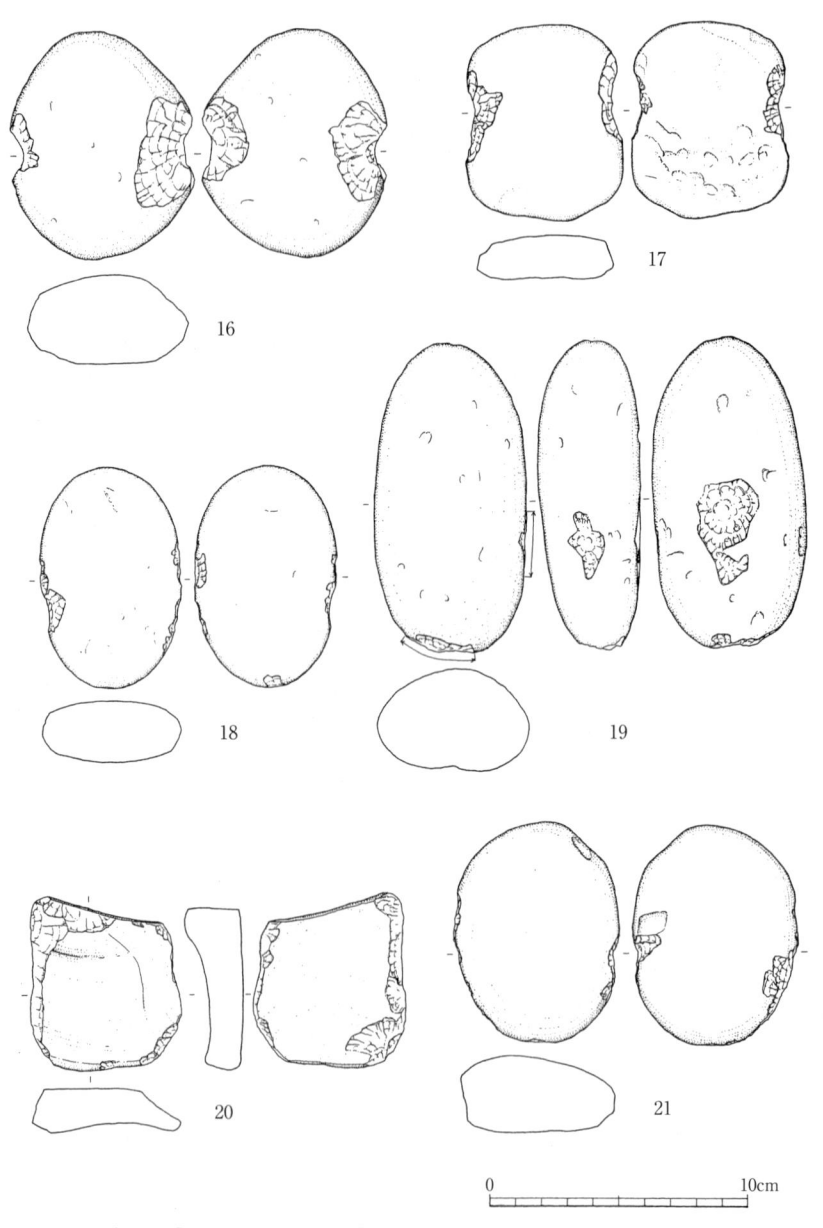

Fig.10   Stone tools, 16 to 18: Loc. 8, 21: Loc. 9, 19: Loc. 14, 20: Loc. 16.

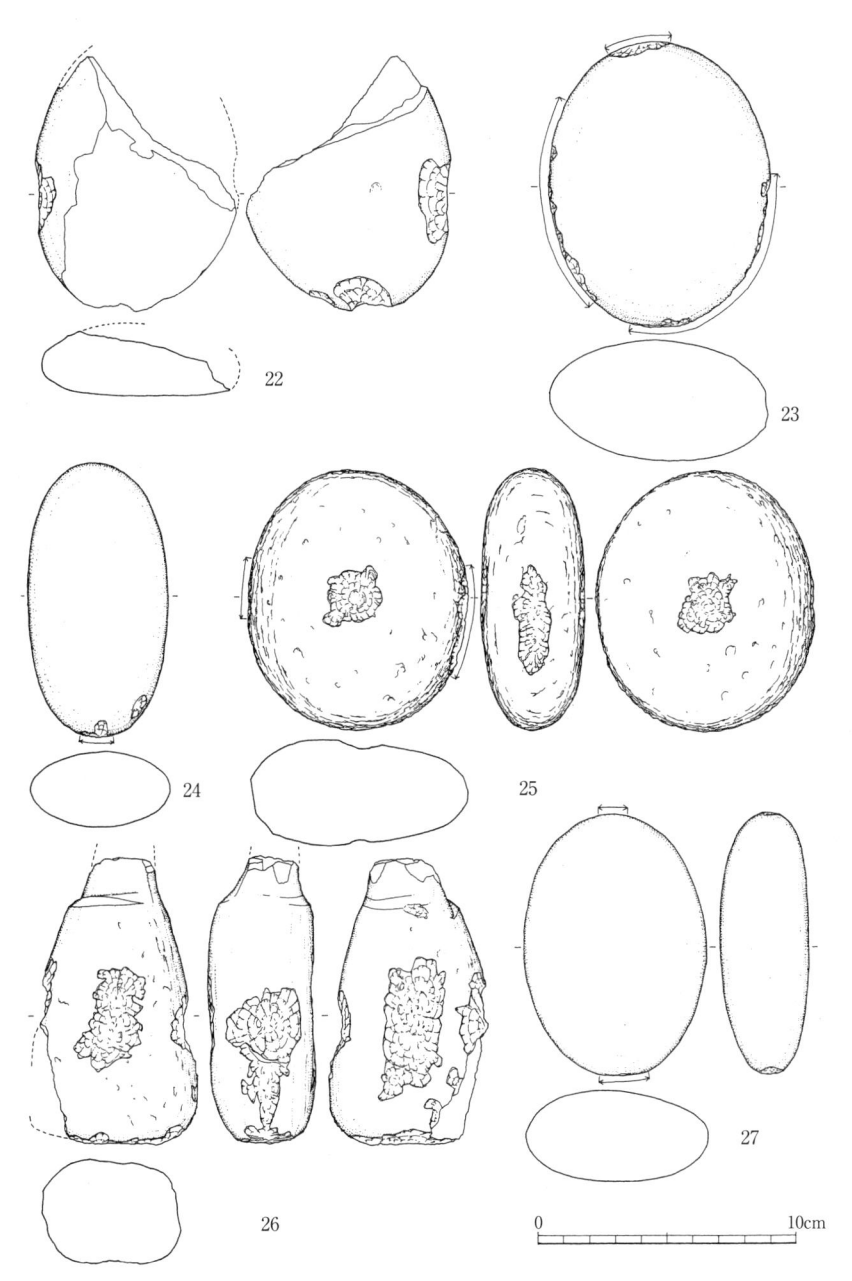

4 GENERAL SURVEY IN BATAN ISLAND   113

Fig.11   Stone tools, 22 to 25: Loc. 9, 26 and 27: L Sumhaw Site.

114　I　発掘調査の記録

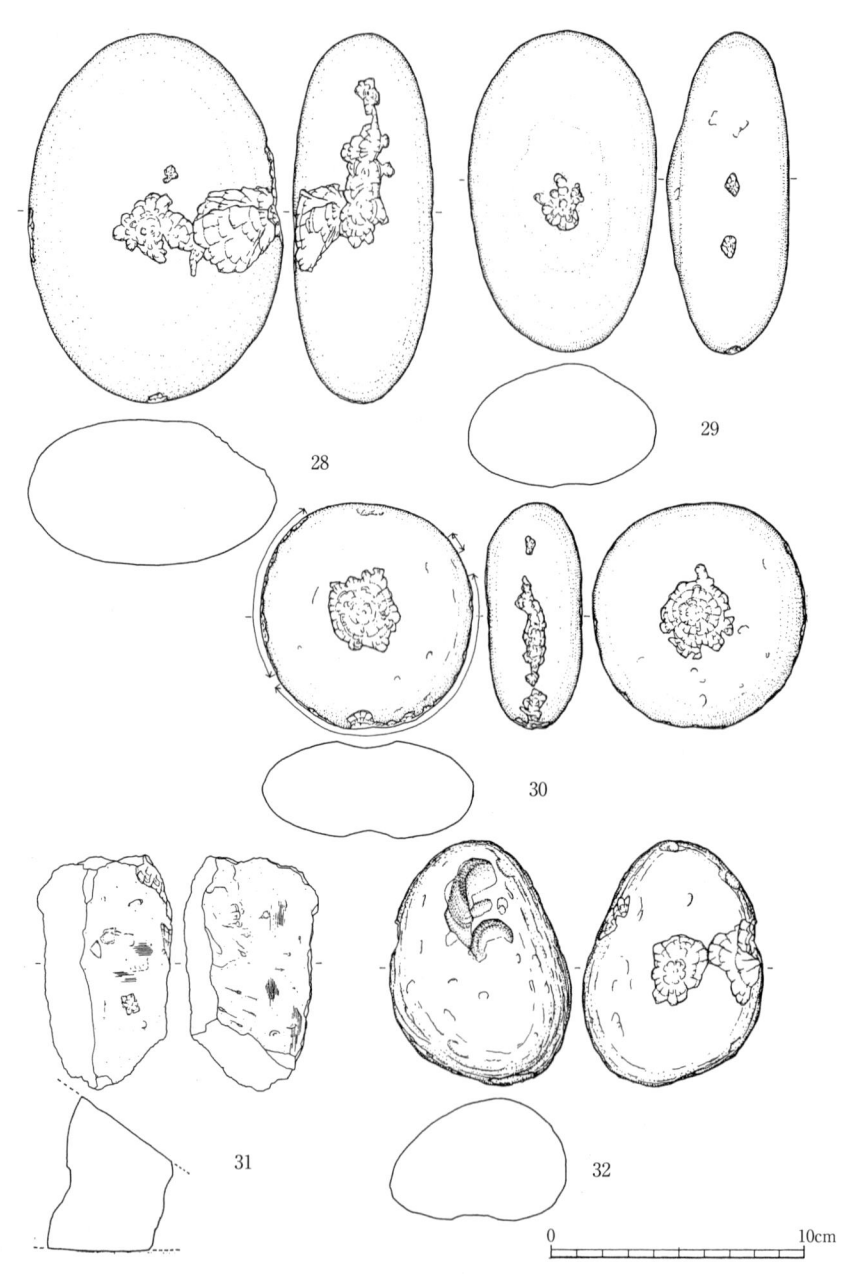

Fig.12　Stone tools: Sumhaw Site

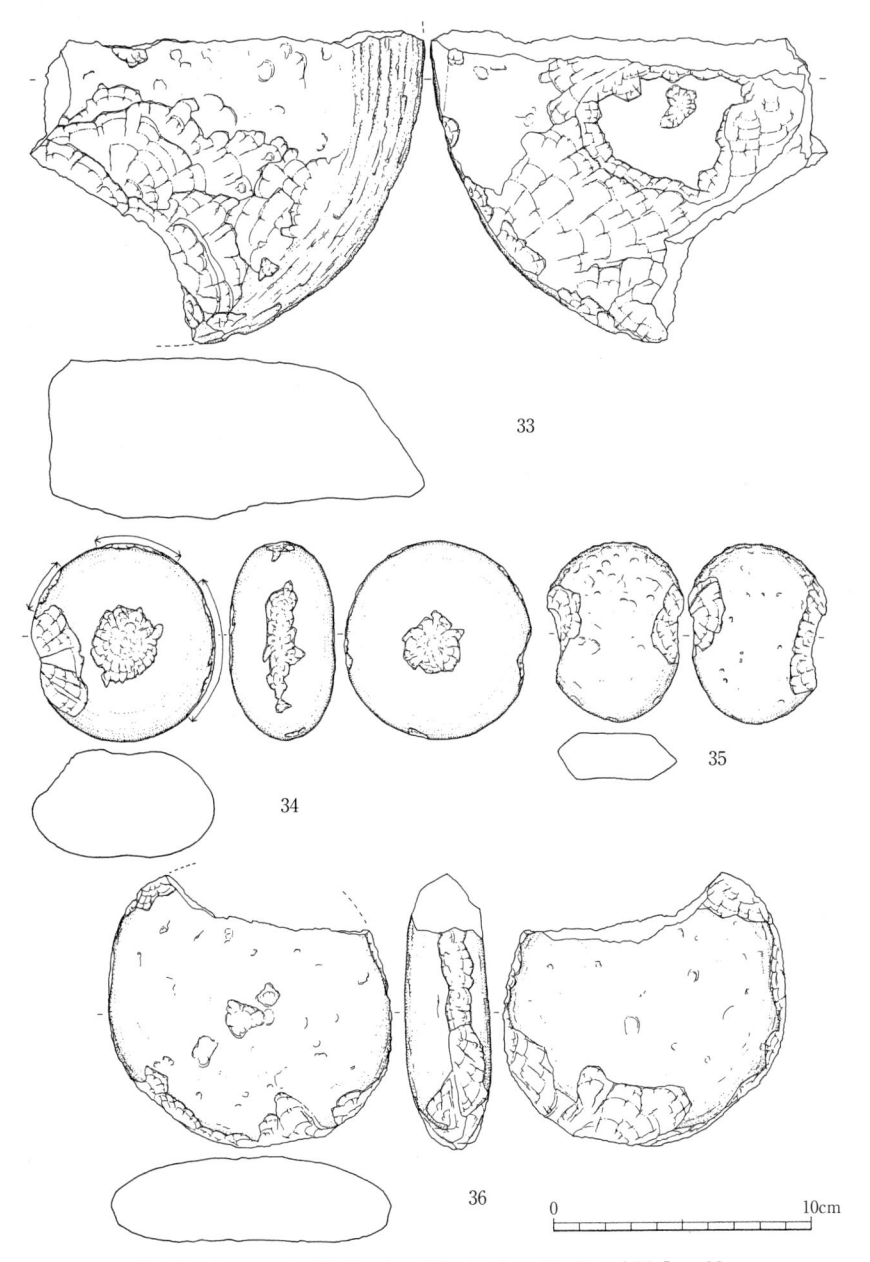

4 GENERAL SURVEY IN BATAN ISLAND 115

Fig.13 Stone tools, 33: Sumhaw Site, 34: Loc. 30, 35 and 36: Loc. 33

116   I   発掘調査の記録

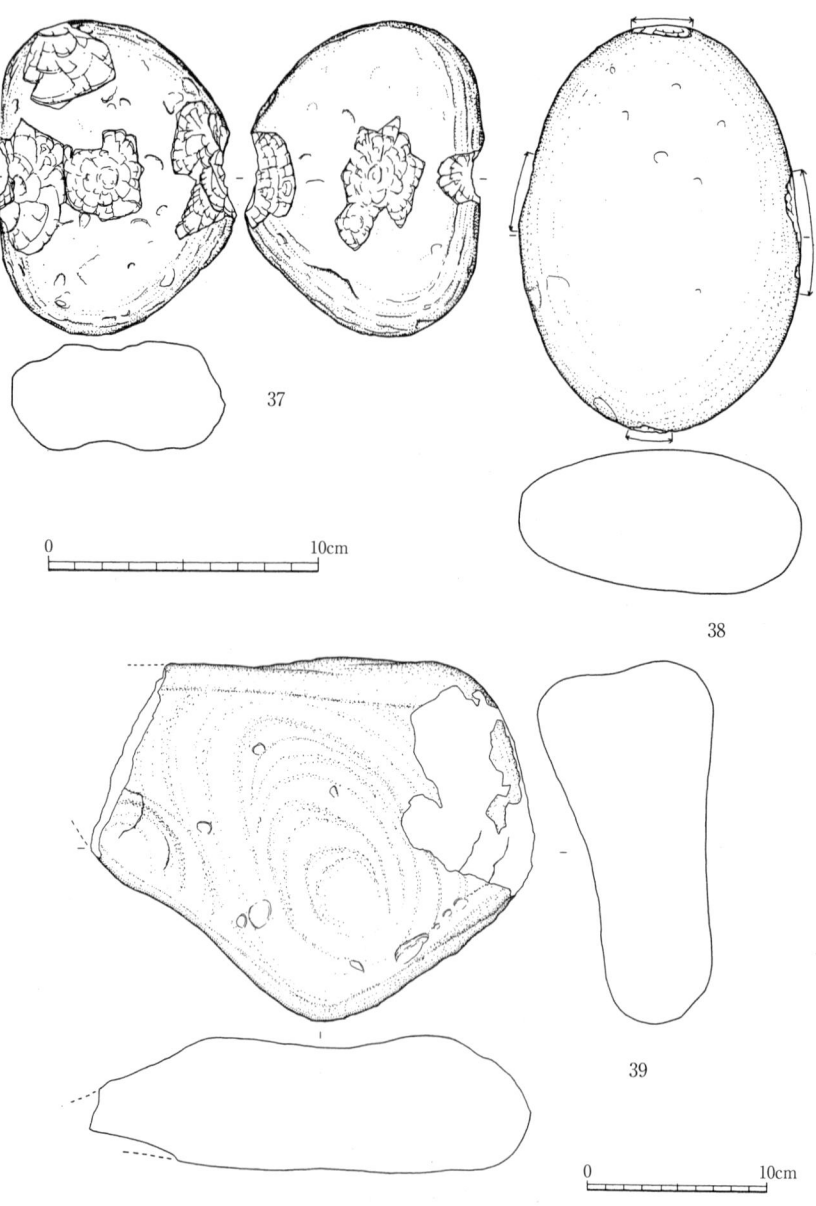

Fig.14   Stone tools: Loc. 33

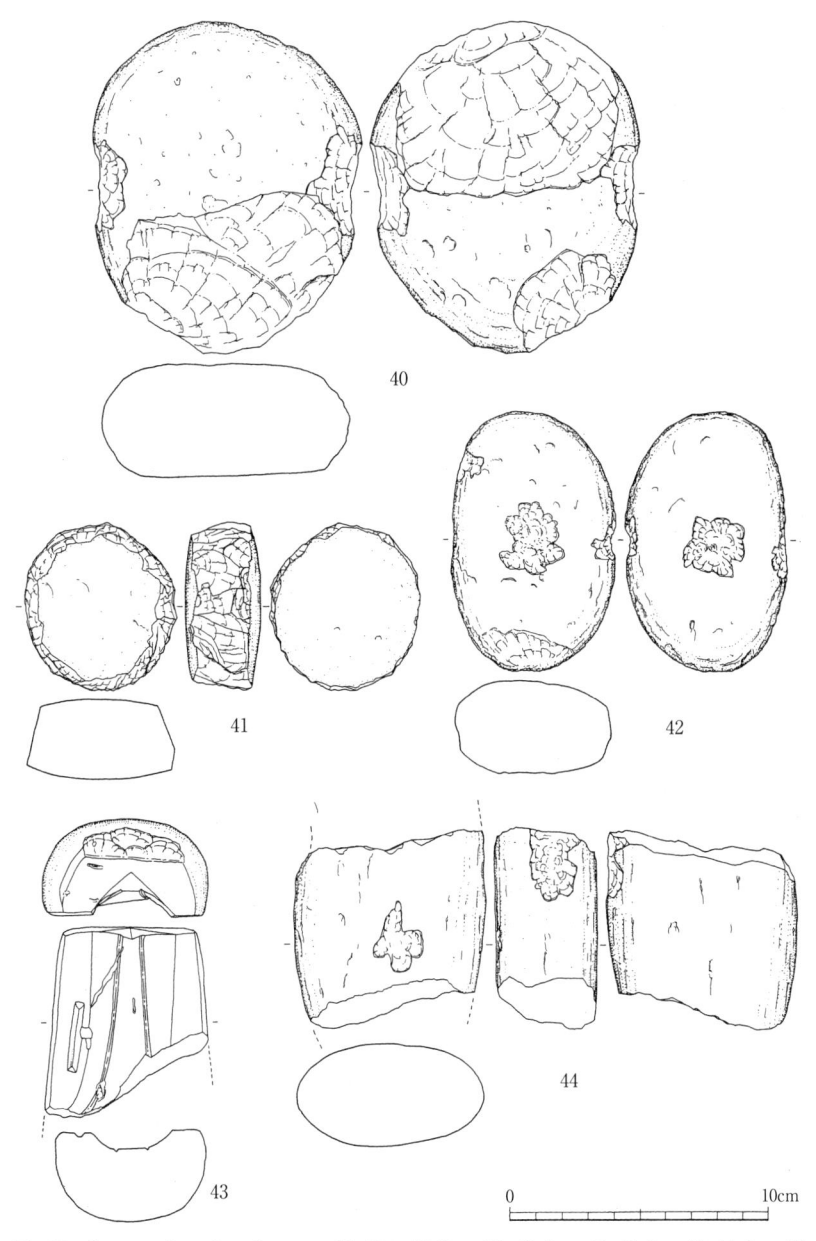

4 GENERAL SURVEY IN BATAN ISLAND 117

Fig.15 Stone tools and earthern mould, 40 to 42: Loc. 33, 41: Loc. 45, 43: Loc.49, 44: Loc. 51

118　I　発掘調査の記録

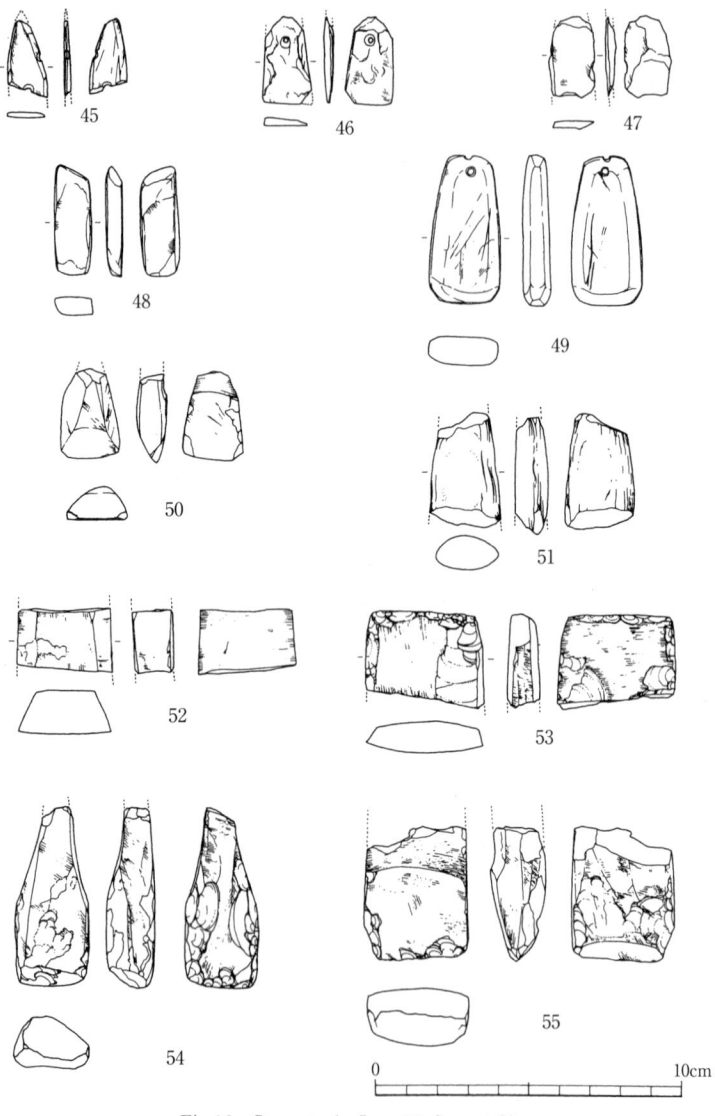

Fig.16　Stone tools: Loc. 56: Sunget Site

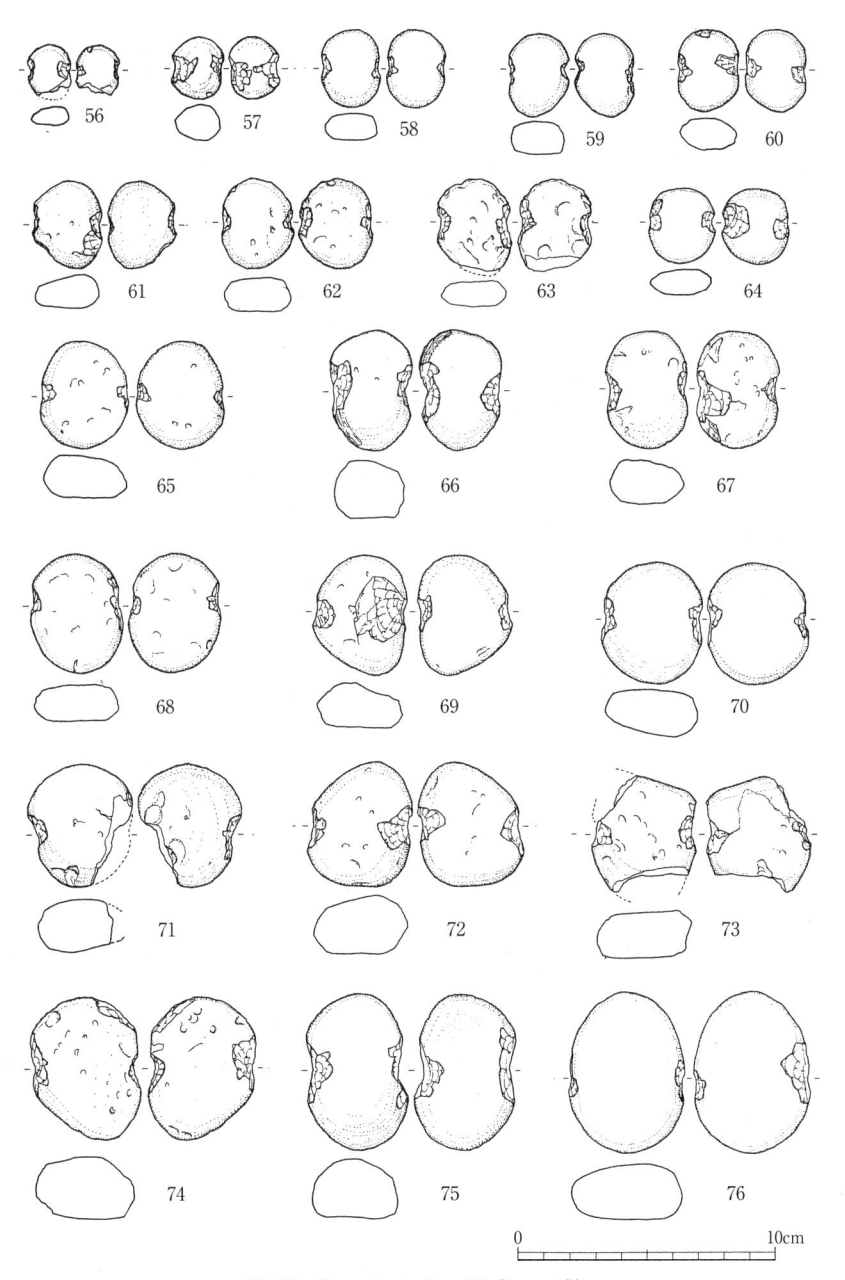

4 GENERAL SURVEY IN BATAN ISLAND 119

Fig.17 Stone tools: Loc. 56: Sunget Site

120　　I　発掘調査の記録

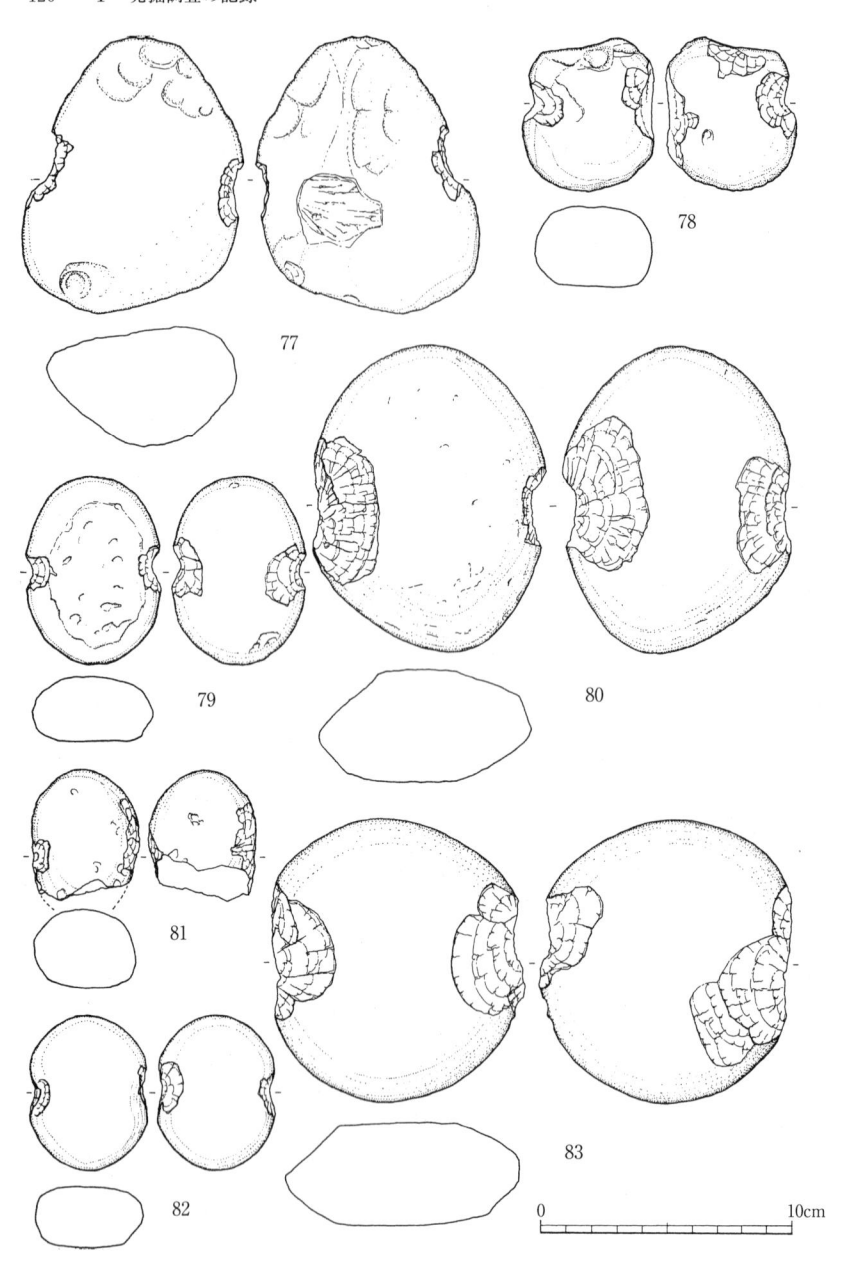

Fig.18　Stone tools: Loc. 56: Sunget Site

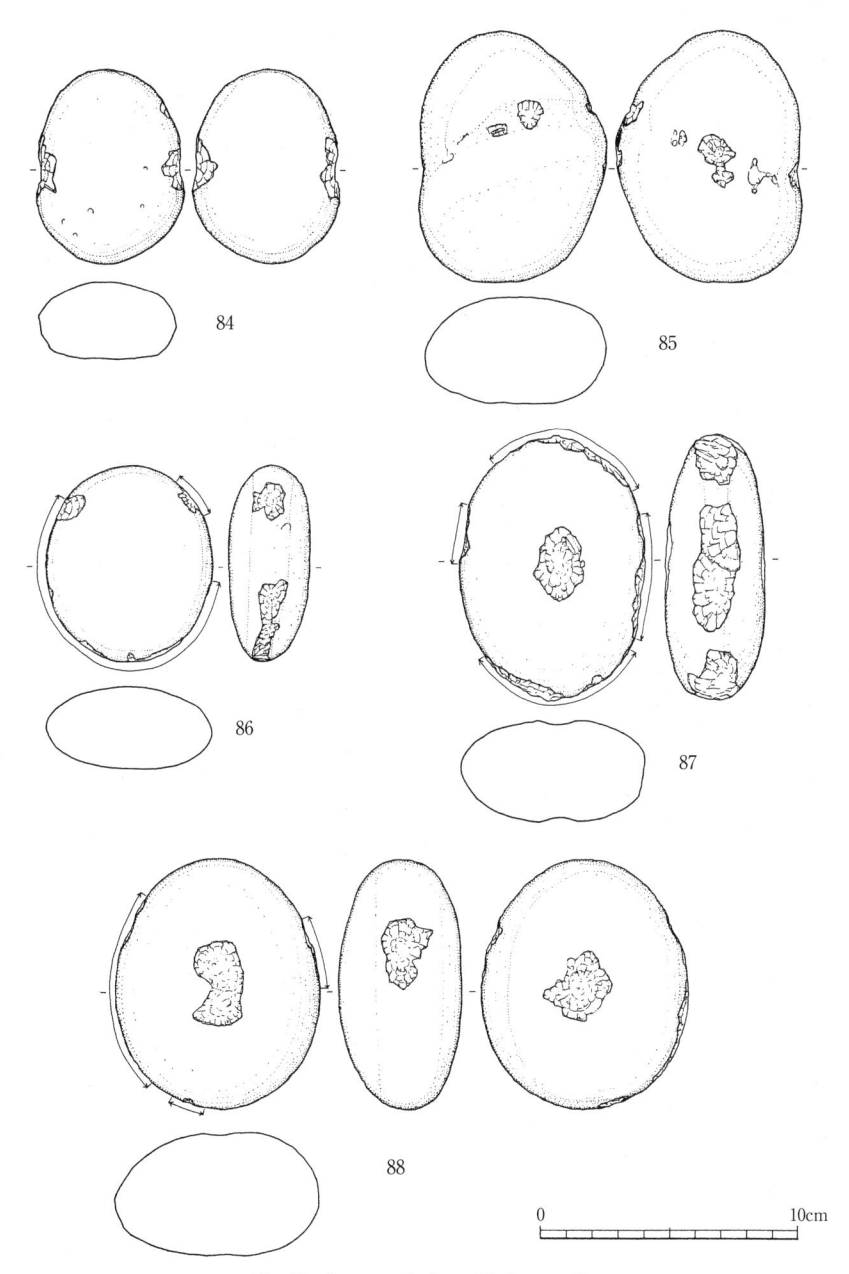

4 GENERAL SURVEY IN BATAN ISLAND 121

Fig.19 Stone tools: Loc. 56: Sunget Site

whole and perforated on the top of the body. Small miniature stone axes (fig. 16-48, 50, 51) are also found. Figure 16-50 has a slight step on its back. Fragments of adzes are collected, one of which is trapezoid in cross section (fig. 16-52). Figure 16-54 is a slightly slanting shouldered adze made of serpentine. Some parts of its edge and top are broken. S stepped adze whose upper part is broken is shallowly grooved on its back and left partly unpolished (fig. 16-55). Many of net sinkers are collected at Sunget site. They have slight notching on both sides generally but show various seizes. The smallest one is 2 centimeters in length, 1.5 centimeters in width and 5 grams in weight. The largest one is 11centimeters in length and 9.5 centimeters in width. Most of the stone net sinkers are made of small pebbles, smoothed on both flat surfaces and gouged on both sides (fig. 17 to 18). Three grinding stones are found at the site. Figure 19-86 to 88 are made of fist-seized stones which are grinded as a whole. Their flat surfaces are smoothed because of much use. Small hollows are engraved on both sides.

51. Location no. 57 Tedted site

Setting

Location no. 57 is situated on a hill, stretched down from Mt. Matarem, lying along the stream which runs through Mahatao City. Its height is approximately 50 meters above sea level. Several burial jars are found at the end of the potato field. One of the burial jars has flat stone lid on its top. Some fragments of jars which are similar to those at Location No. 54 and 55 are obtained in the site.

52. Location 58

Setting

Location No. 58 is situated on the terrace along a road running between Basco and San Antonio Village. The site occupies relatively large area which is approximately 1000 square meters. Many fragments of the earthenware are detected in the section cut off by a road.

Findings

Figure8-328 is a large jar with low, slightly roll-over rim, narrow neck and rounded body. Red slip coats on the whole exterior part and the upper part of the interior. It contains many fragments of lustrous black flakes and crystals in the paste. The other jars found here are relatively small jars with low, straight or flaring rims, narrow necks and rounded or calinationed side (fig. 8-329 to 333). One of them has incised strings attached to the neck (fig. 8-334), similar to the findings at Location No. 33 (fig. 5-151). The jars mentioned above are well smoothed and have red slipped surfaces. The paste contains many small lustrous black flakes. The color is red to brown and that of the paste is brownish gray. A fragment of shallow bowl or dish is obtained at this site (fig. 8-335). It has straight or slightly in-curving rim and low body. The ring-foot may be attached to the bottom like those at Sunget site.

53. Location No. 59

Setting

Location No. 59 is situated on a small hill near Location No. 58. The site lies at the back of Basco, taking an extensive view over whole Basco. On the top of the hill and its vicinities, several fragments of earthenware are found including jars with hollowed base (fig. 8-336).

54. Location No. 60

Setting

Location no. 60 is situated on the lower terrace near the Ivana Elementary School by the sea. The burial jar cemetery here might have been destroyed by the construction of the road and the Elementary School.

55. Location No. 61

Setting

Location No. 61 is situated on the terrace where several houses are built east of Imnajbu. A lot of small fragments of earthenware are collected in addition to spiral shells.

56. Location No. 62

Setting

Location no. 62 is situated on a hill and its inclined plane 800 meters east of Imnajbu. Its height is approximately 80-95meters above sea level. Several jar fragments are observed in the black band which spreads over the hill.

57. Location nos. 63-65

Setting

Location nos. 63-65 are situated on the rolling plains which are stretched at the foot of Mt. Matarem. The sites lie along the road running between Itbud and Mahatao and are 100 meters high above sea level. Several jars and chipped stone are acquired at these sites.

Closing Remarks

The archaeological sites distributed in Batan Island consist of cemeteries and settlements, each of which is subdivided into two groups; the ones located below 20 meters high above sea level and the ones located above 70 meters high above sea level. No traces of prehistoric human works can be observed in the area situated between 20 meters and 70 meters high above sea level.

The settlement discovered at the lower terraces, e. g., Sunget, Tamalung and Diojo Point (Songsong) produce many Neolithic Implements. Findings collected at these sites are Chinese Gray Potteries, well smoothed red slipped potteries of various shapes, stepped adzes, shouldered adzes and stone pendants. They are assigned to be the earliest stage of the Full Neolithic of the Philippine and the assemblage of these remains suggests that the Batan Islands in the Neolithic times were closely related to Formosa through the Bashi Channel.

The urn burials found at the lower terraces sometime produce iron slugs as grave goods and the jars collected there have net impressions on their exterior surfaces. The burial jars found at Naidi site have fist-seized stones piled circularly like a cairn on their top, which mean that the urn burials observed at the lower terraces show the late burial systems and date back to the Age of Contact at the earliest.

The settlements observed at the higher terraces are grouped into two types; the ones with a plaza which is cutoff to be squared in plan and trapezoid in cross section and the ones with small natural terraces without any obvious earthworks. The former has several pit-dwellings at the foot of the terraces.

The settlements found at the higher terraces produce many kinds of red slipped potteries which are very similar to those found in Kalanay-Plain-Pottery Complex in *The Archaeology of Central Philippines* by Dr. W. G. Solheim, Jr. The potteries and the earthen mould for casting metals found at Tayid site show that these settlement belongs to the Metal Age of the Philippines. As some of the potteries observed at the settlements are associated with the Chinese porcelains assigned to the Sung Dynasty, some of these settlements might have lasted until the earliest stage of the Age of Contact.

The urn burials found at the higher terraces produce the same kind of red slipped plain potteries as those found at the settlements like Dibang site. The cemeteries date back to the same period as the settlements observed at the higher terraces,

Our general Survey conducted in 1982 clarifies that many kinds of the sites dating back to the periods between the Neolithic and the Age of Contact are distributed all over the Island. It is hoped that our rudimentary investigation will become stepping stones for further anthropological researches on a large scale.

II 東北アジアの先史時代

1 朝鮮の初期農耕文化

はじめに

　朝鮮の石器時代に農耕が存在したことを示す資料の発見は、日本のそれとほぼ同じ頃（山内 1925）[1]であった。1920 年の金海貝塚発掘調査に於いて、貨泉とともに炭化籾が採集された（浜田・梅原 1923）が、5 年前には鳥居龍藏が慶州月城に於いて大きな土器に入った小麦粒を発見している（鳥居 1925）。しかしながら炭化穀の出土も、たちいった分析が行われたというわけでもなく、農耕の存在のみが伝えられたにすぎない。

　農耕は社会発展の基盤として重要性があったにもかかわらず、農耕の存在に追求されなかったのは、多くの人が指摘するように（西川 1970）戦前の「朝鮮考古学」の体質によることでもあるが、戦前の日本の農耕についても具体的把握がなされなかったことにも起因するといえよう。

　戦後それもここ 10 余年、農耕を社会発展の中に位置づけようとする試みが活発となってきて、有紋土器の時代まで農耕が遡って意味づけられている。但しこれまでの捉え方（金勇男 1968、金用玕・黄基德 1967）は概念的すぎるきらいがあり、またその内容自身も明確にされていないところがみられる。例えば「原始農耕」、「より発達した農耕」という表現にしても、「原始時代」の農耕なのか「原始的」な農耕なのか曖昧であり、どのような形態の農耕なのか不明であり、このためどれほど「より発達した」ものか具体的に明らかにされないままで終っている。そうした中、近年黄基德が東北朝鮮の原始農耕について、大型石器や石鍬などの分析から火田民のような焼畑耕作を想定している（黄基德 1970）ことは注目するところである。有光教一は「すりうす」の分析

を通して、それが農耕の存在を意味するものとして論じている（有光 1953）。「すりうす」は本来的には農具の一部ではあっても、単独では製粉器としてだけではなく、肉調理等への多目的使用が考えられるため、その論拠は弱いものとなっている。

石器時代にあっては、同一の器具が多目的に使用されたことが考えられるので、農耕の存在とその形態を論ずるには、農耕生産から消費されるまでの諸過程に使用される一連の道具を指摘する必要があろう。すなわちそれらの過程で使用される器具の組み合わせを明らかにしなければならない。しかしこのことは、ある意味では定型化した農耕の存在を指摘することになり、それ以外の農耕については、また別の角度から検討が行われなければならない。その方法の一つとしては発掘現場に於ける科学的調査もあるが、現在の制約下では無理であり、ここではそうした定型化した農耕について考えてゆくことにしよう。また穀物栽培が論点の中心になるのも右の理由もあり、それに社会発達の基盤として重要な役割を担うものは、穀物栽培であることにもよる。なお「初期農耕」とするのは、畜力による耕作以前を示し、時期的には、楽浪統治下では牛耕の存在が考えられるので（駒井 1939）、それ以前の農耕を意味する。

(1) 朝鮮の生態環境

一般に農耕生産に於いては、自然的条件に左右されることが多い。しかも農耕の初期の段階では、畜力や施肥による土壌の積極的改良がおこなわれなかったために、その制約は極めて大きかったことは想像に難くない。農耕生産を基本的に制約するものとして、一方では畜耕以前の技術があり、他方、地形的・気候的・土壌的等の諸条件が相互にからみあった生態的条件が考えられる。朝鮮の初期農耕の技術的形態を明らかにする上で、それと密接に関連する自然的背景として、ここでは姜錫午の見解（姜錫午 1971）を紹介しよう。

姜錫午は年平均気温・等積算温度と土壌との関係を指摘した馬容之の考えと、年平均気温・雨量・温度との関連を明らかにした林一水の見解を取り入れ、これに植物分布状況を加味し、次のように朝鮮を5地区に分類している（図57）。

ポドゾル（灰白土）型土壌は、針葉樹林下に分布し、気温が低く湿気が多い

ために有機質の分解が不充分で、有機酸を生ずる。このため地面の上部は漂白されない硅酸分がたまって灰白土となり、下層は有機酸で溶解した鉄、アルミニウムが集積して黄褐色を呈している。蓋馬高原一帯がこの型の土壌の分布地域で、ここでは生産力は低く、馬鈴薯・燕麦・亜麻・ホップなどの耐酸性植物が植えられている。

　灰褐色森林型土壌は、弱ポドゾル性を示し、年平均気温10度線以北の針闊混合樹林帯下に分布している。表層は厚くないが腐植の多い黒褐色をなし、下層は灰褐色土が厚く堆積している。西北朝鮮と東北朝鮮の沿岸部がこの土壌の分布地域である。

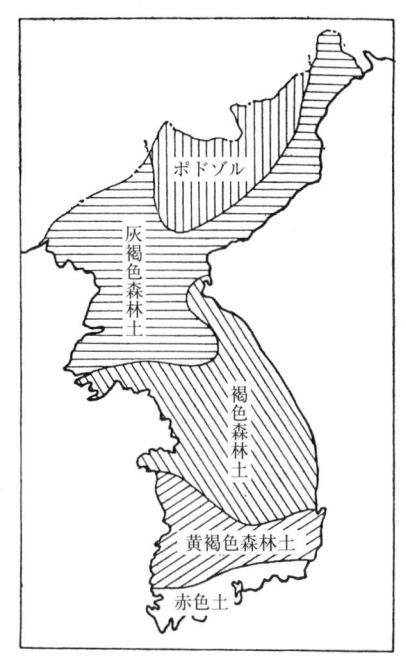

図57　朝鮮の土壌分布図

　褐色森林型土壌は、中部朝鮮の落葉闊葉樹林帯に分布する。腐植が多い表層は厚く堆積しており、溶脱が少なく褐色を呈す。下層は黄褐色をなしている。酸性はそれほど強くなくて、肥沃度は大である。

　黄褐色森林型土壌は、気候が温和で雨量の多い南部の落葉常葉樹混合林下にみられるものである。

　赤色土は、朝鮮南部の沿岸・島嶼地域の常緑闊葉樹林下に分布する土壌で、土質は褐色土とラテライトの中間をなしている。この型の土壌は有機質の分解は少ないために腐植質は少なく、アルミナの堆積が多く赤色を呈している。

　落葉樹林下の褐色土壌は、朝鮮半島の大部分の地域に分布するが、これは中国の山東半島や遼河流域の植生・土壌と一致し（江土文 1972）、南部沿岸・島嶼地域の常緑闊葉樹林と赤色土土壌は、九州や華中のそれと符合している。今日の農耕栽培に於いて、水稲が卓越する華中と朝鮮南部と九州が同一の土壌であり、畑作が優越する山東省や遼寧地区と朝鮮の中部以北が生態的に同一であ

ることは、この姜錫午の土壌区分が、初期農耕を考えてゆく上で、重要な意味をもつ分類であることを示していると考えられよう。

(2) 初期農耕の資料

初期農耕や原始農耕であっても、その生産活動においては多様な形態があって、農耕の一貫した技術的体系を明らかにしないでは、人間の農耕生産活動は把握しえないものと思われる。農耕の技術的体系の中には、栽培植物と耕起もしくは播種から消費されるまでの諸過程が含まれるが、具体的にはその過程に使用される道具の組み合わせを分析することによって把握されるであろう。栽培植物は採集しにくいものであり、農耕具には腐食して残りにくい類があり、また腐敗しにくいものでも調査によってその社会のもつ諸道具を完全に発掘することは不可能なことがある。そこでここでは、農耕生活に於いて基本的な用具を指摘し、その組み合わせから具体的な生産活動の類型化を行うことにしよう。

A 耕 起 具

ⓐ 「鍬形」耕起具：これまでに「凸形石斧」、「丁字形石斧」などと呼称されてきた類で、幅広い刃部と狭い柄部からなる凸形の扁平打製石器である。咸鏡北道会寧郡五洞遺跡では完形・破片併せて14点出土している（朝鮮民主主義人民共和国科学院考古学及民俗学研究所 1960。以下、朝鮮民主主義共和国と略す）。原材として片岩あるいは玄武岩を使用し、剝離面の端部をそのまま刃部とするか、先端部周囲に二次加工を加えて刃部を形成している（図58）。

この種の石器は咸鏡北道では古くから採集されており（八木 1938）、戦後の調査では農圃遺跡（都宥浩 1960）、黒狗峰遺跡（都宥浩 1960）、虎谷遺跡（黄基徳 1960）、草島貝塚（朝鮮民主主義人民共和国 1955）、西浦項貝塚（金勇男 1961、1967）の発掘品の中にみることができる。咸北以外では、慈江道、平安北道でも少々みられる（都宥浩 1960）という。いわば蓋馬台地の周辺部に際立て多く分布をみせる特徴的な石器といえよう。これらの以外の他では、平安南道温泉郡弓山貝塚でもみられ（朝鮮民主主義人民共和国科学院考古学及民俗学研究所 1957）、ここのものには全面磨研が施してあった。中国ではこうした石器

が長城以北の草原地帯に普遍的にみられ、第一次彩陶文化期にすでに出現したとされている（浜田 1938）。

金勇男は朝鮮の新石器時代を4期に分けて概括した折に打製石鍬についてふれ、新石器時代の冒頭から出現したと指摘している（金勇男 1967）。しかしそれは、「角頁石を板状に薄くして長方形もしくは三角形に調整したもの」、あるいは「片岩・砂岩の長方形板石を打割ったもので、刃部とその両端を調整し、頭部よりも幅広いもの」であって、日本での短冊形石器もしくは撥形石器と同様のものと推測され、ここでいう石鍬とは区別されるものである。石鍬が出現する最初の例は、弓山遺跡でみることができ、咸鏡北道や慈江道では新石器時代晩期になって出現する。次の無紋土器の時代では茂山虎谷遺跡や上述した五洞遺跡で出土している。

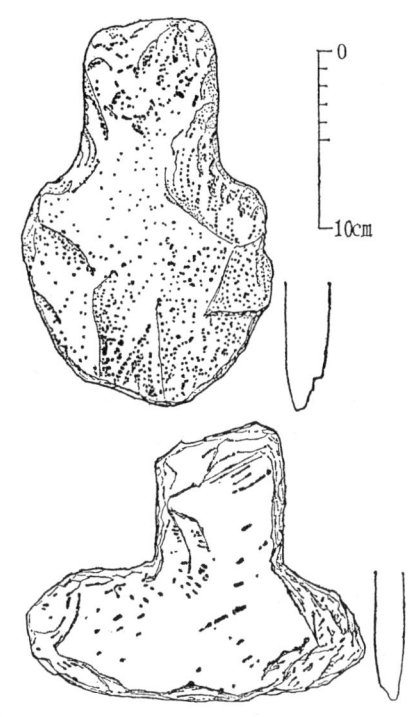

図58　石鍬　全寧五洞遺跡出土

五洞遺跡の発掘報告書では、五洞遺跡出土の石鍬をカレー型・ホミ型・コンペー型に三分類している。五洞遺跡出土品の中ではこの分類にあてはまらぬ形態のものもあり、五洞遺跡以外の出土品も形態は変化に富む。従って五洞遺跡報告書での分類は便宜的なものであって、機能的にはこの種の石器は同一と考えられる。むしろそれらは製作技術や地理的・時間的などの変異によるものと推測されよう。

李春寧によると（李春寧 1964）、川口清利は解放前朝鮮の在来農具の一つであるホミを、クァンイ型（咸鏡道、平安道）、ザンキ型（京畿道以南）、ナッツ型（慶南沿岸および済州島）、そして中間型（忠南の南部・全羅道）に分類した。ホミは本来除草用・中耕用の農具であるが、朝鮮に最も広く使用されていること

で、その形態的特徴は基本的にはその土地の自然的条件を反映しているものと見做しえよう。

すなわち南部において鎌の形態をとるホミが多いのは穀物とともに雑草の繁茂も多いことから除草具としての性格が強くなったものであり、咸鏡道と平安道で鍬形のホミとなるのは、反対に雑草の繁殖がそれほどでもなく、除草よりも中耕が有意味なことを示している。今日石鍬の分布する範囲は、ポドゾルもしくは森林褐色土地帯で、ここは腐敗層が薄く、雑草の少ないことが知られていて、また今日のクァンイ型ホミの分布やその性格と一致する。石鍬の刃部と直角に柄を付けることで、形態的にはクァンイと同一となり、上記の分布の一致と併せて、新石器時代から無紋土器時代の石鍬は、クァンイ型農具であったと推定されるのである。

ⓑ 「耜形」耕起具：耜形耕起具とするものは、木葉形をした大型の石器である。朝鮮では黄海北道鳳山郡智塔里遺跡第Ⅱ地区から破片も含めて64点出土している（朝鮮民主主義人民共和国 1961）（図59）。すべて片岩もしくは板岩でつくられており、若干のものには研磨が施されていた。刃部両側は少しつるつるしており、また器表面には縦に深く使用痕が認められるという。形態には変差があり、両端を尖らせたもの、左右対称のもの、非対称のもの等がある。大きさは最大のもので長さ65.5cm、幅24cm、厚さ4cmを測り、大きいもので長さ50〜60cm、小さいもので30〜40cmであった。

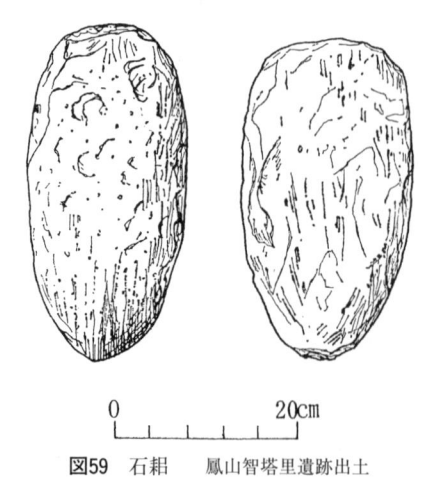

この種の石器が農耕具であると最初に指摘したのはリサンとドゥ・シャルダン両氏であり（Licent et Chardin 1925）、セミョーノフも擦痕の状態から耕具であると見做している（Semenov 1964）。浜田耕作等は磨滅の状態と重厚な形態から、「地上を水平に牽引する耕具」であると考え（浜田 1938）、人力によるものか、畜力によるものなのか断定は控えつつも、牛耕の可能性を説いている。中国の学者は

図59　石耜　　鳳山智塔里遺跡出土

これを石犂と呼び（汪宇平 1957）、都宥浩は弓山遺跡出土の水牛の骨と結びつけて牛耕の存在を説明しており（都宥浩 1960）、黄基徳等も同意見である（黄基徳 1970）。都宥浩の考えについては2つの点から疑問がある。この種の石器は朝鮮から中国東北部、内蒙古南部に分布するのに対し、水牛は本来南方産のものであって牛耕という形で結びつく必然性が少ないこと、また弓山遺跡で出土した水牛は2個体分のみであり（金信奎 1970）、耕作に使役する持続性が乏しいことから、牛耕と結びつけて石犂とすることはできない。水牛以外の家畜も、同様に絶対数が極めて少ないために否定せざるをえないであろう。

八幡一郎が中国赤峰花木蘭土城付近で採集した（八幡 1940）これらと同様の石器が、東京教育大学文学部に所蔵されている。2点のうち1点は石英粗面岩製で全長30cm、幅15cmの木葉形をなし山形に近い断面を呈している。部分的に第一次加工痕が残っているが、顕微鏡で30倍に拡大してみると、その部分にも使用のためと思われる縦の擦痕が顕著にみうけられる。こうした擦痕は胴部最大幅の部分より先端部にかけて著しい。従って浜田耕作等の指摘のように「地上を水平に牽引する耕具」とも考えられよう（浜田 1938）。しかし八幡一郎が採集した石器は、重量は1.3kgを計り、朝鮮在来の犂の重量と比較して、重さから犂と断じることはできない。

中国においては、こうした石器と石鍬は明確な形態差をもって存在しているので、鍬とは別な用途のものと考えられ、朝鮮の在来耕具の中ではカレーに最も比定しやすい。カレーには日本の江州鋤のようなものと、それよりやや大きく風呂の左右に縄を掛け、その縄を人が牽くものとがあり、後者は一種の「畜耕」と考えられる。

平安北道塩州郡倣義里遺跡では、車輪の破片とともに「平形スキ」が出土している（金用玕・黄基徳 1967）。クヌギ製で風呂に穴をつけて縄を着けるようにしてあるなど、カレーと見なすことができよう。この倣義里遺跡は車輪の年代考証から「青銅器時代末期」に比定されている。少なくとも古くからカレー型の農耕が朝鮮には存在しており、その技術的伝統があったことが知られるのである。但し、木葉状石器がすべて人牽のカレーであったとは断定しがたく、木葉状石器に大小のあることは、カレーの二種と対応しているとも考えられるが、積極的な証拠はない。

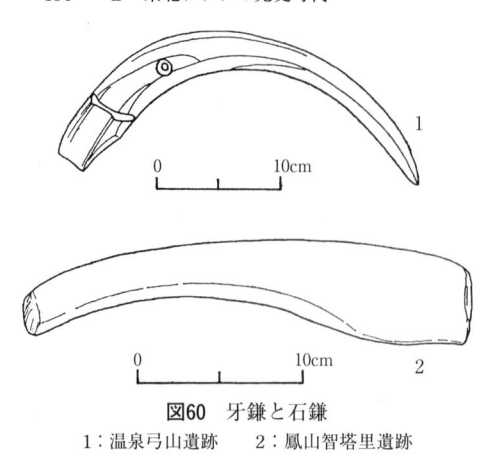

B 収穫具

ⓐ 「鎌形」収穫具：長方形の長辺に刃をつけ身とし、これに柄をつけたもので、智塔里遺跡第Ⅱ地区新石器時代の層から8点出土している（朝鮮民主主義人民共和国 1961）。うち1点は全長約24cmを測る。約5cmの柄をつける部分があって、刃部はやや彎曲しながら先端に至っている（図60-2）。残りのものは曲がらず長条形の刃部をなす。智塔里遺跡以外での石鎌の出土地として、咸鏡北道洛生里遺跡（都宥浩 1960）、潼関遺跡（都宥浩 1960）、虎谷遺跡（黄基徳 1960）、慈江道深貴里遺跡（鄭燦永 1961）、平安北道細竹里遺跡（金政文・金永祐 1964）、公貴里遺跡（朝鮮民主主義人民共和国 1959）、松蓮里遺跡（黄基徳 1960）、平安南道悟野里遺跡（黄基徳 1960）、京畿道冷泉洞遺跡（黄基徳 1960）、慶尚北道慶州付近（斎藤 1935）の10ヶ所があげられる。これらは殆んど無紋土器を伴出するものであり、形態的にも長条形で中国東北部の石鎌に類似している。前述した弓山遺跡では猪の牙を使った牙鎌が出土している（図60-1）。

東アジアにおける鎌形収穫具は、中央アジアの青銅製鎌を模倣して鎌身を石等に置き換えたものであり、中国には龍山文化期にムギとともに将来されたものである。中国では石鎌や貝鎌はムギの栽培と結びつくこともあるが、展慳が導入されるまでは、調理法の困難さからか、さほどの普及はみられない。むしろ石庖丁に比べて補足道具として用いられたことが窺われる。一方長城以北では小型の鎌はやはりムギ作と関係するものであり、朝鮮においても無紋土器時代の石鎌は直接の収穫具と考えられる。但し石庖丁に比べて出土例数の少ないことは、中国の事情と同様の困難さがあったものと推測される。

ⓑ 「爪鎌形」収穫具：朝鮮の石庖丁については、崔淑郷（崔淑郷 1960）と石毛直道（石毛 1968）の論考がある。崔は石庖丁を6類に分類し、さらに両

図60　牙鎌と石鎌
1：温泉弓山遺跡　2：鳳山智塔里遺跡

刃・片刃にそれぞれ分けているが、分けられた石庖丁の相互関係、すなわち年代や系統については必ずしも従い難い結論を導きだしている。一方石毛は系統論を重視する立場から5型式に石庖丁を分類し、南朝鮮と長江下流域の関係を指摘している。石毛論文では扱っている石庖丁の数が少なく、また発掘調査によって伴出関係の明らかなものは余りなく、異なった意見が導かれる可能性もあるので、ここで改めて石庖丁の分析を行うことにする。

石毛氏は石庖丁を、

A　両端に打ち欠きのあるもの（打製）。　　D　半月形外彎刃（磨製）。
B　長方形（磨製）。　　　　　　　　　　　E　紡錘形（磨製）。
C　半月形直線刃（磨製）。

に分類した（図61）。A類以外の石庖丁で石毛が集成された以外のものも含めて分布を示したのが図62である。

B類の石庖丁は今日まで知られたところ、咸鏡北道に集中する。この型の石庖丁では単孔のものと双孔のものとがあるが、単孔のものは咸鏡北道に多く、隣接する沿海州でも長方形単孔の石庖丁が卓越することと共通している。東北朝鮮以外の地でも長方形石庖丁は認めることができるが、それらは双孔となっている。

C類は朝鮮には少なく、7ヶ所の遺跡で採集されているにすぎない。この型の石庖丁は中国の東北地方に点在して分布しており、それと関連するものと考えられる。この型の石庖丁にも単孔のものが多く、B類と併せて単孔の通しをもつ技術伝統を、東北朝鮮一帯に認めることができよう。

D類は朝鮮に最も多い型式であり、北朝鮮の南半以南の各地にみることができる。咸鏡北道に1点この型式の石庖丁が存在するが、これは極めて大形で、中

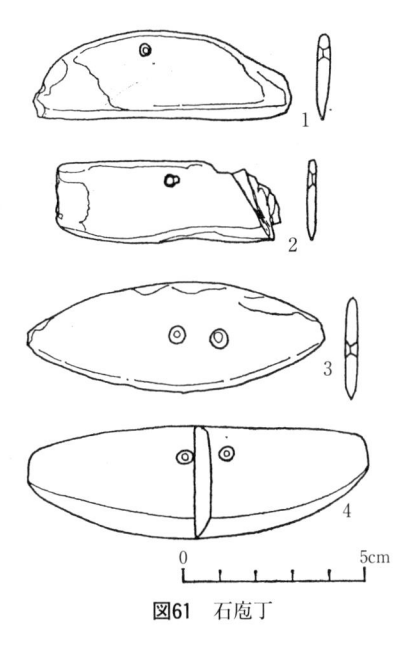

図61　石庖丁

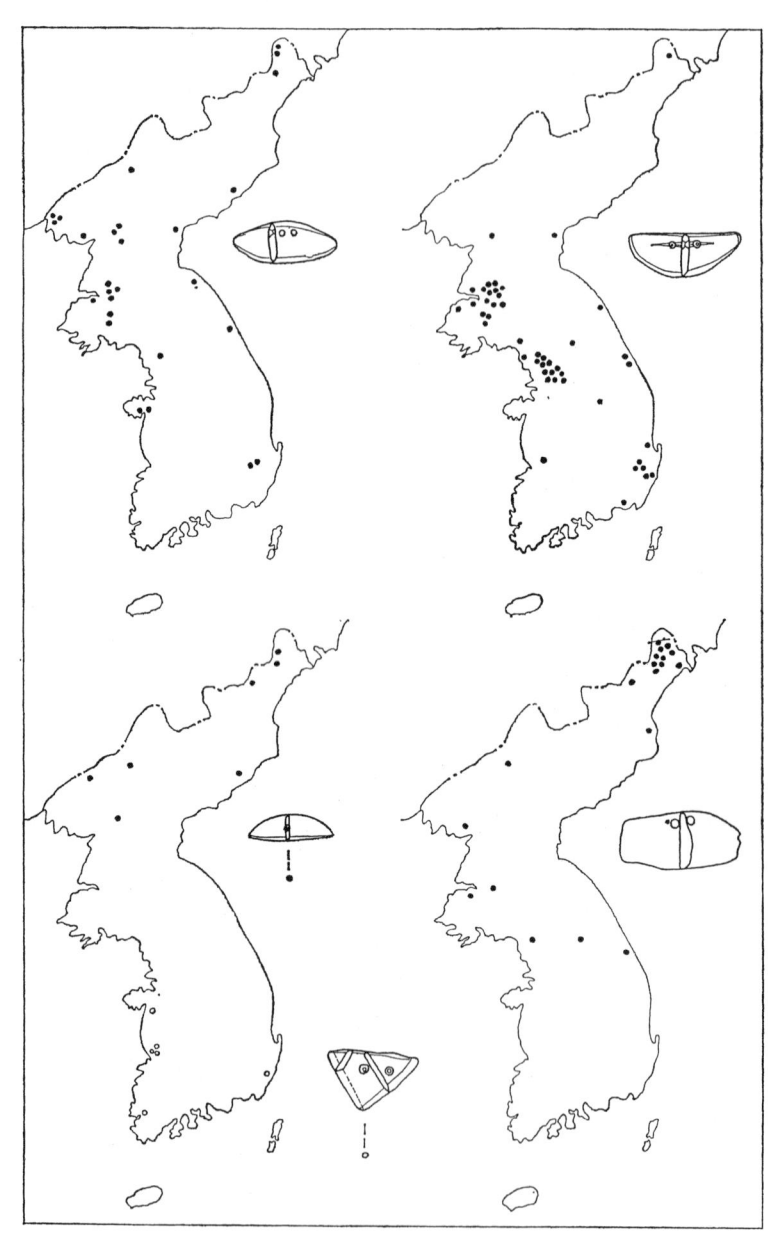

136　II　東北アジアの先史時代

図62　石庖丁の分布図

国西団山子の石庖丁と共通すること（東北考古発掘団 1964）から、例外的であるとなしえよう。大同江下流と漢江流域に分布が集中してみられるのは、調査例数が多いためと考えられ、反対に出土数例の少ない忠清道、全羅道は、今後調査の増加によって例数も増すものと考えられる。

　E 類は本来遼東半島の新石器時代から初期金属器時代にかけて独特なものであり、朝鮮では全域にわたって少量ずつ出土していて、平安北道ではかなりまとまって分布する。これは遼東と西北朝鮮が地理的に近いこともあり、また土器や他の石器にみられる共通性の一端を担うものと推測される。

　この他の石庖丁の形態としては、三角形のものがある。三角形の両斜辺に交互に片刃が付せられたもので、形態と石庖丁の分布の上から、半月形外彎刃石庖丁から発展したものと推測されている（金元龍 1963）。今日まで 6 ヶ所からの出土が報告されている（西谷 1969）が、いずれも南朝鮮の沿岸部からの出土である。

　石毛の考えに対して西谷正は、半月形外彎刃石庖丁の分布が拡がること、遼東には紡錘形石庖丁以外に半月形外彎刃の石庖丁があることから、D 類を長江下流域とのみ直接結び付けることに難点を示している（西谷 1969）。しかしながら、西北朝鮮では典型的な半月形外彎刃の石庖丁はみられないし、半月形外彎刃石庖丁の北限である細竹里遺跡では、無紋土器の後期に伴出すること（金政文・金永祐 1964）から、朝鮮において半月形外彎刃石庖丁は黄海道を基点として朝鮮に拡大されたものと考えられる。遼東半島での二種類の石庖丁がみられることは、山東とのあり方と共通することが指摘できる。

　朝鮮では石庖丁の出現期は、無紋土器の始まりの捉え方にも関連してくる。金勇男によると、東北朝鮮では有紋土器の最終段階には出現する（金勇男 1967）という。またそれと同時期と金勇男が考える新岩里青燈邑遺跡では、紡錘形石庖丁が出土している。後藤直は青燈邑遺跡の土器を無紋土器のグループに考えていて（後藤 1971）、後藤によると石庖丁の出現は無紋土器の初期になる。コマ型土器前期に位置づけられる金灘里遺跡や新興洞遺跡では、半月形外彎刃石庖丁がみられ（朝鮮民主主義人民共和国 1964）、長方形石庖丁の出現は、確かめられる範囲では無紋土器の中期まで遡り、さらに前期に及ぶ可能性もある。三角形石庖丁については伴出土器から判定することはできないが、おそら

く南朝鮮無紋土器の後半期につくられたものであろう（金元龍 1972）。

C 調理具
―――「磨盤」と「磨棒」

　磨盤と磨棒は対になって使用される製粉器である。磨棒は断面が三角形もしくは台形をなす長方形石器で、中央大部分は平坦になり、両端はわずかにたれ下った形に隆起した部分がしばしばみられる（図63）。八幡一郎はこれを石転子と呼んでいる（八幡 1940）。磨盤は「すりうす」の「したいし」で、鞍形に中央がくぼむ偏平大型の石器である。両者とも内蒙古から西方の草原地帯に広く分布がみられ、彼地では穀物を粉にするのに供されるものである。有光教一は、このことから朝鮮出土の「すりうす」も農耕用具として使用された可能性を説いている（有光 1953）。後藤直は無紋土器の編年を考察した中で磨盤や磨棒にも言及し、無紋土器の前半期には伴出するが、西朝鮮ではその後半期には消失し（後藤 1971）、南朝鮮では一部に後半期の土器を伴うことがあると指摘された（後藤 1973）。東北朝鮮では有紋土器・無紋土器のいずれの時期にも存在することが知られている。磨盤と磨棒が朝鮮で初現する時期については、今日あまりよく解明されていない。金勇男の指摘するものが明瞭な鞍形の磨盤であるとする（金勇男 1967）と、有紋土器の初頭から既にみられることになるが、弓山Ⅰ期の段階には確実に出現している。

　今までとりあげてきた農耕石器の中で、磨盤と磨棒は少々異なったあり方を示している。それは石鍬・石耜・石鎌などの出現期よりも早く朝鮮にとり入れ

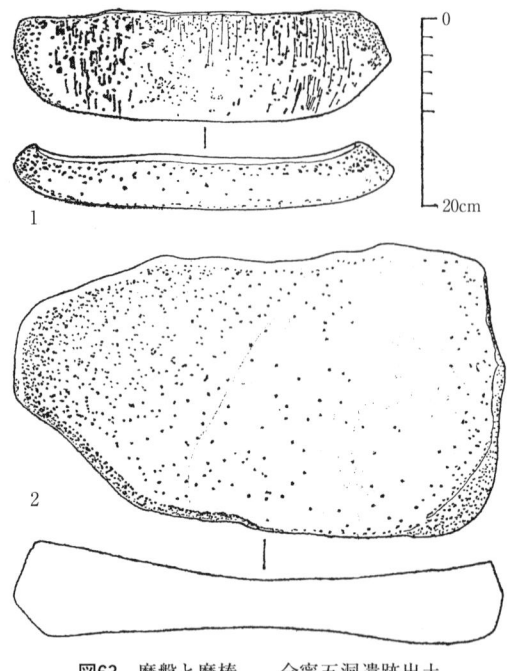

図63　磨盤と磨棒　　全寧五洞遺跡出土

られ、それらの石器のみられない地域にまで分布をみせることである。このことは、今論じようとしている組み合わせをもった——それ故定型化した——農耕以外に、調理具以外には明瞭な遺跡を示さない農耕が存在したことを意味するのか、あるいは磨盤や磨棒が遊牧民の間にみられるように製肉調理、その他の目的に使用されることもあったのか、2通り考えられよう。このことはまた別の機会に考えるとして、ここでは各農耕具がセット化した時点以降に限定しておく。

　以上のような各種の農耕用石器は、時期的・地域的関連と農耕技法の上からいくつかのまとまった組み合わせをなしていることがわかる。まず、智塔里遺跡などにみられる石耜、石鎌、磨盤・磨棒に示されるものである。智塔里遺跡では石鍬は出土していないが同様の内容をもちかつ時期的・地域的にも近い弓山貝塚で石鍬のみられることから、本来的にこのグループは石鍬を伴ったものと考えられ、石耜＋石鍬＋磨盤＋磨棒の組み合わせをもつものが基本となる。これをA型農耕とする。

　東北朝鮮で有紋土器のある段階から無紋土器の時期にかけてみられる石鍬＋石庖丁＋磨盤＋磨棒という組み合わせは、またA型農耕とは異なった農耕であったと考えられる。石耜はなく石鍬のみが耕具であり、他地域の収穫具とは異なった著しい特徴の石庖丁が伴う。このグループをB型農耕と呼ぶ。

　西北朝鮮から西朝鮮にかけての無紋土器の時期には、小形石鎌と紡錘形石庖丁によって代表される組み合わせは、不完全な組み合わせであっても別の農耕類型を示し、南朝鮮の無紋土器時代に大量にみられる半月形外彎刃石庖丁のみのものも、後述するような点から独立した農耕と想定することができる。従って各々をC型農耕、D型農耕と呼称することにする。

　これら4つの農耕型は、もちろん基本的なものであり、遺跡ごとの特色によりニュアンスの違いがあることは予想される。ことにD型農耕に於いてはそれが著しい。しかし、A型農耕は有紋土器の時期であり、4類型の中では最も初現するものであるのでこれを除くと、無紋土器の時期の農耕型の分布は、姜の土壌分布図と一致をみせる。すなわち、B型はポドゾルとその周辺地域、C型は灰褐色森林土、D型は褐色森林土以南に典型的に分布がみられる。このことは、農耕型が地域的条件と密接に関連するものといえよう。

(3) 初期農耕の類型

　東北朝鮮にみられる石鍬＋石庖丁（長方形単孔もしくは双孔）＋磨盤＋磨棒という組み合わせに類似するものは、沿海州の貝塚文化期にみることができる。沿海州に於いては単孔を有する長方形もしくは半月形直線刃の石庖丁が多数発掘されていて、磨盤や磨棒もヤンコフスキー島での発見以来、石鍬や石庖丁とともに伴出することが多いといわれている（Okladnikov 1955）。磨盤と磨棒も形態的には朝鮮のそれと変わりない。

　沿海州貝塚文化期において農耕が行なわれたか否かは、従来論争の的であった。スモリャック（加藤1963）やアンドリェフ両氏は否定的であって（Андреев 1958）採集や狩猟に比重をかけた状態を推測して、個々の農耕遺物の多目的使用をあげてオクラドニコフに反論を加えてきた。しかし、貝塚文化期の農耕遺物は朝鮮のそれと同一であり、しかもそれらの農耕遺物が同一の遺跡から伴出していること、アルテムやスーチャンで炭化したアワが出土した（Лысов 1966）ことなどから、その社会に於ける農耕の比重は別に考える必要はあるにしても、オクラドニコフの指摘（Okladnikov 1966）は正鵠をえているとなしえよう。

　沿海州の貝塚文化の年代について、アンドリェフ（Андреев 1958）やイェットマール（Jettmar 1966）は紀元前二千年紀の後半から一千年紀にかけての所産と想定している。しかし、土器に於いては東北朝鮮の無紋土器と類似することから、紀元前一千年紀の中葉から末葉にかけての年代が付与される（甲元 1973a）。貝塚文化期に於いては、新石器時代とは石器の組成が異なり、また石器の原材も粘板岩が多くなることなど、朝鮮での傾向と類似している点から貝塚文化は東北朝鮮の無紋土器文化と基本的には同一であり、農耕生産に関しても例外ではありえない。

　石鍬＋石庖丁＋磨盤＋磨棒という組み合わせは、また中国東北地方に於いても共通してみることができる。東北地方においても北半部のものとの類似が顕著で、長さ15～20cm、幅8～10cmの打製凸形石器、半月形直線刃あるいは長方形の石庖丁、それに鞍形の磨盤と磨棒が存在する。農耕石器以外でも磨製石矛や黒曜石製の製品が卓越してみられるなど共通点は多く、箱式石棺墓が代表

的な墓制であることも、文化的類似性を物語るものといえよう。

　これら3地域でこれまでに出土が知られた穀類としては、アワが吉林省西団山子遺跡（東北考古発掘団 1964）、また沿海州アルテム、スーチャン両遺跡（Лысов 1966）でみられ虎谷第15号住居址出土の大甕にはキビとコウリャンの炭化した粒が納められていた（黄基徳 1970）。五洞遺跡ではキビ・アワ・ヒエ・アズキ類が採集されている（都宥浩 1960）。家畜にはイヌ・ブタ・ウシ・ヒツジなど（金信奎 1970）がある。イヌやブタがその中でも量的に多い。イヌは新石器時代以来の家畜であるので、無紋土器時代になっての代表的なものとしてはブタがあげられるであろう。

　このように朝鮮に於けるB型の農耕では、アワ・キビ・コウリャン・ヒエなどのいわゆるミレット類を栽培しており、後の『三国志』の記載と一致をみせる。東北朝鮮では鬲は出土していないが甑がみられ、製粉器としての磨盤や磨棒が存在することから、粉食で蒸して食糧にしたことも知られよう。

　以上のB型農耕は、ポドゾルとその周辺地区にみられるもので、自然条件に適応したものであることが指摘できる。すなわちポドゾル地帯では腐植土の堆積が少ないために深耕用の耕具は不必要であり、また雑草の繁茂が少ないために除草具がとりたてて必要とならない。従って耕具の分化がみられず、土掻きとしての石鍬の存在がみられるのみである。この農耕用具とともに、大型の磨製石斧がしばしば出土することは、黄基徳の説かれるような焼畑耕作が行なわれた蓋然性が高い（黄基徳 1970）。今世紀初めまでこの地方の一部に生活していた火田民の農耕と類似したものであったと推測されるであろう。

　智塔里遺跡や弓山遺跡でみられるようなA型農耕、石耜＋石鍬＋（石）鎌＋磨盤＋磨棒という組み合わせをもった農耕と最も近い類型は、内蒙古東南部に求めることができる（江上 1932、小野 1972・73）。内蒙古地方の彩色土器に伴う組み合わせは、石耜＋石鍬＋石庖丁＋磨盤＋磨棒であって、朝鮮のそれとは収穫具が異なっている。ところが内蒙古地方ではこれら石器群には細石器が伴うことが知られていて、その細石器の一部はシックル・ブレイドと考えられている（駒井 1939）。すなわち細石器は、木や骨に挿入して鎌として使用されたものであり、今日まだこの地域では木製や骨製の柄は出土していないが、シベリアや甘粛省朱家寨遺跡では同巧のものが存在している。このことは、朝鮮の

A型農耕は内蒙古地方の農耕具から石庖丁が脱落したものであることを物語っている。

　石耜の分布は、今日東南内蒙古と東北地方西南部に局限されている。石鍬は石耜よりは分布の範囲は広いが、形態的には変差に富んでいて、内蒙古地方にはパーカッションを加えただけで刃部を形成する技法のものもみることができる（汪宇平 1957）。

　石耜と石鍬の組み合わせは、内蒙古東南部や中国東北地方に於いては必ずしも普遍的にみられるものではない。石耜が欠如するもの、石鍬が無いもの等、遺跡の性格によっても異なることが考えられるが、今その実際を明らかにしえない。朝鮮で石耜と石鍬が共存することは、東北朝鮮で石耜が欠如することと対称的に考えることができる。すなわち智塔里遺跡や弓山遺跡が立地する地帯は、腐蝕の多い灰褐色森林土が分布する所であり、深耕によって土地の生産性を高めることができる。石耜と石鍬の組み合わせは、深耕と浅耕の両用にふりむけられて、在地の自然環境に対応したことを窺わせるのである。

　磨盤と磨棒については多くの学者が指摘するように、ユーラシア草原地帯に広く連なる遺物であり、有光教一の説くように、朝鮮の磨盤や磨棒もそれらと深く関係するものと考えることができよう（有光 1953）。

　農耕石器群にみられる朝鮮と東北地方南部及び内蒙古東南部との類似は、土器文様の類似からも指摘できる。また土壌的にも一致をみせていて、朝鮮の新石器時代農耕具が、内蒙古から東北地方南部の草原・森林地帯との関連において考えられるべきことを示している。

　中国北方の草原地帯では、主に石器の組み合わせや動物遺骨の分析から、半農半牧、半牧半漁などの経済形態が設定されている（中国科学院考古研究所 1962）が、まだ具体性に乏しく朝鮮のものと比較はできない。家畜としてはイヌ・ブタ・ウシ・ウマ・ヒツジなどが存在する。栽培植物については、まだ具体的に検出されていない。しかし、先に述べたB型農耕が、このA型農耕から石耜と石鎌が脱落したものと考えられ、うち石耜の脱落は自然条件への技術的適応と解釈されるため、この形態の農耕でもミレット類の栽培が中心であったとなしえよう。事実、智塔里遺跡ではアワ、もしくはヒエと思われる炭化粒が伴出している。

かつてビショップは内蒙古地方の草原について、古くは森林地帯であったものが焼畑耕作によって草原に変化したものと説いた（Bishop 1933）ことがあった。彼の説が妥当だとすれば、この農耕型は焼畑耕作に伴うものであるとされることになるが、その妥当性は不明である。

　西北朝鮮の無紋土器の時代に出現する紡錘形の石庖丁と小形石鎌の組み合わせは、遼東半島のそれと類似している。紡錘形の石庖丁は、山東省や中国東北部に於いてみることができるが、とりわけこの型式が集中するのは遼東半島である。東北地方の中ではこれまでに遼寧省の発掘調査例が最も多く、このことにも関係するかもしれないが、半月形や長方形石庖丁に対するこの型式の石庖丁の出現頻度数は、変化しないものと思われる。無紋土器時代の朝鮮の石鎌はいずれも小形で、遼東半島の牧羊城や貔子窩のものと類似し、山東省出土の石鎌に形態は近い。西北朝鮮と遼東半島とのつながりは、土器の形態や紋様からも指摘でき、地理的関係からも肯けよう。

　この農耕型では耕起具は石製品の中に見出すことはできない。このことに関して、先に引いた平安北道做義里遺跡出土の木製品が注目される（金用玕・黄基徳1967）。その年代に関しては、「青銅器時代末期」とする説には、まだ考証が必要かもしれないが極めて古い時期のものであることは想定できよう。このことは耕起具として木製品が存在したことを示しており[2]、石製にかわる耕具が組み合わせになっていたことが窺えるのである。また後半期に製粉器を欠くことは、中国で漢代に展磑が導入されるまでの状況と類似している。先秦時代までは粒食が一般的であり（天野1962）、展磑がもたらされて以降コムギの調理が容易になって、コムギ作の比重が増したことが知られているが、展磑以前は例え木製の臼と杵の存在があったにせよ、粒食が基本にならざるを得なかったと思われる。

　この型の農耕では栽培植物を具体的に指摘するのは困難である。しかしこの型の農耕は山東省や遼東半島と強く関係づけられるとすると、水稲以外の穀物の存在が予想される。とりわけ小型の石鎌は強くムギ作と結びつくものであるが、朝鮮での出土例が少ないことは、ムギ作の拡がりが少なかったことを意味していると考えられる。西日本の弥生時代にも同様に小型の石鎌がみられ、とりわけ北九州や響灘沿半地方に集中して分布する（藤田1964）。ここでも例え

ば綾羅木郷台地でのムギの出土が示すごとく、小形石鎌とムギ作との結びつきが強いことを示しているが、調理の困難さからあまり他地方に普及しなかったことが知られ、朝鮮と類似した現象と考えられる。

　半月形外彎刃の石庖丁によって示される農耕型には、組み合わせとなる他の道具について推測する点が多い。この型の石庖丁は朝鮮の東北部を除く地域に分布するが、集中して発見されるのは平安南道から江原道以南である。これの分布とよく一致するのは、有段・抉入石斧であり、しかも同一の遺跡で伴出することがよくある（図64）。有段・抉入石斧は形態上数種に分けられるが、そのうちの最も古い型式と考えられるものなどは、大同江下流域や黄海道に分布し、新しい型式の有段・抉入石斧は南朝鮮などのその外周地域に分布することから、半月形外彎刃の石庖丁とともに黄海道や大同江下流域を基点として拡大していったことが窺いうるのである。

　半月形外彎刃の石庖丁と有段石斧が分布するのは長江下流域であり、この型の農耕は長江下流域から山東地方を経て西朝鮮にもたらされたものと想定できる（甲元 1973c）。長江下流域では水稲栽培が卓越し、木製の調理具が存在したことは出土品によって知ることができる。耕起具については、中国の学者は石耜、石鍬などを掲げているが、除草具と考えられる凸形をした石器以外にはこれにあたるものは考えられない。しかしその例数は極めて少なく、一般的であったとは見なしえない。水稲の卓越する湿地帯の耕作では石製品の道具はあ

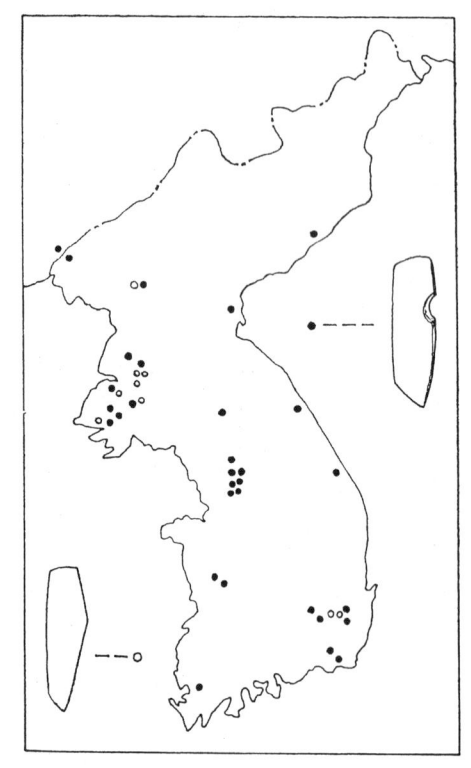

図64　有段石斧と抉入石斧の分布図

まり有効ではなく、むしろ日本の弥生時代にみられる木製品と同様のものが推定されるのである。

当時の長江下流域の先史文化である湖熟文化においては、牧畜業はあまり発達せず、漁撈に重点が置かれていたことは、遺跡の立地条件や出土する多くの魚骨によって窺うことができる。ここでは水稲栽培と漁撈が基本的な経済形態であったと考えられよう。この半農半漁の民によってこの種の農耕が朝鮮にもたらされたと考えられるが、西朝鮮と長江下流域では生態条件が異なり、決して水稲栽培が農耕の中心であったとは考え難い。水稲栽培が朝鮮で定着するのは黄褐色森林土壌かあるいは赤色土壌の分布する南朝鮮の土地であり、他地域では水稲栽培は行われたにせよ、新石器時代以来のミレットを中心とする畑作の栽培に重点が置かれていたものと推測される。

(4) 初期農耕の比重

朝鮮に展開した初期農耕の類型として以上の4類があげられるが、それら個々の農耕型がもつ当該社会の中での比重については、明白にすることはむずかしい。メギットは農耕生活以前の社会での、採集の占める役割が極めて大きいことを指摘した（Meggitt 1964）が、同様のことは農耕の初期の段階でもあてはまると思われる。しかし、堅果類以外の採集物については検出しにくいために、具体的にその割合を提示することはできない。農耕生産の比重は、すべての食糧獲得の手段と対象及び量が明らかにされた後、把みうると極言さえできるが、ここでは初期農耕民によって捕獲された動物の推移を通して、大まかな比重を推測してみよう（金信奎 1970）。

新石器時代の石耜+石鍬+鎌+磨盤+磨棒型の農耕に属する遺跡で動物遺骨が明らかにされているのは、弓山貝塚のみである。弓山遺跡は広梁湾に面する海抜約20mばかりの小丘陵上にある貝塚遺跡で、土器により出土遺物は2時期に分けられている。しかし、以下に述べる動物骨とこの時期区分との関係は不明である。ここでは10種144個体の哺乳動物骨が採取されたが、イヌ *Canis familiaris*、ブタ *Sus scrofa domestica*、スイギュウ *Bubalus* sp. がそれぞれ9体、3体、2体発見された他は、すべて野生獣類であった。野生獣類の中では、キバノロ *Hydropotes inermis* Swinhoe が全個体数の41.6％、マンシュウア

カジカ *Cervus elaphus* は 29.9％を占め、これら 2 種が主要な狩猟の対象であり、イノシシ *Sus scrofa* がこれに続いた。

このように元来農耕と付随するブタの飼育が低く、野生動物の割合が多くの比重を占めることは、農耕が主要な経済形態であったのではなく、狩猟動物や貝塚に示されるような自然物依存の状態が強かったことを物語るものではあるまいか。智塔里遺跡でトチ（朝鮮民主主義人民共和国 1961）が、岩寺里遺跡でドングリが出土（金元龍 1962）し、内陸部の遺跡では採集のことを漂わせるのであるが、それらの数量については不明である。微視的にみれば沿岸部の遺跡では狩猟漁撈が、内陸部では狩猟採集が基本的生業であって、農耕はそれらの補完物であったと考えられよう。

石鍬を指標とする東北朝鮮の農耕に属する遺跡では、五洞、虎谷、草島、西浦項の各遺跡での骨の鑑定が行われている。

五洞、虎谷、西浦項などの無紋土器時代のものでは、家畜動物は前代よりも増加をみせているが、それでも全体の 1 割にも満たない。依然として量の多いのは、ノロジカ、マンシュウアカジカ *Cervus elaphus*、イノシシなどである。ただし、コウライキツネ *Vulpes vulpes*、コウライアナグマ *Meles meles* やクロテン *Martes zibellina* などの毛皮用の動物と思われるものの量が多くなることである。このことは生活が安定化し、交易品目当ての活動も行われていたのではないかとも考えられよう。しかし、東北朝鮮とほぼ同じ生活状態にあったと考えられる沿海州のペスチャヌイ半島の遺跡では、209 体のうちの 73％は家畜であると極めて高い家畜の率を示しながら、76 個体のブタのうちの 65 個体は若年の骨であったことが知られており（Ермолоба 1963）、家畜飼育の初期段階にあったことを示している。

紡錘形の石庖丁と小形石鎌に示される農耕型の遺跡では美松里洞窟での分析結果がある。89 個体の動物骨のうち、シカ科は 46 個体とやはり大きな比重を占めているが、家畜としてはイヌ 12 個体、ブタ 11 個体とかなり高い比率を占めるに至っている。また無紋土器の終末期立石里遺跡は、基本的にはこの C 型農耕類型に属すが、ここでは、ブタ、ウシ *Bos taurus* は全体の 2 割を占めている。そしてこの遺跡で重要なことは、コウライアナグマ、コウライイタチ、カワウソ *Lutral lutra* などの骨が野生動物の骨中 36.37％を占め、なかでもコウ

ライアナグマは、遺跡全体で出土した骨の個体数の一位であった。むろんキバノロやマンシュウジカも捕獲されているが、それが占める割合が減少していることと併せて、食用よりも交易用の動物が主要対象であったこと、換言すればそれほど農耕生産が安定していたことを示しているといえよう。これは前述のA・B型と比較した折、顕著な差として把握することができる。

　半月形外彎刃石庖丁に代表される農耕型では、出土骨の絶対数と種別が行われていない。そのためにC型農耕との比較はできないが、D型の農耕では石器群の組成はC型とは異なっても、具体的な栽培物は同様であり（C型でもさほど大きな意味をもたなかった小形石鎌が欠落していても）、農耕生活の状況は大差なかったと類推されよう。

おわりに

　農耕用具が一定の組み合わせをもって朝鮮に初出する例は、佐藤達夫の編年（佐藤 1963）では中期後半、金勇男の編年（金勇男 1967）では第Ⅲ期の有紋土器の時期である。これは内蒙古や東北南部の農耕石器群から石庖丁の脱落したものである。この石庖丁の欠如については、収穫方法の簡略化であるので、基本的には変化のないことが知られるのである。この型の農耕が朝鮮半島のどれぐらいまで拡大して行ったものか、今確かめうる資料はない。中国東北地方南部と比較して、土壌的条件のみで考えてゆくと、中部朝鮮以北の地域で有紋土器の時代に行われた農耕と思われる。

　このA型農耕にやや遅れて、ポドゾルが分布する地域とその周辺では、耕具のうち石鍬のみに依存し、焼畑による土地の周期的移動と土壌の成分の維持が行われた農耕が存在したと推測される。ここは朝鮮の中でも農耕生産の条件は最も悪く、畜耕施肥による土壌の改良がなされるまで、こうした農法は持続されたと思われる。

　朝鮮の東北部にB型農耕が営まれはじめた頃、西北朝鮮には遼東と関係の深い陸耕のC型農耕が開始された。本来的にはムギ類の栽培をも行なう農耕であったが、調理法のむずかしさから、従来のミレット類の栽培が中心となり、ブタの飼育が盛んであった。一部にヒツジの飼育もあったことが知られるが、量的にはごくわずかでしかなかった。

一方、C型農耕にやや遅れて黄海道あたりには、長江下流域より伝播した水稲栽培を中心としてムギ類の畑作栽培を営むD型農耕が出現した。これは半月形石庖丁や有段・抉入石斧に代表されるものであるが、おそらく日本の弥生文化にみることのできる木製農具を併せ主要な農具を形成していたものであろう。ところが、栽培地の自然的条件が適合しないため、朝鮮では水稲耕作が定着化することが困難で、農耕具の面では新来の進んだものが導入されたとしても、栽培の中心は有紋土器時代以来のアワ、コウリャン類が中心とならざるをえなかった。C型・D型農耕に伴ったと思われるムギ類と陸稲はアワなどと比較的栽培条件が似かよっているため、朝鮮に受容され易かったのに対し、水稲栽培は土壌分布図で示す黄褐色土もしくは赤色土、換言すれば照葉樹林地帯にあって初めて定着化したものと思われる。こうした水稲栽培と畑作栽培の朝鮮に於ける定着化の差が、西日本において縄紋晩期にはムギ・オカボがみられる（熊本市教育委員会　1971）のに、水稲は弥生時代にならないと認められないという現象の一つの理由にもなったであろう。

　農耕が社会の最も大きい経済活動にまでなったのは無紋土器の後半期になってからと思われる。それはまた、箱式石棺墓や支石墓等の墓制が朝鮮全域に拡がる時期と符合し、それら巨石墓は本来の意味で農耕社会の所産であったとすることができる。

　以上のような定型化した農耕以前に、ある形態の農耕が存在したという可能性は、磨盤や磨棒が単独に出土することで窺われるが、この点についてはまた改めて検討することにしよう。

註
1)　但し炭化米の出土した事実は長野市箱清水遺跡のものが最初であり、それは明治30年代である。
2)　忠清南道大田市槐亭洞付近出土といわれている防牌形青銅器に描かれた「農耕図」はこれを具体的に裏付けるものである。この青銅儀器については韓炳三、金元龍、岡内三眞、金廷鶴、国分直一の各地によって詳しく紹介・解説がなされており、その内容を窺うことができる。それらの見解は、小異はあっても大田地方を中心とした南鮮の青銅器時代における生活状況を反映したものと要約しうる。農耕図に描かれたものは、農耕生産の個々の状況をまとめたものか、あるいは豊饒・予祝儀礼の集約化されたものか問題

はあるが、いずれにしろその農耕図に描かれた農法が当時行われていたり、行われていたと伝えられてことは確かであろう。とすれば、C型や後述のD型農耕に於いての木製の鋤や鍬の実例であると考えられる。

2　朝鮮支石墓の再検討

はじめに

　採集・狩猟・漁撈といった自然依存の生活から、農耕を始め家畜を飼育するようになると、従来みられなかった社会状況が展開してくる。そのうちの1つに墓制の変革がある。農耕生産が定着すると、簡単な土壙ではなしに、新しいタイプの墓が出現し、農耕生産の定着とともに厚葬への歩みが認められてくる。東北アジアにおいても、農耕社会になると箱式石棺と支石墓というまったく新しい墓制が展開し、これが逆に当時の社会状況を反映するMonumentにさえなっていることは、よく知られているところである。このうち箱式石棺墓はその構造が頗る単純なために、構造自体からの検討よりも、副葬品による類別や分布上の観点からの分析により、内陸アジアに通じる性格を具備したものと考えられている。他方支石墓は、地上に巨大な撐石を配する特異な性格の墓制であり、しかも数10基から100基以上と群在する性格をもっている。また多分に視覚的なものであるから、古くから注目されていたにもかかわらず、その性格については十分な理解は得られていない。その上構造も多様であり、撐石を消失した支石墓は、箱式石棺墓や土壙墓との弁別が困難なために、今日まで各人各様の分類と年代が賦与されてきている。ところが今日みられる多数の支石墓の形態分類も、基本的には「北方式」、「南方式」、「碁盤型」の3分類が踏襲されているのであり、その細別と分類する際の力点の置き方に多少のずれがあるにすぎない。

　しかしながら、今日新しい資料の増加をえて、まったく異なった観点から支石墓の分析を行う気運があり、事実そうした点から新たな論攷もみられるようになってきた。そこで、ここでは、朝鮮と日本の学者による支石墓の新見解を紹介しながら、その背景と残された問題点について、私なりの検討を加えてみたいと思う。

(1) 支石墓の研究史

　朝鮮における支石墓の調査研究は、イギリス人ゴーランドにより着手されたのであるが、後の研究の基礎となったのは鳥居龍藏のそれである。鳥居は1911年から半島各地の遺跡踏査研究に従事し、幅広い調査活動を行い『朝鮮古蹟調査報告』の中にその結果を公表している（鳥居 1917）。その中で鳥居は支石墓について次のように言及している。

　　　　ドルメンノ存在ハタダニ、平安、黄海両道ニ止マラス、尚ホ京畿、江原、忠清、全羅ノ各道ニ亙テ分布ス。南鮮ノ多島海ナル珍島、完島等ニモ夥シク存在スルヲ認ム。

こうした分布は現在でも変わらない。今日までの調査結果では咸鏡北道を除く各地に支石墓の存在することが知られている。構造についても鳥居は、

　　　　ドルメンハ之レヲ其形式ニ於テ二区域ニ分類スルヲ得ヘシ。即チ全羅道及ヒ多島海諸島ノドルメンハ実ニ碁盤形ヲ呈シ、構造頗ル簡単ナレトモ、忠清道ヨリ東北ノ各道ニケルドルメンハ構造稍ヤ複雑ニシテ、聊カ進歩セル跡アリ。

と論じ、朝鮮の支石墓は「四枚ノ石壁上ニ一枚ノ大石ヲ置ク」卓子形支石墓と、碁盤形支石墓のあること、忠清道を境としてその分布が南北に別れること、碁盤形支石墓が卓子型支石墓より古い様相を帯びていることなどを指摘したのである。その構築の年代については、支石墓の副葬品としてスレート製の石剣や石鏃の出土することから、石器時代の所産であることにも論及している。

　このように朝鮮支石墓研究の開拓者である鳥居龍藏は、その初期の段階ですでに、今日の我々の支石墓に対する理解とさほど変わらぬ認識を得ていたのである。

　その後の調査研究においても、鳥居の分布論、型式論、年代論を中心として論争され、北方式（卓子形）支石墓が、南方式（碁盤形）支石墓より古い時期のものであり、スレート製の石剣は銅剣を模したものであるから、金属器文化の派及したもの、もしくは金石併用期のものであると考えられるに至ったが、結局鳥居の設定した枠内での論争に始終していたのが、戦前の支石墓研究の実

情であり、それだけに鳥居の最初の捉え方の鋭さを物語っている。

　大邱大鳳町に所在する支石墓の調査が行われた後に、北方式支石墓と南方式支石墓は時間的な差もあり、北方式が古いという新しい認識が得られたらしい。しかし何故に鳥居説が逆転したのかその間の事情は判然としない。梅原末治は、支石墓は箱式石棺が巨大化したものであるとの考えを提示し（梅原 1946）、また藤田亮策は、北方式が単純な型であるのに南方式は積石塚、石棺、甕棺と合体している点から南方式が新しいとする考えの一部を述べている所をみると（藤田 1964）、そうした様々な様相の全体把握からもたらされたものと推測されるのである。少なくとも戦前においてはこうした考え方が支配的であり、これが戦後の研究の出発点となったと考えられる。

　戦後、朝鮮から中国にかけての支石墓の総合的な検討を加えた三上次男は、支石墓が北方式と南方式に大きく分けられるとしながらも、南方式支石墓の地下構造が多様であることから次の4型式に細分した（三上 1961）。

　　A型　撑石の下に何ら特別の施設もないもの
　　B型　扁平の幅広い撑石を使い、これを四つの小支石で支えて下に積石をしたもの
　　C型　平らな撑石を積石の上においたもの
　　D型　塊状の撑石を積石の上においたもの

　この4型式細分のなかでB型とするものは、碁盤形支石墓であり、今日3型式に分ける支石墓分類の出発点となったものである。これをうけて林炳泰は、支石墓を卓子式・碁盤式・無支石式の3型式に明確に分類した（林炳泰 1966）。さらに支石墓の地下構造の差異により細分したあと、無支石の支石墓、例えば大邱大鳳洞第4区のような構造が高塚墳の地下構造と通じる点があるとして

　　　　卓子式→碁盤式→無支石式
との変遷観を示したのであった。

　1962年から6年間、半島南部の支石墓を集中的に研究調査した金載元と尹武炳は、その報告書の中で新しい見解を示した。支石墓をまず北方式と南方式に分類し、南方式は支石のない第Ⅰ・第Ⅱ類と、支石のある第Ⅲ類に細分したのであった（金載元・尹武炳 1967）。そして編年も、

　　　　北方式→南方式第Ⅰ類→南方式第Ⅱ類→南方式第Ⅲ類
として、先の林炳泰とは碁盤形支石墓の順序を逆転させたのである。この分類のうち南方式第Ⅰ類とⅡ類の差は、結局蓋の有無に帰するものであり、有光教一が指摘するように（有光 1969）、本質的には差はなく、卓子形と支石のないもの、支石をもつものの3分類に還元できるであろう。その意味で金元龍が、朝鮮の支石墓を北方式、南方式（碁盤形）と蓋石式に3分し、南方式と蓋石式に明確な年代を与えなかったのは、この段階での韓国の研究状況を端的に表しているといえよう。

　一方北朝鮮の学者の間では支石墓を北方式と南方式の2型式に区分することから出発した（都宥浩 1959）。都宥浩は、支石墓は角形土器（コマ型土器）を使用した住民の墓で、青銅器時代の所産であることを指摘した。また支石墓を典型支石墓（北方式）、変型支石墓（南方式）に分け、変型支石墓は典型支石墓と箱式石棺との混合形態であるとしたのである。その後北朝鮮でも支石墓の調査研究が増加し、その中で典型と変型に区分しえぬものが存在することや、南方式支石墓が平安南道の北端で発見されるなど、従来の知見とは異なるものが出現してきたのである。

　黄基徳は、支石墓を典型と変型に区分しながらも、変型支石墓を、1個の撑石の下に1件の石棺もしくは石槨をもつタイプと、積石でできた1墓域の内に数個の撑石と数個の石棺もしくは石槨をもつタイプに細分して、支石墓の再検討をなしたのである（黄基徳 1965）。しかし、この変型支石墓をそうした観点から分類するのかは妥当性が低く、典型と変型の2分類がすっきりしていることは言うまでもない。そうしてみると、北朝鮮にはない碁盤型支石墓を加えて、結局北朝鮮の学者間でも3型式に分類する支石墓観が一般的であるということができよう。

　こうした3型式分類による支石墓研究上で、いずれにしろ最も古く位置づけられる北方式（卓子形）支石墓に対し、戦後の調査例からみて疑問を提出したのは有光教一である。有光は戦後朝鮮の支石墓研究動向を紹介しながら、卓子形も碁盤形も形態的にみて古くはなく、却って進歩したものであることを指摘し、いずれにせよ支石墓出土副葬品の分析が必要なことを説いたのである（有光 1969）。この有光の示唆を受けて私は、支石墓の型式学的分析を進め（甲

元 1972a、1973b)、磨製石剣の検討と、後藤直によってなされた無紋土器の分類編年を加味して新しい支石墓の分類を行った。

　支石墓を最も特徴づけるのは撐石である。従ってこの撐石の重量をどうして支え、その下位に墓室を形成するかという点が最も重要になってくる。そこで撐石の重みを支える技法と、その下位に営まれる墓室の相違により、沈村里A型・沈村里B型・沈村里C型・石泉山型・墨房里型・大鳳洞型・谷安里型の7型式に分類し、構造的変化と副葬品の編年から、次のように変遷したことを想定した（甲元 1972a、1973a）。

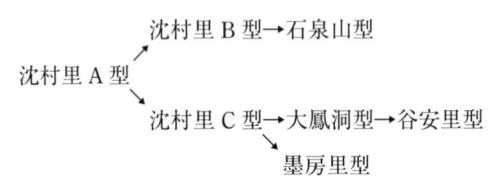

```
                    沈村里B型→石泉山型
           ↗
  沈村里A型
           ↘      沈村里C型→大鳳洞型→谷安里型
                    墨房里型
```

1970年初めまで支石墓研究は、このように変遷してきたのである。

　　(2)　最近の支石墓研究：韓国

　1970年代の中頃以降、韓国では任世権、崔夢龍、沈奉謹による新たな研究がみられる。これら各氏の分析は、卓子式・南方式・碁盤形の3型式に支石墓を分類する点で共通性をもちながらも、さらに細かく地下墓室の構造を分類すること、それに副葬品の共伴関係など加味した点に斬新さが認められるのである。

　任世権は支石墓の下部構造の形態差を規準として支石墓の細分を行い、これに従来の大まかな区分を加えて独自の編年を行っている（任世権 1976）。任世権による下部墓室の構造は次の通りである。

　　A型　長方形石室の内壁が各々1枚の板石でできていて、長辺は長くて厚く短辺は比較的薄い板石で塞ぐもの。
　　B型　長方形石室で内壁がすべて上手に整えてあり、A型に比べ非常に洗練されていて、地下にあるものは薄い板石2〜3枚でできたものが多い。
　　C型　薄い板石を撐石の床面に廻らし、回帰しながら支え積みの多角形ま

たは楕円形の石室をなすもの。
　D型　太い川原石や板石破片を積んで囲った長方形石室。
　E型　土壙墓。
　こうした各墓室が、上部構造としての撑石のあり方によって、地上型と地下型に分けられ、地下型は撑石が支石によって地表に揚げられたものと、支石がなく地表に置かれたものとに細分されるため、次のような図式となる。

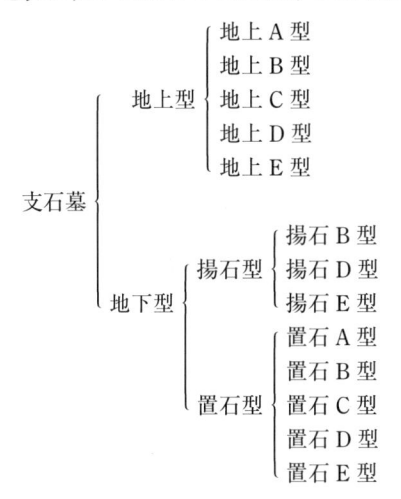

```
            ┌地上A型
            │地上B型
      ┌地上型┤地上C型
      │    │地上D型
      │    └地上E型
支石墓─┤
      │         ┌揚石B型
      │    ┌揚石型┤揚石D型
      │    │    └揚石E型
      └地下型┤    ┌置石A型
           │    │置石B型
           └置石型┤置石C型
                │置石D型
                └置石E型
```

このように分類した後に、支石墓の変遷を次のように想定している。

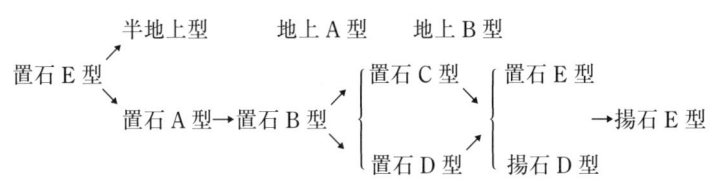

```
              半地上型      地上A型   地上B型
          ↗          ↗
置石E型              ┌置石C型  ┌置石E型
          ↘          │    ↘ │       →揚石E型
           置石A型→置石B型┤     │
                       │    ↗ │
                       └置石D型 └揚石D型
```

　こうした任世権の支石墓変遷の図式も、内容に細かくたち入って検討すると、首肯しかねる点もある。まず地上型については、いわゆる卓子型支石墓の概念に相当するものは、地上B型のみである。卓子型支石墓は四枚の板石を箱形に組み合わせて石室をつくり、その上に撑石を載せたものであり、しかも石室の大部分が地上に出ているタイプを指す。しかも撑石の重量を直接に受けるのは2長辺にある支石であり、この意味では地上型のC、D、E型は存在しない。またA型についても、代表例としてあげられたものは、任世権のいう

地上型のそれにはあてはまっていない。この地上A型については、半地上型という中間過程を設定してあるように、卓子型支石墓の出現過程を説明するために設けられたものであり、それなりに状況の説明はつくが、そのために任世権の分類規準を不鮮明にしているのである。他方置石型についても、支石墓下の内部構造が、

　　土壙墓→石棺→長辺に塊石を置く箱式石棺→石室→土壙墓
と変化するように想定されているが、副葬品によるところでは、

　　箱式石棺→石室
の変遷しか今日のところ妥当しない。そして置石E型が最も古いとするのはあくまでも予想にすぎないのである。また揚石D型→揚石E型への変化も同様に説明されないし、碁盤形支石墓内部での変遷は殆んど分かってはいない。

　このようにみてくると任世権の分類編年には大変な無理があり、にわかに従うことはできない。ただ彼は、卓子形は支石墓の中でも遅れる時期のものであり、遼東の支石墓は朝鮮のそれが伝播したものであること、従来いわれてきた南方式支石墓の中に支石墓の祖源があり、後に卓子形と碁盤形に発展したものである等、韓国の学者としては初めての見解が盛りこまれていて、注目に価するものである。

　崔夢龍の論考は半島全体の支石墓を検討したのではなく、あくまでも全羅南道を中心とした地域に限られているものである。崔夢龍は1976年に支石墓の発掘調査を公表した折に半島の支石墓にふれ、支石墓を北方式、南方式、無支石式に大別した後、無支石式をその下部構造により1.石室、2.土壙、3.土壙や簡単な囲石を加味したものに細別したことがある（崔夢龍 1976）。これに続いて1978年に「全南地方所在支石墓の型式と分類」とする論文を発表し、崔夢龍の支石墓研究の一端を披歴している。それによると、支石墓を北方式・南方式・蓋石式と細かく分類するようになっている（崔夢龍 1978）。なお北方式は全南地方には調査された例がないので、考察は南方式（碁盤形）と蓋石式に限られている。蓋石式というのは、撑石と墓室の上部が地面で近接・密接することから、金元龍によって命名されたものである（金元龍 1974）。今までの学者が指していた南方式といわれていた支石墓の形態が、北朝鮮でも存在することから南方式とするのはふさわしくない。また卓子型支石墓が、春川から龍仁

を結ぶ線以南にはなく（金載元・尹武炳 1967）、碁盤形が全羅道や慶尚道しかみられない点から、卓子形を北方式というなら、碁盤形を南方式というのにふさわしいことはいうまでもない。

　南方式（碁盤形）は次の3つに細分される。
　　Ⅰ　支石が3～4個で石室と支石が独立した形式。
　　Ⅱ　支石が7～8個またはそれ以上で、一部が石室を構成しているもの。
　　Ⅲ　Ⅱ式と同じであるが1つの撑石の下に2つの石室があるもの。
　蓋石式（南方式）は5つに細分される。
　　Ⅰ　石室を割石や川原石で築造するもの。
　　Ⅱ　石室を板石で築造するもの。
　　Ⅲ　二重の蓋石があるもの。
　　Ⅳ　地下石室に何の施設もない土壙型式のもの。
　　Ⅴ　支石が蓋石の周囲をとりまいて一定の形態がない石室をもったもの。

崔夢龍はこうした分類相互間の先後関係には深く言及していないが、南方式と蓋石式については、分布頻度と伝播経路の上からみて南方式→蓋石式の展開を主張している。分布上からみて内陸地方に蓋石式が多く、海岸地方に伝播した支石墓が内陸地方に波及して簡略化したのが蓋石式支石墓であるとみるのである。

　沈奉謹は日本の支石墓日本の支石墓を分析する前提として、半島全体に及ぶ支石墓の検討を行って、どの段階の支石墓が日本に登場したかを論じた（沈奉謹 1979a、b）が、その中で沈奉謹は、試案とことわりながらも、次のように支石墓を分けている。

　　A　卓子式支石墓 ｛ Ⅰ無補石型
　　　　　　　　　　　Ⅱ有補石型

　　B　蓋石式支石墓 ｛ Ⅰ無蓋石型 ｛ a 石棺
　　　　　　　　　　　　　　　　　　b 石室
　　　　　　　　　　　　　　　　　　c 土壙
　　　　　　　　　　　Ⅱ有蓋石型 ｛ a 石棺
　　　　　　　　　　　　　　　　　　b 石室
　　　　　　　　　　　　　　　　　　c 土壙

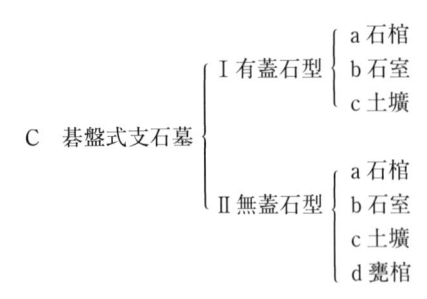

```
                        ┌ a 石棺
              ┌ Ⅰ 有蓋石型 ┤ b 石室
              │         └ c 土壙
  C 碁盤式支石墓 ┤
              │         ┌ a 石棺
              │         │ b 石室
              └ Ⅱ無蓋石型 ┤ c 土壙
                        └ d 甕棺
```

　卓子式支石墓は補石のあるなしで、AⅠ型とAⅡ型に細分される。補石というのは、支石を補助するため、支石の外側周辺に立てたり積んだりしてある石のことで、補石のないAⅠ型が卓子式の代表的なもので、平安南道から忠清南道にまで分布する。補石のあるAⅡ型は規模が小さく、次の蓋石式と区別しにくいが、蓋石式よりも大きく、支石の先端が地上に露出する点で異なる。黄海道や京畿道、江原道に分布する。

　蓋石式支石墓は、従来南方式もしくは変型支石墓と呼称されていたもので、金元龍にならってこう命名されている。このタイプのものは"支石のない支石墓"であり、支石墓の語源自体からはふさわしくないが、その内容、時期からして支石墓に含められている。この型式のものは、撑石が直接に蓋石の役割を荷うものと、墓室の上に蓋石をもち、その上に撑石を載せる形式とに区分される。蓋石のないBⅠ型は、撑石の下面は地面と一致するが、墓室は完全に地下にあるためAⅡ型と区別される。下部構造として石棺・石室・土壙があるが、それらの前後関係は不明である。忠清北道の黄石里13号墓などが代表である。有蓋型のBⅡ型は蓋石があるために、二重の撑石があるように見誤りやすい形態である。蓋石は1枚の場合と数枚の細い板石を横わたしたものがあるが、その違いは明らかではない。下部構造に上紫浦里4号のような石棺、拱北里B号のような石室、上紫浦里1号のような土壙と3種が認められる。

　碁盤式支石墓は、撑石と蓋石との間に3~4枚、またそれ以上の割石もしくは塊石を利用して支石とするものである。このタイプは蓋石の有無により二分される。有蓋石型式（CⅠ）では地下に石棺をもつ例は少なく、墓室が石室構造になったものが多い。土壙をもつものの存在は考えられるが未発見である。

この型式のものは、日本の夜臼式土器の段階にあたり、日本の初期支石墓の多くが該当する。無蓋石型式（CⅡ）は、時には地面に敷石までした形態であるが、地下の墓室構造は不明な点が多い。またそのため他の支石墓との分類がむずかしいが、このタイプは支石が板石ではなく塊石あるいは割石を使用し、支石の数が多いこと、墓室の形態が楕円形あるいは他の形になること、支石の先端が地上に露出して撐石の下面が地上に接しない点で区分しうるという。

さて沈奉謹はこのように分類した後で、半島に於ける支石墓の前後関係につき、卓子式支石墓が最も古い時期に属することは無理のない見解であるとして、蓋石式と碁盤式の前後関係につき論じる。まず形態上から、卓子式に近いのは蓋石式であり（支石を補強する補石の有無）、CⅡ式は退化形態とみられる。伴出する土器の面からは、黄石里や大鳳洞の支石墓から出土した磨研土器は、碁盤式である谷安里支石墓のものよりは古い（後藤 1973）。磨製石剣からみても、蓋石式支石墓からはこの二段柄の石剣が、碁盤式支石墓からは一段柄の石剣が出土することで、蓋石式や碁盤式の下部構造の差異の先後関係は不明であるが、支石墓の大まかな編年は、

　　AⅠ→AⅡ→BⅠ→BⅡ→CⅠ→CⅡ

と変遷したことが考えられるとするのである。

沈奉謹の支石墓の大綱は、具体的で大変理解しやすく、私自身考えさせられる点が多いのであるが、問題がないわけではない。卓子式支石墓を従来の考え方にそって、最も古く位置づけているが、伴出する副葬品の編年からみても大変無理がある。このタイプの支石墓は地上に墓室が露出しているために副葬品の残る例は殆んど稀であるが、出土した少ない例からみてゆくと、咸鏡北道徳仁里支石墓では、孔列紋土器が副葬されていたし、京畿道玉石里BⅠ号では、孔列紋土器が出土する住居址の廃絶後に卓子式支石墓が構築されている。このことから、卓子型支石墓は孔列紋土器が使われていた時期かそれ以後に築かれていたことが知られる（甲元 1973b）。孔列紋土器は沈村里の蓋石式支石墓から出土するコマ型土器よりも後出するものであり、このことからすれば、蓋石式→卓子型の編年が妥当である。卓子形支石墓は箱式石棺形態を基調とする点で、箱式石棺から直接卓子形に用いられた石棺が出現したと考えられているが、以前指摘したように形態的にも構造的にも無理がある（甲元 1973b）。卓

子型を有補石型と無補石型に区分する点については納得できる。かつて西朝鮮の支石墓を論じた時に、黄海北道沈村里新垈洞第2号墓をあげ、沈村里B型と石泉山型支石墓の繋がりを示す好例として取り扱ったように（甲元 1973c）、補石をもつ卓子型支石墓を中間に置くと、蓋石式から卓子形へとスムーズに連結してゆくことが考えられる。

蓋石式と碁盤型支石墓を細分するに際して、蓋のあるなしで二分することは、型式上意味がない点について、既に有光教一の批判がある（有光 1976）。すなわち、木蓋の存在が考えられるからである。全羅南道広川里A号、また全羅北道上甲里B号のような場合をみても、蓋の有無で分けることは出来ない。すると沈奉謹の分類では、蓋石式や碁盤形を二分することが無意味となり、結局は蓋石式と碁盤式という従来の分類と何ら変りのないこととなろう。

このように、韓国の学者の間で、新しく支石墓を検討した論説も、大枠での3別方式に依拠しているものであり、その中で、碁盤型支石墓と無支石式支石墓（南方型支石墓）との前後関係が問題にされていることが指摘できよう。この中で任世権が、卓子型支石墓が新しいとし、無支石式支石墓の中に支石墓の祖源があるとする説が唯一異なったものであるが、彼の分類規準にあいまいな点があり、また副葬品による型式学的編年の手続きがないために、諸氏の納得がえられていないのが実情であろう。

(3) 最近の支石墓研究：北朝鮮

韓国や日本の学者が、支石墓を3つに大別して把握するという考え方から脱しきれないでいるのに対し、北朝鮮の学界では支石墓について大幅な考え方の変化がみられるようになった。科学院考古学研究所の手になる『朝鮮考古学概要』には、戦後の調査研究をもとにして究明された新しい考古学的事実を中心に、旧石器時代から高麗時代に至る朝鮮考古学の集大成がみられる。その中で支石墓に関しては、これまでとまったく異なる画期的な見解が示されている。北朝鮮の学界では、支石墓を典型と変型に分けたり、第1～3群に区分したりしていたが、いずれも卓子形支石墓をもって最古、南方式支石墓は遅れるものとみなすのが普通であった。ところがこの本では、支石墓を沈村型と五徳型に大別し、各型を細分した後に、沈村型支石墓から五徳型支石墓が創設され

る過程を明らかにしたのである。

　沈村型支石墓は、墓室の周囲に石堆を積みあげた墓域施設のある高さが50cm以下の小さなもので、五徳型支石墓は墓域施設がない高さが大きい雄壮なものである。沈村型支石墓はさらに4つに細分される。
　　第1類型　乱石でできた1つの墓域施設の中に4～6基の支石墓と普通の箱式石棺墓で構成するもの。支石墓の下部構造としては、薄い板石でできた石棺墓がある。
　　第2類型　墓域の中にある支石墓の支石が、撐石の重みを受ける厚い2枚の支石と薄い板石とでできているもの。
　　第3類型　第1類型と同様に1つの墓域内に多くの埋葬施設があるが、支石の厚さがすべて20～30cmぐらいになったもの。
　　第4類型　墓域施設の中に1個だけ支石墓があるもの。
　五徳型支石墓は2つに細分される。
　　第1類型　支石の厚さが50～60cm程度で、支石の周囲にまだ墓域施設の痕跡があるもの。
　　第2類型　第1類型と異なって規模が大きく、高さも150cmとなる。墓域施設がないかわりに、支石を設置する溝を掘って支石墓を強固にしたもの。
　このように分類するが、注目すべきことは、沈村型第3類型から第4類型に変化する時期に、五徳型支石墓がつくられたということである。すなわち、従来の支石墓編年を逆転させたものであり、1979年発行の『朝鮮全史』第1巻にも、この考え方が取り入れられている。こうした支石墓に対する考え方の変化は石光濬の考察によるところが多く、その萌芽は、五徳里支石墓の発掘報告書の中に認めることができる（石光濬 1974）。
　五徳里支石墓は、黄海北道燕灘郡にあって黄州川上流の一支流が形成する小盆地内に数10基ずつ群をなして存在している。1971年に調査が行われたのは、松新洞、坪村、石切谷の3地点21基である。それらは死体を納めた棺の周囲に設けられた墓域施設の有無により大別された後で、次のように4類に細分された。
　　第1類型　石で囲んだ墓域施設のあるもの。

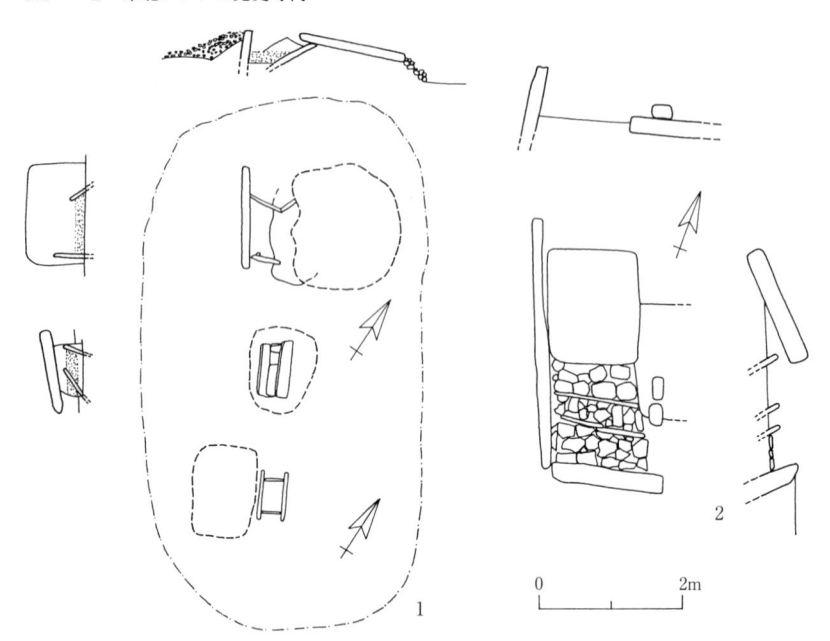

図65 坪村第10号・11号支石墓、松新洞第31号支石墓実測図
1：坪村第10・11号　2：松新洞第31号

第2類型　支石の周囲に石や土を積んで補強した粗雑なつくりのもの。

第3類型　支石を整えて墓室底に川原石や板石を敷いたもの。

第4類型　支石と撐石を梯形に整え、墓室の一辺に墓門を設けた雄大なもの。

こうした分類は、型式学的に把えるというよりも、遺構の状況による形態分類に近いために、これだけでは分かりにくい。分類された支石墓の実際にあたってみることにしよう。

第1類型に属する支石墓は、坪村の11、12号墓2基である（図65-1）。この両方の支石墓は、南北が17m、東西が8m、高さ50cmほどに積みあげられた石積の墓域中にあり、いずれも支石の殆どは埋まった状態にある。長さ2.3m、幅1.8m、厚さ30cmの撐石の下には、撐石の重みを支える二長辺の支石と短辺にある2ヶ所の閉塞石で石室が構成され、その大きさは85cmに60cm、深さは45cmを測る。石室内は撐石の下から20〜30cmは柔らかい有機質が多い土があり、その下に厚さ5cmほどの板石があって蓋の役割をなしている。こ

うした支石墓を補強する石積墓域の中から、コマ型土器片、石鏃片と、磨製石斧1点が出土し、11号支石墓の周囲からは、磨製石剣の剣身部が出土している。

　第2類型にあたる支石墓は、坪村の第9号墓、石切谷第2地点第2号墓と第3地点第1号墓、そして松新洞第31号墓である。第31号墓は（図65-2）、松薪洞第1地点にある27基の支石墓群のうちの1基で、撑石はすでに無く、支石の一部も破壊されていたが、ほぼ旧状を知ることができる。それによると2個の大きな支石を東西に据え、南北は閉塞石を立てた長さ2.2m、幅1.4mの石室をなしている。石室の底には平たい板石を敷き、その上に石室を区画する3枚の板石を立てて、50～60cm程度の四個の石棺を形成している。こうした形状は石切谷第2地点第2号墓でも同様であり、そこでは3個の石棺が埋設されていた。松新洞第31号の副葬品には、磨製石鏃、有茎式磨製石剣、四稜斧、石製紡錘車などがみられる。

　第3類型の支石墓としては、坪村第19号墓、松新洞第4号、10号、16号、21号、23号および第3地点の1号があたる。いずれも従来北方式支石墓と呼ばれていた類の代表的なもので、石泉山支石墓群のそれと同一の型式に属すと考えられる。そのうち第10号支石墓（図66）は、ほぼ円形で直径が4.4m、厚さ50cmの撑石をもち、東西と北の支石は幅25cm程度の基礎溝（掘り方）をつくって、地表下105cmまでの

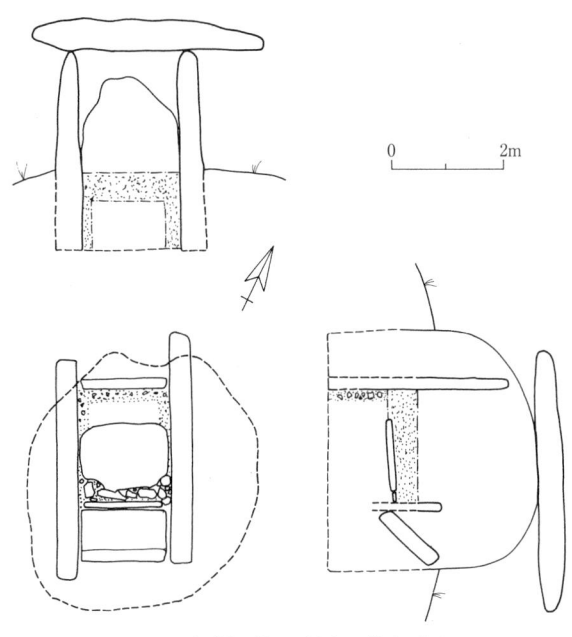

図66　松新洞第10号支石墓実測図

深さに埋められている。一方南側には門石があり、40cm は掘り込まれていなくて、さらにその外側に閉塞石がみられる。墓室の大きさは、幅 1.8m、長さ 1.95m、高さ 2.5m もある。墓室の底は当時の地面を若干掘り込んだだけで床とし、板石を敷いていて、その上には黒胡麻色の土と石を混ぜた土層が堆積していた。副葬品は床の上にあり、有柄式磨製石剣 2 点、磨製石鏃 3 点、磨製石斧 1 点が出土している。

第 4 類型に分類される支石墓は、五徳里内でも松新洞にあるのみであり、調査したものでは、第 1 号、5 号、6 号、20 号、22 号の 5 基をあげることができる。第 5 号支石墓の現状は、撑石が東に傾いて支石の外側に延び、北側の閉塞石は中間が折れて墓室の中に入り込んでいる。このため墓室内の堆積層は掘り返された状態であった。墓室の広さは推定では長さ 2.45m で幅 1.4m、高さが 2.4m と大形で、墓室内には上から、直径 30cm ほどの川原石層、新鮮な砂層が 20cm、黒みを帯びた土層が 25cm と続いている（図 67）。副葬品は砂層とその下位の黒みがかった層から検出されているが、それらには磨製石鏃、円闘斧、首のあるコマ型土器とその底部と思われる土器片、及び褐色土器の破片などがみられた。

以上のような 4 つの類型の支石墓は、墓域のあるものから墓域のないものへの変化、すなわち撑石の大きさや重みに比べ支石の小さいものから、墓域によって補強を必要としない大きくて厚い支石をもつものへと変遷して行ったことが考えら

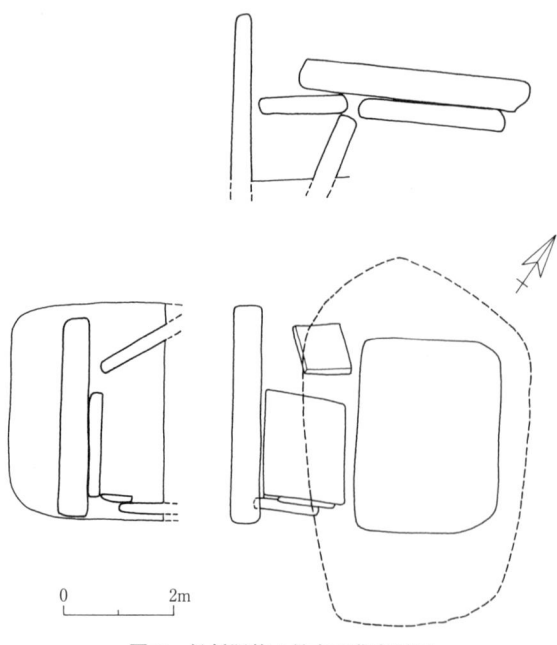

図67 松新洞第 5 号支石墓実測図

れている。このことは、墓室が徐々に広くなることでも示され、また支石の掘り方をつくって撑石の重量を支えるための技術発展があったことが認められるのである。それらと副葬品の組み合わせにより（図68）、

　　第1類型→第2類型→第3類型→第4類型
と変化したことが主張されたのである。

　乱石などを積みあげてつくった墓域施設があるなしで、支石墓を分類しようとしたのは黄基德が最初である（黄基德 1965）。黄基德は、「積石でできた一つの墓域内に、数個の撑石と数個の石棺もしくは石槨をもつ」タイプを変型支石墓から分離して、第3の類型をたてたことがある。これに対しては有光教一が、変型支石墓が集まった形態と考えられるので、型式的に独立させるのは無理があると指摘されたように（有光 1967）、属性で類型をつくるのは規準があいまいとなる。五德里支石墓群以外をみても、黄州沈村里キン洞では、古い時期の支石墓となりうるが、大邱大鳳洞の支石墓をキン洞のそれと同一時期に置くことはできない。石光濬の分類では卓子型支石墓である第3類型から第4類型への展開を深められ、第2類型より第3類型が時間的に遅れて構築されたものであり、全体として集団支石墓から個別支石墓へと発展することは納得できても、なお、第1、第2類型の分析は不充分である。しかしこの発掘報告の結果が基になり、北朝鮮の学者間で討論が行われたらしく、『朝鮮考古学概要』にみられるような結論となった。その後さらに石光濬は、西北朝鮮支石墓の総合的検討を行って、自説の補強としたのである。以下、石光濬の論説（石光濬 1979）をみてゆこう。

　石光濬は支石墓を受ける石と塞ぐ石と重い撑石でなりたっているとする。すなわち、撑石の重量を支える2個の支石と、支石を閉じるように位置づける2個の板石でできた塞石で構成されている。支石墓の初源的なものでは、支石と塞石のみでは撑石の重量が支えられないので、これを補強するために板石片や乱石を積み上げて墓域もつくり、これを保護している。このために、墓域施設の有無により、支石墓は沈村型と五德型に2分される。

　沈村型支石墓とするのは、板石でつくった棺を地中に埋葬し、その周辺に墓域をつくり、その上に板石もしくは角ばった岩石でできた撑石を載せるものである。一部の特殊な事例では、小さな板石片を積みあげて石室構造にしたもの

166　Ⅱ　東北アジアの先史時代

図68　支石墓関係出土遺物
　　　坪村第10号支石墓：1、7、10、31　坪村11号支石墓：19　松新洞第31号支石墓：11、
　　　23、24、25、26、27、28、29、30、34、37、43　松新洞第10号支石墓：10、12、21、
　　　22、35、36　松新洞第5号支石墓：3、8、17、18、38、39、40、41、42　松新洞第22号
　　　支石墓：4　松新洞第1号住居址：2、4、5、7、13、15、16、20

もある。一方五徳型支石墓は、4面が「Ⅱ」字型に組んだ石をたてて墓室をつくり、その上に一定の大きさの撑石を載せたものである。従って沈村型支石墓と五徳型支石墓は墓域施設の有無によって、まず分離されるのである。

沈村型支石墓は、さらに次の5つに分類されている。

第1類型　一つの墓域内に数個の墓室があり、それらは薄い板石でつくった箱式石棺の形状をもつもの。

第2類型　一つの墓域内に数個の墓室があるが、それらは箱式石棺の形状のもの及びそれとは少し異なったものが含まれる。

第3類型　長辺の支石が厚く、短辺のそれは薄くしてつくる棺が多く墓域の中にあるもの。

第4類型　長辺の支石が厚く、短辺のそれは薄くしてつくる棺が墓域内に一個のみあるもの。

第5類型　薄い板石片または川原石を積みあげて「コ」の字型に三面をつくり、狭い一方の面に二個の大きな板石で門をつくるもの。

このように分類された支石墓の構造と出土品の実際をみてゆくことにしよう。

第1類型の支石墓としては、沈村里キン洞第3、4、5、6号支石墓と、五徳里坪村第10号、11号とその南側のものなどがあげられる。またキン洞支石墓群は、沈村里の西南、小高い丘の北側斜面にあって、8基の支石墓は南北ほぼ一直線に並び、北に1基離れて存在する卓子型支石墓を除いては、すべて変型支石墓であった。3号、4号、5号、6号支石墓は11mに3～4mの範囲の範囲に広がる墓域内にあって、この墓域は厚さが5cmほどで長さが40～60cmの薄く平たい板石でつくられている（図69-上）。この墓域内には4号と5号支石墓の間に1基ほど、長さ75cm、幅35cm、深さ20～25cmの箱式石棺がある。四基の支石墓はいずれも厚さが5cm以内の薄い板石でもって箱形に組まれた石棺を下部構造としてもっており、棺の長さは1m内外、幅は40～50cmを数える。撑石は厚さ30～40cmの楕円形に近い形で、石棺の2～3倍の大きさであり、この撑石の重みで石棺の側壁は土中にめり込み、底石があがって揚げ底状になっている。このため石棺の上部から底部までは20～25cmしかなかったが、本来は50～60cmの深さはあったろうと推測されている。このよう

図69 キン洞・天真洞支石墓実測図　　上：キン洞　　下：天真洞

　に撑石の重みで下位の石棺の形状が著しく変形しているのが、このタイプの支石墓の特徴である。副葬品としては、3号支石墓から有茎式磨製石鏃1点、無樋有茎式磨製石剣2点、5号支石墓から磨製石鏃4点、無樋有茎式石剣1点が出土していて、さらに箱式石棺周辺の墓域内から有段石斧1点と石槍の破片、それに磨製石鏃などが採集されている。

　第2類型に属する支石墓としては、沈村里天真洞第4号、5号、6号支石

墓、石橋里支石墓、沈村里棘城洞第6号、7号、8号、9号の各支石墓があげられる。天真洞支石墓は沈村里の南にある天真洞部落の、正方山に続く斜面にあり、撐石のみを地上にみせる6基で群をなしている。うち第4～6号は、3m間隔でつながり、周囲は積石による墓域を形成している（図69-下）。この墓域中には支石墓の他に石棺だけ単独にみられるものも存在し、5号や6号の支石墓下の2基の石棺と合せて、合計9基の墓室で構成されている。第4号支石墓は、南北方向に2つの塊状長側石を置き、両短辺には薄小板石を配して塞石としたものであり、他のものはすべて、薄い板石をもって長方形の石棺をつくりあげたものである。これらの石棺は、撐石の重みを受けるために土中に減り込んだり、不整形をなすようになっている。副葬品としてはコマ型土器、磨製石剣、磨製石鏃などがみられる。

　このように第2類型の沈村型支石墓は、墓域を形成し、4号や6号のように異なったタイプの下部構造をもつものと、箱式石棺で構成されるものである。石橋里支石墓でも、調査された東の側のグループは、卓子型と変型の二つのタイプが墓域を共有しており、沈村里棘城洞の場合も同様である。

　第3類型に属する支石墓は、沈村里新垈洞支石墓群があたるという。新垈洞は沈村の東、正方山の北麓にあって、ここには1基の積石塚と11基の支石墓が存在する。11基の支石墓は約50m内に群をなしてみられ、北から数えて2号、3号、4号、5号、8号、9号、11号の8基が調査されている。このうち2号、3号、4号の支石墓の周辺にある直径が30～40cmの大きさの積石は、相互に連なりあって1つの墓域をなすのに対し、8号、9号、10号、11号の各支石墓は単独に存在している。第2号支石墓（図70-1）は長さ2.7m、幅2m、厚さ50～60cmほどの撐石の下に、長辺は塊状石で、短辺は板石でできた墓室がある。塊状石の1つは長さが約1.8m、幅1.2m、厚さ20～30cmあり、撐石の重みを受けて西側にたおれている。推定復元される墓室の大きさは、長さ1.6m、幅0.8m、高さ1mであり、これは支石墓が建設された当時、墓室が地上に出現していたことを示す。これ以外にも第3類型の支石墓は燕灘邑にもあると記すが、委細は不明である。

　第4類型の支石墓として数えられるものには、天真洞1号、2号、3号、棘城洞1号、2号、3号、5号、沈村中学校横1号、2号、坪村9号、新垈洞8

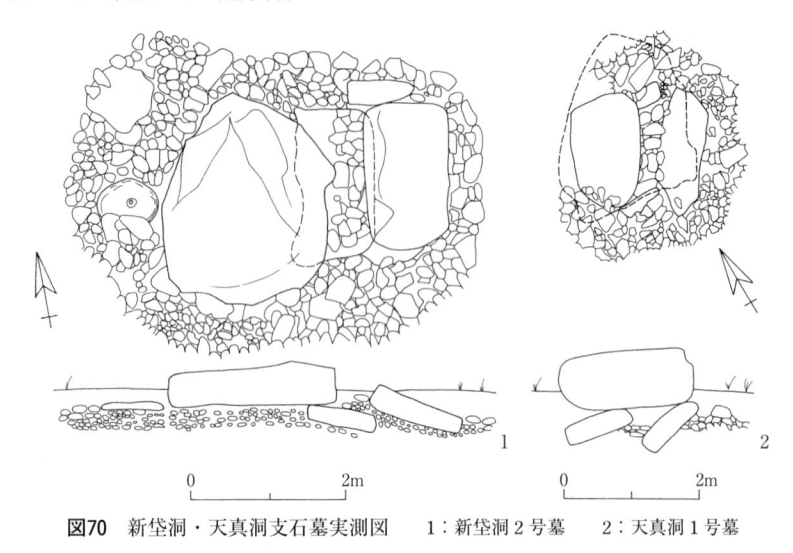

図70 新垈洞・天真洞支石墓実測図　1：新垈洞2号墓　2：天真洞1号墓

号、9号、10号、11号、北倉5号と数が多い。そのうち天真洞1号墓は長さ2～2.6m、幅1.5～2mで厚さが約80cmの大きな撑石が1/3ほど地下にうずもれた状態であった（図70-2）。

この撑石の下には、東北―西南に長く置かれたやや厚い側石が、2枚とも東側に傾いて、他の二短辺は薄い板石で塞がれていた。周囲には積石による補強がなされている。長側石の西側のものは、長さ1.6m、東側のものは1.8mで幅1m、厚さは30cm前後であった。この四側石で構成する塞室の底部には、20～30cmほどに小石が敷かれていて、その床面には有茎式磨製石剣が一点置かれていた。この他副葬品としては有段石斧の破片が採集されている。この類型に属する他の遺跡では棘城洞で磨製石鏃、石庖丁、石製紡錘車、北倉遺跡で美松里型壺、管玉などが出土している。

第5類型の沈村型支石墓としては、墨房里、舟岩里、石泉山27号、28号、大坪里3号などで、その数は少ない。その中でこの類型の支石墓が数多く発掘された墨房里支石墓についてみてゆこう。墨房里支石墓は、价川郡墨房里の低い丘の裾野にあって、30数基の群で構成されている。発掘の結果は墓室を地下につくる第Ⅰ類と墓室を地上につくる第Ⅱ類とあることが判明した。第Ⅰ類に属する24号墓では（図71-1）、撑石は2.1mに2.2m、厚さ20～25cmの大

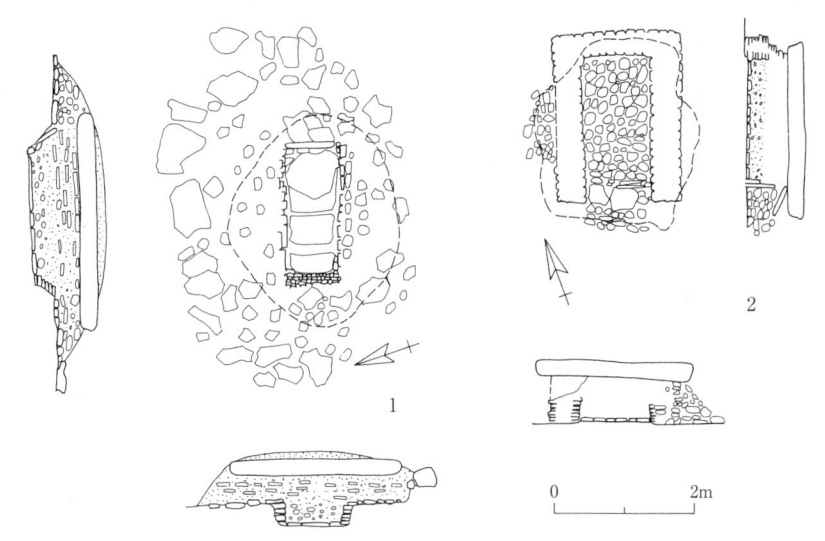

図71 墨房里支石墓実測図　1：第24号墓　2：第4号墓

きさで、周囲には角ばった小石があり、撑石も覆われていた。墓室は地下に設けられ、長方形を呈し、長さ1.8m、幅0.8mで壁の高さは復元して60cmであった。墓室の三方は板石を幾枚も小口積に重ねてつくるが、東側は一枚の板石で塞ぎ、その背後には少し小さい板石でこれを補強している。底部には板石が敷かれ、その上にある砂利層との間に、副葬品として墨房里型の壺が出土した。一方第Ⅱ類に属する第4号墓（図71-2）は、長軸をほぼ南北にとる長方形の墓室を地上に構築したものである。墓室の東・西・北の三方は、板石で小口積した壁で構築されており、その幅は50cm、高さは20～30cmを測る。壁体を欠く南側は、三枚の板石を立てて、その裏込めに板石片を積んで補強している。墓室の南北の長さは1.9m、東西は1.5mと記されている。墓室の底部には板石が敷かれ、その上に砂利層が、さらにその上には板石片と粘土混じりの層がみられる。副葬品としては断面が扁平な六角形をなす有茎式の磨製石鏃2点と、「火度の強い灰色土器」1点が出土している。

　以上のような沈村型支石墓の細分に対して、五徳型支石墓はどうであろうか。石光濬は五徳型支石墓を3分類する。すなわち、支石墓の高さが60～70cmと低く、支石墓の周囲には墓域施設の名残がある粗雑なものを第1類

型とし、支石を整える技術は粗いが、支石を立てるために掘り方をつくる、高さが 1m 以上のものを第 2 類型、支石墓の各部分をきれいに整えてつくり、墓室の一方に出入りする門をもつものを第 3 類型とするのである。これら 3 類の特色をもう少しみてゆくと、第 1 類の五徳型支石墓は、

 1. 墓域施設の名残りがある。
 2. 支石墓の高さが 60～70cm 程度である。
 3. 石を整形する技術が粗雑である。

となり、第 2 類型の支石墓は、

 1. 基礎溝（掘り方）を掘って支石を立てる。
 2. 支石の高さが 1m 以上。
 3. 支石と撐石を丸みがかるように整形する。

また第 3 類型の支石墓は、

 1. 支石が 5～6 度内に傾いている。
 2. 支石墓の各部分を方形または梯形に整形するように整えて雄壮にしてある。
 3. 墓室の一方に出入りする門がある。

このように分類された五徳型支石墓は、その言葉こそ違っているが、石光濬が五徳里支石墓の発掘報告で分類したものと基本的には同一である。すなわち、五徳里遺跡で報告した第 2～4 類型が、そのまま五徳型支石墓の第 1～3 類にあたるのである。

 沈村型支石墓の 5 類型は、まず、墓域施設内に、多数の墓があるものとそうでないものに分けられ、それは集団支石墓から個別支石墓への変化が考えられるので、

  第 1・2・3 類型→第 4・5 類型

という展開が想定される。さらに副葬品などからみても、第 1 類型→第 2 類型、第 3 類型と変化してゆくことが確かめられる。また第 4 類型と第 5 類型については、第 4 類型が第 3 類型に近い形態であることと、大坪里遺跡での層位関係から、第 5 類型支石墓が新しいことが知られる。従って沈村型支石墓は、第 1 類型から第 5 類型へと変化発展したことが考えられるのである。一方五徳型支石墓はどうであろうか。まず松新洞遺跡において、支石墓の下位

にある住居址出土品が、五徳型第 1 類型のそれと類似していることから、第 1 類型は第 2、第 3 類型よりも古いことが知られる。第 2 類型の支石墓は先にもみたように、第 1 類型と第 3 類型の中間的な形態をしたものであり、さらには第 1 類型の支石墓が発展した形態を示している。このことは第 1 類型の墓室内の大きさが、1.5〜2m^2 であるのに対し、第 2 類型のそれは 3m^2 内外にも及んでいることでも確かめられる。また第 3 類型では墓室の面積が 3.5〜4m^2 内外の大きさであり、中には 6m^2 に達するものもある。こうした規模の変化や副葬品の伴い方をみてゆくと、

　　　第 1 類型→第 2 類型→第 3 類型

と変化していったことが確かめられるという。

　このようにして、沈村型支石墓と五徳型支石墓各個の変遷を跡づけた後、沈村型と五徳型両者の比較に入ってゆく。まず沈村型第 2 類型出土の遺物が、沈村里の住居址出土品と同じ時期であることは、土器や石鏃などの類似で明らかである。一方、坪村 10 号支石墓などでの出土品は金灘里住居址の出土品と同じであるから、沈村型第 1 類型の支石墓は紀元前二千年紀の前半期に、第 2 類型は紀元前二千年紀の後半期に位置づけられる。一方沈村型支石墓の終末については、舟岩里遺跡では住居址の上に第 5 類型の沈村型支石墓があり、墨房里第 4 号支石墓から出土した灰色土器は、土壙墓出土のそれと近く、第 5 類型の支石墓の構造は、松山里の石墓と類似していることなどから、紀元前 7〜6 世紀の年代が与えられている。第 4 類型の支石墓では北倉遺跡で、美松里型壺の出土がみられることから、紀元前 10〜8 世紀に比定される。このように沈村型支石墓の年代を規定して、五徳型との関係については、第 3 類型の沈村型支石墓が個別墓域となる第 4 類型の支石墓の中間に位置づける。すなわち、第 1 類型の五徳型支石墓は、集団墓域をつくる第 3 類型の沈村型支石墓よりも後出し、沈村型第 4 類型のものに、形態も出土品も類似するが、存続期間は短かったものと推定されている。第 3 類型の五徳型支石墓は、門の構造をもつ等、第 5 類型の沈村型支石墓と類似点が多く、出土土器から、細竹里遺跡の墨房里文化層と同じ時期に考えられる。従って、この年代は紀元前 7〜6 世紀に比定されるのである。

　このような検討を経て、石光濬は、西北朝鮮にみられる支石墓を次のように

```
紀元前              紀元前二千年紀       紀元前              紀元前              紀元前
二千年紀中葉          後半期中葉          二千年紀末          10世紀            8世紀〜6世紀

┌─────────┐        ┌─────────┐        ┌─────────┐        ┌─────────┐        ┌─────────┐
│ 第1類型  │        │ 第2類型  │        │ 第3類型  │        │ 第4類型  │        │ 第5類型  │
│ 沈村型   │ →     │ 沈村型   │ →     │ 沈村型   │ →     │ 沈村型   │ →     │ 沈村型   │
│ 支石墓   │        │ 支石墓   │        │ 支石墓   │        │ 支石墓   │        │ 支石墓   │
└─────────┘        └─────────┘        └─────────┘        └─────────┘        └─────────┘
                                                              ↓
                                                         ┌─────────┐
                                                         │ 第1類型  │
                                                         │ 五徳型   │
                                                         │ 支石墓   │
                                                         └─────────┘
                                                              ↓
                                      ┌─────────┐        ┌─────────┐
                                  →  │ 第2類型  │  →    │ 第3類型  │
                                      │ 五徳型   │        │ 五徳型   │
                                      │ 支石墓   │        │ 支石墓   │
                                      └─────────┘        └─────────┘
```

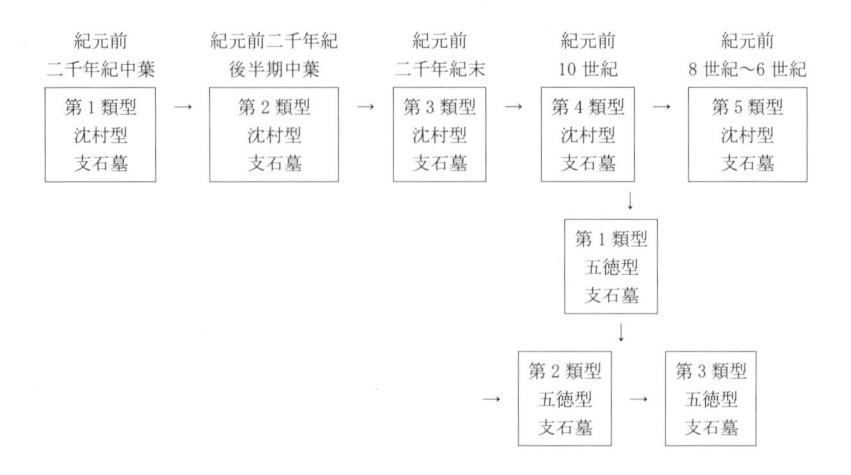

編年するのである。

（4） 支石墓研究の問題点

　これまでみてきたように、石光濬の支石墓に関する論考は、従来の朝鮮人学者にはみられない画期的なものである。それはただ単にこれまでの支石墓編年を逆転させただけでなく、形態上と副葬品の編年を加味して、変型支石墓の一部から卓子型支石墓が出現する過程を、スムーズに説明しようとしている点に、大変な意義をみいだすことができる。しかし、沈村型支石墓の分類について、その属性である墓域施設のあり方によって規定しているために、型式上の不鮮明さがあり、このため具体的事実において無理の生じている点がなくもない。すなわち、墓域を共存する支石墓のあり方は、結果として出現する現象であり、その形成過程においては異なった時期のものが入る可能性が大きい。具体的に指摘すると、沈村型第3類型とされる新垈洞第2号墓は、発掘時においてはすでにたおれていたが、支石が大きく、復元すれば、支石墓建設当時には、すでに墓室が1/3近く地上に出ていることになる（図70-1）。ところが第3類型よりも新しい第4類型に比定される天真洞第1号墓は、撑石が1/3近く地中に埋もれている（図70-2）。このことからすれば、天真洞支石墓よりも、新垈洞支石墓の方が五徳型支石墓に類似しているといえるし、天真洞第1号支石墓は、墨房里型支石墓とは関係が少なく、かえって第2類型に属するキン

洞第4号支石墓(図69-上)と構造的に類似する。また北倉第5号支石墓は、沈村型支石墓ではなくて、五徳型支石墓に分類するのが適当である。このように一つ一つを検討してゆくと、第3と第4類型の支石墓はその分類が不適切なことが指摘できよう。沈村型第1類型と第2類型に関して、異なる点は撐石の重みを受ける長辺の支石が塊状に厚くなったものがあるか否かであり、他の点ではまったく同じである。そうして第1類型に分類される坪村第10号などは、墓室が地上に出ている点で、墓室を地中に設けるという沈村型支石墓の定義に反するものも含まれている。こうした様々な矛盾は、結局、集団で墓域をつくるというその属性を規準として支石墓を分類編年することから生ずるものである。従って支石墓はあくまでも、支石墓個々の構造分析を基本にしなければならないことが分かってくるのである。この点、五徳型支石墓の分類においては、個別的なものであるから、無理のない展開となっていることからも容易に窺えることであろう。すなわち、この石光濬の分析により、一般的に北方式と呼称されてきた支石墓も細かくみると3段階に分離することが明白になってきたし、門を有するタイプの支石墓はその中で最も新しい段階のものであることが分かったので、遼東地方に分布する支石墓は、朝鮮支石墓の最終段階のものが彼地に展開していったということが判明するのである。

このように石光濬の意欲的な論文は、それにより新しい研究の進展がみられた他面、従来いわれた変型支石墓の分析にはまだ不充分な点が残されている。かつて沈村里支石墓群の分析を行った折に、4基ほどの単位で集団が形成されたことを指摘したことがあるが、このように同じ墓域内でも異なった時期のものが存在する。そこで、墓域内の集団墓を一かたまりにみるのではなく、個々の構造でみてゆくことにより、不充分な点は解消することであろう。すなわち、支石墓の下の内部主体が箱式石棺を呈するもの→支石の二長辺を厚い塊状石にするもの、との変化を考え、これに新垈洞第2号墓のような墓室を少し地上にみせるタイプを間に挟むと五徳型支石墓へとスムーズに展開してゆくのである。また第5類型沈村型支石墓も、支石を厚い塊状石でつくる天真洞第1号支石墓ではなしに、石橋里の板石でつくる支石をもつタイプを中間においてみると、箱式石棺をもつキン洞支石墓などと無理なく連絡するのである。

以上、1970年代のはじめから今日にかけて、新しく論じられてきた代表的

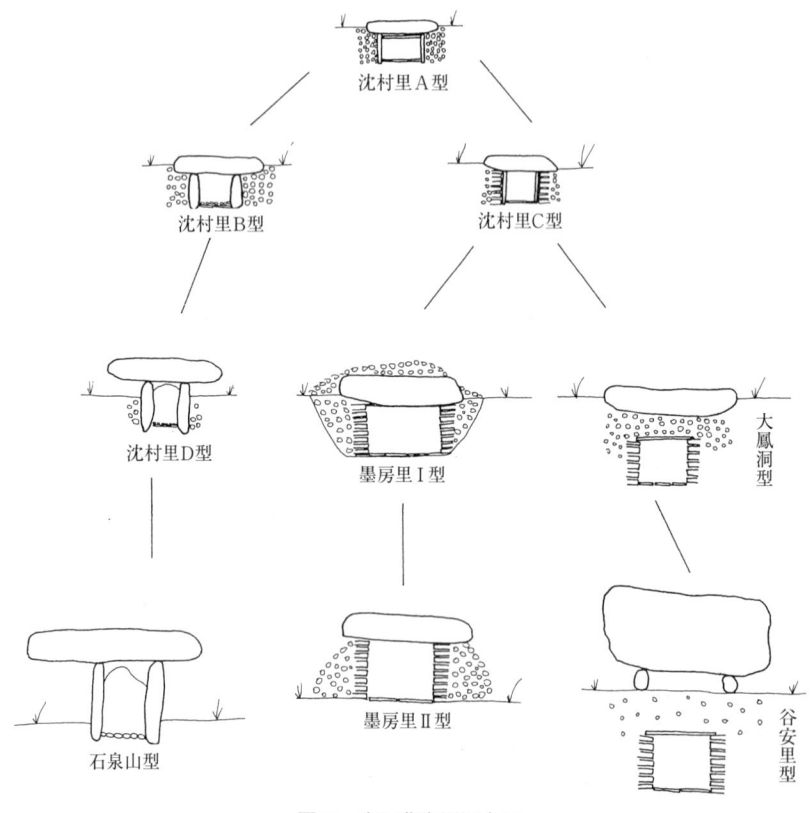

図72 支石墓変遷概念図

な支石墓論につき検討してきた。その結果、卓子型支石墓の細分が進められ、また碁盤型支石墓である谷安里型は、内部構造が多様であり、かつ地域的に様々なヴァリエーションがあるために、さらに分析しなければならないという問題が残されている。しかし、石光濬の論考にあるように、従来南方式と汎称されていた型式の支石墓の一部が、支石墓の祖型となって卓子型支石墓が形成されたとみられるのであり、碁盤型支石墓も、その系譜を引くことは論をまたない。すると沈奉謹のいうAⅡ類、石光濬の沈村型第3、第4類型を具体的に、沈村里新垈洞第2号墓で代表させて沈村里D型を新たに設定することで、今日の支石墓の編年は図72のようにまとめられるであろう。

2　朝鮮支石墓の再検討　177

おわりに

　最後に支石墓の年代につき付言しておこう。朝鮮の学者とまったく対立するのは、磨製石剣の問題である。磨製石剣以外の遺物、例えば土器についても、その年代の決め手となるのは、他の遺物との共伴関係に求めなければならないために、ここでは一応除外することにする。

　磨製石剣の祖形については、北朝鮮の学者は非銅剣説をとり、韓国の学者は細形銅剣以外に、スキタイ式銅剣や桃氏剣を前提においている。まず、土器との共伴関係でいえば、有茎式石剣は有柄式石剣に先行するものであるから、韓国の学者の説はあたらない。

　朝鮮の南部に於いて、後の時代に出現する有茎の鉄剣型石剣との区別（有光 1959）が明確にされていないために、西朝鮮の有茎式石剣と混同している場合が多くみられるのであ

有柄式石剣

有茎式石剣

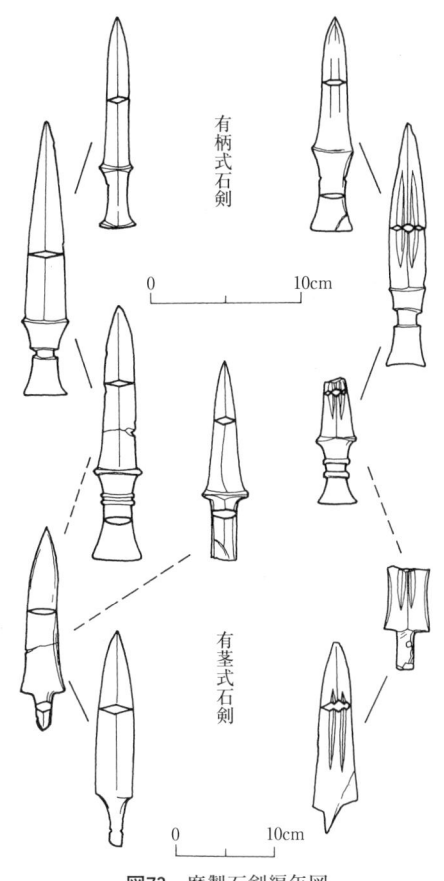

図73　磨製石剣編年図

る。他方、磨製石剣非銅剣模倣説については、有樋式の石剣の出現が解釈できなくなるという問題点がある。すなわち、磨製石剣が新石器時代の石剣の系譜を引くものとすれば、まったく機能に関係のない樋を剣身に入れるのか説明がつかない。石剣に樋を入れるのは、柱背が銅剣の円柱背をネガティブに表現したものであり、どうしても有樋式石剣は、円柱背をもつ銅剣を模倣したと考えざるをえない（甲元 1972b）。すると有樋式有茎石剣とほぼ同時に出現する無樋式の有茎石剣も、円柱背をもたぬ、長安張家坡206号墓出土剣と同様なも

のが前提となってつくられたと考えるのが妥当するであろう。有茎式と有柄式を区別して考えてゆくとしても、有柄式石剣の中に有樋式がみられることから、桃氏剣など、細形銅剣以外に祖形を求めることは極めて困難である。従って次のような磨製石剣の変遷は、今日においても妥当する（図73）。

今までのところ、支石墓の中で最も古いと考えられる沈村里A型支石墓からは、無樋式で関が丸味を帯びる有茎式の石剣が出土する。このことは、有茎式で関が直角にならず丸味をもつ銅剣が出現した以降に、支石墓の出現の年代をとらえることができることを示している。一方支石墓の終末については、碁盤型支石墓の形態変化が多いために、はっきりとした見解は出しにくいが、日本での支石墓のあり方からすると、紀元前後頃には、すでにその歴史的役割を終えていたと考えることは充分に可能である。

脱稿後、朝鮮の支石墓に関する2つの論文を手にすることができた。

一つは全栄来（1979）で、これによると北方式支石墓の南限が、従来考えられていたよりも、南下するものであり、碁盤型支石墓や南方式支石墓との相関関係が新たに問題となる。これについては稿を改めて論じることにする。

他の一編は石光濬（1979）で、本文で紹介した彼の論考が簡潔にまとめられており、支石墓が箱式石棺の系譜を引くことなど新しい見解もみられる。

3 東北アジア出土の石製鋳型

はじめに

　紀元前一千年紀の中国東北地方、朝鮮それに沿海州地方には、遼寧式銅剣、細形銅剣や多鈕紋鏡などに代表される特異な青銅器文化が開花し、その余香ともいうべきものが弥生時代の西日本に及んでいることは、これまでにしばしば説かれてきているところである。ところで、東北アジアに展開したこのような青銅器文化は、青銅彝器を中心として多分に装飾的な中国中原地域のものと、また簡素で機能的な南シベリアからモンゴル高原にかけての、カラスク系文物とも異なる独特の内容を具備しているといえるであろう。しかし、鉱石を溶解して混ぜ合わせ、ある一定の型に作り上げるという技術は、世界各地に独自出現することは考えにくく、また高度に発達した青銅器文化域に接する東北アジアにおいては、隣接地域からの影響を考慮しなければならない。事実、東北アジアに見ることができる青銅製品の品目を具体的に見てゆくと、中原地方や南シベリアの文物の系統を引くもの、もしくはそれと類似した青銅器類も存在しているのである。

　三上次男はかつて、東北アジアの初期金属器文化は、内陸アジア的性格を基盤にもちながら、中国文化の影響を受けて独自の世界を作り上げたと指摘している（三上 1966）。こうした東北アジア青銅器文化の特殊性や、その歴史的性格を具体的に把握する第一歩として、ここでは青銅器鋳造のための石製鋳型を検討対象としてこの地域の歴史的世界に接近してみよう。

（1）石製鋳型の出土例

　東北アジアに展開する青銅製品が他所よりの流入ではなく、その地で製造されたことを具体的に示すのが、鋳型の存在であることは言を俟たない。これまでに東北アジア各地で出土した石製鋳型は20ヶ所を超える。1遺跡から7点以上出土した例もあり、また出土地が不詳のものを含めると石製鋳型の総数は50点以上に達している。

180　II　東北アジアの先史時代

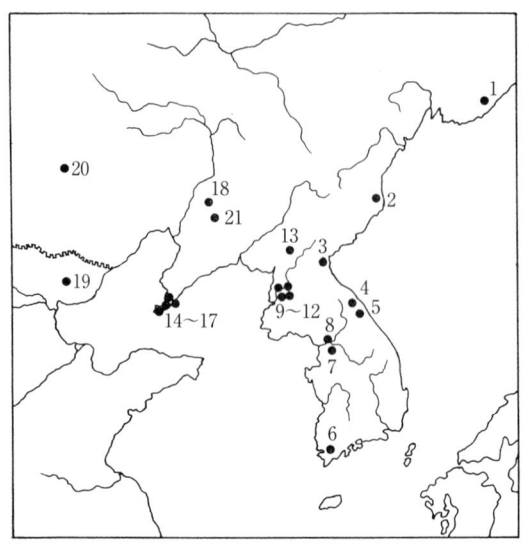

図74　石製鎔范出土遺跡分布図

　A　シニェ・スカール遺跡
　シニェ・スカールは、沿海州オリガ地区にある鉄器時代の竪穴住居址を中心とし遺跡で、これまで数回にわたり発掘調査が行われてきた。鋳型は1970年アンドリエヴァにより4点発見されている（Андреева 1975）。鋳型はいずれも半地下式住居内にあって、炭化物や焼けた赤色粘土などと伴出することから、この遺跡は青銅器鋳造にための作業場であったと見られている。

　①槍、釣針、鏃の鋳型　　完形品で長さ12.3cm、幅3.3cm、厚さ1cmを測り、両面に彫り込みをもつ。A面には中央に葉状の刃部をもち、脊が窄まりながら延びる槍がある。槍の型式はセイマ・トゥルビノ文化の槍身と想定されている。柄部分は深く窪められているが、刃部のそれは浅く、片側は磨り減ったために形状がたどれないところもみられる。B面には翼をもつ鏃が2点、横位に並んで彫られ、一方の端には釣針が1点あり、釣針の紐掛けの部分は延びて湯口となっている。鋳型の中央付近、割れ目のある部分には3本の縦位の線が刻まれていて、再利用されていることを示すという（図75-1）。

　②剣の鋳型　　鋳型の破損がひどく、両端が欠けているために委細は不明。裏面も壊れているが、本来は何かの彫があったと考えられている。A面は「狭く扁平な刃部と殆ど円筒状をなした軸部をもつ」ことから、剣の鋳型と考えられる。アンドリエヴァによるとプウスン文化の石製模造品と酷似することから、細形銅剣の鋳型の可能性が大きいとする（図75-2）。

　③釦の鋳型　　直方体を呈するほぼ完形の鋳型で、長さ11.3cm、幅3.3cm、厚さ1.3cmを測り、片面に5点の釦を鋳造する円錐形の彫り込みがある。鋳

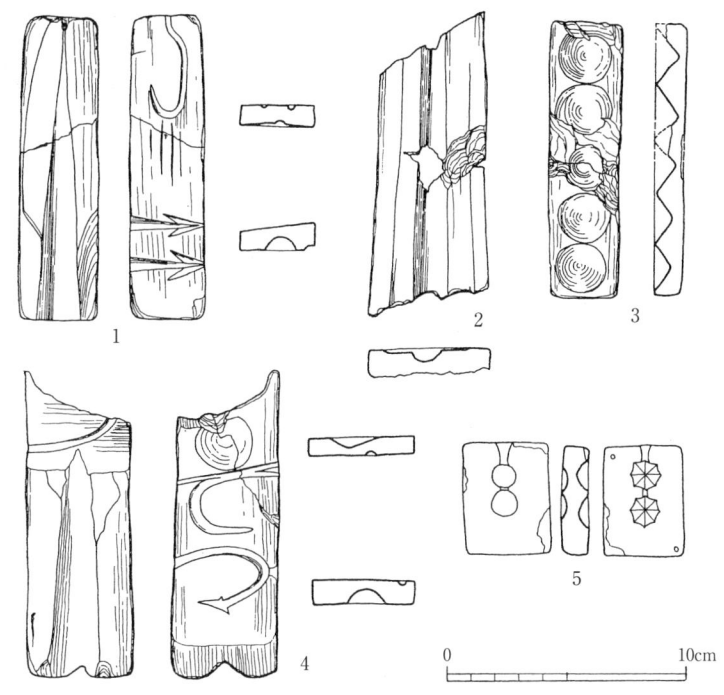

3　東北アジア出土の石製鋳型　　181

図75　シニェ・スカール、三峰里遺跡出土品

型は中央部で折れていて、裏面は丸みを帯びるように磨かれているものの、キズが認められる。彫り込みの多くは部分的に破損しているが、形状はほぼ同一で、その直径は2cm内外。東北アジア各地に見られる釦とは形状が異なる（図75-4）。

④槍、釣針、釦の鋳型　　中途で破損しているが、本来的にはシニェ・スカール出土鋳型の中では最大のものと思われる。残長は17.7cm、幅4.7cm、厚さ1.4cm。全体に黒ずんでいて鋳型として実際使用されたことを窺わせると言う。A面には①と同じかそれよりもやや大きめの槍の彫り込みがあるが、鋳型の表面は削られたらしく、槍の刃部は殆ど無くなっている。また槍の刃部途中が磨きなおされて、そこに釣針の彫り込みがみられるが、これも途中で破損している。B面には③と同様の釦が1点と釣針2点が彫られている。鋳型端部にはトンボとは考え難い抉りがあり、さらにB面端部から面取りするように削ぎ落とされているが、それについては何の説明もない（図75-4）。

シニェ・スカール遺跡出土4点の鋳型は、いずれも小型扁平で、彫り込みの浅いものもあり、砥石として再利用されたのであろう。

B 三峰里遺跡

釦の鋳型。表面採集品でしかもそれに関する説明が少ないために委細は不明（黄基德 1957）。図でみると長さ4.5cm、幅3.5cm、厚さ1cmを測り、両面に釦2点ずつの彫り込みがある。A面には中央部に八角形の各辺がやや内湾する形で、半球状となるのが2点あり、湯口で相互に連なっている。B面には半球状の釦のための彫り込みが2点あり、これも湯口で連なる（図75-5）。

これらは「石器時代遺物散布地」での採集品であるが、発見場所は戦前藤田亮策が訪れた遺跡と同一であれば、無紋土器と伴った可能性が高い

C 永興邑遺跡

永興邑は東海岸における朝鮮無紋土器時代の中期から後期にかけての代表的な遺跡であり、竪穴住居址を含む多数の遺構が検出されている（徐国泰 1965）。ここでは4点の鋳型が表面採集されている。

①槍と鞍金具の鋳型　扁平な直方体の両面に鋳型の彫り込みがみられる完形品である。長さ15.5cm、幅4.5cm、厚さ2cmの大きさで、A面には刃部の中ほど近く両側に突起をもつ槍が刻み込まれている。やり全体の長さは15.5cmで、槍の先端部から突起部までは5cm、突起部から槍刃の下端までは3.5cm、両突起間の幅は3.8cmを測る。彫り込みは槍身部が浅く、刃部断面は菱形、柄部は円柱状をなす。このA面には槍刃部左側と槍柄部左側に浅い棒状の溝があるが、委細は不明。B面には上端部近くに半円形の彫り込みがあり、四方に短い足をもつ。その長さは3cm、幅2cmで、鞍金具と推定される（図76-1）。

②斧の鋳型　二つある斧鋳型の大形のもので、長さ15cm、幅10.5cm、厚さは1.8cmで、やや内反り気味の扁平な形をなす。鋳型の左側は幾分か欠損し、ことに下部では刃部の輪郭が不鮮明になるが、ほぼ全形を窺うことが可能である。斧は両肩をもつように刃部が半円弧状に広がっていて、刃渡りは10.5cm、全長は12cmを測る。斧の鋬部下位には1cmほどで二条の紋様帯が設け

られていて、上半分には列点が、下半部には充填鋸歯紋が飾られている。灰白色を呈する滑石製で、鋳型の中は黒く焼けている（図76-2）。

③斧の鋳型　小型の鋳型で長さ7.5cm、幅は5.7cm、厚さ1.5cm。彫り込まれた斧の形状はやや内反りする。分銅のように刃部と鎏部が膨らみ、鎏部の外縁部が湯口となる。斧の長さ6cm、刃渡り5.5cmで、形態は美松里洞窟出土の銅斧と酷似する。滑石製である（図76-3）。

④馬鐸の鋳型　長さ8cm、幅5.5cm、厚さ3cmの断面蒲鉾型をなす滑石製鋳型である。鐸の中央には長方形の孔（窓）を開けるべく長方形突起があり、その上下に幅訳1cmの横位紋様帯を巡らせる。上位の紋様帯には区画内に斜線を引き、下部紋様態には山形紋が二重に施されている。羅津草島遺跡出土品に類例を求めることができる（図76-4）。

D　巨津里遺跡

剣と鏃の鋳型。古く巨津里の砂丘上で採集された小破片であり、付近には無紋土器が散布している（沢 1937、有光 1938）。長さ4.1cm、幅1.75cm、厚さ1.8cmの薄手で、両面に剣もしくは鏃の刃部が彫り窪められている。沢・有光によれば両面に薄く、細形銅剣がB面には茎の部分であるという。滑石製。

E　鉢山遺跡

鏃の鋳型。1915年に鳥居龍蔵により採集された遺物で、長さ3.25cm、幅4.35cm、厚さ0.65cmほどの極めて小さい滑石製の鋳型で、A面には2点、B面には3点の鏃が彫られている。これらはいずれも鎬が高い両翼鏃で、鋳型は使用のための焦痕がみられる。

F　霊岩遺跡

金良善の採集になる鋳型群で、今日崇田大学校の所蔵となっている（金良善1962、国立中央博物館 1973、韓国国立中央博物館 1976、樋口 1974）。これに関する正式な報告はなく、展示会のカタログやその他による僅かな記事によるしか、情報は得られない。従って数量とか1枚の鋳型の表裏を確定することは困難なので、鋳型の1面ごとにみてゆくこととする。

図76　永興邑・伝平壌出土品

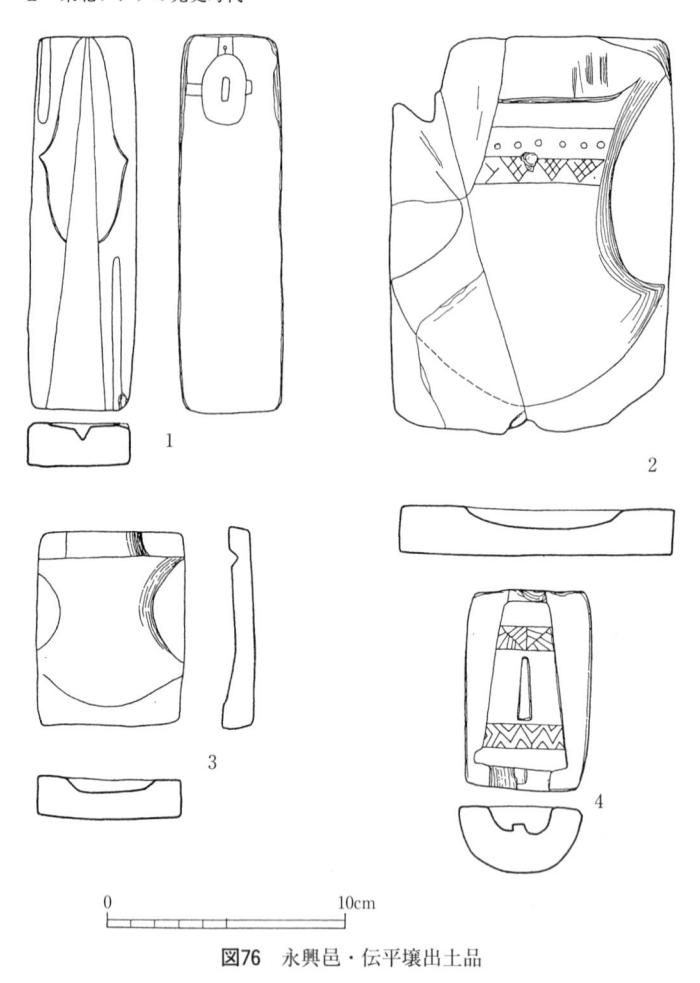

　①斧の鋳型　　長さ16.8cmの隅丸に近い長方形をなし、肩張りしない長めの刃部をもつ斧が彫り窪められている。鎏口に接する部分には3本の隆起線が走るように溝が設けてあり、溝の下部に接して左側には耳環が付けられている。

　②鑿と斧の鋳型　　長さ16.8cm。鋳型左側には鎏の下位に隆起帯をもつ鑿が、右側には長方形の刃部をもつ斧が彫られている。斧の柄ほぼ中央部あたりには3本の小さい溝が彫られている。

③斧と釣針の鋳型　　長さ15.4cmのやや胴張り気味の長方形を呈し、刃部は撥形に拡がる形式である。鎔口外部には4本の小溝がある。なおこの鋳型左側には長く細い線状の彫り込みがあり、右側には逆棘のある釣張り1点が彫られている。

④斧の鋳型　　鋳型の形状も斧の形態も③と同じ。

⑤斧の鋳型　　長さ11.8cmの長方形で、面には②と同様の鑿が2点彫り込まれている。またこの鑿の両端には小溝が3本見られるが、実体は不明である。

⑤鉾の鋳型　　長さ20cmの大型長方形をなす。円脊が窄まりながら鋳型中央部に刻まれ、その両側には細長い葉状の刃が付けられている。鎔口にはやや幅広く隆起帯が設けられている。

⑥斧の鋳型　　長さ10.8cmの長方形をしているが、鋳型の上左側がすこし削れていて、右端も隅丸状になっている。長方形の刃部となる斧が彫られ、肩は刃渡りに対してやや広く、鎔口には4本の隆起線が走るように拵えてある。和順出土胴斧に形状が最も近い。

⑦鏡の鋳型　　本来は多鈕鏡の鋳型であるが、他に転用されたものであり、中央には二組が直交するように配された鈕が2組あり、蒲鉾形の断面をもつ彫が円形に廻らされている。

⑧剣の鋳型　　細形銅剣の鋳型である。抉入部や突起部の切り込みは小さく、剣身は全体にすらりとし、柱脊に比べ身は狭い。

⑨剣の鋳型　　⑧と同型のもので、それと対をなすものである。

⑩戈の鋳型　　長さが35.2cm。身の両側はふくらみ気味で胡はあまり発達しない。⑧の裏面か。

⑪戈の鋳型　　⑩と同型でそれと対をなすものである。鋳型の左側には2ヶ所トンボの痕がみうけられる。⑨の裏面か。

⑫斧の鋳型　　梯形をなすもので、斧の刃部は長方形を呈し、肩部はやや広い。鎔口外に4本の隆起線が刻まれ、柄中央部には型持ち穴が1口みられる。⑧と同型でそれと対をなす鋳型である。

⑬釣針の鋳型　　面には逆棘をもつ釣針が3点彫り窪められていて、それぞれに湯口が付けられている。

以上の他にも青銅製品を製作するためには対になる鋳型が必要であり、霊岩出土の鋳型がなお存在するかもしれない。これら鋳型には殆ど両面に彫り込みがあり、霊岩には少なくとも7点以上の鋳型があることになる。さらに側面にも釣針が彫り込まれたものもあるが、委細は不明である。ここでは2面もしくは3面が鋳型として利用されていた。

G 草扶里遺跡

龍仁出土鋳型と通称されるもので、陵院川に開けた平野を望む台地上から偶然に発見された（国立博物館 1968、韓国国立博物館 1976）。

① 剣の鋳型　長さ22.5cm、両端幅4.3cm、中央部幅5.2cmと胴張りする直方体で、厚さは2.3cmを測る。鋳型の妻の部分には1個と2個トンボがあり、側面にも認められる。A面には長さ20cm、関部の幅3.3cm、中央部幅3.1cmの細形銅剣が彫られている。剣身の挟入部はさほど明瞭ではなく、円柱脊に比べ身は狭い。B面にも長さ25.2cm、関部幅3.7cm、中央部幅3.2cmの大型細形銅剣の彫り込みがある。A面よりも突起部の幅は狭く、剣身下部がやや膨らみ気味となっている（図77-1）。

② 剣の鋳型　①と対になるもので、A、B面ともに①と殆ど変わりはない（図77-2）。

③ 剣の鋳型　①、②両者よりも一回り大きな細形銅剣の鋳型で、片側にのみ彫り込みが認められる。鋳型は2ヶ所ほどに欠損がみられる。鋳型の大きさは、長さ28.1cm、両端幅5.6cm、中央部幅6.1cmで、厚さは1.4cmを測り、彫り込まれた剣身の長さは27.8cm、幅は関部で3.3cm、中央部が3.1cmである。

H 元堂里遺跡

鉾の鋳型。滑石製の小破片であり、鉾の腹部の端とも思える鋳型の特徴を備えている（梅原 1933）。長さは6cm内外で、断面は半円状を呈し中央部には柱脊が大きく彫り込まれている。

I 伝平壌

剣の鋳型。元金堂出土とも伝えるもので（小野 1937、梅原・藤田 1947）、細形銅剣の関部と茎の部分の小破片である。片面にのみ彫り込みがみられ、鋳型の断面は不整の台形をなす。

J 鳳一面遺跡

鏡の鋳型。孟山郡出土と称される多鈕粗紋鏡の鋳型で（梅原・藤田 1947）、柄鏡形を呈する石材の両面に、宇野隆

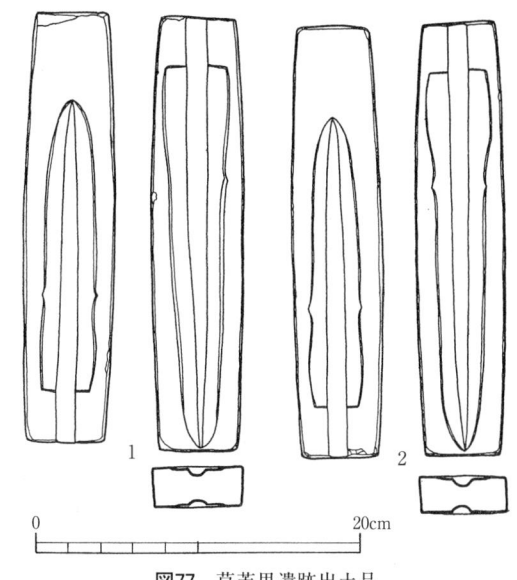

図77 草芙里遺跡出土品

夫のいう B Ⅲ 型の彫り込みがみられる（宇野 1977）。A 面には幅3cm 内外の線で表現された鋸歯紋が、直径17.5cm の鏡背に彫られ、ほぼ中央部に2個の鈕を並べる。鏡背には充填鋸歯紋を3列に配し、3ヶ所には渦紋を描く。柄鏡状に突出した部分には、湯口が通じていて鏡縁と連なっている。B 面の鏡は A 面よりもやや小さく、直径は 12.8cm。中央よりややはずれて双鈕があり、鈕間を通る直線の左右に二条の平行線を引き、面を6等分してその中に充填鋸歯紋を描き込んでいる。

K 将泉里遺跡

戦前に発見されたもので、出土状況は明確ではない。ここからは5点の鋳型が出土している（梅原・藤田 1947）。

①鐔金具の鋳型　扁平な直方体の中央部に、杏仁形をした鐔金具の彫り込みを設け、その一端は漏斗状の湯口に通じている。またこの面には4個の型合せのために小溝が見られる。鋳型の大きさは長さ 15.5cm、幅 7.2cm、厚さ 2.8cm、鐔の径は 8.6cm、短径は 5.2cm、厚さ 0.95cm を測る。

②剣の鋳型　③の鋳型と組み合わさるもので、面には茎から身の中央に1

本の丸い棒状の彫り込みで柱脊とし、それが次第に細く鎬となって先端部に達する。刃部の関あたりはやや狭く、関から 1/3 付近で最も幅が広くなるが、剣形も鎬もみられない。長さ 34.5cm、幅 7.1cm、厚さ 4.85cm、身の長さ 31.28cm である。

③剣の鋳型　②と同型であるが、鋳型の幅 7.3cm、厚さ 4.6cm とやや異なり、かつ身の長さも 31.65cm と②に比べ小さい。

④剣の鋳型　②や③とほぼ同型であるがやや小さく、鋳型は胴張り状を示している。面に彫られた細形銅剣もこれまでのものに比べて小さい。鋳型の長さ 29.53cm、厚さ 4.16cm、幅 5.12cm を測り、彫り込まれた剣の長さは 29cm である。

⑤剣の鋳型　④と同型であるが、厚さ④ cm、幅 3.34cm と少し小さいし、切っ先の状態が異なる。

L　細竹里遺跡

鏃の鋳型。細竹里遺跡は西北朝鮮に於いて無紋土器時代の遺構が層位的に発掘されたところとして有名であるが、その第 3 文化層より滑石に彫られた鏃の鋳型が 1 点出土している（金ヨンウ 1964）。断面が半円形を成す平らな面に、三稜鏃の彫り込みがあり、その長さは 3cm であるという。この点について、鋳型は図示されておらず、詳しいことは不明である。

M　二道河子遺跡

箱式石棺墓の副葬品として、遼寧式銅剣や銅斧、銅鑿と共伴した（遼陽文物管理所 1977）。

①斧と鏃の鋳型　鋳型両面に斧、片面に鏃を彫る滑石製で、両端部には 4 個のトンボが認められる。鋳型は平面が台形をなす扁平なもので、長さは 10.5cm、上端幅 8.5cm、下端部幅 7.2cm を測る。A 面には鏃 2 点と斧が 1 点彫られる。斧の刃部は半円形に広がり、刃渡りは 6.3cm、身の中央部に二条の小溝を走らせて、隆起線を鋳出するようにしてある。鏃は両翼式で 2 点ともに左端が湯口と連なっている。大きさはそれぞれ長さ⑥ cm と 6.7cm、翼長 3.5cm と 3.6cm、翼の幅 1.4cm と 1.5cm である。B 面には A 面と同型の斧の彫

りがあるが、隆起線を鋳出する溝は一条しかみられない。斧の長さ6.7cm、刃渡り6.4cmを測る。
　②斧と鏃の鋳型　　①とまったく同一であり、それと対になる。

N　崗　上　墓

　崗上墓は大連市後牧場駅の西方にある丘陵上に営まれた墓地であり、楼上墓とともにこの地の青銅器遺物を伴う代表的な遺跡である（朝鮮民主主義人民共和国 1969）。鋳型はこの墓の副葬品として発見された。墓地は東西が焼く28m、南北が焼く20mの基盤をもち、石積みされた段により3段に区画された中に、23基の墓が設けられている。火葬したり、1つの墓の中に多数の人骨を埋葬したりする極めて特異な墓葬をなしている。墓の数の多いこと、墓穴が相互に切りあいが認められ、大きな時間幅をもって構築されたことが想定できる。鋳型を出土したのはそのうちの16号墓で、壁面と底部は小石で構築された長さ2.3m、幅95cmの墓坑内部に、鏃や管玉とともに4点の鋳型が出土した。
　①斧、鑿、錐、飾金具の鋳型　　扁平で台形を呈する石材の両面に彫り込みを有するもので、長さ8.4cm、上端幅7.4cm、下端幅8.8cmを測る。A面には刃部が撥状に張る形状の斧があり、銎口外縁部下位には三条の隆起線をもつように子溝が廻り、銎部には凸帯を配する。長さ7.1cm、刃渡り5.8cm。B面には銎部が台形に開くのみ、そして錐と飾金具の彫り込みがある（図78-1）。
　②斧の鋳型　　縦長の直方体で長さ6.8cm、上端部幅4.9cm、下端部幅4.9cmの小型扁平な石材を使用して作られている。斧の刃部は左右に開く形をなす。銎口の外面とそれよりやや下ったところに隆起帯があって、両者を2本の細線で結んでいる。長さ5.1cm、刃渡り4.8cmを測る（図76-2）。
　③飾金具の鋳型　　長さ8.3cm、上端部幅6.5cm、下端部幅5.8cmの扁平なもので、銅剣柄頭にある飾石の装飾品が彫り込まれているものと思われる（図78-3）。
　④斧の鋳型　　湯口と柄の上部のみ残存する。現長さ4cm、幅5.4cm（図78-4）。

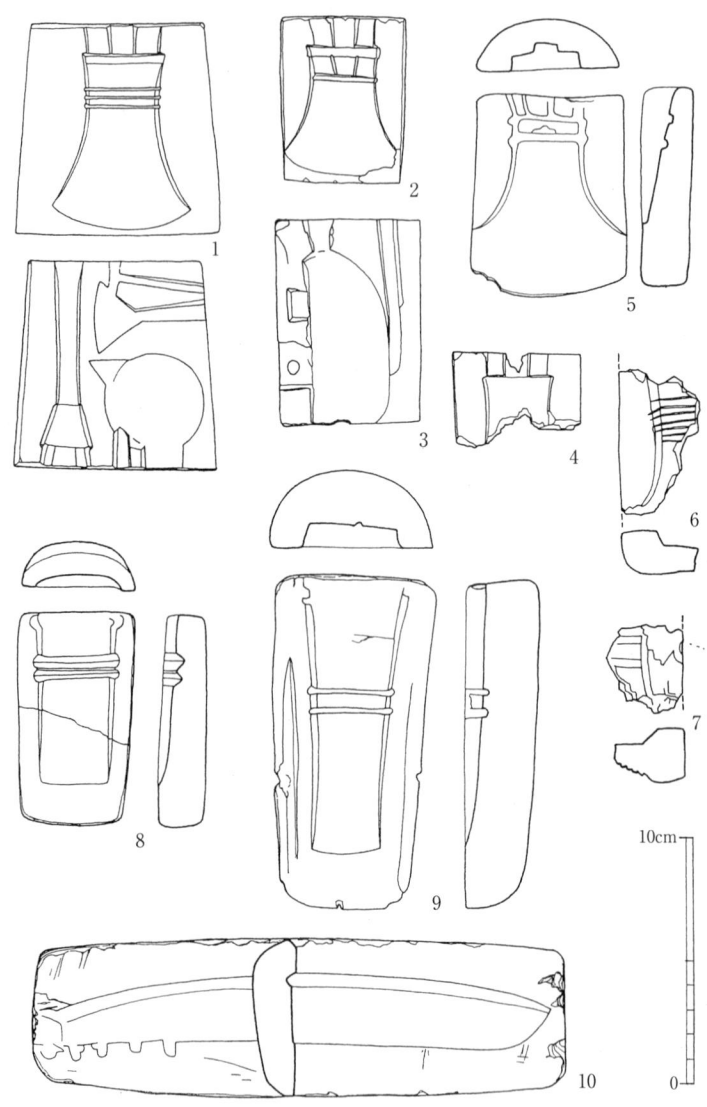

190　Ⅱ　東北アジアの先史時代

図78　崗上・臥龍泉・牧羊城・紅山後・雹神廟遺跡出土品

O　牧羊城遺跡

牧羊城より2点の鋳型が発見されているが、伴出関係は不明である（東亜考古学会 1932）。

①斧の鋳型　　滑石製で長さは6cm、幅3cmほど、厚さは1.5cm。A面には鎏部から刃部の肩にかけてのみ残存する。鎏部に五条の溝がある。B面は何を彫り込んだか不明であるが、かすかに窪みが見られるという。

②斧と鐁の鋳型　　極めて小破片のもので、A面には鎏付近に横走する二条の凹線があり、斧の鋳型と分かる。一方B面には浅く窪められた同心円の刻紋があり、鐁の鋳型と考えられる（図78-7）。

P　尹家村遺跡

委細は不明であるが、ただ金用玕・黄基徳の論文中に（金用玕・黄基徳 1967）「細形銅剣時期の斧および飾金具の鋳型は編が各々1点ずつ出土した」とある。

Q　臥龍泉遺跡

臥龍泉村の丘陵上にある墓地で、南北が22m、東西が14mの基盤をもつ石積墓域中に、5個の長方形土壙があり、このうちのどれかの墓から出土した（朝鮮民主主義人民共和国 1969）。鋳型の長さ8.2cm、幅6.2cm、厚さ2cmの蒲鉾形をなし、その中に刃部が左右に大きく弧を描くように広がる斧が彫り込まれている。鎏口とそのやや下位の身上部には一条の隆起線を描くような凹線がみられる（図78-5）。

R　罨神廟遺跡

陵河西岸の丘陵上にあって、採石の途中で発見された（安志敏 1954）。他に磨製石斧1点が採集されているが、偶然の発見のために伴出土器は不明。鋳型は全部で5点、石材は片麻岩である。

①斧の鋳型　　断面が蒲鉾形をなし、平面に刃部の先端部が開かない短冊形となる斧が彫られている。鎏口側面には二条の突出した稜があり、身の中央部にも二条の凹線が走る。長さ13.6cm、幅6.7cm、厚さ3.2cm。鋳型の両側には

各一条の小溝がある。

②刀子の鋳型　鋳型の中央部が膨らみ気味の直方体をなし、断面は蒲鉾形で、平面上には刀子を刻み、刀子下端部には4個の突起を表出する半円形の溝がある。長さ22.3cm、幅6.2cm、長さ2cmを測る（図78-10）。

③刀子の鋳型　②と対になるものであるが、殆ど破損していて委細は不明である。

④鉾の鋳型　梯形を下断面隅丸方形で、中央部に脊を長く通し、上方の両端に三角状の身をつくる鉾が彫り込まれている。柄には1個の耳環が作り出される。長さ14.1cm、幅7.3cm、厚さは3.2cm。

⑤鉾の鋳型　梯形をした平面をなし断面は蒲鉾形で、脊は窄まりながら中央に延び、その上方には両側に葉状の刃が付けられる。この鉾の関は反りあがり刃の下方との接合部が逆り状になっている。柄部には左に2点、右に3点の耳環が作り出されている。長さ14.6cm、幅7.1cm、厚さ2.7cm。

S　紅山後遺跡

赤峰第1住地区で1点の鋳型が採集され（東亜考古学会 1938）島村が購入した2点の鋳型もこの遺跡からの出土品として報告されている。

①斧の鋳型　銎口外縁と斧身中央部に三条の凹線を彫り込む鋳型の小破片で、全体に対して1/4ほどの残りである（図78-6）。断面は蒲鉾形で石質は玄武岩か。

②斧の鋳型　島村が購入した鋳型の一つで、断面は蒲鉾形で平面は梯形をなし、刃部が開かない斧が彫られている。銎口外縁の両側と身上部に二条の凹線がみられる（図78-9）。

③斧の鋳型　よりやや小型で二条の突起をもつ。前者と異なってこれには銎口外縁の両側には突起がない。

T　大孤山遺跡

『赤峰紅山後』の報告書の中に鞍山大孤山遺跡でも鋳型の出土があるとの記載がみられるが、委細は不明。

U　夏家店遺跡

　赤峰の夏家店遺跡で滑石製鋳型が2点出土している（中国科学院考古研究所内蒙古工作隊 1974）。三角紋を施した斧の鋳型と連珠形飾の鋳型であるが、実測図がないために詳細は不明。裏面について言及がないことから、片面のみの彫り込みの可能性がある。斧は秋山のⅡ式である。

V　山湾子遺跡

　内蒙古敖漢旗山湾子で2点の滑石製鋳型が採集されている（邵国田 1993）。

　①剣の鋳型　　やや胴が張る長方形の石材で、断面は蒲鉾形をなし、平面に遼寧式タイプが彫り込まれている。名がs30.5cm、幅8.5～7.5cm、厚さ2.5cm。彫られた剣の全長は30.5cm、最大幅5.9cmを測る。両方の妻部にはトンボの切れ込みが3ヶ所みられる。

　②剣の鋳型　　長さ7cm、幅7.1cm、厚さ3.4cmの破損品で、両面に剣が彫り込まれている。

W　黄花溝遺跡

　遼寧省朝陽県西郷村黄花溝遺跡で、遼寧式銅剣の完全な鋳型が1点発見されている（靳楓毅 1988）。長さ33cm、幅5.8～8.7cm、厚さ2.3～1.7cmを測る。断面は蒲鉾形で平面は梯形をなす。柄の先端部が湯口と繋がっている。切っ先付近には別の細長い彫り込みが別にある。彫り込まれた剣の長さは30.3cm、幅4.6cm、茎の長さは3.7cm。靳楓毅は遼寧式銅剣の中でも最古式と想定している。

X　伝朝鮮

　朝鮮内出土と思われるが、その正確な地点は特定できない（梅原・藤田 1947）。裁頭半裁の円錐形をなす鋳型に、鐸が彫り込まれている。長さ21.2cm、厚さ8.6cm。上半には半環状に近い鈕があり、身は下方が次第に開く。鋳型中央付近にはと墓が両側に記され、その切り込みは鋳型の内部に通じていることから、型持を挿入したことが想定できる。鋳型に彫られた鐸の長さ17cm、下部の長径は9.4cmを測る。

(2) 石製鋳型の分類

　これまで見てきたように、東北アジア各地で出土した石製鋳型は 56 枚以上に及んでいる。それら石材の殆どは滑石で、鋳造された品目には斧が最も多く、その他槍、剣、鏃、釣針、戈、釦、鑿、飾金具、鏡、刀子、鐸、鋲などがある。石製鋳型で製作される青銅器は武器類が中心であったことがわかる。

　さてこうした鋳型は次のグループに分類することが可能である。

Ⅰ：鋳型の断面が蒲鉾形をなし、片面にのみ彫りがあるもの
Ⅱ：鋳型の断面が直方体で、片面にのみ彫りがあるもの
Ⅲ：鋳型の断面が直方体で、その両面に彫りがあるもの
　　a：鋳型の両面に１点ずつの器物が彫られているもの
　　b：鋳型の両面に複数の器物が彫られているもの
Ⅳ：鋳型の断面が直方体で、その両面と側面に彫りがあるもの

　Ⅳのグループに属するのは霊岩遺跡出土鋳型の一部が相当するが、霊岩遺跡出土品は詳しい報告がないので、今は省く。

　Ⅲｂグループに属するものは霊岩遺跡出土鋳型の大部分と、シニェ・スカール遺跡①と④、崗上遺跡の鋳型である。シニェ・スカール遺跡出土の鋳型のうち②は裏面が破損して不明であるが、③は彫りの深い釦が片面にあるために、背面の利用は殆ど不可能と考えられるので、この遺跡デはⅢグループが主体となることが分かる。このシニェ・スカール遺跡の鋳型についてアンドリエヴァは次のように考察している（Андреева 1975）。

(1) 鋳型は其の様態から再利用されたものである
(2) 鋳型に彫られた器物、とりわけ剣はプウスン文化期の石剣に類似する
(3) 鋳型の出土層は鉄器時代である

　以上のことからアンドリエヴァは、紀元前一千年紀中頃の住民が、建物を建てるにあたり、プウスン文化期の文化層を破壊して鋳型を取り出し再利用したものである。従って紀元前二千年紀後半からおわりにかけての沿海州の住民は、青銅製品の知識を持っていたばかりでなく、それを製作していたと考えている。プウスン文化に属する磨製石剣はニージネ・モナストゥルスク遺跡出土

の一点を除いてはすべて有柄式石剣であり、この石剣をソヴィエトの学者はカラスク文化の有柄式銅剣と比較して、極めて古い年代を与えている。ところが、沿海州の磨製石剣は、かつて論じたように（甲元 1973）、朝鮮出土の有柄式磨製石剣と同類であり、彼我の密接な交流からすると、ほぼ似た使用年代を考えることができる。ワレンチン遺跡出土の有茎式石剣も、望海堝遺跡や朝鮮出土のものと同一であって、特別に沿海州の磨製石剣の年代を遡上させることはできないない。このことから、シニェ・スカール遺跡の鋳型は本来的に、鉄器時代に帰属するものであり、鋳型の再利用があったにせよ、中国東北部や朝鮮との時間的な差違を設定する比喩用はないであろう。

　霊岩遺跡で採集された鋳型については、共伴遺物で時期を特定することはできない。

　崗上墓の鋳型はその 16 号墓の副葬品であり、青銅鏃、石鏃、管玉、骨製箸を伴うものの、年代を推定しうるものはない。朝鮮の学者は崗上墓 23 基の年代を、遼寧式銅剣などを基準として紀元前一千年紀前半期に想定し（朝鮮民主主義人民共和国 1969）、秋山進午は崗上 19 号墓から出土する遼寧式銅剣の年代を紀元前 5～4 世紀に比定している（秋山 1969）。ところが鋳型にみられる斧の型式は秋山のⅡ式のものであり、秋山の年代論に則っとれば、それよりも時期が降ることとなる。

　Ⅲｂグループに属する鋳型は、三峰里、永興邑、巨津里、鉢山、霊岩、草扶里、鳳一面（伝孟山郡）、二道河子と夏家店からの出土品である。ところが二道河子と夏家店を除いては表面採集品であり、年代は決めがたい。二道河子遺跡の事例は箱式石棺墓の副葬品であり、遼寧式銅剣、青銅斧、青銅の鑿を伴っている。遼寧式銅剣は秋山の言うⅠ式であるが、銅斧はⅡ式であり、鋳型に彫られた斧の型式もⅡ式のそれであることから、秋山の設定する遼寧地方金属期文化第 2 期に相当することが分かる。夏家店遺跡では夏家店上層文化に伴うものであり、紀元前一千年紀前半期としうる。鋳型に彫られた器物の型式をみても、霊岩の細形銅剣は柱脊に比べ刃幅の狭いものとなっている。この他に伝孟山出土多鈕鏡の鋳型は宇野のＢⅢにあたり、上記の年代と矛盾しない。

　Ⅱグループにあたる鋳型はシニェ・スカール、永興邑、草扶里、元金堂、伝平壌、将泉里、崗上、夏家店の各遺跡より出土している。シニェ・スカール遺

跡出土釦鋳型は、先述したように別に扱いたい。崗上墓と夏家店遺跡出土品以外はすべて表面採集品であるので伴出遺物による年代推定は不可能である。崗上墓のものはⅢｂグループの鋳型と伴っていて、そこに彫られた斧の型式は新式に属する。ところが永興邑で表面採集された斧の鋳型は、いずれも分銅形をなす朝鮮独特のものであっても、遼寧金属器文化のⅠ期の形態に近い。また鋬口近くに幾何学紋をもつことからも、そのことは妥当する。すると永興邑の斧鋳型は秋山のⅠ期に近い年代が推定できよう。

　Ⅰのグループに属するものは、電神廟、紅山後、黄花溝、山湾子の各遺跡から発見されている。永興邑の鐸鋳型や伝朝鮮の小鐸鋳型は、いずれもその器物に即して形状が作られたと思われるので、その他のものとは除外できよう。臥龍泉遺跡出土の鋳型は副葬品であるが、5つの墓壙のうちどれから検出されたのか分からない。副葬品全体で見てゆくと、年代の降る遼寧式銅剣があり、また鋳型に彫られた斧もⅡ式のそれである。共伴土器もあるが小破片のため決め手を欠く。電神廟遺跡出土の鋳型に彫られた器物をみると、斧の刃部が葉状に拡がる点は春秋時代の作を受け継いでいるといえる（林 1972）。しかし鋬部に片耳を付けたり、鋬部両側に多数の耳環状を拵える類はすこぶる特異である。こうした耳環をつける類は湖南省寧郷県黄才遺跡から出土していて、近藤喬一は春秋末から戦国のこととしている（近藤 1969）。黄花溝の鋳型に刻まれた遼寧式銅剣は靳楓毅によれば遼寧式銅剣でも最古式である。

　このようにみてくると、東北アジアに於ける石製鋳型は、紀元前一千年紀中葉から紀元前2世紀頃にかけて使用されたであろうことが推定できる。またそれら型式も持続期間は多少あっても、ほぼⅠグループからⅢｂグループへと変遷を辿ったことが窺われる。

おわりに

　中国では殷代より青銅器を鋳造するに際しては土製の鋳型が用いられている。例外としては湖北省金盆遺跡で西周時代の滑石製斧鋳型があり、香港ランマ島でも石製鋳型が採集されている。ザ・バイカルでは断面が蒲鉾形をなす鋳型に刀子や槍が彫り込まれたものがみられ、東北アジア出土品に近い（Диков 1958）。石製鋳型で青銅器を製作する技法は、南シベリアからウラル地方まで

分布が拡がっているが（Гришин 1971）、この地方には刀子の頭に鈴を付けるものが存在していることから、石製鋳型以外の青銅器製作技法があったことが窺われる。

　巨視的に見れば、中国中原では土製の鋳型で、南シベリアからモンゴル高原にかけては石製の鋳型で青銅器を鋳造していたことが知られる。このことから東北アジアの石製鋳型は、内陸アジアの青銅器製作技法の系統を引くものと言えるかもしれない。ところが、内陸アジアのそれと東北アジアの石製鋳型の所属年代には差がありすぎるために、今日比較することには無理がある。

　このことを考える上で重要なのは、南山根遺跡出土の銅剣である（中国科学院考古研究所東北工作隊 1973）。ここからは内陸アジア的な有柄式銅剣も遼寧式銅剣も出土している。また本来は茎作りの剣に柄を付け加えて有柄式とした類もみられる。ところでこの南山根遺跡出土の短剣をみると、石製鋳型では表現しえない細かな紋様が施されているのであり、土製鋳型の存在を予想させるものである。土の代わりに滑石を原材として鋳型をつくる青銅器製作技法は、中国青銅器文化の隣接地にあって、中国的青銅器製作技法の耐えざる影響を受けていた地域で出現したものと考えることができよう。まず石製鋳型が中国北辺で始まり、順次遼寧から朝鮮へ、一方では沿海州に及んでいることはその証左とすることができる。

4 EXTENSION OF EAST ASIAN MEGALITHIC CULTURE

Introduction

Representative remains related to megalithic culture developed in East Asia are dolmens, menhirs and stone circles. As long as 100 years ago, Japan's and South Korea's *Yokoana Kofun*, which characterizes the same structure as passage graves found in Western Europe, was introduced as part of dolmens by W. Gowland, a British engineer. *Yokoana Kofun* is a mound tomb whose chambers are set on the ground under the mound and entered from the side through a passage way. In the East Asian archaeological society, however, it is a widely held view that *Yokoana Kofun* is not included in the scope of megalithic culture. In East Asia, the term "cairn" means both an ancient burial mound covered by small stones rather than soil, which are found in a part of Japan and in Korea as the ruins in the age of Kingdom of Koguryo, and "stone constructions arranged in a circle or rectangular shape" or "piled stone constructions", which were constructed in prehistoric times. The former is different in style from burial mounds in Europe, while the latter is similar compared to those in Europe. On the tip of the Liadong Peninsulaare also the remains of a cairn. The cairn looks like a mound tomb because of the piled stones, but it comprises many tombs. In this respect, this mound tomb is significantly different from those that characterize the burial of multiple persons in one large burial chamber. Moreover, ancient mound tombs that share the same structural characteristics with "alignment" in the megalithic site at Carnac in Brittany, France, and Stonehengeat Salisbury, England have not been found in East Asia. Menhirs have been found a few ruins on the Korean peninsula, while in eastern Japan, mound tombs features combination of small menhirs and stone circles. Therefore, it can be said that stone circles and dolmens are representative of megalithic culture in East Asia.

4 EXTENSION OF EAST ASIAN MEGALITHIC CULTURE   199

During the period between late 2000 B. C. and early 1000 B. C., dolmens were constructed in the region covering from the southern part of northeastern Chinato the Korean Peninsula, to northwest Kyushu in Japan. Stone circles emerged mainly in northeastern China and eastern Japan, covering northeastern Chinaand northeastern Honshu including Hokkaido, in the period prior to the early 2000's B. C. In the terms of time and geography, two types of tombs did not coexist with each other. Another important difference between them is that the dolmen culture, originating on the Liaodong peninsula and in eastern Korea, spread into Northeast Asia, while stone circle, discovered in northeastern China and those found in eastern Japan share no common thread, except that stone constructions were arranged in a circle outside tombs. From this it can be assumed that the two regions' respective stone circle cultures developed independently (Fig. 20).

Stone Circles

Stone circles are largely divided into two types, depending on the presence or absence of stone construction on the inside of the stone circle. In general, Type 1 stone circles feature that inside the stone construction, arranged in a circle 50 m. to 100 m. in diameter, are more than several dozen small-scale stone constructions arranged in circles. Type 1 stone constructions in circles are characterized by river pebbles paved in circles measuring 1.5 m. to 2 m. in diameter, whose outer

Fig.20 Selected sites of Dolmen (●), Stone Circle (■) and Circular earthen enclosure (▲) in Japan.

regions are rimmed with menhirs or a low mound of stones and whose insides comprise low piles of small rubble stones. In most cases, small pit-graves lie below these small-scale stone constructions arranged in a circle. At the Akyu Ruins in Nagano prefecture, a stone construction arranged in a circle 30 m. wide and 100 m. long was discovered. Such stone constructions arranged in circles were already present in the early stage of Jomon Period, as shown in the Wappara Ruins and continued until the final stage of the Jomon period, revealed by surveys of the Sengo Ruins in Shizuoka Prefecture and Kinsei Ruins in Yamanashi Prefecture. The remains of double stone constructions arranged in circles in the late stage of the Jomon Period were also found at the Oyu-Nakanodo (Fig. 21) and Oyu-Manza Ruins in Akita Prefecture. In the former ruins, an outer stone construction arranged in a circle measures 30 m. to 43 m. across, and an inner one 6 m. to 13 m. across, totaling 44 stone constructions including a Sun-dial placed at the center of the inner stone construction arranged in a circle (Fig. 21 top). At the latter ruins, 45 stones comprising a stone construction in a circle have been found so far.

A representative of a stone construction arranged in a circle belonging to Type 2 is the Kamisiroiwa Ruins in Shizuoka Prefecture (Fig. 21 bottom). The ruins feature 2 m. to 2.4 m. wide alignments placed in a circle 12m. in diameter with big stones standing against one another at the center. From inside the stone circle, many pit burials without stone constructions arranged in a circle were discovered Surveys on the ruins found that there were at least three stone circles. In addition to the Kamishiroiwa Ruins, stone circles measuring about 11 m. in diameter with no stone construction inside were discovered at the Okushibetsu Ruins in Hokkaidoand several other ruins in eastern Japan. These cases indicate that stone circles were constructed independently of one another, and some of them, like the Teraji Ruins in Niigata prefecture, are characterized by a complicated structure; menhirs arranged in a circle have been surrounded by stone circles whose inside are stone paving.

One characteristic shared by stone circles are pit burials inside, accompanied by a few grave items. Such grave items include earthenware, costume jewelry, stone

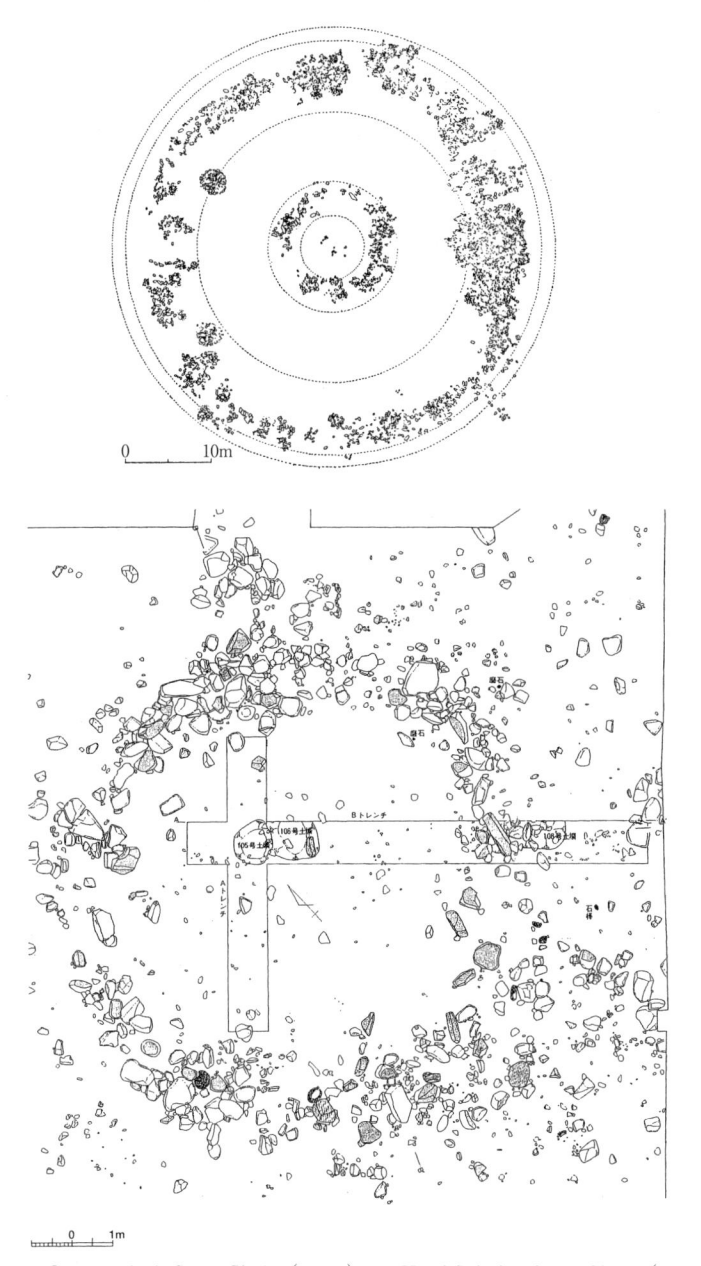

4 EXTENSION OF EAST ASIAN MEGALITHIC CULTURE 201

Fig.21 Oyu-nonakado Stone Circle (upper) and Kami-Shiraiwa Stone Circle (lower).

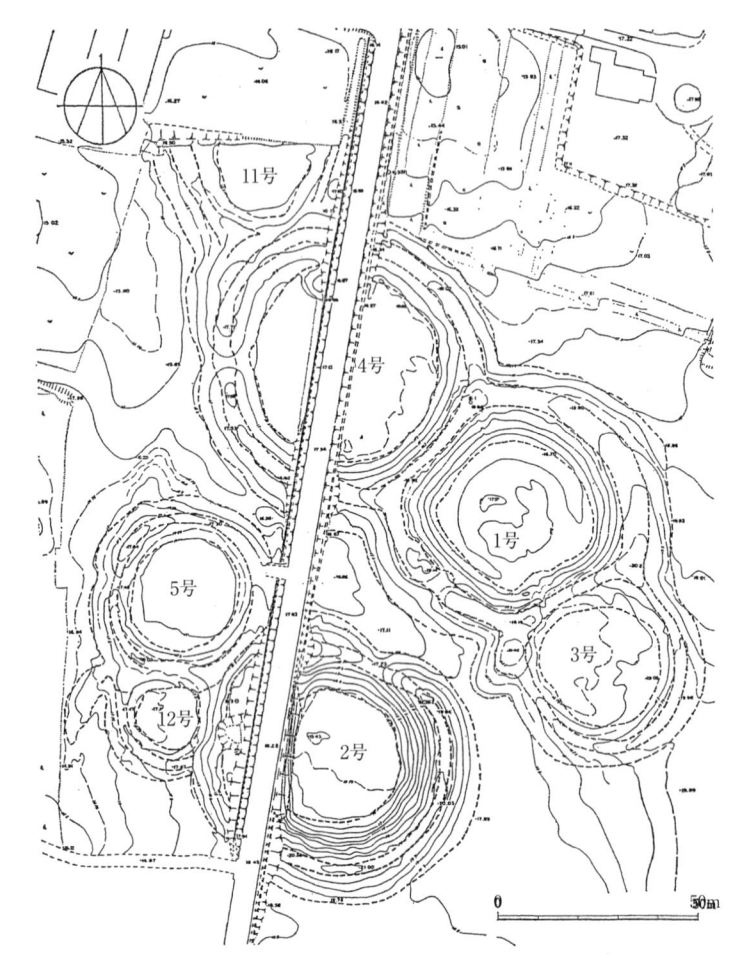

Fig.22 Kiusu Circular earthen enclosure

adze and axe, phallic stone symbol, and stone arrowheads.

In the late stage of the Jomon period in Hokkaido, circular earthen enclosures appeared that ate similar to stone circles. The circular earthen enclosure features a high embankment instead of alignments, whose inside included pit burial. About 50 circular earthen enclosures have been discovered so far. At the Kiusu Ruins, for example, there are 14 circular earthen enclosures (Fig. 22); the No. 2 site, the largest, has outer and inner embankments measuring 75 m. and 34 m. in diameter, re-

4 EXTENSION OF EAST ASIAN MEGALITHIC CULTURE   203

spectively, with a height of 5.4 m. The total amount of soil used for such mound is more than 30,000 m^2, and it is estimated to have taken 40 months with a workforce of 25 people to construct. The No. 4 site is also the same size as the No. 2 site. The No. 12 site the smallest of the 14 sites, has an embankment measuring 16 m. to 30 m. in diameter and 0.5 m. in height. Those sites have the same characteristics as stone circles; Stone arranged in a circle, burial remains accompanied inside, similar grave goods and geographical distribution. As a result, it is assumed that in the late stage of the Jomon Period, circular earthen enclosures appeared as an alternative to stone circles in at least one part of Hokkaido.

So far, there have not been enough clues to identify the origin and descent of these stone circles and circular earthen enclosures. Many structures similar to stone constructions built inside circular stone enclosures have been discovered in the village ruins that where in the stage of incipient Jomon Pottery decorated with dowel impressed pattern-the early stage of Jomon period-in areas from Kyushu to the Tohoku region of Japan. These structures are characterized by stones arranged in a circle measuring 1.5m. to 2 m. in diameter, though the stones are not arranged as clearly as those in stone constructions inside of stone circles and any consistency cannot be found in such stone constructions. In the Kanto region and Hokkaido, however ruins of the period between the middle and late stage of Jomon Period have been found, in which villages are surrounded by giant mounds. Given the commonality of surrounding villages and graves with stones or mounds, it can be said that a unique culture developed in the Japanese archipelago.

Stone constructions with piled pebbles inside of round-shaped zones, buit during the Hong-shan Period (ca. 3800-2700 B. C.), were discovered at ruins in the northeastern region of China, such as the Dong-shan-zui, Niu-he-liang and Hu-tou-gou ruins. In these ruins, stone circles rimmed with alignment have been found together wit various remnants of rites of veneration and artifacts. In hailer, a large city in the northern part of northeastern china, are ruins of stone circles with no stone construction inside, just as in the case of Japan's Kamisiroiwa and Okusibetsu ruins. Given the huge gap in space and time, however, it has to be said that the relationships between stone circles in China and those in eastern Japan are known.

Dolmens

In East Asia, the dolmen culture can be found in a wide region covering China's eastern Liadong Peninsula, the Korean Peninsulaand northwestern Kyushu. Whereas the total numbers of dolmens found on the Liadong Peninsula and northwestern Kyushu are about 400 to 600 respectively, more than 50,000 dolmens have been discovered so far on the Korean peninsula. In particular, about 60％of the dolmens have been concentrated in the southwestern part of the Korean Peninsula, becoming the center of dolmen culture in the world (Fig. 23). Such a considerable difference in the number of dolmens can be attributed to the fact that many dolmens found eastern part of the Liaodong Peninsulaand in the northern part of the Korean peninsula were designed for added burials, while in the southern part of the Korean Peninsulaand Japanfor burials of individuals.

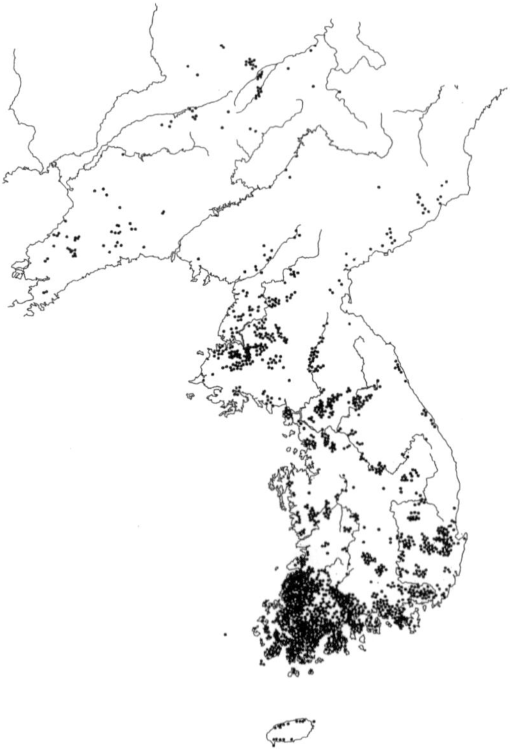

The dolmens of East Asia can be roughly divided into three styles, though they can be further subdivided in structural terms as well; southern style, table style and checker board style. The oldest style of dolmens found

Fig.23 Distribution map of Dolmen in Northeast Asia

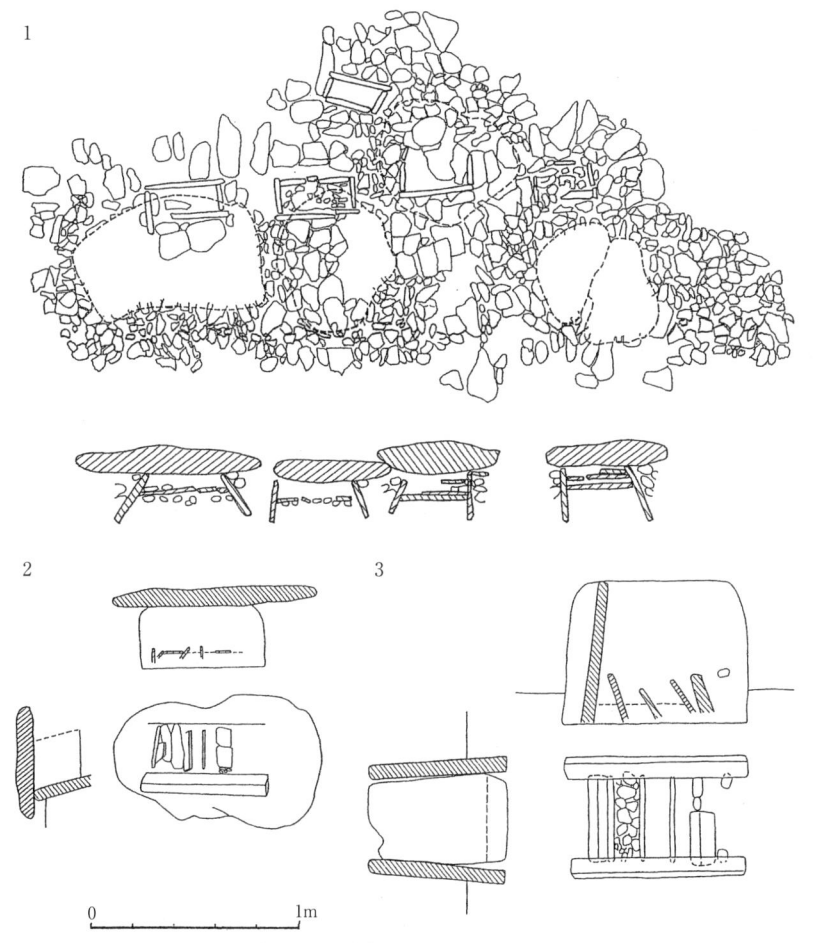

4 EXTENSION OF EAST ASIAN MEGALITHIC CULTURE   205

Fig.24   Dolmen of Kingdong (1), Songsindon (2) and Seokjeolggok (3)

is a mega-size lid of stone cist, called "gai-shi-mu" in China. With the development of techniques for supporting the weight of this mega-size stone cist lid, primitive dolmens gradually evolved as follows;

Southern Series of dolmens

a) Simchon-ri A Style

The weight of the upper stone is supported by the top of edge of a cist in the

ground (Fig. 24-1)
b) Simchon-ri C Style

The weight of the upper stone is supported by the top edge of a cist in the ground, with stones piled at the rear of the tomb.

c) Daebong-dong Style

The weight of the upper stone is indirectly put on the tomb chamber by placing piled stones between the upper stone and the burial tomb chamber. This style of tomb chamber can be further divided into two kinds; a tomb chamber with a cist inside and another with a wooden coffin inside.

d) Kukan-ri Style

The top of a tomb chamber buried in the ground is protected by pilling up stones on top of it and placing support stones, upon which the upper stone is placed

Northern Series of Dolmen

a) Simchon-ri B Style

The weight of the upper stone is supported by giant long-sides of a cist buried under the ground

b) Simchon-ri D Style

The weight of the upper stone is supported by more giant long-sides of a cist buried halfway under the ground

c) Seokchonsan Style

The weight of the upper stone is supported by giant long-side stone placed on top of the ground

d) Sipenshan Style

The weight of the upper stone is supported by the three plate-shaped stones placed on the ground, with the opposite-side stone used to block the opening

In a), b), c) and d), short-side stones were used to close the tomb chambers, and do not directly suffer from the pressure of the upper stone. As a result, the short-side stones were often taken away afterwards.

In addition to these types of dolmens, there is the so-called Mukpang-ri style in a

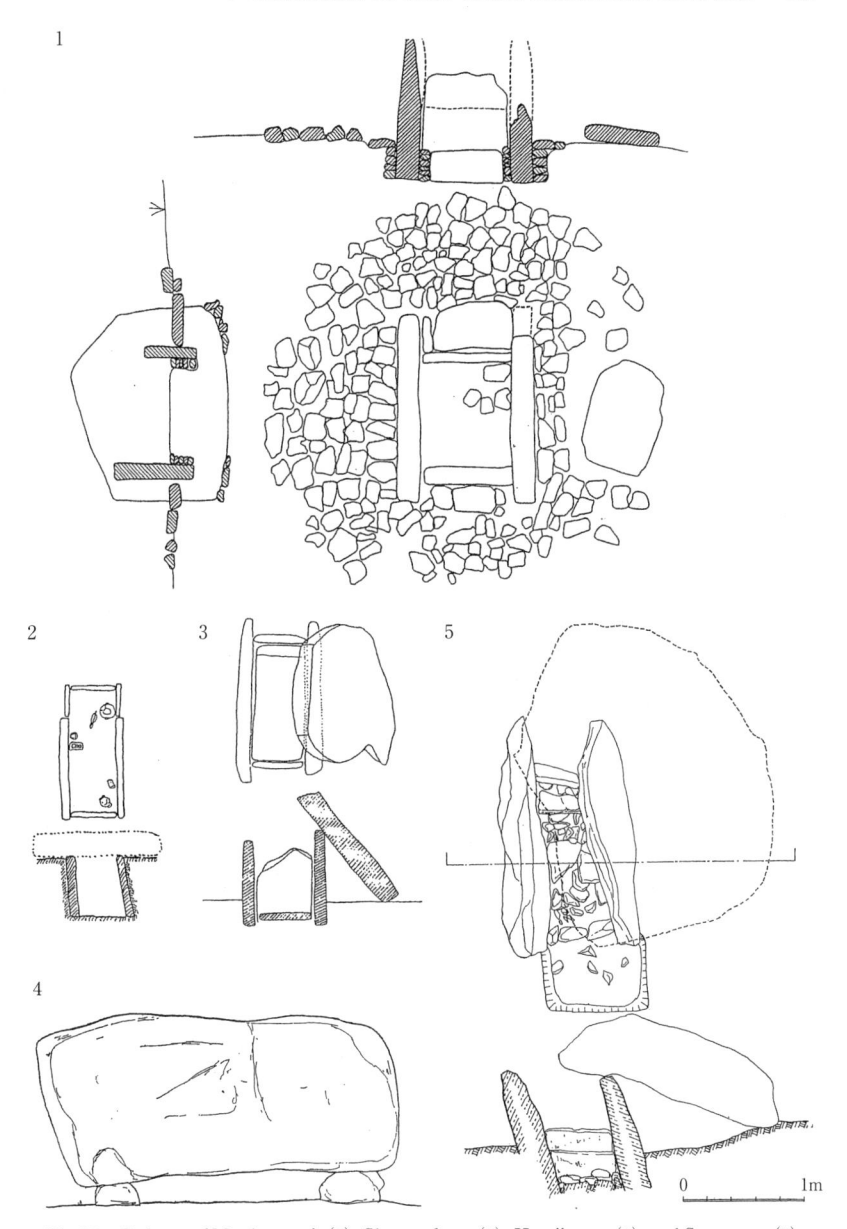

4 EXTENSION OF EAST ASIAN MEGALITHIC CULTURE 207

Fig.25 Dolmen of Munheungri (1), Shuang fang (2), Huo jia wo (3) and Samgeon (5)

part of western Korea; angular U-shaped stone chamber are buried halfway in the ground or placed on top of the ground, with its entrance on one of the shorter sides, in which the weight of the upper stone is supported by the top end of the stone chamber. This style of stone chamber has a removable stone to block the entrance, enabling additional burials and it is assumed that this is eclectic between northern series and southern series structures.

Without distinction between the northern series and southern series of dolmens, emphasis was placed on how the gigantic stone is placed on the stone chamber by reducing pressure on the structure of the chamber. From this viewpoint, it can be said that the techniques of the southern series of dolmens evolved in the direction from a) to d), while the northern series evolved from a) to d). This is also shown by the fact that the Kukan-ri and Shipenshan style, both of which are in the last evolving stage of dolmens, feature the most gigantic upper stone.

The separation of the northern series and southern series is observed in the Simchon -ri B style, in which the stone chamber is subdivided for burials (Fig. 27–3, 4). At this stage, tombs were built halfway in the ground to accommodate multiple burials, and upsizing of the upper stone and additional burials was enable by strengthening the longer sides of the stone chamber on which the pressure of the upper stone was placed. On the other hand, the southern series evolved by securing wider space between the upper stone and the stone chamber to prevent the pressure of the upper stone fro, being directly placed on the stone chamber. This structure discouraged additional burials, leading to the development of dolmens as tombs for individual people. These characteristic differences of dolmens are clearly represented by the number of dolmens found. In addition, a geographical difference exists; the northern series of dolmens were constructed individually or in small groups on the tops of hilly terrain or hills dominating the plain, whereas the southern series of dolmens were built on slight uplands on the plain or on the periphery of the plain.

The structure of the northern series of dolmens enabling additional burials is very vulnerable to robbery for grave items. Concerning grave goods of southern se-

4 EXTENSION OF EAST ASIAN MEGALITHIC CULTURE 209

ries of dolmens, major grave goods found in the Simchon-ri A and C Styles include earthenware, stemmed stone daggers, stone arrowheads and stone axes. Dolmens of the Daebong-dong style include earthenware, hilted stone daggers, stone arrowheads, Liaoning-type bronze daggers and costume jewelry. Dolmens of the Kukan-ri style include earthenware, hilted stone daggers, narrow-blade bronze daggers and costume jewelry. The contents of grave goods also support the validity of the historical development of dolmens mentioned above.

Conclusion

Stone circles and dolmens are representative of megalithic culture in East both of which are basically related to burials. It is impossible to link these remains to megalithic monuments constructed as a part of ceremonial rites, such as feasts of merit and head hunting, in India and Southeast Asia. Stone circles were constructed al over eastern Japan in the period of a hunting-gathering economy from the early to final stages of the Jomon Period. The basic idea of stone circles was to build

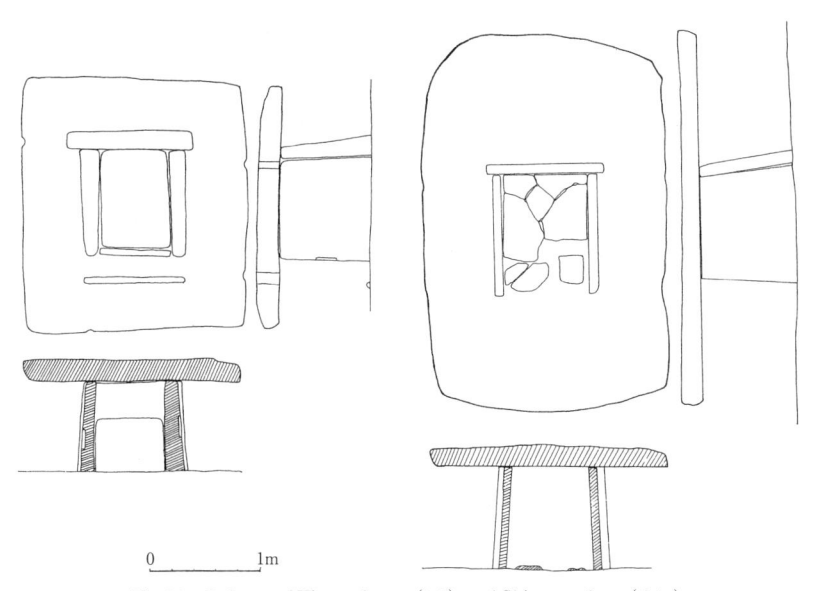

Fig.26 Dolmen of Xi mu cheng (left) and Shi peng shan (right)

tombs for individuals within a tract of land surrounded by stones in a circle. Given that village sites surrounded with mounds were discovered, the ideology of everyday life was reflected in life in the afterworld. In this respect, the same can be said about circular earthen enclosures . The stone constructions that were accompanied by many burned animal bones, as found at the Kinsei Ruins, are representative of the final stage of stone circles, not reflecting the general idea of stone circles.

In Japan, dolmens were originally constructed per social group during the early agrarian society (komoto 1973b). In northern Korea and the eastern part of the Liaodong Peninsula in China, however, the purpose of dolmens gradually changed toward Additional burials of privileged people as a symbol of exclusive groups or influential persons, by increasing the size of stone chamber and the upper stone. In South Korea on the other hand, dolmens continued to serve as tombs for individuals constituting a social community, and many dolmens were constructed on the same precincts. Social stratification was originally represented by the size of the upper stone of the dolmens, which gradually changed to the quality of the grave goods, such as bronze daggers and bead products. In the end, tombs for persons of influence were separated from group tombs and constructed with stone walls surrounding them, as shown in the Dockchon-ri Dolmens. In southern Korea, as well are dolmens with gigantic upper stone each weighing more than 200 tons, which were constructed in recesses or hilly terrain overlooking a plain, separately from group tombs. However, these are the products of the final stage of dolmen history, as in the case of the Shipenshan style dolmens.

III 文明の中心と周辺

1 安陽殷墓の構造

はじめに

　河南省安陽は、盤庚から帝辛までの殷後期、およそ200年あまり殷の中心的な割拠地として知られ、これまでに多数の王墓をはじめとして、中小の墓群、宮殿址や宗廟址と想定される建物群が発掘され、祭祀坑や甲骨文字が刻まれた各種の資料など膨大な文化遺産が調査されてきている。殷墟に対しては民国期から調査が開始され、今日なお継続されてきているが、殷墟全体の遺構配置の関連性に関しては、これまでは概括的に捉えられることが多く、必ずしも地区別相互の関係に関しての論及は余りされてこなかった。これは一つには膨大な調査資料が個別的な報告でなされてきたために、殷墟全体の配置図での位置関係が明確に把握でき難いことに起因するともいえる。最近国家プロジェクトの「三代文明研究」により、過去の調査結果をまとめることがなされるようになり、次第にその全体像を掴みうる機運が醸し出されてきた（中国社会科学院考古研究所 1994、2002）。それによると洹河を挟んで北方の侯家荘から武官村にかけての「王陵区」、洹河屈曲部南部、小屯の「宮殿宗廟区」に機能的に区分され、「中字形」墓道を配する大司空村区と後岡区、中小の墓群と青銅器鋳造址・骨角器製作址を伴う洹河南部・西部区域にまとめることが可能となった（図79）。

　こうした遺構の配置状況がいつ成立したかについてはあまり言及されていない。このことに関して最近洹河北側の花園荘において、現在確認できる幅10m近くの溝に囲まれた東西2.1km、南北2.2kmに及ぶ「都城址」が発見され、宮殿址と見做しうる建物群も2基検出されている（中国社会科学院考古研

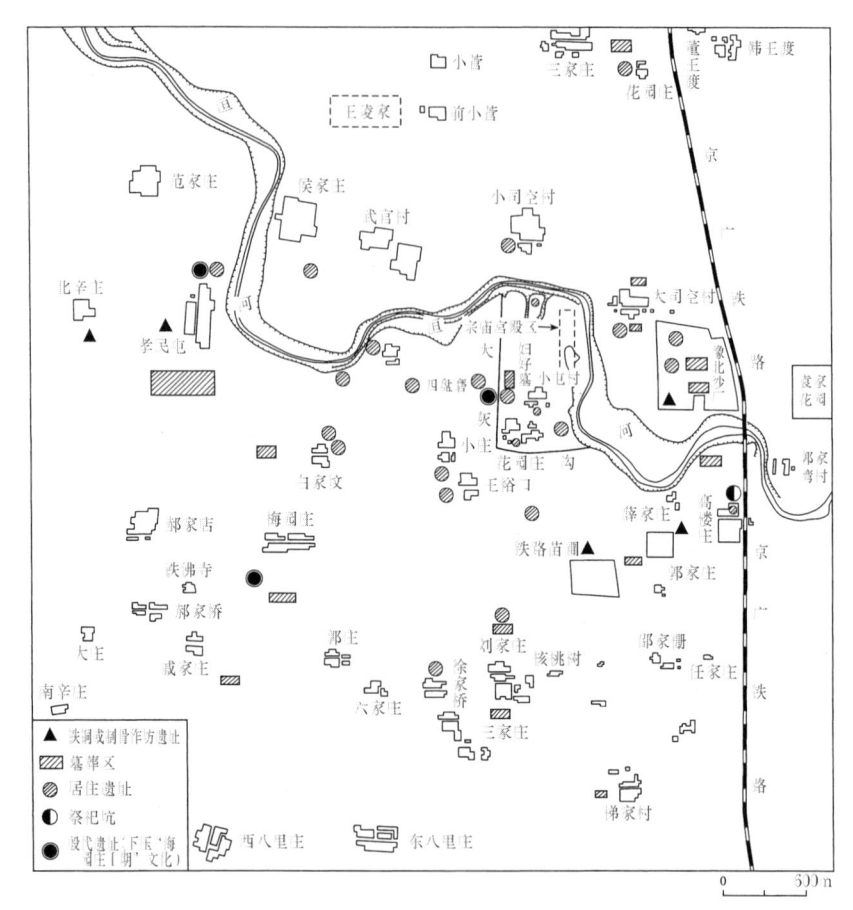

図79 安陽の遺跡分布図（中国社会科学院考古研究所 2004年より）

究所安陽工作隊 2003a、b、2004a）。これらの遺構は殷墟第一期に相当する盤庚から小辛・小乙にかけての遺構とする説と、河亶甲の時期に遡上するという考えが現在並立しているが、城内からは第一期に属する多数の埋葬址が発見されていることをみると、少なくとも殷墟第一期にはこの地点が都城として機能していたことは確実であると言える。第一期に属する遺構は洹河南部地域では希薄であり、第二期以降洹河南部地域に遺構の分布が拡大することを考慮すると、安陽一帯の殷墟の基本的遺構配置状況は、第二期の武丁以後に確立したと考えて良い。

殷墟第二期から第四期にかけて、王陵区、宗廟区とそれ以外の地域に展開する墓地がどのように構造的に関連するかという問題をここでの検討対象とする。洹河以南の地域の墓については、これまで族集団のまとまりと想定する意見が提出されてきている（葛英会 1989、韓建業 1997）。しかし基本単位とされる「組」を区画する線引きは多様で一定の規則性はなく、また区分された「組」の大きさもまちまちであり、帯銘青銅器の族徽も統一性が認められないことから、それらの結論にはにわかには従い難い。

かつて洹河南部西側の孝民屯墓地を中心として、墓地構造の検討を行ったが（甲元 2006b）、そこでは中型墓を中核として、その周囲に小型墓が営まれること、小型墓の集団には1時期1基のみに族徽をもつ帯銘銅器を有すること、中型墓には小型墓とは異なった族徽の帯銘銅器があり、銘文をもつことなどの特徴があることを指摘した。さらに孝民屯墓地の一部の小型墓にみられる族徽が陝西省東北部や山西省西北部地域で出土する殷的青銅器と共通することを挙げて、殷の支配下に組み込まれた族集団が、中型墓の被埋葬者の下で軍事的な小単位を構成していたことを論じた。

ここでは孝民屯墓地以外の地域でも同様の現象が認められるか否かを検討し、あわせて王陵区や宗廟区との相関関係に就いて考察してみたい。

(1) 大司空村墓地群

大司空村墓地は戦前より殷代の埋葬施設が存在することは明らかにされてきたが、本格的な調査は戦後になってからであった。新中国成立後、幾度となく発掘が行われてきているが、調査地域内の埋葬址分布図が報告され、検討の対象とすることが可能な遺跡群は多くは無い。ここで分析の対象とするのは、1953年と1958年の発掘報告である（馬徳志・周永珍・張雲鵬 1955、河南省文化局文物工作隊 1958）。

1953年調査の北区では108基の小型墓と1基の車馬坑、東区では14基の小型墓、南区では39基の小型墓、西区では5基の小型墓である（図80）。墓の分布状況をみるとさらに細かく集団が分かれているのが知られる。東区では東北に4基がまとまり、西側に少し離れて2基見られる。このうち312号墓では3点の鐃に亜「□母朋」の銘があり、矛10点と鏃10点が出土している。また

214　Ⅲ　文明の中心と周辺

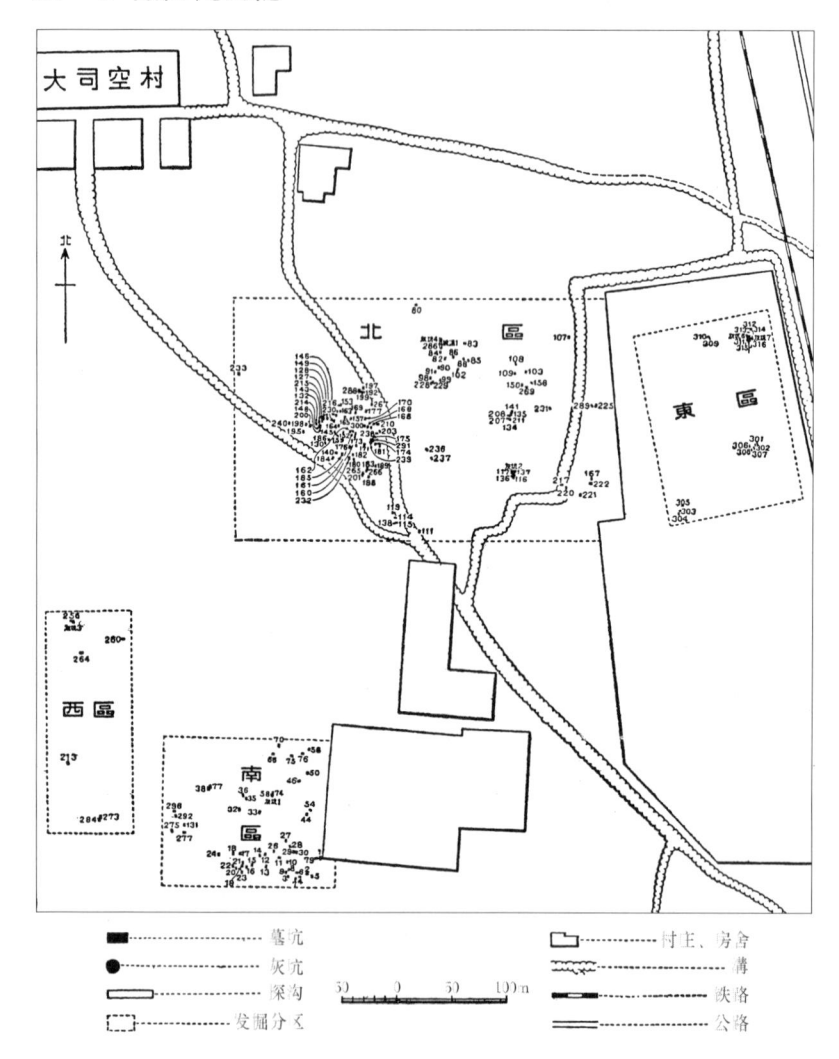

図80　安陽大司空村1953年発掘区域図（馬徳志他 1955年より）

東区の西南には3基のまとまりがあり、うち304号墓には「䳖址」銘の爵が1点副葬されていた。北区の中央では60基の墓が分布しているが、帯銘銅器を伴出したのは267号墓で「戈馬」銘の爵が見られる。個別的な報告がなされていないために、集団の時期区分は不可能であるが、異なった3地点に1基の族徽をもつ墓が存在することから、「一集団一時期一基」に帯銘銅器を保有

するという原則はここでも確認されよう。

1958年の調査では綿紡績工場内で53基の殷代墓地が発掘され（図81）、うち1基（58M51号墓）の木棺木槨墓に帯銘銅器の爵2点が副葬されていた。調査区の西側、墓群の中心地から離れた場所に位置している。二層台を有する木槨木棺墓で、盗掘を受けていて副葬品の品目は不明であるが、爵に二字の銘が残されている。二層台を有する木槨木棺墓はこの他に、発掘区南側にまとまりをもって分布する墓群の中に集中して見られる。報告が記述的でないために、個別的な分析は不可能であるが、第一期に属する墓が多いとしたら、帯銘を有する青銅器出現以前であり、銘の有無でそれらの位置づけを行うことはできない。

これ以外に中型墓の報告もあるが墓域の中での位置関係は不明のままで、小型墓との相関関係は把握できない。1962年の発掘では予北綿紡績工場内の西側、1953年発掘地点の東南側で50余基の墓が調査されている（中国科学院考古研究所安陽発掘隊 1964）。そのうち53号墓は殷墟第三期の灰坑を破壊して構築され、二層台をもつ木槨木棺墓で、3人の殉葬者を伴っている。青銅礼器には觚、爵、觶があり、觶に「＊巣母乙」銘があり、その他の銅器に「乙」銘があるという。1983年には予北綿紡績工場内の東端70基以上の墓が発見され調査されたが、報告があるのはそのうちの1基663号墓のみである（中国社会科学院考古研究所安陽工作隊 1988）。この墓も二層台をもつ木槨木棺墓で10人以上の殉葬者が発見されている。青銅礼器は9点で、鼎、簋、方彝、觚、爵、瓿があり、楽器の鐃、武器の鉞、戈、矛、弓形器などがある。このうち族徽をもつ青銅器には「巣」爵、「巣」觚、「古」觚、「古」鐃、「見」簋がある。殷墟編年第二期の後半と年代が推定される。

1986年には大司空村の南側で2基の墓が発掘されている（中国社会科学院考古研究所安陽工作隊 1989）。25号墓は部分的に破壊されているが、残りの墓から觚、爵、鉞、戈それに青銅鏡が出土している。爵2点にはそれぞれ「寝印」銘が認められる。また29号墓は25号墓よりも小型であるが、同じく2点の爵に「寝印」銘がある。いずれも殷墟編年で第二期の中頃とされる。

1980年には予北綿紡績工場内で中型墓が発掘された（中国社会科学院考古研究所安陽工作隊 1992）。80ASM539号墓と称されるもので、青銅礼器として鼎、

216　Ⅲ　文明の中心と周辺

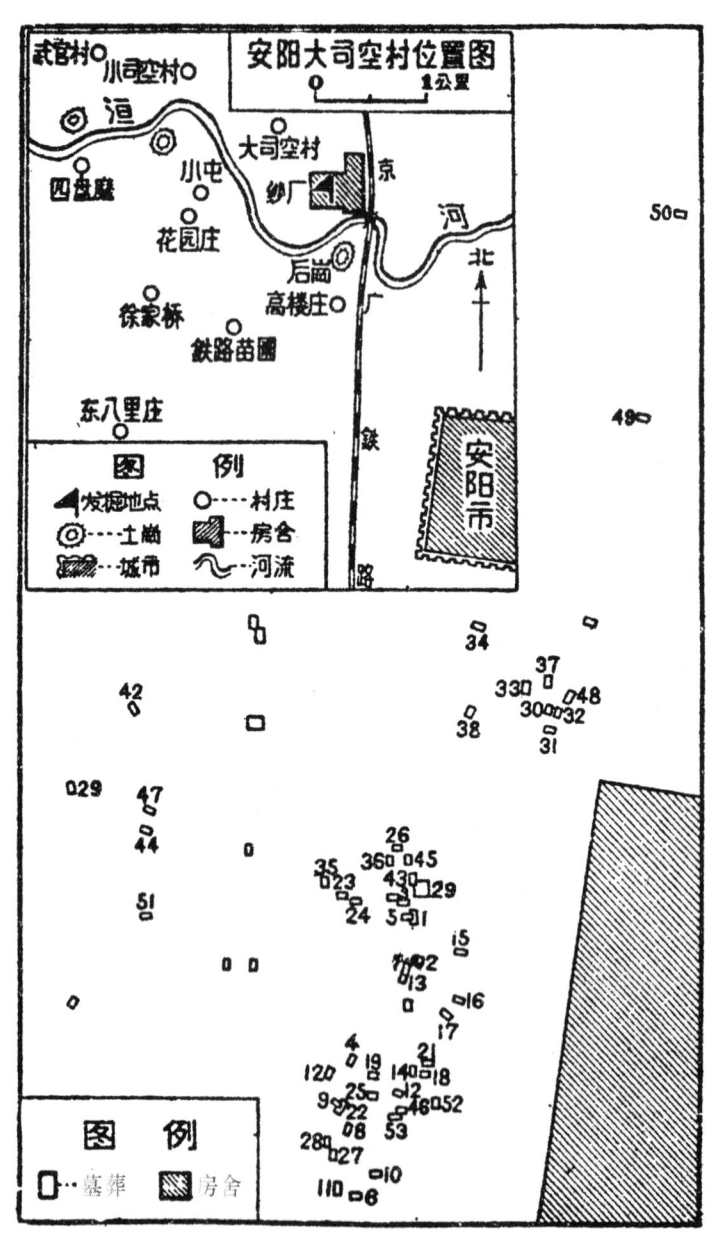

図81　安陽大司空村 1958 年発掘区域図（河南省文化局文物工作隊 1958 年より）

甗、簋、盤、罍、卣、斝、觚、爵、觶などがあり、武器には鉞、鑿斧、戈、北方刀子などがあった。帯銘銅器としては、「辰寝出」簋、「寝出」爵、「鼓寝」盤、「亜」斝、「犇」斝が見られた。どれも殷墟編年で第二期中頃に位置づけられている。

以上大司空村墓地においても、大多数の小型墓と帯銘銅器を伴う中型墓で構成されていて、殷墟第二期から第三期にかけて中型墓が小数存在している可能性があることが認められる。この地域には「中」字形を呈する大型墓も存在しているが、委細は明らかにされていない。

(2) 後崗墓地群

後崗墓地群は高楼村の北部、洹河が北方に大きく湾曲する内側にあり、後崗という小高い丘を中心として、その西・南側に展開する（図82）。1929年に試掘調査が開始され（李濟 1930）、1933年に大墓が発掘されて以降（石璋如 1948）、数回にわたる大規模な調査がなされたが、調査報告が不十分であるために、全容が明らかになるほどに調査内容を窺うことはできない。後崗墓地群については近年、劉一曼・徐広徳により詳しい分析がなされている（劉一曼・徐広徳 1998）ので、これに依拠して考察を行う。但しこの両氏の論文では、高楼荘遺跡と薛家荘遺跡も含まれているが、薛家荘遺跡は別の集団と考えられるのでここでは区別する。

劉一曼・徐広徳による一組は5基の「中字形」大墓と1基の「甲字形」大墓を伴う集団である。これら大墓の変遷は、劉一曼・徐広徳により、

　　32号：第二期の早い頃
　　12号・48号：第二期
　　9号：第四期の遅い頃
　　1933年発掘墓：第四期
　　47号：第二期以降

と編年されている（劉一曼・徐広徳 1998）。これに従えば第二期と第四期に分かれて大墓が構築されたこととなる。

後崗遺跡での組毎の時期的構成をみると、殷墟第一期か第二期はじめに32号墓が構築された後に、第二期では48号墓、12号墓の「中字形」大墓と47

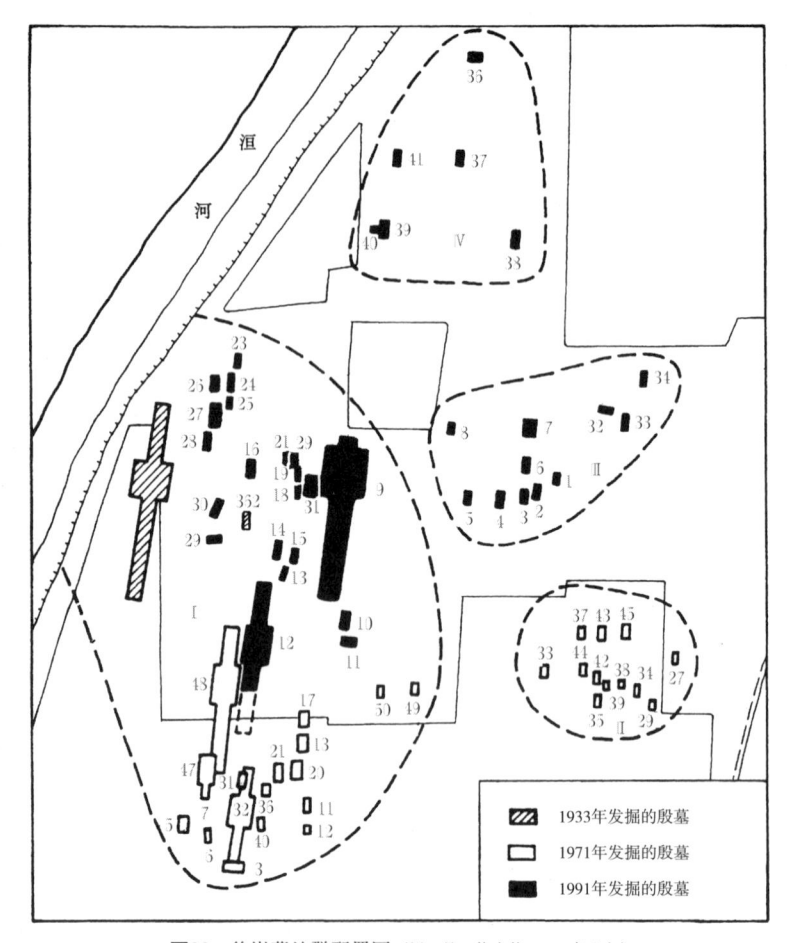

図82　後崗墓地群配置図（劉一曼・徐広徳 1998年より）

号墓の「甲字形」大墓の周囲に中型墓が付属するあり方を示す。そして一組に隣接する三組に第二期の当該時期の墓が分布している。第三期には大墓は存在せず、一組に3基、うち帯銘銅器を保持する墓は27号墓が1基（「□」爵）、三組は4基構成で、帯銘銅器を保持する墓は33号墓の1基（「□田辛」爵、「□田」爵）、二組では6基小型墓があるものの、帯銘銅器を保持する墓は発見されていない。第四期には「中字形」大墓の9号墓と1933年発掘墓があり、1933年発掘の大墓の周囲に5基、9号墓の周囲に4基の付属墓があり、一組

1 安陽殷墓の構造　219

に隣接する四組で2基、三組で1基、二組で2基の小型墓が同時並存でみられる。大墓周囲に分布する墓は随葬墓と想定されることから、第二期と第四期には、ほぼ大墓と関連する集団で墓地が構成され、大墓が存在しない第三期には帯銘銅器を保持する中型墓を中核として墓地が構成されていたことを物語っている。

　(3)　梅園荘墓地群

　梅園荘墓地では111基の殷代の墓が調査された。これらの墓は「甲字形」大墓を中核とする3群とその周辺に散在する小型墓より構成されている（中国社会科学院考古研究所安陽工作隊　1991）。

　第1組は4基の「甲字形」大墓を伴う48基の集団、第2組は3基の「甲字形」大墓を伴う14基の集団、第3組は2基の「甲字形」大墓を伴う17基の集団、第4組は小型墓10基、第5組は小型墓7基、第6組は小型墓13基、第7組は小型墓9基よりそれぞれ構成されている。墓域全体が発掘されているわけではないので、各組の墓数に変動があることを考慮しなければならないが、「甲字形」大墓を中心として墓群が編成されていることを窺い知ることは可能である。

　9基の「甲字形」大墓は調査されていないために、「甲字形」大墓と小型墓との相関関係の把握には困難をきたしているが、「甲字形」大墓の周囲に配置された小型墓の年代から、殷墟第三期から第四期にかけての墓群であることは推定できる。

　第1組では殷墟第三期の20号墓と30号墓にそれぞれ、「単」觚と「周□父乙」爵の帯銘銅器を保持していて、第4組では第四期の59号墓に「□」爵が、第3組では殷墟第四期の92号墓に「光祖乙」卣と卣蓋、「天黽」爵それに「址」觚が伴っている。時期別にみると第1組に殷墟第三期の墓が多く、第2組がこれに次ぎ、第3組には最もこの時期の墓が少ないことから、しだいに東や南に拡散する状況が読み取れるとすると、「甲字形」大墓を中核とする集団は、第1組→第2組→第3組へと南に向けて分布が変遷したことを想定できるであろう。

(4) 梯家口村遺跡

梯家口村遺跡は劉家荘の東南にあり、21基の殷代墓が調査されている（安陽市文物工作隊・安陽市博物館 1992）。この遺跡では発掘区の東側で9基がまとまって配置される以外は、散漫な分布状態を呈している。そのうち帯銘銅器を副葬する墓は3基のみで、二層台をもつ木槨木棺墓で構成されている。他の遺跡と比べ殉死者は確認されていない。副葬された青銅礼器には「羊𣪊」銘をもつ鼎、觚、爵がある。発掘された21基のうち第二期に属する墓4基、第三期は3号墓を含めて3基、第四期に属する墓は10基で、全体的なまとまりを欠くことから、墓地の一部が調査されたに過ぎないことが窺われる。

(5) 郭家荘遺跡

郭家荘遺跡は郭家荘の梅圍荘寄りの地点にあり、小屯宮殿・宗廟区から南へ1.5kmに位置する。1982年から1992年にかけて184基の埋葬址、車馬坑4基、羊坑1基、馬坑2基が発掘されている（中国社会科学院考古研究所 1998）。

ここでは6基の墓から帯銘銅器が発掘されている。殷墟第二期に属する38号墓では戈、第三期の135号墓では戈に「郷寧」銘が刻まれている。第四期前半期には50号墓で出土した爵に「兄冊」が、鼎に「作冊兄」銘がみられ、220号墓出土の觚には「戎」銘がある。また第四期後半の53号墓では「兄作母鬲彝」亜「址」が刻まれた觚が検出されている。これら帯銘銅器を所持する墓は各時期分散した分布状態を示し、「一時期一集団一基」の墓に帯銘銅器を保有するという原則は守られている。

帯銘銅器を多数出土した160号墓は、北区のほぼ中央部に位置する172号墓の西側に隣接して構築された中型の二層台を有する木槨木棺墓で、棺内部には2人の殉死者を伴った人物が葬られていた（図83）。ここでは多数の青銅礼器が検出されていて、それらには円鼎、方鼎、甗、簋、方尊、円尊、罍、卣、盉、方斝、円斝、方觚、爵、斗、盤、鏡などがある。また武器には鉞、巻頭大刀、戈、矛、弓形器、刀子などがみられ、そのほかに多数の玉器も副葬されていた。帯銘銅器の大部分は「亜址」であり、一部には「亜□址」があり、鏡には「中」の銘がみられることから、「亜址」を族徽とする集団の人物が埋葬さ

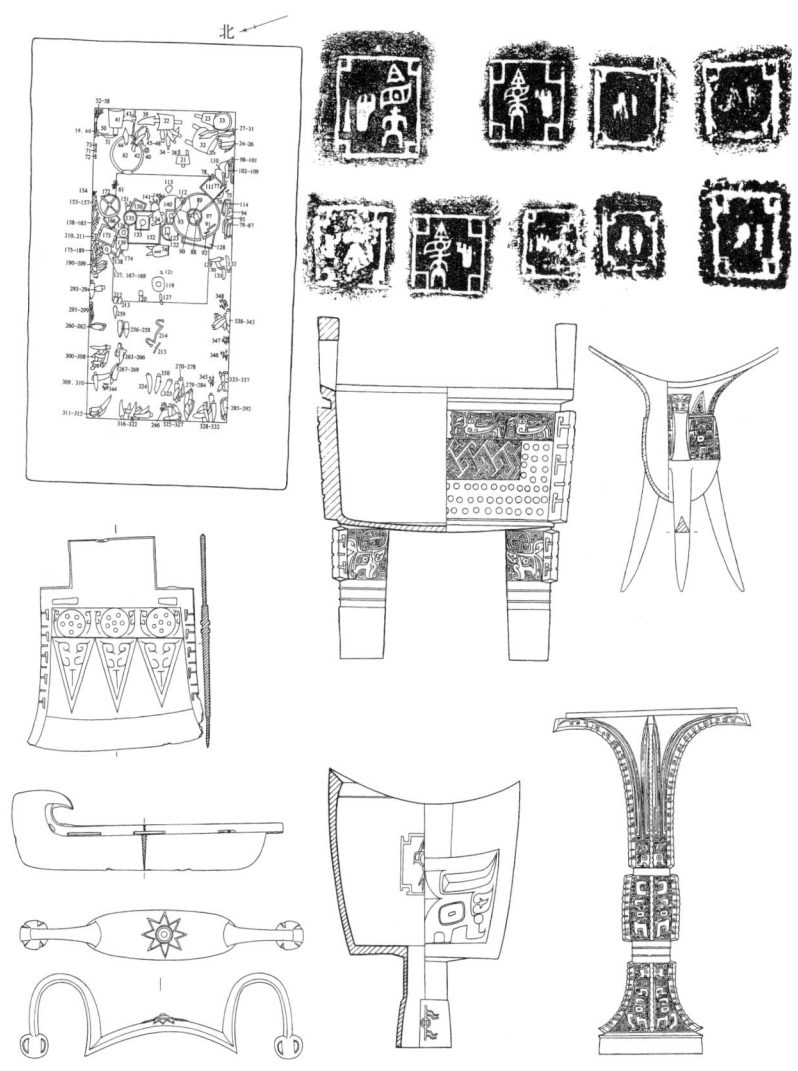

図83 郭家荘 M160 号墓出土遺物（中国社会科学院考古研究所 1998 年より）

れていたことが窺える。

　以上の郭家荘の墓地のうち北区の時期別分布をみると、殷墟第二期では散在してまとまりは認められない。第三期には 160 号墓を中心としてその周囲に小型墓が取り巻き、第四期前半期では「甲字形」大墓の周囲には 1 基の小型

墓があるのみで、帯銘銅器を出土した50号墓の近傍には5基の小型墓が点在する在り方をみせている。一方車馬坑4基と馬坑や羊坑などは坑の方向から一組のものであり、172号墓の「甲字形」大墓に伴うものと発掘報告書では推定されている。

墓の構造と青銅礼器の数や殉死者の数からは、第三期には160号墓が、第四期前半には172号墓が、第四期後半には170号墓が中心的存在であったことを示している。172号、170号墓は盗掘にあって青銅器は検出されなかったが、これら中心に位置する3基の墓が一連の集団の統括者であったと考えると、160号墓の被葬者から「亜址」の族徽をもつ集団を中核とする墓地であったと推定しうる。第四期後半の53号墓に「亜址」の銘をもつ青銅器が存在することからも、郭家荘墓地は「亜址」が持続的に中心的地位を占めていたことは明らかで、「亜址」を中核として、その他の族徽をもつ集団で構成された墓地であったことを示している。

(6) 孝民屯墓地群

孝民屯墓地群についてはかつて分析を試みた（甲元 2006b）。ここでは7区の北区南側に分布する「甲字形」大墓93号墓と43号、150号、151号の3基の車馬坑を中心とした墓地構成を見せている。その後93号墓の東南側に3基の車馬坑の存在が明らかにされ、未発掘の152号墓は「中字形」大墓である可能性が示唆されるに至り、別の中型墓の報告もなされた（中国社会科学院考古研究所安陽工作隊 1986）。1713号墓は150号車馬坑の西25mに位置する中型木棺木槨墓である。墓壙内には3人の殉葬者と馬や羊の犠牲獣が埋葬され、副葬品の大部分は槨と棺の間の空間に納められていた。青銅礼器は17点あり、鼎、甗、簋、觶、爵、觚、卣、尊、盤で構成され、武器には鉞、有鋬式巻頭大刀、羊柄頭の刀子、戈、矛などがある。青銅器に刻まれた銘文は次のようなものである（図84）。

 鼎：壬申、王、亳亜「魚」に貝を賜う。用て兄癸の尊を作る。六月、隹れ
  王の七祀翌日なり。
 簋：辛卯、王、亳魚に貝を賜う。用て父丁の彝を作る。
 爵：辛卯、王、亳魚に貝を賜う。用て父丁の彝を作る。

1 安陽殷墓の構造 223

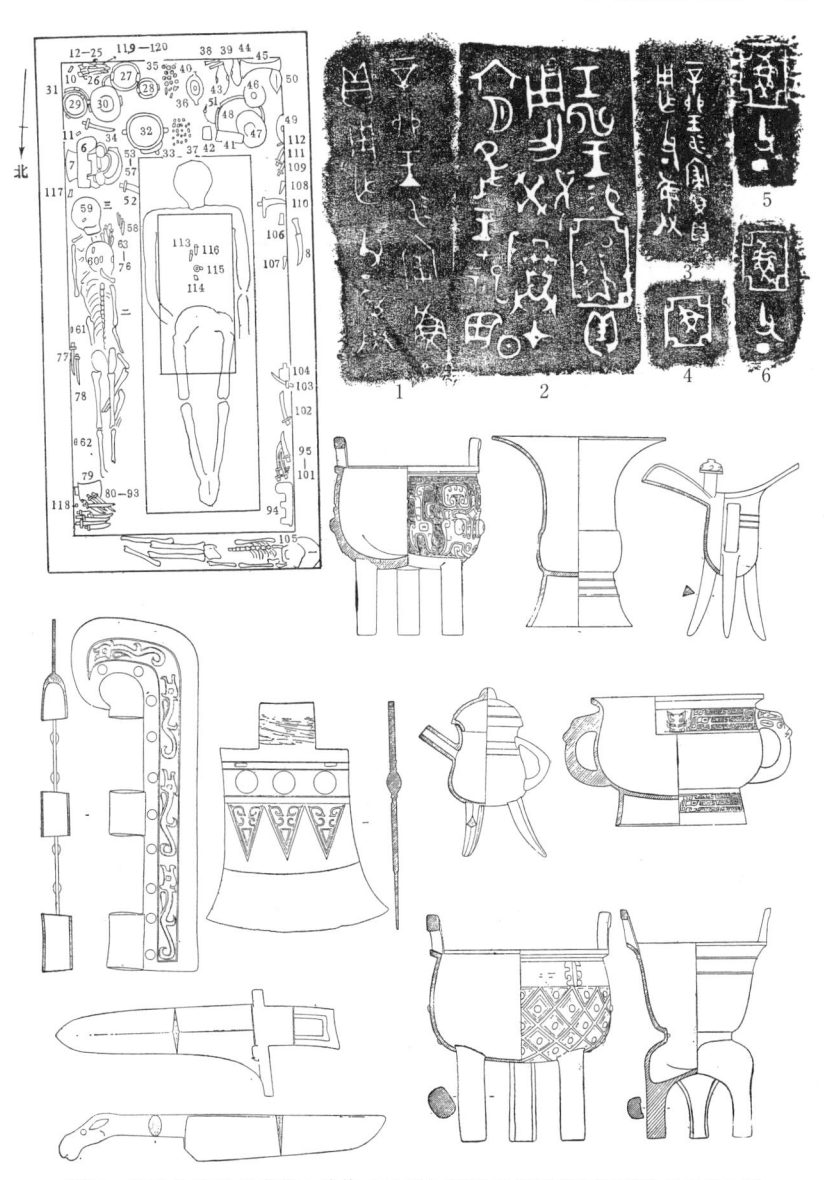

図84 孝民屯1713号墓出土遺物（中国社会科学院考古研究所安陽工作隊 1986年より）

爵：亜「魚」

爵：亜「魚」父丁

爵：亜「魚」父丁

これにより1713号墓の被葬者は「魚」を族徽とする集団の一員で名が「帚」であることが判明し、さらには王から直接に恩賞を賜りうる高位にあったことを窺うことが可能である。7区での1713号墓の近くには「中字形」大墓である152号墓と「甲字形」大墓である93号墓、それに6基の車馬坑を伴う墓群が存在していることで、孝民屯墓地を構成する中核的集団の一部であったと見做しうる（中国社会科学院考古研究所安陽工作隊 1979）。93号墓の「甲字形」大墓では亜「覃日乙受日辛日甲共」の銘をもつ尊と亜「覃乙日辛受甲共」銘を有する尊とが出土している。前者は、

　　覃の日は乙、受の日は辛、日は甲、共

とでも読むべきか、祭祀に関係する隠語のような文言が記される。「共」の族徽を有する集団の首領であることが窺える。この他に「共」銘を持つ青銅器を副葬する墓は7区に限られ、152号墓で「共埶」爵、「共」堤梁罐が、907号墓で「共」鼎、「告宁」觚、「日辛共」爵、亜「辛共覃乙丁」青銅破片、「共」卣、「共」斧などが出土していて、93号墓の被葬者と族徽を等しくする集団の墓群が、周辺に配置されていたことが知られる。殷墟第四期の後半には、「中字形」と「甲字形」大墓を中核とし、「魚」や「共」族徽で示される集団により孝民屯7区の墓地は構成されていたことが分かる。

孝民屯の3区でも698号墓、699号墓、700号墓、701号墓と4基の「甲字形」大墓が集中した墓域が認められるが、これらが発掘区の北端に位置しているために、周囲の墓群との関係は把握し難い。この「甲字形」大墓から離れた小型墓を中心とする墓域では、帯銘青銅器を保持するのは「一集団一時期一基」に限られるという原則は貫徹している（甲元 2006b）。

（7）　小屯地区

小屯地区はこれまでの調査の結果より、宮殿及び宗廟地域としてしられている（中国社会科学院考古研究所 2004）。この宮殿・宗廟区域を区画する大溝が西方と南方を廻り、洹河と併せて特別な区域に仕立てられていた。西側の大溝は

深さが浅い箇所で 3m、深いところでは 10m にも及び、溝の東側は階段状に溝の下部に続き、西側は傾斜をもって築かれていた。また南側でも洹河の西岸に達する溝が確認され、小屯は南北 1100m、東西 650m の溝と湾曲する洹河により区画された内部に遺構が集中していることが明らかにされている。宮殿・宗廟以外にも、それらに伴う祭祀行為の一環としての祭祀に伴う犠牲動物を埋葬した祭祀坑も数多く発見されている。かつて乙基壇とそれに従属する遺構として捉えられ、殷の軍隊組織に復元された祭祀坑や埋葬址は（石璋如 1961、伊藤 1959、1967）、築造時期が異なることが明らかにされ、埋葬址は殷墟第一期であるのに対して、祭祀や乙基壇は第二期以降の所産であることが判明した（陳志達 1987、岳洪彬・岳占傅・何毓霊 2006）。殷墟第一期に遡上する宮殿・宗廟址は甲組のそれであって（中国社会科学院考古研究所安陽工作隊 1989）、小屯内部で発見される祭祀遺構は殷墟第二期以降であることから、小屯遺跡が宮殿・宗廟地域として整備されたのは殷墟第二期の武丁期、それも第二期の後半段階であったと推定しうる。このことは、この時期以後、祭祀行為の結果として残された祭祀坑や祭祀を司った人物の埋葬址やそれと関係する遺構が検出されることで示される。

　殷墟第二期以降に祭祀行為を実行したシャーマンと思われる人物の墓も発掘されることは、小屯 5 号墓の被葬者である「婦好」の存在が良く物語っている。（中国社会科学院考古研究所 1980）。婦好は甲骨文により「婦将軍」として知られたシャーマンであったことが知られていて、5 号墓から検出された副葬品の品目、なかでも単紐粗紋鏡により、その性格の片鱗を表している（甲元 2006c）。婦好墓以外にも、周囲に一定の間隔を置いて配置された墓六基が存在することが探査の結果判明している。そのうちの 2 基について調査報告がなされている（中国社会科学院考古研究所安陽工作隊 1981）。

　18 号墓は二層台をもつ木槨木棺墓で 5 人の殉死者を伴っている。青銅礼器は 24 点出土し、鼎、甗、簋、尊、罍、卣、斝、爵、盤と箕形器で構成されている（図 85）。帯銘銅器は 13 点で、「子漁」斝、「子漁」尊、「鳥共」觚、「址」甗、「址侯」簋、「子母」爵四点、「子母」爵、「□」觚などみられる。また玉戈には朱書きで「□在●執叝羌在人」の文字が書かれている（●は従水従丸）。文意は判然としないが、あるいは●や叝との戦に関する内容と解釈されてい

226　Ⅲ　文明の中心と周辺

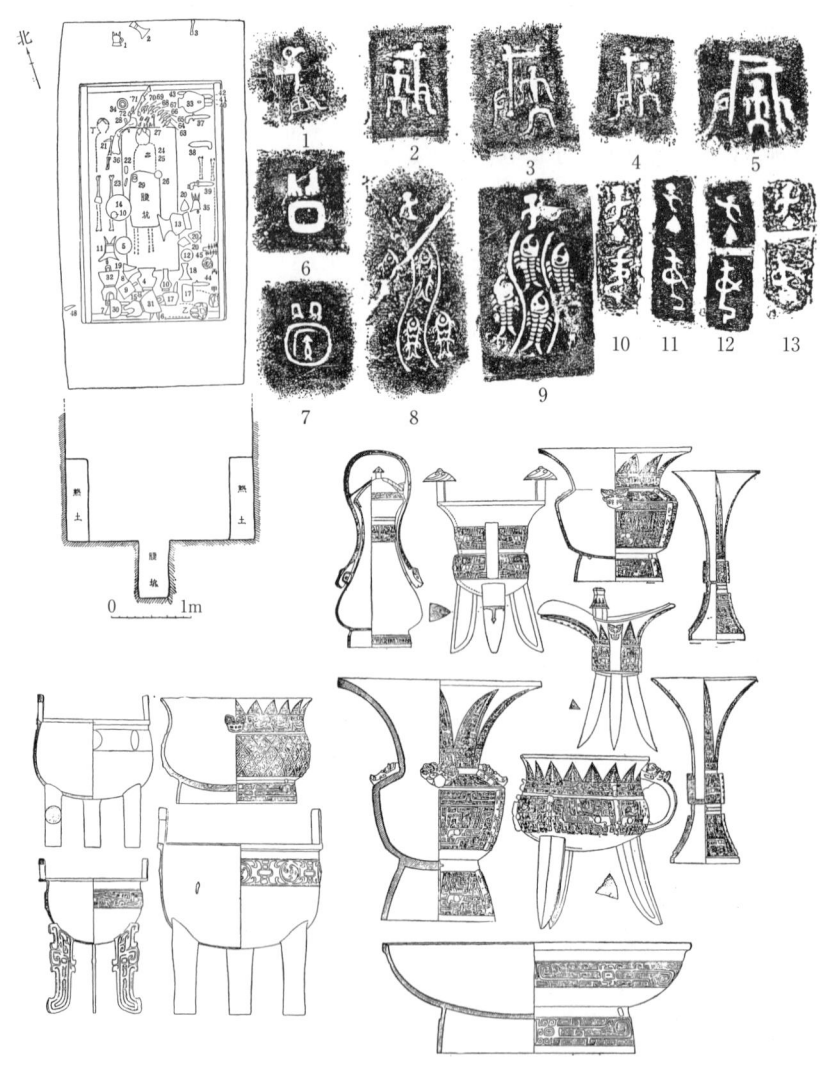

図85　小屯M18号墓出土遺物1（中国社会科学院考古研究所安陽工作隊　1981年より）

る。すると婦好と同様な役割を果たしていた人物と想定することも可能であろう。

　17号墓は18号墓より一回り小型の木槨木棺墓で、棺槨間に2人の殉死者を伴っている。青銅礼器には鼎、爵、觚各1点があり、それぞれに「鬲」、

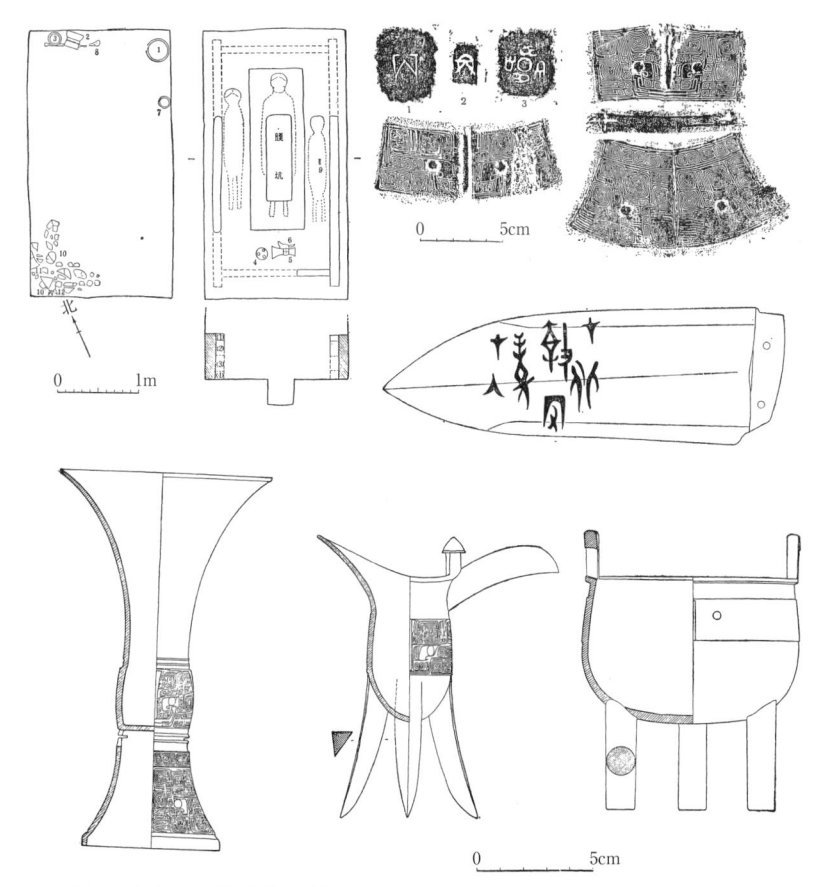

図86　小屯 M18 号墓出土遺物 2（中国社会科学院考古研究所安陽工作隊 1981 年より）

「冉」、「址」の族徽が刻まれていた。これら 2 基の墓は殷墟第二期前半期に位置づけられ、「婦好」と同時期の所産と考えられる。

　これら祭祀を司る人物とは別に、小屯大溝で区画された内部の南東部で武人と思われる人物の墓が発掘されている（中国社会科学院考古研究所安陽工作隊 2004b）。墓壙は長さ 5m に幅 3.3m と極めて大きく、二層台と棺と槨の間も極めて広く構築されている。青銅礼器と楽器は 43 点と頗る多く、円鼎、方鼎、甗、簋、方尊、牛尊、方罍、方彝、罍、盂、觥、觚、爵、勺、斗、鐃などがある。帯銘銅器には「亜長」円鼎、「亜長」甗、「亜長」方罍、「長」爵 2 点、

「亜長」銘を有する鏡3点などがみられる。武器も170点余りと極めて多く、「亜長」銘をもつ鉞や有孔式巻頭大刀、戈、矛それに弓形器などがある。

伴出した青銅器からは殷墟第二期の前半に相当する時期であり、墓の被葬者は「長」族徽をもつ有力者と想定される。

(8) 墓地の構成

墓地に見られる階層性は、墓室の構造と副葬品の組み合わせで示される。殷墟では盗掘が多いために、完全な副葬品のセットが検出される事例は限られているのが実情である。ここでは墓室の構造からの分析を試みてみる。本論で「甲字形」大墓も中型墓と規定した墓も基本的には二層台を有する木槨木棺墓で構成されていることから、墓壙の大きさを指針とし、それに階層性を示す副葬品との関係を視野に置くこととする。

孝民屯墓地では5基の「甲字形」大墓が存在し、いずれも殷墟第四期に属する。それらの墓壙の面積は14.08m^{2}から22.14m^{2}と10m^{2}以上となっている。後崗遺跡での「甲字形」大墓7147号墓の墓壙の面積は14.72m^{2}であることから（中国社会科学院考古研究所 1998）、孝民屯の「甲字形」大墓も殷墟では標準的な規模と見做しうる。中型墓でも花園荘54号墓の墓壙の大きさは16.63m^{2}を測り、「甲字形」大墓に匹敵するものもある。これは小屯大溝の内部に位置するもので、婦好墓と同様に特別な存在であろう。これを除くと墓壙の大きさは12m^{2}から6m^{2}のグループと6m^{2}以下のグループに区別することが可能である。前者を中型墓A、後者を中型墓Bとすると、前者には方形青銅礼器、鏡、巻頭大刀、弓形器及び鉞がセットとして伴うのに対して、後者はそれらの一部を保有するというように副葬品の品目に違いがあることが指摘できる。この違いは中型墓の中にも階層差が存在することを物語っている。

このことを念頭において孝民屯墓地7区（北区）を見ると、93号「甲字形」大墓を取り巻くように43号と151号の車馬坑と150号の馬坑があり、近傍に152号墓と1713号墓が存在する。このあり方は93号墓がこの墓地の中心で、それに152号墓と1713号墓が従属しながら中核をなすものである。93号墓から出土した青銅器の銘文の族徽は「共」であり、152号墓も「共」、1713号墓は「亜魚」であることから、「共」の族徽を持つ集団に「亜魚」の族徽を持つ

集団が従属する形で墓地が構成されていたことが分る。

　一方3区においては4基の「甲字形」大墓を中心として墓域が形成されている。時期別にみると613号墓が第二期では唯一中型Aタイプに属し、「戈邑貝」の族徽をもっている。「邑貝」銘族徽をもつ中型墓は、第三期の355号墓のみであり、第3区東側での小集団を形成して終わったことを示す。第四期になると3区西側で新たに4基の「甲字形」大墓を中心とする墓群が形成される。699号墓に「中」銘を持つ鏡が検出されているが、鏡に刻まれた銘と青銅礼器に刻まれた銘は異なることが多く、鏡銘だけで族徽を特定することはできない。この墓群では中型Aタイプは存在せず、中型Bだけである。これら中型Bに属する第四期の墓から出土する帯銘銅器に記された族徽には697号墓「鬲」、856号墓「子」、793号墓「祖辛」、727号墓「天」、374号墓「束」である。これら中型Bタイプの墓の被葬者は、殷勢力の拡大に伴って新たに殷の支配構造の中に組み込まれた集団であったことは、先に指摘した（甲元2006b）。

　小屯大溝内部で調査された婦好墓は墓壙の大きさは22.4m²と、殷墟の「中字形」大墓と規模が匹敵する。また18号墓は中型墓Aタイプに、17号墓は中型Bタイプにそれぞれ相当する規模の墓壙を有している。小屯の墓地に葬られた人物は殷の祭祀を司るシャーマンであったとすると、墓壙の規模から推定される階層性から、婦好墓は「中字形」大墓と、18号墓は「甲字形」大墓と、17号墓は中型Bとそれぞれ対応する規模と想定できる。このことは18号墓から出土した礼器に刻まれた族徽に、「漁」「鳥共」「址」「址侯」「□母」などがあり、孝民屯墓地7区の「甲字形」大墓と「共」銘が一致し、17号墓で出土した礼器の銘文に、「鬲」「冉」「址」銘があり、孝民屯墓地7区の「鬲」と一致することからも窺うことが可能である。孝民屯墓地7区の墓地構造が小屯の祭祀を司る集団と対応関係にあるとすると、祭祀行為も階層性をもって社会集団と対応したことを示している。さらに18号墓や17号墓から検出された朱書きの玉器により、それら社会関係は戦闘行為に関係したとみられることから、殷勢力の拡大にあたる軍隊組織は、階層性を具備した祭祀行為で実戦の精神的支え求めていた可能性を示唆するものである。

おわりに

　洹河北部の武官村を含む西北崗一帯が殷後期段階の王一族の塋域であることは諸氏の一致をみる。楊錫璋は殷墟編年を、

　　第一期：盤庚、小辛、小乙と武丁前期
　　第二期：武丁後期、祖庚、祖甲
　　第三期：廩辛、康丁、武乙、文丁
　　第四期：帝乙、帝辛

として、西北崗で確認された大墓を王陵に比定する試みをおこなった。その結果第一期には王陵と想定しうる大墓はなく、この地域では武丁以降の王が葬られたもので、小乙以前は他地域での埋葬がなされた可能性が高いと考えた（楊錫璋 1981）。これを受けて曹定雲は後崗地点の大墓の分析を行い、殷墟第一期は「中字形墓」から「亜字形大墓」への過渡期にあたるとし、後崗 32 号墓を盤庚、48 号墓を小辛、48 号東墓を小乙のそれぞれの墓と比定し、殷墟の王陵は後崗から西北崗へ墓域が移動したと論じた（曹定雲 1987）。一方、劉一曼と徐広徳は後崗墓地の年代的再検討を試み、第二期に属する後崗 31 号墓に打破された 32 号墓がこの地域で構築年代が最も遡上するものであり、第一期の王陵に比定する墓が存在しないことを明確にした（劉一曼・徐広徳 1998）。これにより現在では西北崗に埋葬された殷の王は第一期の終末以降であることが明らかであると言えよう。

　問題は後崗の墓地の中で第 9 号墓や 1933 年に発掘された大墓などは、墓壙は「中字形墓」でありながら槨室は「亜字形」をなす墓の存在である。構造的には墓壙を「亜字形」とする王陵に匹敵するといわざるをえない。さらに方形の礼器や白色の土器を副葬する点などは、殷墟では王陵の出土品に独占的にみられる品目である。また後崗や大司空村では「亜字形大墓」に次ぐ「中字形墓」が多数存在することや、祭祀坑がある点を強調すると、王に次ぐ地位にあった人物群が葬られていた可能性を示唆するものであろう。殷墟の墓地制度が第二期の武丁期に整備された結果、婦好などの殷の祭祀行為の中核を担ったシャーマンが小屯に埋葬され、日常的な政治活動と祭祀行為が分離されたとすると、第二期以後にも独自の祭祀行為が後崗地区や大司空村地区で営まれたい

たことを示す資料は、そのことを強く物語るものであろう。少なくとも殷墟第四期にはそのことが顕著となっている。

　後崗地点以外の洹河南側の埋葬址では集団別に分けられて分布している。これらの地域の埋葬址の中で中核的な地位を占める「甲字形墓」や「中字形墓」が登場するのは第三期以降であり、とりわけ第四期に増加する。殷墟編年第二期以降祭祀行為に従属する集団が埋葬された小屯地区の墓で出土する「族徽」と孝民屯墓地で出土する墓から検出された青銅器に刻まれた「族徽」が、階層差をそのまま反映した形で共通性を見せることは、殷の支配地域の拡大にあわせて、新たに支配した集団を構造的に殷の支配に組み込んだ形をそのまま具現化したことを示している（甲元 2006b、d）。西周初期の周の支配構造との違いをそこに端的に表しているといえよう。

2　先史時代の対外交流

はじめに

　日本列島はユーラシア大陸の東端に接した中緯度地域にあり、あたかもそのフリルのように3つの弧をなしながら、ほぼ南北に細長く延びる島嶼群よりなりたっている。それら3つのフリルの結節点は、おのおのユーラシア大陸の文化基地と通じ、彼我の交流における回廊の役割をも担っている。小笠原諸島を介してミクロネシアとの結びつきも考えられなくはないが、あくまでもそれはちぎれたフリルの一条の糸であり、本流ではない。この列島は、先史時代においては東や南に窓をもたない到達点であり、エバーハルトが指摘するように、ユーラシア大陸の Ultima Tule（世界のはて）であって、大陸諸文化のいわば貯蔵庫となっている。すなわち、北方は千島列島を介してカムチャツカ半島やアリューシャン列島に通じるが、そこは古来より海獣狩猟民の活躍の場であった。また北方は樺太からアムールランドを結んでシベリアや中国東北地方と関係している。西方は壱岐・対馬・五島を飛び石として、朝鮮半島や中国北部と連なり、中国の中原地方の高文明、およびその東や北に隣接する地域に展開した諸文化との間に強い関連がある。南西に延びるフリルは台湾と結ぶが、台湾はそれ自体大きな文化基地であったばかりでなく、氷河期においては大陸の一部と化し、いわばアジア大陸の出窓ともなっていた。

　今日みられる日本列島の基本的な姿は、更新世初期、ほぼ200万年前に成立した（那須 1985）。しかしそれ以降、列島は一様であったのではなく、地殻変動や火山活動、それに何にもまして氷河の活動に起因する海水面の上昇と下降は、列島の地形そのものに大幅な変化をもたらした。とりわけ更新世中期のミンデル氷期（約70万年前を前後する頃）やリス氷期（約20万年前を前後する頃）の氷期の海水面下降期には、北海道とシベリア、朝鮮半島と北九州の間には陸橋が形成され、大型動物や人間の往来を可能にした。これら陸橋は最終間氷期（下末吉海進期）にはいったん途切れて今日の列島の状態に近くなったが、約2万2000年前を前後する頃と考えられるヴュルム氷期の最盛期には、日本

海は内湖と化した。このヴュルム最盛期には朝鮮海峡は成立していたとみる考えと、陸橋があったとする説があって論争に結着はみないが、海峡があったとしても、外洋水の流入が著しく制限されて日本海の表層は淡水化したために、結氷期における人間や動物の移動は極めて容易であったことが推測される（西村 1974、亀井他 1981、鈴木 1984、那須 1985）。

このように 200 万年前からこのかたの日本列島では、大陸の一部であった時期と孤立化した時期とが交互に繰り返されてきたことが認められ、氷期の海水面低下期には、マンモス、ヤギュウ、ヘラジカなどの寒冷草原性の動物相が北方より、またナウマンゾウ、オオツノジカなどの温帯森林・草原性の動物相が西方より渡来し、現存種であるニホンジカ、イノシシ、ニホンカモシカなどとともに、旧石器時代人の主要な狩猟対象動物をなしていた（亀井他 1981、那須 1985）。

列島のほぼ全体にわたって旧石器時代の石器群がみられるようになるのは、約 3 万年前頃からであり、ナイフ形石器によって代表される。礫器などの石核石器の占める割合も大きいが、木材の加工具としての斧形石器（局部磨研石斧）や石刃技法でつくられる石器の出現は大きな意味をもっている。ことに同一の石核から一定の大きさの縦長の剥片を何枚も剥ぎとる技法の導入は（加藤 1985）、定形的な石器を製作しうることや、骨角器等の新しい道具の使用を可能にしたことを示し、そのことは従来みられなかった漁撈などの食物源の開拓にも通じるからである。さらに約 1 万 3000〜2000 年前頃になると、長さが 3cm 前後の細長い小型の細石刃が出現したが（加藤 1983、1985）、これは前代の石刃技法でつくられる石器類をさらに効能的にしたものであり、一定の素材から多量の剥片を製作できるようになり、細石刃をさまざまに組み合わせて使用することで、銛などの新しい道具の発明を可能にしたのである。

列島に展開した旧石器文化は、このように広義の石刃技法を含むナイフ形石器の段階、細石刃の段階と大きく 2 段階に分けることができる。石刃技法のそれは東北アジアと密接に関連することが指摘されている。細石刃文化は大部分シベリアのものと深いつながりがあり、一部、華中・華南地方との関連も取り沙汰されているが、文化内容についてはまだ不明な点が多い（加藤 1986）。この間において重要なことは、ナイフ形石器（約 3 万年前頃）以降、石器組成

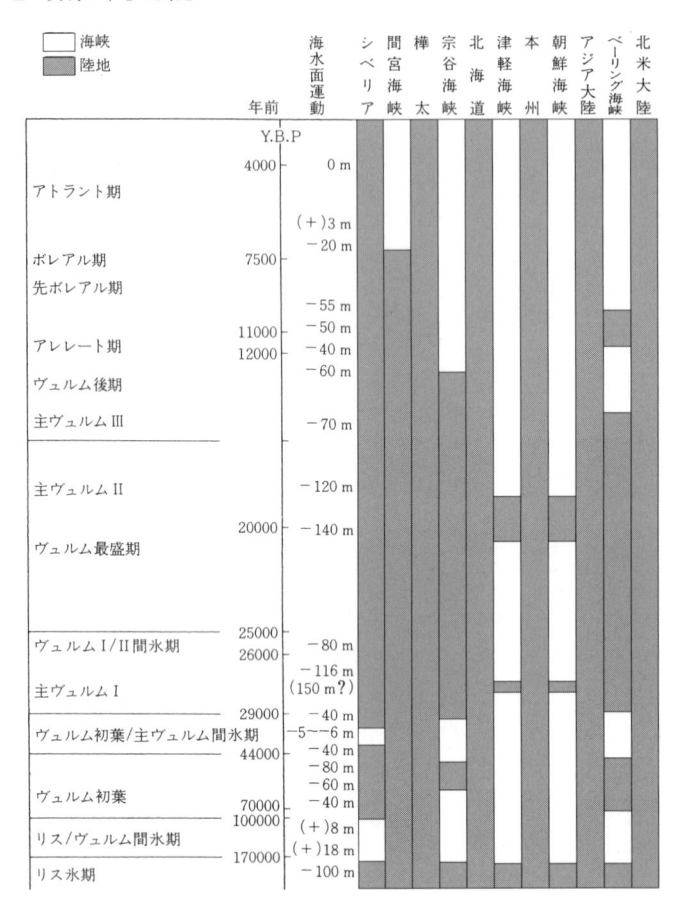

年前 Y.B.P	海水面運動	シベリア	間宮海峡	樺太	宗谷海峡	北海道	津軽海峡	本州	朝鮮海峡	アジア大陸	ベーリング海峡	北米大陸
アトラント期 4000	0 m											
	(+)3 m											
ボレアル期 7500	−20 m											
先ボレアル期												
	−55 m											
アレレート期 11000	−50 m											
12000	−40 m											
ヴュルム後期	−60 m											
主ヴュルムIII	−70 m											
主ヴュルムII	−120 m											
ヴュルム最盛期 20000	−140 m											
ヴュルムI/II間氷期 25000	−80 m											
26000	−116 m (150 m?)											
主ヴュルムI												
29000	−40 m											
ヴュルム初葉/主ヴュルム間氷期	−5〜−6 m											
44000	−40 m											
	−80 m											
ヴュルム初葉	−60 m											
70000	−40 m											
100000	(+)8 m											
リス/ヴュルム間氷期 170000	(+)18 m											
リス氷期	−100 m											

図87　氷河期以降の陸橋（鈴木 1984 より）

の面において、東北日本と西日本では若干異なった文化伝統があったらしいことである。このことは先に述べた動物相の違いと関連するのかもしれないし、あるいは生業の相違、すなわち東北日本は狩猟が卓越し、西日本は採集や漁撈により依存する生活形態が展開していたことを物語るものかもしれない。

　旧石器時代の文化的エポックは、ほとんどが大陸と回廊でつながっていた段階に、彼の地で展開した文化内容がそのまま伝わったものであり、縄紋時代に入って大陸より切り離されて列島化した以後に、本来的な交流が生まれてくるのである。

(1) 漁撈民の南下

　今から約6300年前の縄紋時代早期末の頃、鹿児島県三島村にある鬼界カルデラが大爆発をおこして、東日本にまで及ぶ広範囲に大量の火山灰を降下させた。この時の噴出物はアカホヤと呼ばれていて、南九州では1m以上も堆積した。火山灰の降下によって植生は完全に破壊され、それに依存する人間や動物は大きな被害を受けた。また海水面近くの爆発であったために、それに起因する大津波を引きおこしたことが考えられ、アカホヤの被害の少なかった西北九州地方でも潰滅的な打撃をうけて、九州は無人地帯かあるいはそれに近い状態となったことが推定されている（町田・新井1983、新東1984）。このアカホヤの降下した後、植生の回復を待って、新しい土器の一群が西北九州から拡大してゆくことが知られている。

　熊本県曾畑貝塚から出土する土器を標式として、曾畑式土器が設定されている。縄紋時代前期中頃に属する土器群で、その器形は次のようなものである。丸底をなす深鉢形を基本形態とし、平坦な口縁をもつものがほとんどで、少量の波状口縁をなすものもある。また口縁の下部がすぼんで口縁が外反するために一見壺形に近い形をなすものがあり、他に浅鉢形の器形もみられる。器面を飾る紋様としては刺突連点、横位の沈線紋、横位の短沈線紋、綾杉紋、格子紋、三角組み合わせ紋などがあり、これらが組み合わさって器面全体に及び、多くは口唇部や口縁内部上面にまで施されている。こうした器形や紋様の施しかた、また器面全体にわたる紋様の構成、さらに土器の胎土中に多量の滑石を混入する手法などは、他の縄紋土器の中にその出自を求めることはできないのである（小林1977）。この曾畑式土器はその型式設定がなされた当初より、縄紋土器とは異質で、朝鮮釜山の東三洞貝塚の出土土器との類似が指摘されてきた（三森1935）。

　曾畑式土器の中で最も古い段階に位置づけられるものは長崎県江湖貝塚出土の土器類で、深鉢形土器を例にとれば次のようになる。土器の器面に施された紋様は、口縁部、胴部、底部の三紋様帯に分けられる。すなわち口縁部紋様帯は二、三段の刺突連点紋、胴部紋様帯は区画紋としての二、三条の横位沈線紋と主紋様である三角組み合わせ紋のくり返しからなり、底部紋様帯は短沈線紋

で飾られ、口縁部紋様帯の一部は口縁内部の上位に及んでいる（中村 1982）。

　江湖貝塚の土器につづくものは、熊本県曾畑貝塚や桑鶴土橋遺跡のそれであり、この段階では口縁部と底部紋様帯が消失し、胴部紋様帯だけで器面装飾がなされる（熊本大学文学部考古学研究室 1979）。すなわち、この変化は胴部紋様帯の区画紋であった沈線紋や、胴部紋様帯の主紋様であった三角組み合わせ紋の拡大としてとらえることができる。従来の刺突連点紋にかわって横位の沈線紋が口唇部および口縁内部上位に刻まれ、口縁部以下は主紋様と沈線紋のくり返しが底部まで及ぶ。また区画紋である沈線紋が拡大するために、その間を充填する紋様として三角紋のかわりに綾杉紋、四角紋、縦方向の沈線紋などが施される。

　曾畑式土器の最終段階のものと考えられるのは、紋様帯がまったくなくなり、全面同じ紋様のくり返しとなって、わずかに口縁内部上位に連点や沈線紋による紋様が名残りをとどめるにすぎない（中村 1982）。

　このように曾畑式土器の変遷をみてゆくと、口縁内部や口唇部に紋様をもたない、口縁部、胴部、底部の三紋様帯で器面装飾がなされる土器の存在が予想され、佐賀県西唐津遺跡や長崎県深堀遺跡で出土した土器の一部がそれにあたる。すなわち曾畑式土器は、口縁部、胴部、底部の三紋様帯で構成されるものが、胴部の区画紋と主紋様が拡大するために口縁部の紋様帯が器の内面におし

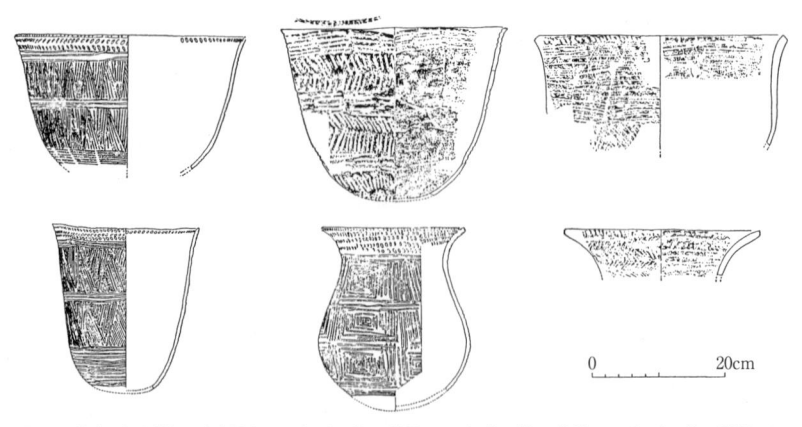

図88　曾畑式土器の変遷図　　左列：第1段階　　中列：第2段階　　右列：第3段階（中村 1982 より）

やられ、底部紋様帯は消失し、さらに全面にわたって胴部紋様帯だけの一紋様帯で器面装飾がなされるように変化するのである。

一方、曾畑式土器との関係が強く論じられている朝鮮の有紋土器は、佐藤達夫によって、

　第一類　刺痕列による紋様帯のあるものおよび沈線紋の発達するもの。
　第二類　刻紋を主体とするもの。
　第三類　隆起線紋を特徴とするもの。
　第四類　無紋土器。

に分類編年された（佐藤 1963）。大まかな有紋土器の変遷はほぼ妥当であるが、その後の調査研究によって多少とも修正されなければならない点もある。第一類の基本的器形は丸底の深鉢形で、口縁部紋様帯に刺突連点を配し、胴部は三角紋や羽状沈線紋を有する二紋様帯で構成されるもの、第二類は深鉢のほか椀形や壺形と器種にヴァラエティがあらわれ、口縁内部にも紋様が及ぶもの、第三類は今日では太めの隆起線紋を主紋様とし、無紋の壺形土器や、口縁と胴部の二紋様帯で紋様帯が構成される群と、土器外面に条痕調整を行って細隆起線紋を二、三条器面に施す群を分離させ、後者は有紋土器に先行するものとして、"先櫛文期"に編年されるようになっている。第四類は無紋の土器および全面を同一の紋様で飾る土器群がこれにあたる。朝鮮の有紋土器は二紋様帯構成→三紋様帯構成→二紋様帯構成→一紋様帯構成もしくは無紋となるように変化するのであり、曾畑式土器の変遷とほぼ同じ歩みをするのである。また器種に壺形や椀形もしくは浅皿形土器が出現する時期も同様であり、口縁内部に紋様が及ぶことなども加味すると、曾畑式土器は有紋土器の影響の下に展開したものであるとするのは間違いのないところである。さらにこれら有紋土器に先行する細隆起線紋土器と列島内の西部に分布する轟式土器は型式学上類似し、ことに朝鮮南部の細隆起線紋土器が、轟式土器に酷似することからみて（任孝宰 1983）、アカホヤ堆積以後西日本に到来した新しい土器を伴う集団は、朝鮮と密接な関係をもっていたことが窺いえよう。

縄紋時代前期にみられる彼我の類似は土器ばかりでなく、それに伴う道具組成の面からも指摘しうる。

佐賀県唐津市にある菜畑遺跡は列島最古の水田址が発見された所として有名

であるが、縄紋時代前期に属する集落の一端が発掘されている（唐津市教育委員会 1982）。ここからイノシシの牙で製作した結合式釣針の針部3点と軸部1点、石鏃、礫石錘、骨製ヤスなどの漁撈具が出土した。普通一般にみられる釣針はシカの枝角をとりこむ部分を利用してU字型につくるものであるが、こうして製作された釣針ではU字型の屈曲部すなわちこしからさきまげの部分が破損しやすい。このために針と軸を別々に拵えて両者を結びつけて釣針として、内陸河川や沿海部での大型魚の捕獲にあてられたもので、中石器時代—新石器時代にかけてのユーラシア大陸の北方地域や、新石器時代の中国において広範囲に出土することが知られている。渡辺誠も指摘するように（渡辺 1985）、菜畑遺跡出土の結合式釣針は朝鮮の南部出土のものと形態的にも年代的にも一致することから、彼の地との深い繋がりをもつことは疑問の余地がない。さらにこの形態の結合式釣針は朝鮮の東北部から沿海州、そしてアムール川流域に広く分布しており、さらにザ・バイカルやアンガラ川流域に及んでいる。今日年代的に最も溯る出土例は、ザ・バイカルのストゥジェントI遺跡（加藤 1983）で、細石刃核とともに発見されているので、1万年前には確実に存在していたことになる。

　結合式釣針の様相が明確になるのは7000〜5000年前のことで、アンガラ川上流のウスティ・ベラーヤ遺跡では長さ15cm、幅3cmの軸の両端に小溝を刻み、針と結ぶ面を平坦にして緊縛しやすくした型式のものが発見されている（Савелев 1973）。イルクーツクのロコモティフ・スタジアム遺跡（Хороших 1966）やバイカル湖に浮ぶオリィフォン島のシャーマン岬遺跡（Конопацкий 1982）などでは、粘板岩や泥板岩を長さ15〜16cm、断面蒲鉾型につくり、両端に肩を設けた結合式釣針の軸が出土している（図89）。針部は動物の骨でつくった内側に逆のあるものと、逆のないものがあり、後者は鳥の爪やジャコウネコの牙、もしくはクマや他の食肉獣の爪でつくられている。シャーマン岬ではこれとは別に、動物の四肢骨の末端部を利用して、そこに小孔を穿って差し込み式にした釣針の軸と針もあり、グラスコーヴォ期になると、糸掛けの部分に溝を刻み、針を入れる他端に小孔を穿った石製や骨製の軸も発見されるようになってくる（Ивашина 1979）。

　結合式釣針は民族例によると、トローリングをしながら魚を取る方法

で (Stewart 1977)、錘を必要とする。事実アレウト (Ляпунова 1975) (図90) やアメリカインディアンたち (Stewart 1977) は礫石錘をそれに使用している。粘板岩や泥板岩で軸をつくる大形の結合式釣針には錘が伴出するか否か不明であるが、凍岩でつくる小形の結合式釣針や、骨製の軸を使う結合式釣針には、針を水中に流すための錘が必要であり、菜畑遺跡出土の礫石錘は結合式釣針の錘であった可能性がある。

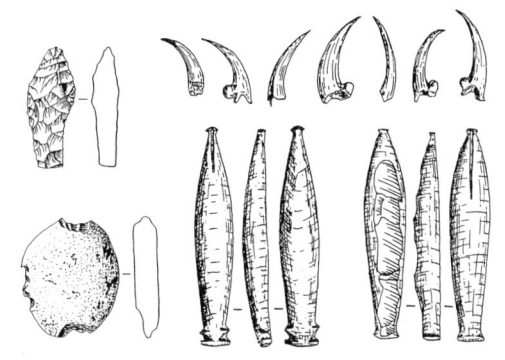

図89 シャーマン岬出土の石銛・石錘の結合式釣針 (Конопацкий 1982 より)

結合式釣針での捕獲対象が何であったかは、明確にされていない。前出のウスティ・ベラーヤ遺跡では出土した魚骨の半数はチョウザメであった (加藤 1983)

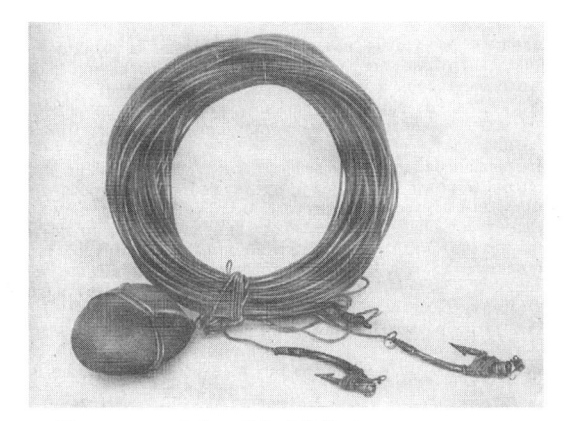

図90 アレウト族の結合式釣針 (Ляпунова 1975 より)

ことからすると、チョウザメやイトウといった大形魚を捕獲するために、アンガラ川、バイカル湖、アムール河などの河川地域で発達し、やがてサケなどの回遊魚を求めて沿海部に進出し、タラやマグロなどの大型海水魚へとその対象が変化したことが窺えよう (Stewart 1977)。

縄紋時代の前期にみられる他の漁撈具として石製の銛頭がある。これには鋸歯状に刃をつけた小さな石器を組み合わせてつくるものと、銛先を一個の石材で製作するものの二つのタイプがみられる。後者の石銛は菜畑遺跡でも出土しているが、最も多くまとまって出土する例として、長崎県つぐめのはな遺跡

（正林 1973、1974）をあげることができる。つぐめのはな遺跡は平戸島の対岸、九州本土西北端の平戸瀬戸を望む台地上にある縄紋時代前期から中期にかけての集落址であり、発掘調査により前期の層からは「サヌカイト製蝮頭状の有舌尖頭器」40点が出土した。この発掘品および、その調査以前に採集された資料を含めて、橘昌信によってこれらの検討がなされている（橘 1979）。橘によれば石銛の基本形態は三角形の尖頭部に舌状の茎をつけたもので、中には三角形の底部と茎の接点が不明瞭になった柳葉形のものや、茎の底部が拡がって擬宝珠状になったものも少数みられるが、いずれも横剝ぎしたサヌカイトで製作されている。大きさは16cmの大型から5cm、重さも4〜220gを量る小型までみられる。この他にも普通にみられる石鏃（長さ2〜2.5cm、重さ1〜2g）よりも倍近く大きく、かつ形態は鏃でも銛としての機能を想定している。

　こうした銛頭とともに組み合わせ銛と考えられる石鋸と称される小形の石器がある。三角形をした石鏃の両側縁や小形長方形の石片に鋸歯状のくり込みを入れたもので、かつては西アジアの例にならって鎌形収穫具の刃部と考えられたものである。その後、この種の石器は棒状の骨片の両側に植え込まれた銛の一部であることが判明した。事実、この種の"石鋸"は朝鮮南部、朝鮮東北部、アムール河流域およびザ・バイカル周辺地域に共通してみられるものであり、新石器時代に属するこうした石鋸を植え込んだ銛が数多く発見されている。日本で出土する石鋸もこうした流れの中に位置づけることができるのである。つぐめのはな遺跡出土の銛頭は大陸に類例はみないが、あるいは石鋸を使った組み合わせ銛を1個の石器に置きかえたともみることができる。

　橘昌信によれば（橘 1979）、石銛や組み合わせ石銛を出土する遺跡で検出される海棲哺乳類や大型魚としては、クジラ、イルカ、サメ、エイなどがあり、列島においてはこうしたものの捕獲のために、この種の漁具が用いられた可能性が高いといえよう。

　結合式釣針や銛といった漁具以外にも、この時期登場したものがある。玦状耳飾と呼ばれている装身具の一種で、中国古代の玉器の一種である玦に似ており、扁平環状の下端に切れ口をもつものである。蛇紋岩や滑石あるいは骨製品や土製品のものがあり、縄紋時代前期以降の列島各地の遺跡から出土している。多くは中国東海岸地方の石製玦状耳飾との比較で論じられることが多いが

（藤田 1983)、縄紋時代の前期頃に中国との直接交渉を示す他の考古学的資料は認められないのであり、これ以外の可能性も考える必要があろう。ザ・バイカルからヤクーチャにかけての地域では、結合式釣針や石鋸などとともに、時折、骨製の夾が発見されることがある。新石器時代に属するもので、形状も大きさも日本出土のものに類似する (Академия Наук СССР 1983)。列島に広く分布をみせ

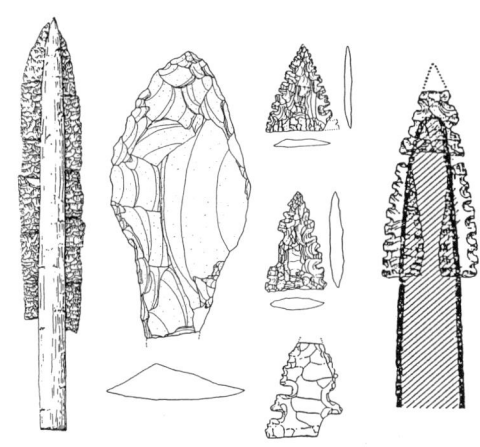

図91 シベリア出土の鋩（左)、西北九州出土の石鋩（中央左)・石鋸（中央右)、及び渡辺による石鋸の推定使用図（右）（Окладников 1976、橘 1979、渡辺 1985 より)

る点でも、結合式釣針や石鋸などとともに伝えられた文化要素の一つとも推測できる可能性がある。

　このように縄紋時代前期に西日本に出現した土器は、新しい漁撈技法を伴うものであり、それらの多くが沿岸地帯に分布すること、遺跡から大型の魚や海棲哺乳類の骨が出土することなどから、漁撈民の到来を知ることができよう。

　縄紋時代前期以降の西日本、とりわけ西北九州地方では、朝鮮南部との絶えざる交流の下に少しずつ新しい要素を加味しながら歴史が展開してゆくのである。

　名切遺跡は長崎県壱岐の郷ノ浦の湾頭に突きでた岬のつけねにある縄紋時代前期から弥生時代にかけての集落址である（長崎県教育委員会 1985)。1983 年に発掘調査された地点では縄紋時代中期から晩期にかけての 30 基の貯蔵穴が発見されているが、その貯蔵穴は縄紋時代中期に属するものが大部分で、中にマツの実やドングリなどが多く検出された。またこの貯蔵穴内や遺物包含層から多数の「石刃技法」による刃器や搔器、彫器および石鏃が発見され注目をあびている。従来この種の石器群はその特殊な製作方法から「鈴桶型刃器法」と呼ばれて先土器時代に属するものとされたが、その後の調査によって縄紋土器に伴出することが判明し、サイド・ブレイドと呼称されて、縄紋時代後・晩期

に出現する新しい性格の石器であることが主張されたのである（賀川 1968、荻原・久原 1975）。ところがこの種の石器群の中にはサイド・ブレイドだけでなく他の石器もみられることから、橘により「縦長剥片」と総称され（橘 1984）、前述した石鋸などとともに縄紋時代後・晩期の西北九州に特殊にみられる石器群であるとまとめられている。

　名切遺跡で出土したこの種の石器をみてゆくと、縦長剥片には含まれない不定形な石器群もみられる。また長さが6cm余りのものから細石刃と思われる小型のものまでみられる。この縦長剥片を利用してつくられた剥片鏃もみられるので、石鏃をつくる素材とも考えられるが、縦長剥片それ自体で石器として使用されたことを思わせる、長側縁や端部に二次的加工のある石器が多いこと、掻器や、なによりも彫器があることは、石器の素材としてのみでは解釈しきれない。縦長剥片を剥ぎとる時の手法をみると、石核の上下から交互に剥片をつくるいわゆる鉛桶技法でつくられるものだけでなく、石核の一端を同一方向から連続して剥離する技法で製作されたものも多く存在することから、「石刃技法」による石器製作技法の出現とみなすのが的確であろう。

　多数の刃器や掻器に加えてヴァラエティに富んだ彫器が多く出土することは、動物の解体ばかりではなく、その背景として骨角器の製作に利便であったことが窺えるのであり、ここに従来の漁撈に骨角製の漁具が多量に加わったことを暗示させるのである。

　縄紋時代後期になるとこうした石刃技法に裏づけられた骨角製の漁具が多く出土し、離頭銛の出現をみるに至る。長崎県対馬の佐賀貝塚（正林 1985）での最近の調査によると、従来の縄紋時代の遺跡にはみることのできない、長方形で扁平な片刃石斧が縄紋時代後期の土器に伴出していて、木材加工具の面でも新しい道具が登場したことを物語っている。また佐賀貝塚では多くの結合式釣針の針先が発見されているが、イノシシの牙にまじってキバノロのキバで製作された針先も出現している。キバノロの自然の棲息地は中国長江流域から黄河下流域、中国東北地方から朝鮮の東北地方であり（甲元 1978）、それを素材とした製品としては、朝鮮南部地方の水佳里貝塚（釜山大学校博物館 1981）から発見されるのが最も南であり、交流の結びつきの強さが知られよう。

　縄紋時代前期に開始された漁撈民の交流は、後期の段階に入ってほぼその文

化要素が出揃うことになる。こうした新来の技法をその素材でみてゆくと、石鏃はサヌカイトと黒曜石、石刃技法でつくられる各種の石器は黒曜石、扁平片刃石斧は蛇紋岩や頁岩でつくり、いずれも列島内に産する材を使用している。そのため縄紋時代前期は別として中・後期の交流においては、新しい人種が登場して列島の資源を開拓したのか、列島の住民たちが漁撈活動を通じて彼の地から新しい技術を学んだのか、そのいずれかであるかは今のところ確実には分らない。

　縄紋時代の後期中頃・晩期末は前代とは違って、年平均気温が2度ばかり低下し、かつ多雨であったことが花粉分析の結果知られている。この寒冷湿潤な気候を背景としてか、東日本の文化要素が西日本に進出してくる時期でもあった（渡辺 1968）。この期の東日本的要素をみてゆくと、集落を環状にめぐらすこと、打製石斧の多量化、土偶の出現、磨消縄紋の手法の導入、抜歯の習俗の到来、単式釣針や切目石錘の出現などがあげられる。こうした東日本的要素を生業の面からみてゆくと、それらは内陸漁撈採集民のそれであり、その分布域も大分県から熊本県以南の地である。このことからすれば、縄紋時代後・晩期の九州は、小規模の河川・沿岸漁撈を伴う採集民が中九州以南に分布し、沿岸漁撈に従事する採集民が西北九州（佐賀県・長崎県）に存在するという対置的状況にあったことが推定できるのである。

　　　(2)　日常的交流

　縄紋時代後期までの西北九州地方においては、朝鮮との絶えざる交流の結果、次々に漁撈技術を中心とした革新を行い、木材加工具（長方形扁平片刃石斧）をも導入するに至った。こうした交流はしかしながら決して片務的なものではなく、伊万里腰岳産と推定される黒曜石が朝鮮南部の東三洞貝塚などで出土することは、交易的行為のさきがけともなしうる。晩期に入るとこうした動きは一時的に弱まってくる。従来の西北九州地方にはなく、東日本の縄紋文化の要素を多分にもつ地方に分布する扁平打製石斧の出土量が増加する。また乳棒状石斧、石棒、御物石器、十字型石器などもそれと同一にみることができる。一方、石刃技法も退化し、特定の石器だけを目的として石器製作にあたるというよりも、ありあわせの原料を利用して刃器をつくるという点に力点が置

かれるようになり、いわゆる「十郎川型石刃」の出現をみる（橘 1984）。この十郎川型石刃技法はまことに不安定であって、明確な石器としては剥片鏃があるにすぎない。こうした石刃技法が卓越する動きは西北九州ばかりではなく中九州（熊本県）でも同様であって、一部に畑作作物などの導入による生業形態の変化によってもたらされたものか、一時的な縄紋的性格の復活によるものかは議論の分かれるところである。遺跡の動態からみれば、後期に盛行した貝塚は晩期に入ると激減し、新たに形成されつつあった沖積平野と丘陵上に集落をかまえることが多くなり、しかも西北九州では小規模な遺跡が増加してくる（後藤 1986）。縄紋後期中頃の寒冷化と多雨現象に起因する沖積地の形成は、一方では沿海部に生活の基盤を置く漁撈民にとってはかなりの打撃であったに相違ない。ちょうどこの頃、西日本各地では断片的ではあるが、マメ科の栽培植物や穀類の出土が伝えられることは、自然現象の悪化によって生活基盤の喪失に直面した沿海漁撈民が、小規模な畑作栽培を含む採集経済へ、一時期大きく依存していった姿とも解されるであろう。

　こうした試行錯誤をへて晩期末の突帯紋土器の段階になると、一変して明確な水稲耕作を営む集落が、玄界灘に面する小河川の下流域に点々と出現するようになってくる。この期の石器組成をみてゆくと、石庖丁、扁平片刃石斧、抉入片刃石斧、鑿形石斧、磨製石鏃など朝鮮直輸入とも思われる石器群が登場する一方で、打製石鏃の形態は前代のそれを踏襲するものであるし、伐採具としての大型石斧は、縄紋時代の形をもとにして、重量を増加させる方向に展開してゆく（下條 1985）。この石器組成の変化は、水稲耕作に必要な木製農具や調理具の製作にあたるものには新来の道具をあて、それ以外は在来のものをもってするという生業形態の変革に対応するものである。

　突帯紋土器の時期に出現した新たな文化形態は、弥生時代前期の約 200 年間で、列島の風土に適するように様々な改変を加えながら"弥生的世界"を構成してゆく。石器の面でみれば石匙・掻器・刃器などを喪失し、伐採斧は太型蛤刃石斧へ、抉入片刃石斧は柱状片刃石斧へと変化し、新たに石戈を創出する。石器組成の面でも木製農具製作具と収穫具の占める割合が多くなり、狩猟具の割合が減少してゆく。

　このような弥生的世界が形成されて以降の朝鮮との交流は前代とは比べもの

にならぬほど緊密化してゆく。当時の人々に宝器と考えられていたものをとりあげてみても、弥生時代前期には磨製石剣と磨製石鏃、前期末には多鈕細紋鏡、細形銅剣、細形銅戈、細形銅矛などの朝鮮系文物が登場し、中期には中国前漢鏡、後期には後漢鏡がもたらされる。これらと相前後して、朝鮮の無紋土器が西日本各地でみられるようになり（後藤 1979）、ことに福岡県諸岡遺跡や佐賀土生遺跡では多量の無紋土器が発掘され、人間の移住すら考えられなくもない状況である。一方、弥生中期では日本製の土器が朝鮮南部でみられるようになって、「倭韓同居」を思わせる日常的レヴェルでの交流をも推測させる。この交流の強さは、日本製青銅器の出現によっても裏付けることができる。

弥生時代中期になると、銅鐸・銅剣・銅戈・銅矛など日本製の青銅器が登場するが、錫は日本に産しないために、これら青銅器の原料は外国に求めなければならない。その莫大な量の原料の確保（近藤 1983）は、商人の介在なしにはなしえないほどである。

このような頻繁な交渉によって得られたものは、上述のような物質ばかりではなく、農耕儀礼その他のイデオロギーも含まれている。

弥生時代の宗教儀礼を示す遺物としては、木の鳥、卜骨、イノシシの下顎骨を串差しにしたものがあり（金関 1986）、他に鏡も加えることができる。この列島に住んだ古代の住民たちは鏡をすこぶる珍重したらしく、弥生時代から古墳時代にかけておびただしい量の鏡が出土している。中国に隣接する朝鮮での発見例が少ないこととはきわめて対照的である。多鈕細紋鏡、前漢鏡、後漢鏡と次々に新しい鏡を輸入し、鏡の輸入が途切れたり、あるいは少なかったりすると、中国鏡を模倣した小型仿製鏡を製作するほどであり、倭人すなわち弥生人は鏡に対して何か特別な意味を賦与していたことが窺われるのである。『日本書紀』や『古事記』をはじめとする古文献でみることのできる鏡は、呪術性をもつものとして描かれ、何らかの儀式もしくは儀式に伴って記述されるのが常である。鏡に神秘性や呪術性をもたせるのは古代の中国においても顕著であり、福永光司によると（福永 1973）、『荘子』においては鏡が「天地万物の支配者」に比擬されるという。この考えは『列子』や『淮南子』などの道家的な書籍に継承され、これが前漢末頃から活発に展開してゆく神仙思想の中で、鏡を世界の政治的支配者の象徴として神秘化・神霊化させ、さらには魏晋代以

降、「あらゆる悪を退け、その正体を写し出すという鏡の呪術的な神霊力」へと発展したことが知られる。

　このように中国では魏晋代以後、神仙思想とあいまって、鏡が実用品としての役割だけでなく、その神秘性や呪術性がとりわけ主張される状況にあったことが看取され、それは鏡を神器とみなしたり、霊の形であったり、あるいは神霊そのものとして受けとめていた古代日本の思想と大変類似したものであった。

　弥生人が中国鏡を入手するのは、漢の植民地であった楽浪を通してであった。これは朝鮮半島では鏡の出土が少ないにもかかわらず、楽浪の官僚の墓からは例外的に鏡が多く出土することでも頷ける。ところが楽浪においてみられる鏡の取り扱いをみてみると、多くの場合、化粧道具の一つとして他の日常用品と同様に取り扱われており、夫婦合葬にみられる"破鏡"すなわち同一の鏡を半截してそれぞれを夫婦でもつ風習にしても、すこぶる現実的願望の所産であって、そこに呪術性や神秘性を窺うことはできない。このことは、鏡を受け渡す楽浪地域においては鏡に対して何らかの霊的力を認める風習はなかったことを示すものであり、楽浪を通じて得る中国鏡以外の、もしくは中国鏡以前に列島に持ち込まれた鏡にこそ呪術性を認める習俗があったことを示唆している。

　中国鏡に先立ってもたらされた鏡は、多鈕細紋鏡である。鏡背に複数の鈕をもち、主紋様として鋸歯紋や円紋を飾る特異なもので、弥生時代の前期末から中期初頭にかけてもたらされ、今日まで5面が発見されている。この鏡については宇野隆夫（宇野 1977）や全栄来（全栄来 1977）による論考があり、それらによると、多鈕鏡は粗い凹線で文様を表現する粗紋鏡と、精密な細線で表された紋様を鏡背にもつ精紋鏡に分けられ、前者が古く後者は新しいこと、前者は石の鋳型でつくられ、後者は土の鋳型で製作されることが判明した。また多鈕粗紋鏡は中国東北地方と朝鮮半島に、多鈕精紋鏡は朝鮮と日本に分布している。この分布にみられるように中国の中原地方とは異なった地域にのみ分布する、いわば非中国的な鏡である。この分布が特異であるばかりでなく、中国鏡がかすかな凸面鏡であるのに対し、多鈕鏡はかすかな凹面鏡であって、それ自体でも日常の化粧道具とは考え難い代物である。

多鈕鏡が分布する中国の東北地方からシベリア南部にかけては、儀礼や儀式に鏡を使用する民族が古来よりみられる。それはツングース系やトルコ系民族の間にみられるシャーマンであり（甲元 1981）、シホ族の事例でみると、元代にラマ教が浸透する以前のモンゴル族でもシャーマニズムが卓越していたものと考えられる。これらの諸民族の間で行われるシャーマンが跳神する時の状況をみてゆくと、トルコ系諸民族の間で重要なのは太鼓であり、鏡はシャーマンが女性であることを示すにすぎない。これに対してツングース系諸民族、なかでもオロチョン、エヴェンキ、ナナイ各族では鏡は必須の道具であり、かつての満州族の間でもそう

図92　赫哲族のシャーマン
（凌純声 1934 より）

であったことが知られる。ツングース系諸民族の中でも伝統的習俗をよく伝えているオロチョン族（呂天光 1981）やエヴェンキ族（秋浦 1962、呂天光 1981）では、降神の祭に次のようなことが行われる。

　　祭壇を設けてその祭壇の左右に白樺と落葉松の神樹をたて、神樹相互を縄で結んでシカやイノシシの頭や内臓をそれに掛ける。さらにその外側には木をたて、その上にヒシクイや木の鳥を捧げる。身体に大・小の鏡をつけたシャーマンは祭壇の前で火を焚き、煙のまわりで太鼓をたたきながら踊り、衣服にとりつけた小鏡と鈴の音で神を招き呼せるのである。ここでは煙は天の神が降下する時の目印であり、鳥はその先導者、小鏡や鈴は神を招く鳴金で、シャーマンの胸や頭・背中につけた大鏡は、シャーマンに神が憑依したことをしめすものであり、動物の頭や内臓は神への捧げ物である。

　こうした行為は朝鮮においてもみることができ（村上 1947、秋葉 1950）、

ムーダンというシャーマンが鏡を使用して神懸りの状態になるが、シャーマンの衣装には鳴金としての小鏡があるだけで、明図という大きな神鏡は別に神座の中に据え置かれる。これなどはオロチョン族やエヴェンキ族のシャーマンがそれ自身神となるのに対し、神の仲介者としてのシャーマンと神が宿る明図に分離していあったものと思われるのであり、日本の御神体としての鏡に通じるものである。

シャーマンはまたシカの骨を使用して卜占も行う。シカやイノシシの肩胛骨を利用して占う行為は、先史時代の東北アジアに特異に分布することが知られている（新田 1977）。木の鳥は金関恕が指摘するように（金関 1986）、朝鮮の蘇塗を通して中国東北地方に通ずる宗教儀礼であり、弥生時代にみられる新来の宗教儀礼は、すべてツングース系のシャーマンのそれと通じることが知られるのである。

(3) 政治的交流

弥生時代の終わり頃から古墳時代にかけて、統一国家への道を歩みはじめた日本は、必然的に東アジア世界の動きに反応するようになってきた。紀元2～5世紀の東アジアは、中国における政権のあり方と高句麗の動向に大きく左右されるようになってくる。

5世紀の前半頃考古学的には、列島内では横穴式構造の墓制の導入という大きな変革を迎えるようになる。横穴式構造の墓制は、戦国時代中国の秦の領域で開始されたものであり、秦による中国の統一を経て中原にもたらされた。前漢代では大型の横穴式構造の墓は主として皇帝や王族に限られていたが、前漢中期頃から塼すなわち煉瓦による小型の横穴式構造の墓が一般化しはじめ、塼室墓の普及とともに、漢人の赴く所分布していった（町田 1977）。朝鮮では、楽浪において官人層を中心として塼室墓の出現をみるが、高句麗による楽浪支配の後には塼室墓はすたれ、塼に代わって方形の板石を小口積みにすることで、塼室墓と同様の構造をもった横穴式石室墓の成立をみるに至ったのである（小田 1980）。

日本における初期横穴式石室墓は、構造の面で次の3つの型式に分けることができる。1つは前代の竪穴式構造の影響を強く残すもので、竪穴式石室の

片方の上半部を開口した竪穴系横口式石室、2つめは巨大化させた箱式石棺墓の片側上半を開口して出入口とした石棺系横口式石室、3つめは方形の玄室プランをもち、磚室墓と同様に丸天井を意識してつくった肥後型の石室である。

　竪穴系横口式石室の最も初源的な構造をもつものは、福岡市の老司古墳である（柳沢 1982）。これは那珂川の中流左岸の丘陵上にある長さ90mの前方後円墳で、後円部に3基、前方部に1基の石室が設けられている。このうち3号石室は前方後円墳の長軸に平行に、後円部のほぼ中央に設置された主石室であり、石室の横断面が台形となる従来の竪穴式石室の一方の南側妻部に、縦断面でみたとき階段状に外側に張り出した羨道をもつものである。石室内には複数の埋葬施設があって、追葬が行われたことが考えられるが、死者を石室内に入れるに際し、墓道から羨道部に降り、羨道を横走して次に玄室に降りる手順をとり、構造的にみて先行する竪穴式石室の観念を完全に払拭しえていないのである。

　こうした初源的な構造から、墓道、羨道、玄室がほぼ同一レヴェルに構築され、墓門の構造をとるようになる6世紀段階の横穴式石室に至る過程は、竪穴式石室を基本としながら、構造的にはまったくそれと異なる横穴式石室を受容してゆく日本的な対応のしかたとみることができる。

　第2の型式の横穴式石室は、箱式石棺もしくは箱式石棺の系譜をひく小型竪穴式石室を基本として、それに横穴式の構造をとりつけたものであり、玄室は縦長で左右の壁体はほぼ垂直である。福岡県宗像市の久戸12号墳は（宗像町教育委員会 1979）、直径が12mあまりの円墳で、そのほぼ中央部に西南に開口する石室が設けられている。石室の四周に扁平な石材を組んで、その上部には板石を小口積みにして石室の高さを増しているが、南西側の妻部にはこれが無く横口の開口部となっている。石室は地山を掘り込んで構築されるために、墓道からは斜めの羨道を通ってこの開口部へ続く。この横口部は狭くて小さいために、追葬をする時には石室の天井石をはずさねばならず、この種の石室では構造上観念的な横穴の受容にとどまる。

　このような石棺系横口式石室は、北部九州一帯で数多くみられ（山中 1974）、この地方で特異な分布を示すが、これと同様なものは朝鮮南部の伽倻地方に最も典型的にみることができる（亀田 1981）。北部九州にみられるこの

250 Ⅲ 文明の中心と周辺

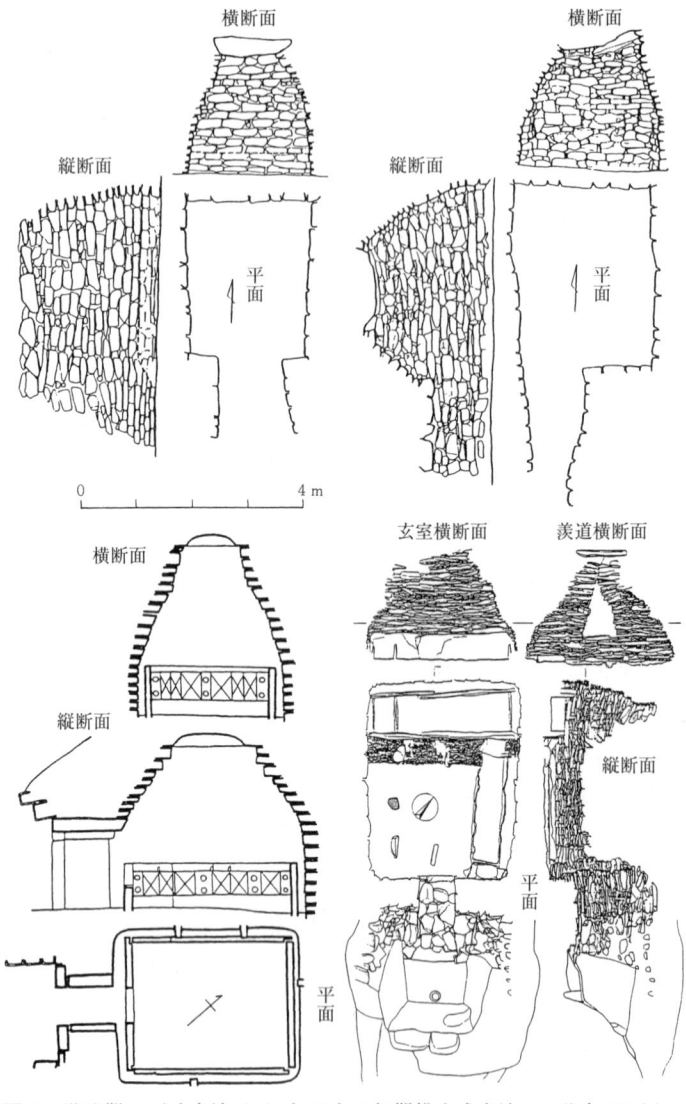

図93 漢城期の百済古墳（上）と日本の初期横穴式古墳　井寺（下左）、鋤崎（下右）（柳沢 1982、1984、小林 1964 より）

種の石室の多くは、石室の長さが 3m 以下の小型に限られるが、伽耶地方では漆谷若木古墳のように、石室の長さが 5.8m に及ぶものもある。この地方では竪穴式石室の伝統が根強く残り、そのためにこうした横口式石室が隆盛で 7 世紀までつづくことが指摘されている（亀田 1981）。

北部九州にみられるこうした石棺系小型竪穴系横口式古墳の出現については、当然のことながら、伽耶地方との関係が考えられ、稲童古墳出土の遺物も彼の地との関連の深さを物語る（大川 1964、65）。また 4 世紀後半から 5 世紀にかけての頃、池の上墳墓群にみられるような、伽耶地方と同質の陶質土器を伴出する遺構が存在しており（甘木市教育委員会 1983）、4 世紀後半以降の伽耶地方との密接な交流を仲介として出現した墓制とみることができよう。

肥後型石室と称するものは、その名の示す通り熊本県を中心として西日本各地に 30 基ほどが存在している（河野 1982）。玄室のプランは正方形に近く、四隅からのびる「目地」を消すように四壁が持ち送り状に構築され、頂部のわずかな空白部分に天井石が架設されるが、熊本県井寺古墳の場合、その天井石も四壁からつづく曲線にそって挟られており、ドーム型の石室を企図してつくられたことは確かである。他の 2 つの型式の初期横穴式石室古墳は、地山を大きく掘り込んで石室が構築されるのに対し、肥後型石室の場合はせいぜい 50cm ばかりであり、わずかな控え積みによって、石室が保持されているにすぎない。また力学的には何ら構造上意味のない石障が石室の下部に四周していることも特異であり、こうした石障にはしばしば装飾が施されるのである。肥後型石室の最も古く溯るものは、熊本県塚原将軍塚であり（松本 1983）、5 世紀の前半であることがその出土した遺物で知られている。

ドーム型石室をもつ肥後型石室は、従来の竪穴式石室の観念の中からは決して生じえないものであり、熊本県下では古墳の周溝内に馬を殉葬するという特異な習俗を含めて、大陸との関係を除外してその出現を考えることはできない。その出自は磚室墓に求められるとして、漢城期の百済古墳に類似的構造を見出す説もある（永島 1979）。しかしソウル周辺の石室墓の編年研究は日本ほど明らかではなく、百済だけでなく新羅古墳も含まれているという見解もあって（金元龍 1974）、まとまりはないが、5 世紀前半という肥後型石室の成立年代からすれば、有力な候補であることは確かである。一方、旧楽浪地域での南

井里119号墳の存在は、旧楽浪地域においても磚室墓から石室墓への転換がたどられることを示すのであり（榧本 1935）、肥後型石室墳の出自の可能性も残されている。楽浪滅亡以後のピョンヤン周辺の古墳の状況が不明確なために、今日では旧楽浪や漢城期の百済古墳のドーム型構造をもつ石室墓が、肥後型石室と最も関係が深いと指摘されるにすぎない。

5世紀段階の横穴式構造をもつ古墳の成立は、具体的には日常的交流を深めることで横穴の観念を導入して、竪穴式石室を横入りに変化させる老司3号石室のあり方と、石棺系横口式石室や肥後型石室のように伽倻地方や旧楽浪あるいは漢城期の百済からの構造的な直輸入というあり方という異なった対応のしかたがみられるのである。漢城期の百済古墳には、高句麗からの強い影響が認められることを考えると、ヴァラエティに富む横穴式石室の成立は、高句麗の南下によって引き起こされた政治的状況の変化の対応しながら独自性を生み出そうとする姿ともみることができよう。

(4) 北 と 南

考古資料を通して、広く北海道に人間の足跡がたどれるのは、約1万2000～3000年前の細石刃の段階である。東日本に分布する更新世のマンモス、ヤギュウ、ヘラジカなどの北方草原性動物は、樺太や北海道を経由しての移動を考えさせるので（木村 1985）、当然のことながらそれらを狩猟する人間集団の存在を物語る。少なくとも広義の石刃技法を伴うナイフ形石器の初期の段階からの狩猟民の存在の可能性は高い。

北海道に分布する細石刃を製作する小形の石核は、その断面が常に長三角形に近い形状をなすために、楔形石核と呼ばれている。この楔形石核でつくられた細石刃には、荒屋型と呼ばれる特異な彫器（グレイバー）が伴出するが（加藤 1986）、この荒屋型彫器と楔形石核という組み合わせは、バイカル地方以東のシベリア、アラスカ、中国東北部に分布をみせている。加藤晋平によると（加藤 1982、1986）、荒屋型彫器と楔形石核をもつ文化層の最も古い例は、ザ・バイカルやアンガラ川上流域で約2万年前に遡るという。ザ・バイカルやアンガラ川上流域ではこの種の石器は中石器時代中期にまで1万年以上も継続して製作されるが、他方年代的傾斜をもって東や南に拡散してゆくことも指摘

され、東日本にみられる細石刃文化も、こうしたシベリアからの流れの中に位置づけることができる。これら細石刃はそれ自体骨に組み込まれて銛となるばかりでなく、豊富な骨角製漁撈具に伴うものと考えられ、内陸河川の漁撈狩猟民が、産卵溯河性のサケ、マスを求めて沿岸に分布域を拡大していったことが推測されている（加藤 1985、1986）。

細石刃文化の終り頃に出現する有舌尖頭器やそれにつづく石刃類など大陸との交流を窺わせるものもみられるが（菊池 1980、吉崎 1986）、それらは分布域が限られるなど、局部的な現象とも解される。縄紋時代早期から前期にみられる大陸的遺物としては、釣針と銛をあげることができる。釣針は結合式のもので、針部の内側に逆をもつものと無逆のものがあり、釣針の基部に結合するための刻み目が1～4ヶ所認められる。結合式釣針は東日本の太平洋沿岸にそって、関東地方にまで分布をみせる（渡辺 1973）。北海道では縄紋時代後期以降にしか検出されないが、赤御堂型と呼ばれるタイプの結合式釣針は、バイカル地方のそれに形態的に類似していることからみれば、西北九州の釣針と同様に彼の地からの北海道経由の伝播は十分に考えられるのである。

縄紋時代の早期から前期にかけて出現する他の漁撈具は、いわゆる回転式離頭銛であり、その最も古い例は北海道東釧路貝塚より出土している（沢他 1962）。動物の管骨を利用した扁平で単純な形態であり、先端部を尖らし一部には逆をつけ、尾部を凹基にしたり、あるいは刻み目をつけたものである。縄紋時代早期には北海道東部に分布が限られるが、前期になると北海道西部と東北地方に分布を拡大してゆくのであり、結合式釣針とセットで南下していった可能性が高い。

細石刃文化の段階から縄紋時代前期初めまで、大陸と強く関連する考古学的遺物が出土するが、前期後半になると石刃技法も途絶えるようになる。石刃技法は中期後半になって再登場し、これ以後、続縄紋（本州の弥生併行期）までつづく伝統的な石器製作法となったが、この頃土器の口唇部に円形刺突文をめぐらす方法が出現し、石刃技法の再到来とともに日本にもたらされたものと推測されている（藤本 1979）。

縄紋時代の後・晩期になると、ストン・サークルといった新しい墓制が出現してくるが、この来歴については異なった見解がある。ストン・サークルとい

うのは、環状石籬とも訳され、直径が2〜5mの円形に平らな石を並べ、その下位に1.5〜2mの径をもつ土壙を掘りだしたもので、この石籬が平均で3〜4基まとまる例もあるが、一部ではこれら石籬をとり囲むようにして、ドーナツ状の大きな土手を有するものもある。また内部に環状石籬はもたないものの、多くの土壙墓をもつものがあり、中には千歳市キウス遺跡2号墓のように、外径が75m、内径が34m、土手の高さ5.4m、土手の円周が150mにも及ぶ巨大なものもあり、環状土籬と呼ばれている(大谷 1983)。こうした大規模な遺構の成立について、環状石籬のなんらかの影響でできたものとは認められるものの、環状石籬そのものについては、東北地方との関係を指摘する人もいる(藤本 1979)。東北地方では縄紋時代後期に秋田県大湯の環状列石のような、石を標式とする巨大な遺構が散在し、それの来歴は東日本各地で縄紋時代前期にまで溯上するのである。縄紋時代後期から晩期にかけての北海道は、東北地方の土器の流入にみられるように、東日本、関東的な要素が色濃くみられる時期であり、こうした大きな文化的流れの中で、ストン・サークルや環状土籬を位置づけることもできる。

　一方北海道にもみられる小型のストン・サークルと同様のものはシベリア南・東部にもみることができ、中国の東北部ハイラールでもその存在が報じられている(駒井 1973)。音江のストン・サークルで出土した貝製臼玉の装飾品は、シベリアのグラスコーヴォ期の装飾品と大変類似している点から、大陸と無関係に出現したと断言することはできないであろう(Komoto 1982)。

　本州の古墳時代に相当する頃、北海道東部の沿岸地方に海獣狩を特徴とするオホーツク文化が展開した。石器が一般的に用いられる他、漁具を中心とした豊富な骨角器をもち、各種の鉄製品に加えて青銅製の装身具を有している。彼らの住居址は巨大で独特の六角形をなしていて、中央に炉を設け、入口とは反対の奥壁近くにはヒグマやトド、アザラシの頭骨を並べた祭壇を設けている。土器も特徴的で口を開いた鉢型をなし、古い時期は刻紋を、新しい時期にはソーメンのような細い紐紋を口縁部にめぐらしている。同種の土器は樺太や千島にも存在し、オホーツク海沿岸地方を含めた特異な分布域をなしている。

　このオホーツク文化の担い手は、樺太や黒龍江下流域の住民と最も密接であり、加藤晋平は黒水靺鞨との関係があると指摘した(加藤 1975)。一方、菊池

俊彦は、シベリアの少数民族の物質資料や北海道周辺の遺物、それに文献を駆使して、古ギリヤーク族であったことを論じている（菊池 1984）。このオホーツク文化は、その後 4,500 年つづくが、擦紋時代後期になるとほとんどその影を失い、擦紋文化の中に吸収されるようになってくる。これに関しては元の樺太進出（加藤 1975）、擦紋人の東海岸への侵入による生業基盤の弱体化など（山浦 1983a）さまざまな意見があるが、生業はもとより、熊祭りなどのアイヌ文化の中に、オホーツク文化の遺産が強く根付いていることには留意しなければならない。

　南西諸島はそこをとり囲む海溝は深く、ヴュルム氷期の間でも列島や大陸に連なることはなかった（那須 1985）。ところが今日、5 遺跡において更新世に属する新人の人骨が出土しており、確実に旧石器時代人の存在を物語っている（内藤 1985）。そのうち港川人は最も良好な資料であり、形質的特徴から中国華南の柳江人に近いことが指摘されている。これによって、海があっても中国南部の人種が沖縄に到着していたことを示すが（内藤 1985）、考古学的物証は未だ明白ではない。

　考古学的資料を通して南西諸島での人間の活動が明らかになるのは沖積世に入ってからで、土器や局部磨研の石斧によって知りうる。先島諸島は別として、縄紋時代併行期の南西諸島にみられる遺物類の多くは、九州から南下した要素に彩られている。南西諸島に土器が出現するのは九州よりの影響であり、石器も類似性が高い。ただし石器のセットのうち、磨石や石皿の類が多いという点に特色があり、漁具においても釣具は少なく、刺突具や網具が卓越する傾向にある。この南西諸島には在来の大型動物は棲息せず、そのため漁撈と採集に生業の中心をおく生活が基本であった（木下 1986）。

　南西諸島が最もよくその個性を表しはじめるのは縄紋時代後期以降で、南西諸島が先島を除いてほぼ同一の土器文化圏を形成するようになる（金武・当真 1986）。こうした土器にみられる共通性は島々の間の交流が緊密であったことを示す。また土器の器種の面で、壺形土器と深鉢形土器という南島独自の器種セットへと収斂しはじめてくる頃でもある。

　南島地域で大陸との交渉を示す具体的な資料としては、動物の骨でつくった飛龍型の装飾品や、中国の饕餮紋に近い紋様を彫刻した貝製のタブレット、貝

256　Ⅲ　文明の中心と周辺

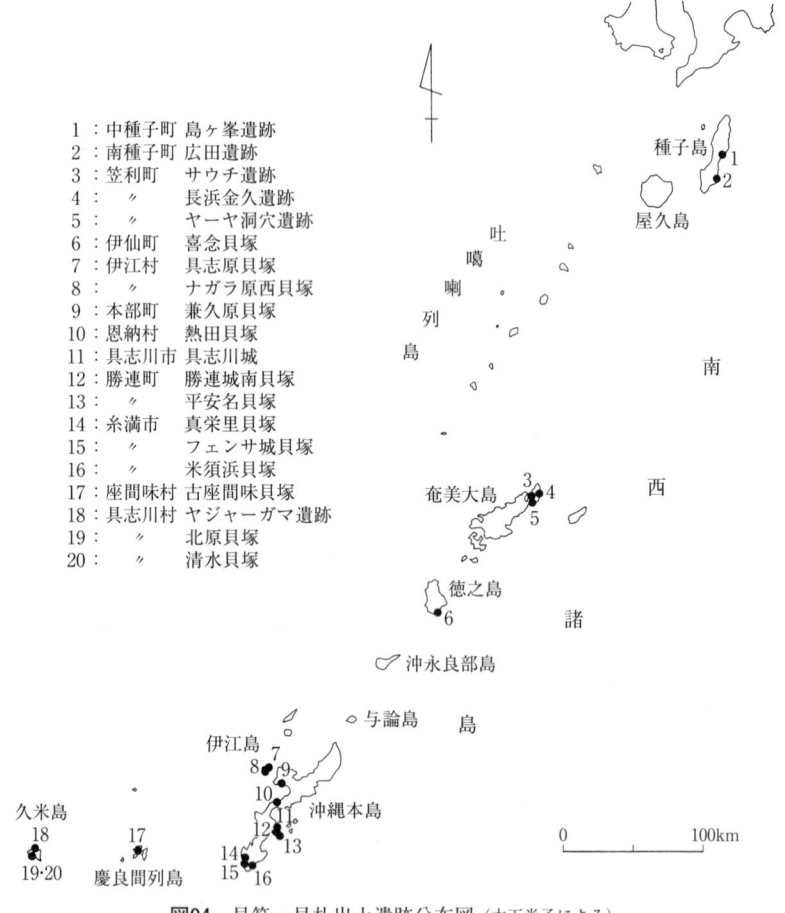

```
1 ： 中種子町　島ヶ峯遺跡
2 ： 南種子町　広田遺跡
3 ： 笠利町　　サウチ遺跡
4 ：　〃　　　長浜金久遺跡
5 ：　〃　　　ヤーヤ洞穴遺跡
6 ： 伊仙町　　喜念貝塚
7 ： 伊江村　　具志原貝塚
8 ：　〃　　　ナガラ原西貝塚
9 ： 本部町　　兼久原貝塚
10： 恩納村　　熱田貝塚
11： 具志川市　具志川城
12： 勝連町　　勝連城南貝塚
13：　〃　　　平安名貝塚
14： 糸満市　　真栄里貝塚
15：　〃　　　フェンサ城貝塚
16：　〃　　　米須浜貝塚
17： 座間味村　古座間味貝塚
18： 具志川村　ヤジャーガマ遺跡
19：　〃　　　北原貝塚
20：　〃　　　清水貝塚
```

図94　貝符・貝札出土遺跡分布図（木下尚子による）

製の龍佩があげられ、縄紋時代の後期から弥生時代併行期にかけての先島を除く南西諸島に広く分布をみせている（国分 1972）。貝製のタブレットが多数出土した遺跡としては種子島の広田遺跡が有名であるが、出土分布図上では種子島は北端であり、沖縄本島にその中心があったことが推測される。

『三国志呉志』の「孫権伝」黄龍二年（230）の条には、会稽の東海上にある夷洲および亶洲の島のことが記されている。夷洲が台湾であるとすれば亶洲はそれ以外となり、白鳥庫吉は種子島にこれをあてている（白鳥 1971）。金関丈

夫も先述した貝製装飾品の出土から亶洲を種子島に比定している（金関 1975）。葛洪の『抱朴子』金丹篇には、台湾や種子島とは異なる大島嶼の紵嶼洲という名称がみえる。紵嶼洲は『太平御覧』に引く『外国記』に、「紵嶼洲には徐福とそれに従った童男の子孫たちの住む所」という記述があって、先述の『三国志』の「秦始皇帝遣方士徐福、将童男童女数千人入海」とする記事と符合し、亶洲に近い場所に紵嶼洲という島々があったことが窺える。紵嶼という言葉は、その特産品から奄美や沖縄諸島こそふさわしいものであり、紵嶼にしろ、亶洲にしろ、弥生時代の終り頃から古墳時代にかけて、倭とは異なる東海上の島々が存在していたことが中国では知られていたことを示す。また『三国志』には続けて亶洲の民が時々会稽まで来て買物をすることが記されており、南西諸島の住民は、東シナ海を横断しての交流にあたったことが考えられる（甲元 1978）。骨製や貝製の中国的装飾品もこうした交流の中でもたらされたであろうことは国分直一の想定したところである（国分 1972）。

　南西諸島にみられる抜歯の習俗も、九州の縄紋時代や弥生時代のそれとは異なっている。南西諸島地域の抜歯は上顎の第2門歯であり、中国大陸の先史時代のものと一致する。大陸のそれと南西諸島の例は大きな年代的隔たりがあるが、『臨海水土志』に描かれた当時の台湾の民族に抜歯習俗をみることができ、彼の地と強い関係があったことを推測させる。

　中国と南西諸島間のこうした交流は、九州に波及することはなく、島嶼部内にとどまる。唯一の例外と考えられるのは、埋葬址に動物を随葬することであり、長崎県五島の浜郷遺跡でイノシシの下顎骨や貝の副葬がみられることは（小田 1970）、沖縄の木綿原遺跡のそれと通じ（当真他 1978）、大陸の風習と結びつく可能性がある。

　弥生時代併行期になると、南西諸島は九州との交流が活発になってゆく。少し溯って縄紋時代晩期にも、南西諸島産の土器が鹿児島の西海岸にみられ、九州産の土器がトカラ列島でかなりまとまって認められることは、それを物語る。縄紋晩期の土器が多く出たトカラ列島の中之島、タチバナ遺跡（熊本大学文学部考古学研究室 1979、80、甲元 1982）では、縄紋晩期の九州系土器は深鉢と浅皿、在地系の土器は鉢、南西諸島系の土器は壺や甕というように器種の相違となって出現しているのであり、交流の内実を示している。

こうした交流を越えてさらに明確になることは、沖縄諸島にまで弥生土器が多くみられるようになり（高宮 1983、金武・当真 1986)）、その一方南西諸島以南の地にしか棲息しないゴホウラ製の貝輪が、九州を中心として西日本の弥生時代の遺跡にみられるようになる。大型のスイジガイやイモガイ製の貝輪も同様に考えることができよう。縄紋時代の二枚貝製の貝輪にかわって、巻貝製の貝輪が流布する意味は不明であるが、ゴホウラ製の貝輪を右手に多く付けた人骨の発見されることは（高倉 1975)、一種のステータス・シンボルとして、弥生人に珍重されたことを物語るものであろう。

おわりに

完新世においての大陸と列島との交流は、氷期の陸橋形成時の、人間と動物群の移動によってなされた。後氷期を迎える前までは、陸橋による異なった系統の文化の伝来と、孤立化した時期のそれらの独自性の展開を繰り返しながら、大きく東北・中部日本と、西日本とでは異なった石器組成をもつ集団が列島内で併存していたと考えられる。

交流が明確になる第1期は列島が孤立化した縄紋時代に入ってからで、まず漁撈に関係する文物が南下し、次いで縄紋時代中期から後期にかけて北方では石刃技法や土器にみられる円形刺突文のモチーフ、西方では石刃技法と結合釣針・回転銛などの漁法を伴う文化の伝来がある。これら北と西からもたらされた文物は、出自はすべて同一であって、黒竜江流域から拡散してゆく漁撈民の南下と考えることができ、その意味では細石刃文化段階からの、一貫した漁撈文化の列島への進出ととらえることができる。

第2期は主として西方の窓口を介しての交流であるが、漁撈民を通してのつながりが緊密化して日常的レヴェルでの交流となり、青銅器などの宝器の伝来は、季節的にしろ、そこに商人の介在する交流をも思わせる。この期は文物だけでなく、鏡や卜骨にみられるように日常的交流を通して宗教的観念ももたらされ、倭人の基本的考え方をもつくりだしてきた。

第3期の日常的交流を通しての相互の親密な関係は、一方では東アジア的世界への加入であり、横穴式石室の導入や「帰化人」にみられる、非日常的という意味での政治的交流が大がかりとなる時期でもある。

北方においてはオホーツク文化の成立にみられるように漁撈民の交流が持続されるのに対し、南方では同じ漁撈民の交流であっても、中国と南西諸島、南西諸島と九州といったように常に分岐的であり、その意味では南島独自の文化形成には有用であっても、列島への影響という点では、決して大きな力とはなりえなかったものと思われる。

3　朝鮮・対馬海峡

はじめに

　晋の陳寿が記録した『三国志』のなかに収められている「魏志倭人伝」には、中国からの使者が朝鮮の楽浪郡を発って「邪馬台国」に至る道程が各地の風俗の紹介とともに記載されている。

　　従郡至倭、循海岸水行、歴韓国、乍南乍東、到其北岸狗邪韓国。……始渡
　　一海、千余里至対馬。……又南渡一海千余里。名曰瀚海。至一大国。……
　　又渡一海。千余里至末盧国。

　文中にある対馬はいうまでもなく長崎県の上県郡と下県郡の対馬島であり、末盧国は佐賀県の松浦、すなわち東松浦半島の一帯をさすものと考えられている。一大国は一支国の誤りとするのが今日の学界の定説となっており、壱岐島であることは動かし難い。

　倭国に赴く中国の使者は、楽浪を出発してから朝鮮西海岸を南下し、半島の南岸を東行して釜山あたりから上対馬西海岸に到達したであろう。その後、対馬の浅茅湾を抜けて下対馬の東海岸に出て、壱岐を経由して東松浦半島に到着した。この「魏志倭人伝」に記された朝鮮から日本列島に達するコースは、地理的にみても、航海の安全性の上からも最もふさわしいものであった。壱岐の島から南方をみれば20数キロ離れた松浦半島や平戸島をくっきりと望むことができ、西北方向には対馬を窺うことができる。一方上対馬の西海岸からは冬の晴れた日には50km離れた朝鮮南岸の山々を見ることができるし、冬以外の季節でも、佐護の千俵蒔に登ると容易に朝鮮を遠望することが可能である。みはてぬ水天の彼方にあこがれを抱いて何千kmも航海を重ねたポリネシア人の移動と比べると、倭人伝に記された道程ははるかにたやすいものであったであろう。

　朝鮮・対馬海峡を通っての大陸との文化交流は、しかしながらこの倭人伝に記載されたものだけではなかった。朝鮮の西南部多島海から済州島・五島列島を経て西北九州に至るコースも想定できる。また古墳時代以降になると、上対

馬の東海岸から沖ノ島界隈を通って関門海峡に達するルートが開発されるようになってきて、沖ノ島が航海安全の国家的な祭祀場所に昇格してゆく。さらに朝鮮の東海岸を南下するリマン海流に沿って山陰・北陸に達する道もあった。これは平安時代に渤海国の使者が利用したものであり、佐藤達夫は、縄紋時代も初めの頃そのルートでの彼我の交渉を想定しておられる。

　最終氷期の日本列島周辺は海面が約 100m から 120m も低下していたために、ユーラシア大陸と陸続きとなり、その東端、文化の終着駅となっていた。この陸路を通しての旧石器時代人の交流も剥片尖頭器など石器の特徴から充分考えることができる。しかしここでは、後氷期以降の海面が上昇し陸橋が水没した後に限って交流のあとを辿ってみることにしよう。

(1) 西回りのルート

　西回りの渡航ルートとは、朝鮮半島西南部の多島海地方を中心基地として、済州島や五島列島を経由しての西北九州と結びつくコースである。このルートを通して朝鮮と日本列島の交流が開始されたのはいつの頃かはっきりとした確証はないが、その動きが顕在化したのは、縄紋時代の終わり頃のことであり、支石墓という特異な構造を備えた墓制の伝播と初期的な畑作栽培技術の導入経路にあたるものと考えられる。

　支石墓というのは、巨大な上石を標識とし、その下に墓室を拵える墓制の一種である。このような墓制はユーラシア大陸の南縁部に沿うようにしながら、イギリスから日本列島にまで広く旧大陸に分布をみせている。東アジアでは中国や九州の西北地域に少しばかりみられるが、朝鮮半島それも南部地域に際立って多くをみることができる。今日まで知られた中国の支石墓数は 100 基前後、日本でも 200 基ほどにすぎないが、朝鮮では 1 遺跡の中に 200 基近い数の支石墓が存在している例はかなり知られている。例えば黄海北道沈村里および石泉山にみられるごとくである。以上のことからも分布の差異は明確である。

　日本の支石墓においては、上石の下に営まれた埋葬様式には箱式石棺や土壙それに甕棺などがあって、その様態は様々であり、年代的にみても縄紋時代晩期から弥生時代中期にかけて広がり、箱式石棺を埋葬主体とする様式から木棺

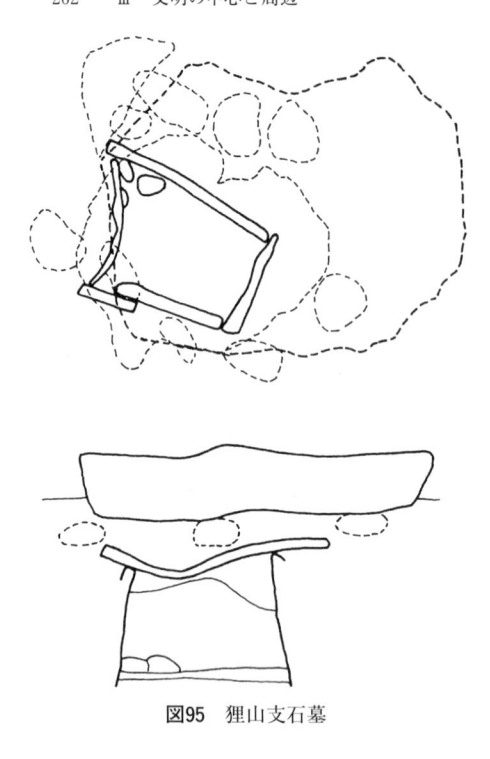

や土壙それに甕棺へと変化をみせている。しかしそれらに共通した構造上の特色もまた認めることができる。

すなわち長崎県狸山支石墓では、7基の支石墓の存在が確認されていて、発掘調査されて確かめられたものはすべて粗製の箱式石棺であった。それらは数個の支石の上に幅1m内外偏平な上石を置いている（図95）。そして上石と埋葬主体である箱式石棺との間には供献用の小型壺が供えられており、土器型式上では夜臼式土器に属すことから、縄紋時代終末期の段階に構築されていたことが窺える。縄紋時代晩期に属する支石墓は、狸山以外にも長崎県原山遺跡、大野遺跡などでも知られていて、構造は狸山のそれと同一である。こうした例を朝鮮の支石墓の編年にあてはめてみると、その最終段階、つまり碁盤型支石墓の系統を引くことがわかり、朝鮮の碁盤型支石墓のデフォルメしたものであることが分る。

図95　狸山支石墓

日本での支石墓の分布をみると佐賀県・長崎県を中心として広がっていて、熊本県北部と福岡県西部地域にしか類例は見られない。このように支石墓の分布は西北空襲にかたまっていて、後に弥生文化が典型的に開花した北九州の中心地から外れた地域にのみ分布するのである。また朝鮮に最も近いルート上に位置している対馬や壱岐にはこれまでに支石墓があるとの報告はなされていない。このことは後述する倭人伝の伝える航路とは異なったルートで西北九州に支石墓が伝わった可能性を示唆しているといえよう。

西南朝鮮の多島海地域はその名が示すように、幾多もの島々が海上に浮かび、またそれらと対峙する半島の西部地方は典型的なリアス式海岸が展開して

いる。この地域は今日、朝鮮では最も漁業活動が盛んであり、航海術に長けた漁撈民に活動は2000年以上も遡って想定が可能である。多島海地域や済州島には朝鮮半島で認められる有紋土器が採集されていて、次の時期の無紋土器や新羅焼の陶器も多く出土していて、古代においてもかなり頻繁な交流があったことが具体的に示されている。済州島を出帆し対馬海流に沿って進むとほどなく五島列島から長崎県の沿岸地域に容易にたどり着くことができるのである。

西南朝鮮と西北九州を結びつける交流の中には、初期農耕の技術もあったことが推察される。縄紋時代の終わり頃西北九州では従来とは異なった文化的な動きが認められるようになってくる。基本的な石器組成が変化し、遺跡の立地がそれまでとは異なるようになる。こうした変貌と歩みを合わせるように、土器の表面に籾痕と思われる資料の発見が各地で報じられている。長崎県原山支石墓出土土器をはじめとして、同県梶木遺跡、筏遺跡、熊本県ワクド石遺跡などがそれであり、それら籾痕の計測値はいずれも長幅比が大きく、水稲よりも陸稲のそれに近いことが示されている。これら籾痕資料は、研究者によっては籾と認定することを拒むことがあり、縄紋時代後・晩期の初期農耕について否定的な意見を提示する人も少なからずいた。

ところが熊本市上の原遺跡では発掘調査によって、縄紋時代晩期の層からイネとオオムギが採取されるに及んで、縄紋土器に付着した籾痕も確実に農耕の存在を示す材料として扱われるようになったのである。こうして農耕が営まれていたことが確実視されるに至ると、それは弥生時代の水稲栽培とは異なって、畑作栽培以外には想定できないとする意見が多数を占めるようになってきた。

支石墓や畑作栽培を伝えたと考えられるこのコースは、より多くは漁撈民集団により担われていたものであり、西回りルートはその意味で朝鮮の多島海地域や全羅南・北道の半農半漁の民により開発・維持されたルートであったことが考えられる。

(2) 倭人伝のルート

朝鮮半島から対馬・壱岐を経て倭国にいたる航路は、弥生時代の全期間を通じて最も重要な文化交流のルートであった。このコースが弥生時代に開花する

以前、縄紋時代の早い頃から朝鮮半島と日本列島の交流の道ともなっていたことが充分に想定できる2～3の資料がある。その一つは九州の縄紋土器に考えられている曾畑式土器である。曾畑式土器というのは、櫛状の施紋具により綾杉紋その他の擦痕を器面にもつ土器である。こうした紋様手法は縄紋土器の仲間では非常に珍しいものであり、かえって朝鮮の有紋土器との関連性が強いことが指摘されている。

曾畑式土器は西北九州を中心として南は屋久島あたりまで分布をみせているが、その多くは海岸地域にあり、また今日の海岸近くの海底から発見されることもある。曾畑式土器を指標とする文化内容に関しても、もう少し立ち入った分析が必要ではあるが、漁撈活動に生業の比重をおいた人々の残したものであろう事は想像に難くない。

朝鮮半島の南端、釜山の東三洞貝塚の遺物は、縄紋時代のそれと似通った内容を持つ遺跡として紹介されている。それは曾畑式土器と有紋土器との関連性を説く以外に、逆に日本列島の縄紋土器が彼の地に持ち込まれたと考えうる土器が存在しているとされる。また東三洞貝塚出土の黒曜石が、佐賀県伊万里の腰岳産のものが多いことも挙げられている。朝鮮の東北部の白頭山周辺には黒曜石の産出地があり、朝鮮の有紋土器時代から次の無紋土器時代にかけて東北朝鮮各地では黒曜石製の道具が豊富に見られることはよく知られている。東北朝鮮以外の地域での黒曜石については実のところ余り良くわかってはいない。もし腰岳産黒曜石が朝鮮南部にもたらされていたとすると、こうした現象は、あるいは縄紋時代における交流の一端を示すものとなろう。

弥生時代にはいってからの交流は、水稲耕作技術と金属器の導入が最も重要なものであり、このルートを通しての繋がりが考えられる。

朝鮮半島では、有紋土器の時代にすでに初期的な農耕が営まれていた。それは石耜や石鍬で台地を耕し、石鎌で収穫し、磨臼と磨棒で脱穀製粉を行い調理するものであり、アワやキビが主な栽培穀物であった、しかしこの類型の農耕は日本には導入されなかった。次の無紋土器の時代になると、地域的に特色のある農耕が、自然条件に則りながら展開されていく。すなわち、半島東北部の蓋馬台地の周辺地域において、凸字形をした打製石鍬と長方形石庖丁、磨石、磨臼の組み合わせで示される農耕がそのうちの一つであった。この地域では気

温が低く湿気が多いために、腐植土が形成されにくい。したがって石鍬も土地を耕起するためでなく、撹散して種を覆うのみの簡単な作業に供されたにすぎない。ここではキビ、アワ、アズキ、ダイズなどを粗放に栽培していたのである。

　第2の類型は西北朝鮮の一帯において、アワに加えてムギの栽培を行っていたものである。紡錘形の石庖丁や小型の石鎌、土器の類似性それに家畜の存在に示されるようにこの類型は遼東地域の農耕と強く結びついて発達してきた。これらに対して南朝鮮に展開した第3の農耕類型は、列島の弥生文化と最も親縁関係をもつ類であった。

　朝鮮の南部地域は落葉樹や照葉樹が茂り、気候は温和で雨量が多く、西日本の風土と最も近接した自然状態にある。この地域の無紋土器の時代の石器組成はまさしく弥生時代の道具と同一であるとみて差支えがない。木材の伐採や加工に使われる太型蛤刃石斧、扁平片刃石斧、抉入片刃石斧、収穫具としての半月形外湾刃石庖丁、紡錘車などがそれであり、また磨製石鏃や磨製石剣などの非実用的な製品も酷似している（図96）。農具として重要な耕起具や調理具については朝鮮での出土事例がないために明らかではないが、先の石斧などは木製の道具を作り出すための道具であり、弥生時代に広く認められる平鍬や杵、臼と同様の木製の農具が存在していたことは十分に考えられよう。

　南朝鮮の無紋土器の時代の道具の組み合わせを、弥生時代初期に具現化しているのは、佐賀県の唐津平野から福岡県の平野部、それに山口県の響灘沿岸地域である。これらの地域では、弥生時代の当初から各所に農耕集落が形成され、そこから出土する道具類は殆どが朝鮮南部地域で展開した文化の系統を引くものであることは言うまでもない。弥生時代初期に見られる石器のうち、例えば抉入片刃石斧などは、壱岐や対馬からも発見されることから、弥生農耕文化は倭人伝のルートで伝来したことは明白である。

　石器以外でも、こと土器に関して言えば、壱岐や対馬で出土する弥生土器は前期から後期前半までは、北部九州各地で出土するものと類似し、また北部九州と同じ変化の歩みをたどることからも、そのことは首肯されよう。さらに対馬や壱岐では、弥生土器に混じって朝鮮南部の赤色磨研土器やコマ型土器がみられるばかりか、最近では佐賀や福岡の弥生遺跡から、大量の朝鮮無紋土器が

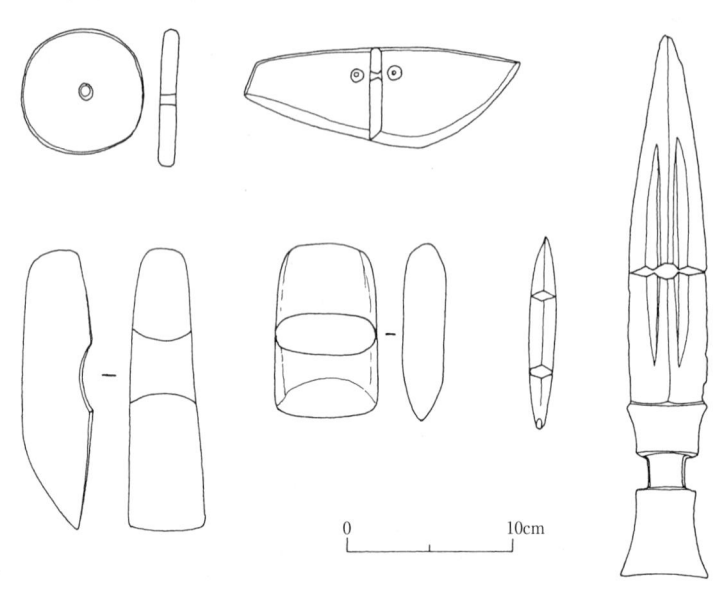

図96 朝鮮無文土器時代の磨製石器類

発見されるに至っている。こうした現象から倭人伝ルートによる相互の交流が弥生時代にはいかに重要であったかを知ることができる。

　こうして朝鮮からの大きな文化的影響を受けて成立した弥生文化ではあるが、朝鮮とは異なって、水稲耕作を中心として営まれたものである。無紋土器の段階での南部朝鮮では、水稲耕作が農耕の中心であったという確証は今日までえられていない。南朝鮮の農耕文化を特徴付ける半月形外湾刃の石庖丁と抉入片刃石斧、すなわち有段石斧は、そもそも長江下流域で出現・発達したものであり、彼の地では水稲栽培を中心として畑作栽培を兼ね備えた農耕文化が展開していたことが知られている。ところが中国長江下流域の農耕文化を受容した南朝鮮では、忠清南道槐亭洞の青銅儀器に描かれたように畑作農耕を行っていた。そして気候条件がもたらす制約から畑作栽培が中心であった。そのため弥生農耕に水稲栽培が卓越するのは、長江下流域から直接日本列島に農耕後術がもたらされたと考える研究者もでてきた。しかし、弥生時代に列島でみられる遺物類は朝鮮南部地域と関連付けられるものが殆どで、年代的にみても朝鮮のものが列島より少し古いことから、長江下流域との直接的関係を求めること

はできない。こうした現象は考古学的事実を踏まえる限り、次のようにしか解釈できないであろう。

すなわち、長江下流域から山東半島を経て朝鮮に水稲栽培がもたらされたとき、すでに朝鮮では有紋土器の時代から、アワ・キビ・コウリャンを中心とする畑作栽培が営まれていて、それとは異なった農耕への変化は容易にはできなかった。また自然的条件もあいまって、水稲栽培は西・中朝鮮では受容しがたく、朝鮮の南部地域すなわち日本列島と風土が類似する地帯になって初めて水稲栽培が定着化した。従って朝鮮半島でも水稲栽培を基盤とする農耕文化が展開したのは、南部朝鮮の照葉樹林が繁茂する地域だけであった。

農耕文化とともに、金属器の伝来もこのルートによりもたらされた重要な品目である。鉄器はその性質上残りにくいために、弥生時代当初から確実に存在するだろうことは指摘されていても、実態に関してはなお不明な点が多い。熊本県斉藤山遺跡出土の鉄斧は、朝鮮の鉄製袋状鉄斧に形態が類似していることは肝要である。

一方青銅器は、列島でも数多くの出土例がある。弥生時代前期末から中期前半にかけての製品（細形銅剣・細形銅戈・細形銅矛）は、まず朝鮮製品そのものがそのまま列島に持ち込まれた（図97）。次の段階になると、列島でも青銅器を鋳造しはじめるが、これは朝鮮、それも慶州あたりの工人が日本列島に来て生産したものであろうと近藤喬一さんは考えている。倭人伝のルートに関して最も興味深いことは、「魏志倭人伝」が記述の対象とした頃、福岡平野を中心とする地域では広形銅矛が生産され、ちょうどこのコースにあたるところでは、海神を祭るがごとく岬や

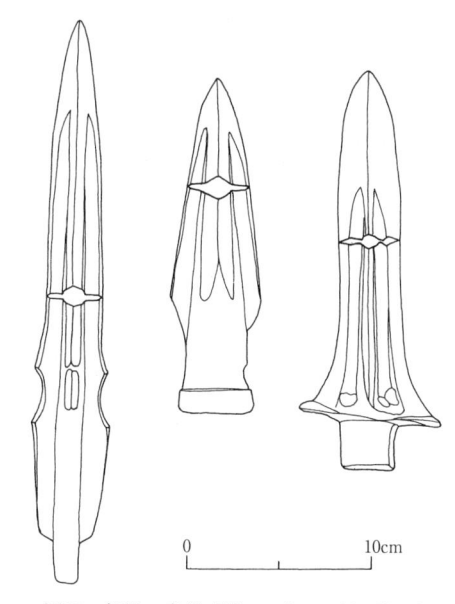

図97　朝鮮の青銅武器　　左から剣、鉾、戈

河川付近にこれらが埋納されていた。今日までの出土事例の報告によると、対馬で検出される事例が最も多く、このルートを介しての対朝鮮交流がいかほどに重要であったかを物語っている。

　倭人伝のルートも弥生時代後期後半になると、いささか船路に変更をきたす。対馬では北部九州の弥生土器がみられなくなり、しれにかわって関門地域や瀬戸内地域の特徴を備えた土器が同情するようになって来る（図98）。そして対馬内部でも、それまでの上対馬西海岸にかわって東海岸に遺跡の比重が高まり、対馬の東海岸から沖ノ島をかすめて直接に関門地域とを結ぶ関係が形成されたことを示している。このルートが開かれたのは、従来対朝鮮交流を独占してきた北部九州の勢力にかわり、瀬戸内東部や近畿地方の勢力が及ぶようになったためと思われ、北部地域に居住する集団との摩擦を避けて、しかも瀬戸内東部や近畿地方に早く到達する必要からでもあった。しかしながら沖ノ島を経る航路は決して安全なものではなかった。下関から上対馬に行く今日の船でも揺れがひどく、低気圧の通過と遭遇するものなら、正気な状態を保つことはとても難しい。ましてや福井県井向出土銅鐸や唐古遺跡出土の土器に描かれたような船、もしくは埴輪に模された船の類ではなおさらである。こうした荒れる航路をある種の目的をもって往来するための専業集団、後の宗像氏のような立場の人々がその任にあたったことが想定できる。この点において他の交渉

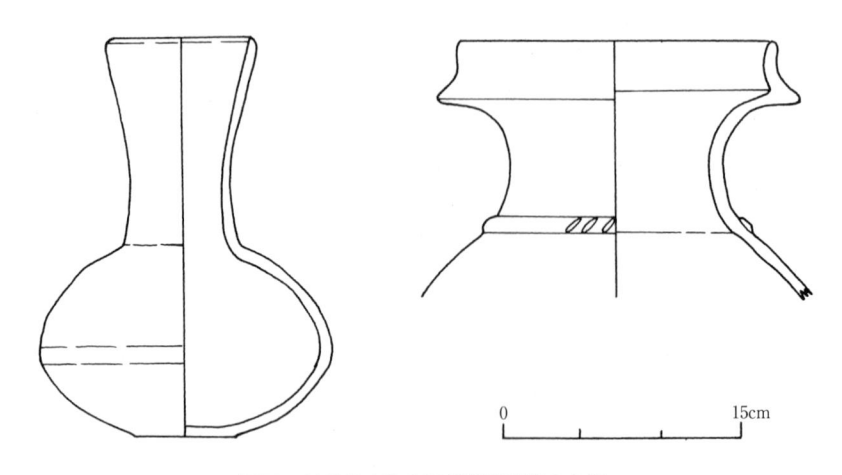

図98　対馬出土弥生時代後期後半の土器

ルートとは異なったあり方を示すといえよう。

　玄界灘に浮かぶ周囲4kmの小島は、その地理的位置から重要性を高め、ために古墳時代前期から奈良時代に至るまで各種の祭祀物が奉納されている。それは「海の正倉院」と呼ばれるほどの内実を具備していて、古代の祭祀遺跡に中でもその重要性は郡を抜いているといえよう。青銅の鏡鑑類や武具、それに玉類などは言うに及ばず、金銅製品や三彩の壺それに遠くペルシャからもたらされたと思われる瑠璃椀さえも供えられていた。

　金関丈夫によると、佐賀県から福岡県それに山口県西部にかけての地域に弥生時代前期段階に居住していた弥生人は、従来の縄紋人に比べ背の高い新来者であった。それは今まで見てきたように典型的な弥生水稲耕作民であり、また壱岐地方や響灘の遺跡で見られるアワビオコシをみるまでもなく、海の生活に長けた人々であった。倭人伝に記された道程をたどって交流を深めていった人々の有様をおのずから物語っているといえよう。

(3) 東回りのルート

　朝鮮の東海岸を流れるリマン海流にのっての朝鮮と山陰・北陸地方とを結ぶルートは、これまで述べた二つのそれに比べ、歴史的にはさほど主だった動きはみられない。それは一つにはリマン海流が寒流であるために、航行に適した季節には対馬暖流に押されて目的地に到着しにくいことが挙げられる。平安時代、渤海の使者が敦賀の港に着くことができず、押し流されて何度も到着地が変わり、また難破したことからもそれは窺えよう。しかし佐藤達夫が指摘するように、北陸地方の初期の縄紋土器が沿海州南部地方や朝鮮東北部地域と極めて類似する点は、このルートを介在させる以外には説明しにくいものである。また弥生時代になっての山陰地方の丘陵地にしばしば見出される打製の凸字形石鏃は、あるいはこのコースを辿ってもたらされたものかもしれない。

　さきに東北朝鮮の無紋土器の時代の農耕類型で、畑作栽培が行われたことに言及したが、山陰地方では例えば大山山麓の、とても水稲栽培が不可能な条件の遺跡から凸字形石鏃が発見されている。また長野県では畑作栽培地帯に凸字形石鏃と長方形石庖丁の組み合わせという東北朝鮮の農耕類型と同じ農耕道具がみられ、しかも炭化したアワが採取されている。こうした諸現象は裏日本と

朝鮮東海岸、沿海州地域との関連性について、改めて考慮する必要があることを意味することかも知れない。

おわりに

以上ユーラシア大陸の東端に接するようにある日本列島が、古代において朝鮮・対馬海峡を通してどのように大陸と交渉を持ったかという点について、3つのコースに分けて概観してきた。朝鮮・対馬海峡はいわば「内海」であり、列島周囲の交渉路の中では最も安定した航路であったことは確かである。

しかし日本文化のなかには、交渉だけでは済まされない重要な点があることを忘れてはならない。初期の農耕文化についてさえ、大陸文化とは大きな違いがあることは容易にその証跡を挙げることができる。朝鮮に展開した初期農耕文化は、ブタ、ヒツジ、ウシなどの家畜が伴うのに、列島の弥生文化にはそれが伴っていない。世界史的にみても農耕に家畜が随伴するのは普通であるが、列島では極めて変則的であるといえる。この無畜農耕はその後長らく列島において特異に展開して、日本独自の生活様式を育んできた。海峡という一面での通路は、また多面文化の濾過器にも通じるのである。

4 MEGALITHIC MONUMENTS IN ANCIENT JAPAN

1

A century ago, W. Gowland, an English engineer, gave the Japanese tumuli the name of dolmens. But his opinion is denied by recent studies in our country. For instance, the Ishibutai tumulus, Nara Prefecture, was constructed with large stones so as to form a chamber and passage inside, with an earthen mound covering them outside. Most of the dolmens have a capstone on the earth's surface and the stone circles have no mounds covering them. The Japanese round tombs with large stone are often covered by a mound with square platform added its side to form a keyhole shape. Therefore, Japanese tumuli must not be identified with the megalithic monuments in the European sense of the term. Only the dolmens and stone circles are to be considered as megalithic monuments in Japan (Kagamiyama1955).

Stone circles are chiefly distributed in Hokkaido and the mountainous region from Tohoku to Chubu Districts. But the monuments which are similar to the stone circles are widely found in Eastern Japan, such as a circular earthen enclosure with bank, stone enclosure with sunken stone pillars in center, circular wooden poll enclosure and other constructions which are supposed to be originated in the stone circles. On the other hand, the distribution of the dolmens are limited along the west most castof Western Japan.

2

The majority of the dolmens in Northwestern Kyushulie either along the seaways of the western coast of Japan or along the rivers flowing into the East China Sea. Total number of the sites of the dolmens amounts to more than 200.

In the twentieth century, hilly countries or alluvial down lands in which dolmens are usually located have been destroyed for the reclamation of wet fields or dry fields, and the capstone of the dolmens brought to town for the sake of the garden stones or the stone bridges, so more than 200 dolmens may have been gone to ruin. In the sites where one dolmen remains or two, the majority of the dolmens are considered to have been destroyed. For this reason, the total number of the dolmens in Northwest Kyushu probably amounts to approximately 500.

The construction under the capstone are quite various types such as pit-graves, stone cists, urns and pit-graves with boulder brim, but we can recognize three shapes of our dolmens through the analysis of the technique of supporting the gigantic stone lid and the chronology of grave goods. Dolmens of the first shape has no supporting stones under the capstone and beneath the capstone there are piled stones over burial structures, such as stone cists and pit-graves with wooden coffin in which dead bodies are placed. The dolmens of this shape are limited in the East China Seaarea, such sites as Harayama, Fukandake and Maruyama.

Dolmens of the second shape have three or four supporting stones under the capstone and beneath the capstone, there are piled stones over the burial structure. But in later times, pit-graves with stone brim appear, instead of piled stones. Burial structures of this shape have the pit-graves, the stone cists and the urns. These dolmens are distributed widely over Northwestern parts of Northern Kyushu in the early stage of Yayoi Culture. In the eastern parts of Northwestern Kyushu, many burial constructions are found under the capstone and dolmens coexist with tombs of other styles such as urns, stone cists, pit-graves and pit-graves with wooden coffin, while in the western parts of Northern Kyushu, the dolmens consist only of cemeteries. Artifacts from dolmens of this shape contain polished stone arrowheads of Korean type and polished painted potteries.

Dolmens of the third shape have no supporting stones around them. Instead of piled stones, they have small irregularly arranged boulders over the pit-graves. These dolmens are limited in the river reaches of Kumamoto Prefectureat the final stage of building dolmens in Japan. Usually we do not find the grave goods in the dolmens of this shape.

3

The dolmens in Japan are quite alike those in Korea in shape. Dolmens of the first shape without supporting stones closely resemble the dolmens of Southern Korea, such as the site of Daebong-dong and the dolmens of the second shape bear resemblance to the dolmens in the site of Kokan-ri. From these facts, we may certainly infer Japanese dolmens are derived from Southern Korea. In the construction of cemeteries are something in common with each other.

In the East China Sea area, the cemeteries in the final Jomon and early Yayoi stages are composed of dolmens only. Harayama site is the best example of this shape. The Harayama dolmen site, Nagasaki Prefecture, on the foot of Mt. Unzen in the Shimabara Peninsula, is famous for a congregation of dolmens in Japan. The site was discovered by Mr. Baba after the World War II on the newly cultivated land. On account of the land development going on there, most of the dolmens have been destroyed and stone constructions removed away. Systematic investigations were undertaken by Mr. Shichida and Prof. Kagamiyama in 1953-54. Since this time several excavations have been carried out on. The dolmens in this Harayama site are distributed in three separate groups. Ten or more dolmens are found at A group situated on the mouth of the site. All of them had been ruined before investigation, so we can get information about this spot only through a rough sketch by Mr. Baba. According to him, the dolmens of this group have three or four supporting stones below them, under which stone cists or pit-graves were found. Artifacts unearthed from these graves contain potteries belonging to the final Jomon stage and pieces of charcoal.

The B group is situated at the center of this site. Thirty or more dolmens are supposed to have been damaged and only three of them were excavated. Under the capstone there is a small rectangular stone cist 80cm in length, 60 cm in width, 50 cm in depth, which produced tubular beads, arrowheads and pieces of pottery. The group C on the back of the site, have been fully investigated. Over 100 dolmens were excavated. According to the researcher, we have two shapes of dolmens in this spot. There are found urns, stone cists and pit-graves as a burial structure under the capstone with or without supporting stones. These graves contain potteries of the final Jomon and early Yayoi stages. We can not find the other style of graves in this spot. Therefore, Harayama site is supposed to be a cemetery made up of dolmens only.

Dolmens along the coast of the Japan Sea usually coexist with graves of the other type, such as urns, stone cists, pit-graves, pit-graves with stone brim and pit-graves with wooden coffin, like Nakanohama site. The Nakanohama site, Yamaguchi Prefecture, situated on the sand dune near the Japan Sea, was excavated eight times. Its large cemetery is composed of four groups. This site has one dolmen only, together with many stone cists and pit-graves with stone brim. The same circumstances are found at various sites such as Odom, Tokusue, Shito, all of them situated in the eastern parts of northern Kyushu along the Japan Sea.

4

Judging from artifacts found in the dolmens, we can have the fixed chronological points of the dolmens. It is clear by means of typology of pottery, that dolmens of the first shape were built at the final Jomon stage and dolmens of the second shape belonged to the early stage of Yayoi, and at the end of the middle stage of the Yayoi, dolmens disappeared. As we have no requisite materials for dating the dolmens by C14determination, absolute chronology has not been obtained yet. But we have many chronological examples by C14 determination from the sites which unearth the final Jomon and early Yayoi potteries.

On C14 determination, chronology of the early Yayoi stage varies between 610BC ± 100 and 350 AD ± 30, that of the middle Yayoi stage is between 480 BC ± 105, and 520 AD ± 150, so we can not rely upon the chronology by C14 determination. It is thought that relative chronology based upon archaeological materials leads us to more accurate date of dolmens than the date given by C14 determination.

We have several polished stone daggers with haft which are supposed to be brought from Korea. B Ⅰ b type dagger is discovered from an urn grave at the final

Jomon stage, and B II type dagger is often excavated from the sites belonging to the early Yayoi stage. In southern Korea, B I b type polished stone dagger is unearthed usually from the dolmens without supporting stones as grave goods such the site as Daebongdong and B II type dagger produces from the dolmens with supporting stones which perhaps parallel chronologically those of Japan.

Korean polished stone dagger with haft is considered to be derived from so-called narrow bladed dagger of bronze. According to Dr. Youn Moo Byong, Korean narrow bladed dagger of bronze dates back to fourth century BC., so stone polished dagger of the B I b type is supposed to be imitated in the third century and B II type dagger in the second century BC. Therefore, the author is inclined to believe that Japanese dolmens without supporting stones are introduced about third century BC for the first time in the East China Seaarea. About the second century BC, Japanese dolmens with supporting stones are built in the Japan Sea area after the fashion of the southern Korea.

5

Sometimes we find the impressed chaffs of rice at the bottom of the body of jar-type potteries unearthed from dolmens as grave goods, like Harayama and Maruyama at the final stage of Jomon Culture. We have several examples of the impressed chaffs of rice over the western Kyushu about the same time. It is believed that Uenoharu site, Kumamoto Prefecture, produces charred rice and barley. With these materials, some Japanese scholars maintain that people of this period cultivated rice and barley in the dry field by the method of slash and burn technique. It is worthy of note that scale of stone cists under the capstone in the western part of Kyushu is quite small. i. e. 50-70 cm in length, 40-50 cm in width, 40 cm in depth on an average. So, we can not consider that ancient people buried dead bodies by the flexed burial method. Even if their corpse bent, adults can not be buried in such a small coffin. Bearing in mind that there exist several instances of cremation in these area at the final Jomon stage, that no human bones have been found in the dolmens and that the coffins under the capstone are too small for a corpse, we may be able to suppose that the custom of cremation must have been introduced in northwest Kyushu along with dolmen or slightly earlier. It is hoped that positive proof will be supplied from Southern Korea, the homeland of Japanese dolmen in the East China Sea area.

In the eastern part of northern Kyushuon the cost of Japan Sea, no reliable evidence for cremation is able to be produced. Actually we find infant bones in the grave of dolmen at the site of Nakanohama. There have been excavated many interment bodies in these area. This area is famous for the cradle land of wet-field cultivation in Japan. Dolmens in this area is strongly associated with agriculture; that is to say, the dolmens introduced here consist of agricultural complex together with the technique of cultivation in wet field, polished stone equipment, weavings and so on. According to the anatomical studies by Dr. Kanaseki and Dr. Nagai, people of high statue came into this area, bringing the technique of rice cultivation with them from southern Koreaat the beginning of Yayoi Culture. Dolmen of new type with supporting stones beneath the capstone is considered to have been built by the Korean people mixed with native Jomon under these historical circumstances.

6

Stone circle has been studied by Dr. Komai after the World War Ⅱ. Dr. Komai, an expert in continental archaeology and a man of great erudition in European megaliths, investigated the stone circle and related monuments in Hokkaido and the Tohoku District. Since Dr. Komai's studies a large number of stone circles and related monuments have been become known over the eastern part of the Japanese Islands. As the researches advance, however, there assume an aspect of confusion in the definition of stone circles. Various stone formations have been constructed in the eastern Japan since the earliest Jomon. Japanese megalithic monuments are small in scale, so it is very difficult to distinguish monuments or structures with arranged stones from stone cairnsor related monuments.

We will treat, therefore, these stone formations as monuments related to stone circle. Stone circles and related monuments are distributed widely in the mountainous regions of eastern Japan. These constructions are usually found at the foot of the mountain or hill-ridges which command a fine view. They are supposed to be divided into four shapes. Shape A is the cairn which arranges stones in circle framed with kerb stones and stands in a line or irregularly. Japanese cairns have not always piled stones covering stone structures, but the stones used for the structures are usually placed not vertically. The Otoe site, Hokkaido, situated on the hill-ridge jutting out a long way into the Ishikari River, consists of 13 cairns standing in a line on the hill-ridge. Each cairn has flat stones in a ring about 3-4 meters in diameter. The whole interior of the circle is covered with pebbles and gravel. Most of the cairns have rectangular or oblong pit-graves 2.5-1.4 meters in length, 1 meter in width. Grave goods from this site contain pendants of jade, beads, lacquered bowl and chipped stone arrowheads. Some examples of this shape have circular earthen enclosures with bank such as the site of Shuen A. Among the stone circles of this shape we find some cairnsnot fringed with kerb stones. At Kinsei site, Yamanashi Prefecture, over ten stone structures with large sunken stone pillars are excavated. Piled stones are arranged irregularly around the stone pillars in their center. These stone constructions which may be related to the cairnsare distributed at random on the slopes of the mountain. There are many fragments of potteries unearthed from here and there around these cairns.

Cairns of the B shape consist of small cairns which are arranged so as to form a circle. The Nishizakiyama site is representative of this shape. Seven cairns, each of them 1-1.5 meters in diameter on an average, make an approximately circular zone of cobbles. Under these stone constructions there is a small pit-grave whose upper part is packed with pebbles. Oyu-Nakanodo and Oyu-Manza, being most famous sites of stone circles in Japan, respectively in double concentric circle and the inner and outer circles consist of cairns or stone constructions. The Oyu-Nakanodo site is about forty meters in the outer diameter of the outer circles and Oyu-Manza site fifty. There is so-called Sun Dial in the middle of the two circles. These constructions are arranged to form a radial with sunken stone pillar in their center and the fringes of the structures are brimmed with kerb stones. The pit-graves investigated under the stone structures are elliptic in plan and large enough to contain corpses buriedin a contracted position. According to the chemical analysis of phosphorous ingredients in the soil inside and around the pit-graves, one of the seven pit-graves examined shows a comparatively large quantity of phosphorous in the inside. These facts suggest us the possibility of considering those pit-graves to be tombs and the stone structures to be of the nature of sepulchral monuments.

Stone circles of the C shape are few in number. Okushibetsu site, farther east of Hokkaido, has a circular stone row arranged with pebbles or small boulders about 11meters in diameter. Four fireplaces and several pits are excavated, and no burial structure is found there. Near the stone circle there is a burial site consisting of pit-graves. These facts suggest us that the Okushibetsu stone circle may have been built for ceremonial monument.

The stone circle of Cromlec type has been investigated at a few sites in Japan. Mikasayama site, situated on the slope of Mt. Mikasa near the city of Otaru, Hokkaido, has a circular ring of standing stones which are about 1 meter in height on an average.

In the center of the circle, there are sunken stone pillars rectangular in section. The number of upright stones amounts to more than 100. The diameter of the circle is 22-30 meters long. As the interior of the circle has not been excavated yet, we can not understand whether this structure has pit-grave or not. Based upon chronology of the grave goods, the building of the stone circle seems to have begun in the early Jomon stage, but their numerical increases date from late to final Jomon.

7

There are some burial constructions which are supposed to be originated in or related to stone circle. Recent excavations in Hokkaido throw light upon circular banked constructions which are perhaps connected with the stone circle. Three circular earthen enclosures with bank have been excavated at the site of Kashiwagi B; two of the three enclosures had been damaged, but one of them has been fully in-

4 MEGALITHIC MONUMENTS IN ANCIENT JAPAN   279

vestigated. There are many pit-graves in and around the earthen bank arranged to form a concentric circle which measures 21meters in the outer diameter and 12-13 meters in the inner, about 60centimeters in height.

Forty seven graves and several pits are found in and around the bank. It should be noted that the graves in the eastern parting the inside of bank have pebbles or gravel over the top of pit-graves like the stone circles or cairns mentioned above. Mr. Otani thinks that the bank was built with the earth heaped up by digging up the inner group of the graves. In Hokkaido, constructions of this type are found successively and became known to be built at the same time with the stone circle or slightly later. Grave goods from these structures resemble those of the stone circles, e. g., lacquered wooden bowls, beads of jade, potteries from late to final Jomon. Therefore, circular earthen enclosure with bank is certainly originated in the stone circle, circle of the A shape with circular earthen bank in particular.

Beside stone constructions mentioned above, there are many other stone formations distributed widely in eastern Japan. However systematic investigation has not been done yet. Problems connecting the nature, relationship and chronology of these sites or constructions await further research.

8

We may distinguish two types of the dolmens in Japan. Dolmens of the first type have not supporting stones under the capstone such as the site of Harayama Fukandake and Maruyama. Dolmens of this type are introduced in westernmost cost of Kyushu about 3rd century BC, together with cremation and incipient agriculture in dry fields. Dolmens in this area may be connected with those of southwestern Korea. But their distributions are limited in small area in northwestern Kyushu. These dolmens had not much influence of Japanese history.

In contract to the dolmens of the first type, dolmens of the second type, that is to say, dolmens with supporting stones in northeastern Kyushu brought about various social changes in the history of Japan. In the beginning of Yayoi culture, dolmens in these areas seem to have been built under the direct influence of southwestern Koreans. They had various form of graves in the cemetery such as dolmen, pit-grave, urn, pit-grave with wooden coffin and pit-grave with arranged stones, and brought a highly developed technique of wet-field agriculture to Japan. Afterwards, their descendants, by obtaining iron or bronze artifacts through the trade with southern Korea, did establish the new political system over the most parts of the Japanese Islands.

Stone circles and other related monuments distributed widely in eastern Japan were undoubtedly constructed after the Siberian monuments. In eastern Siberia and northern China, there are many stone circles datable back to the early Neolithic, such as Hairal. In Japan, they seem to have begun in the early stage of Jomon Culture, i. e., about 5000 years BC, but their numerical increases date from late to final Jomon Culture i. e., about 2000 to 1000 years BC. Since it is a well attested fact that some stone constructions have large quantities of charred bones, opinion is divided on the question whether stone circle was built for ceremonial purposes or for burial.

In conclusion, the Author would like to stress the fact that there still remain many unsolved problems concerting Japanese stone circle, e. g. their chronology, function and relationships with other stone constructions.

IV 生業活動研究

1 東アジアの先史時代漁撈

はじめに

　中国での漁撈活動の始まりは確実に後期旧石器時代に溯る。長江流域においては安徽省西尤遺跡でマツモトゾウ、シカ科、スイギュウなどの哺乳類に混じって、多量の淡水産貝類とともにアオウオやコイの骨が検出され（韓立剛 1998）、またカメやスッポンも多数出土している。同じ頃の長江上流の四川省富林遺跡でも3種類の淡水産貝類が採取されていて、新しい食料源への開拓が後期旧石器時代より始まっていたことを物語っている（張森永 1977）。後期旧石器時代の長江流域で検出される動物相としては大型獣類が殆ど姿を消し、シカ科を中心とした中型獣が捕獲の対象となっていたのであり、狩猟対象動物の変化にあわせて、河川での漁撈・採取活動への取り組みが徐々にではあるが始まっていた（甲元 2001a）。後期旧石器時代の長江流域は落葉・針葉混交林帯、黄河流域は針葉樹に草原を交える環境であったが、スイギュウやキバノロといった水辺を好む獣類が中国各地の遺跡で発見されるという事実から、当時は長江流域や黄河流域とも極めて湿潤な気候条件下にあったことが窺がわれる。陝西省大荔遺跡でもコイ目、ナマズ目の骨が出土していることは（張雲翔・胡松梅 2000）、それを裏づけるものと言えよう。こうした後期旧石器時代後半期においての水辺での生業活動の前史があって、新石器時代になると本格的な漁撈活動が開始されるようになったのである。

　東アジア各地に展開した新石器時代の漁撈活動は、漁撈具とその対象とする魚種の上で、地域的に大きなまとまりを見せている。それを端的に示すのは網漁撈で、魚網錘の違いに明瞭に反映されている（甲元 1993a、1998a、b）。夏家

店下層文化が形成される以前の段階（紀元前二千年紀初頃）では、河北省中部以北の、日本を含めた東北アジア地域では、扁平な河原石の両短辺に抉りや切り目を入れる型式の（横型）石錘が一般的であるのに対して、渭水や漢江上流の地域では河原石の長辺に抉りを入れる（縦型）石錘に統一されている。機能には関係のない緊縮の仕方の違いがこのように明確に分布上の差異として表われることは、伝統的な地域性として捉えることが可能である。他方長江下流域や淮河流域、それに黄河下流域では、管状土錘と長江型土錘・石錘の組み合わせが広範囲に拡がりをみせている（図99・100）。

　網漁錘以外の要素を含めると、さらに次のような地域的まとまりが指摘できる。福建省から南の中国南部沿岸部と渤海湾一帯では貝塚が盛んに形成され、その他の中国各地とは異なった独自の文化領域をなしているが、中国南部沿岸地域は貝の採取活動は盛んでも、漁撈具はあまり発達せず、魚骨も殆ど出土しないのに対して、渤海湾一帯では釣具や刺突具による漁撈も活発に行われ、貝以外の自然遺物も豊富に包含している。一方、東北アジアの内陸部では刺突具の中でも銛を使用する河川漁撈が特徴的であり、朝鮮東北部から沿海州の沿岸地域ではマガキを中心とした貝塚が多数つくられ、回転銛や刺突具による海獣類の捕獲が漁撈活動の中心となっていた。そして朝鮮南部と西北九州では、日本海を南下する寒流系と環東中国海をめぐる暖流系魚種が混わり、それらの捕獲にあたる複合的な漁撈技術大系が展開されてきた。

　以上のような地域的特徴にあわせて、ここでは漁撈技術とその組み合わせ、そしてそれらが対象とする魚類の分析を中心として、東アジア各地に展開した先史時代の漁撈活動を瞥見することにしよう。

(1) 長江下流域・淮河流域・黄河下流域（図101）

　この地域において卓越する漁撈は管状土錘や長江型土錘（石錘）に示される網漁であり、殷代以前においては単式釣針などの釣具はあまりみることはできない。

　長江型土錘は、棒状もしくは扁平な錘の両端近くと中央部に緊縮するための切り込みまたは溝をもつもので、山東省北辛遺跡（中国社会科学院考古研究所1984）や江蘇省圩墩遺跡出土品（呉蘇 1978・常州市博物館 1984）が初期の事例

1　東アジアの先史時代漁撈　283

図99　中国中央部における漁撈具分布図1　●：長江型土錘　○：石錘　■：管状土錘

284　Ⅳ　生業活動研究

図100　中国中央部における漁撈具分布図2　△：横型石錘　●：縦型石錘

1　東アジアの先史時代漁撈　285

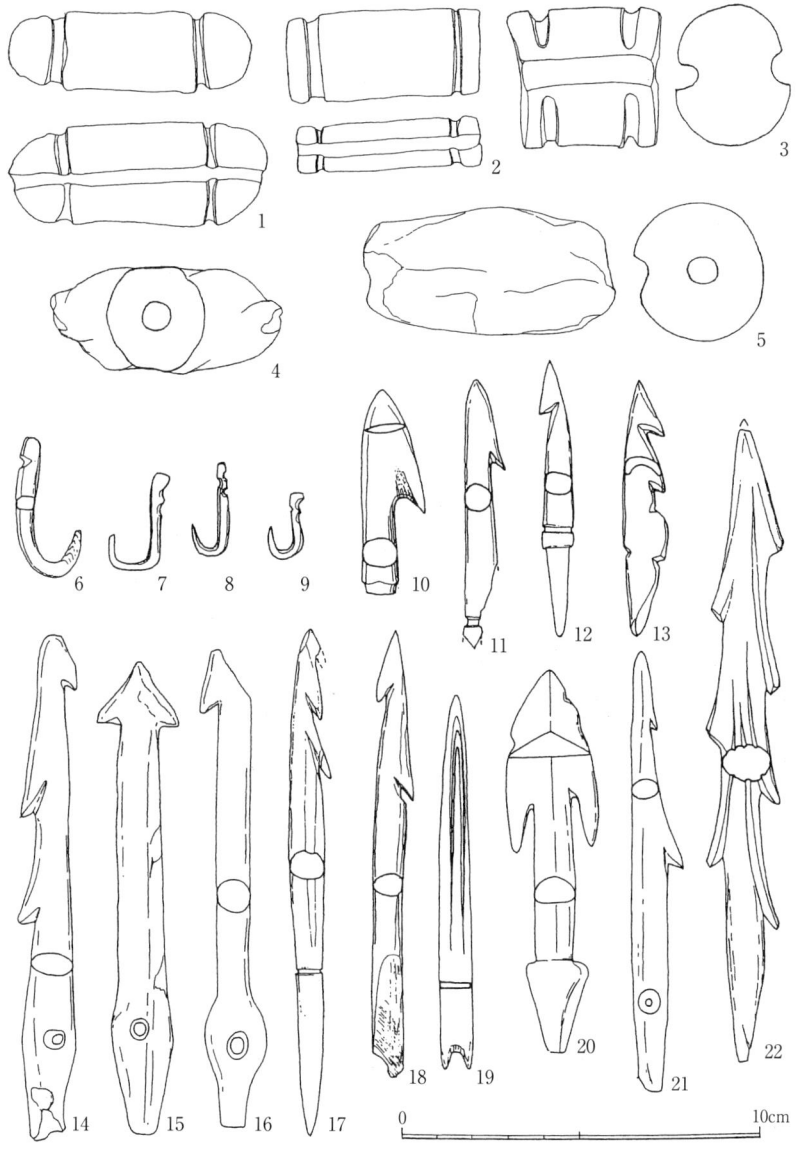

図101　中国東部地域出土漁撈具　　1・2：福泉山　　3：金山墳　　4：龍南　　5：双橋
6・10〜13・17・19・22：尹家城　　7〜9・18：大汶口　　14〜16：劉林　　20：大墩子　　21：青堌堆

で、龍虬荘遺跡（龍虬荘考古隊 1999）の出土遺物もこれらとほぼ同時期と想定できる。従ってこの型の土錘は出現地の特定はできないまでも、長江下流域から黄河下流域にかけてのいずれかの地域で出現したことが予想される。長江型の土錘または石錘が隆盛するのは大汶口文化期から崧沢文化期、そして龍山文化期で、山東省南部から浙江省北部地域にかけての中国東部一帯の先史遺跡ではほぼ万遍なく発見される。河北省中部に分布が及ぶのは仰韶文化後期頃であり、河南省や福建省に波及するのは仰韶文化後半期か龍山文化期、もしくはそれと並行期以降であり、このことでも長江から淮河下流域に本願地があることが推察できる。

　一方管状土錘は中国東海岸一帯での北辛遺跡での出土事例が示すように、北辛文化段階に出現し、崧沢文化期や大汶口文化期の遺跡で多く見られ、龍山文化期にも盛行する。この地域以外では長江中流域の大渓文化期に出現している。年代的には長江下流域や淮河流域で出現するものが早いが、管状土錘は特異な形状をなす長江型土錘に比べ製作法が簡単であり、棒状のものに粘土を巻きつけるだけで多量生産が可能なために、どちらか一方からの影響を想定するよりも、独立的に出現した可能性も考慮する必要がある。

　東海岸一帯の先史時代遺跡では、長江型土錘と管状土錘が同一の遺跡で発見されることが多く、分布が拡大する場合でも共伴することが通例である。このことは両者が密接な関連性をもっていることを窺わせるとともに、同じ魚網錘であっても異なった使われ方をしたものであることを強く示唆している。長江型土錘は錘の両端近くと中央部に溝を設け、他の錘よりも強く緊縮する必要があった作りとなっている。このことは、一面では動きの激しい漁具として用いられたことを暗示している。この型の土錘の具体的な機能を推定する上で格好の資料となるのが、甘粛省居延で発見された出土品である（図102）。ここでは漢代の投網が2振発掘されていて、この網具の下部に取り付けられた錘は典型的な長江型土錘である（甘粛居延考古隊 1978）。この資料自体は漢代のものであるが、周代までこの型の土錘が中国中央部において発見されることは、先史時代よりの長い伝統が継承されていたことを示していて、「投網には長江型土錘（石錘）を使用する」という習慣が根強く生きづいていたことを物語っている。

投網に使用された長江型土錘を除くと、中国新石器時代の錘は内陸地帯西部（渭水流域や漢江上流地域）の縦型石錘、東海岸一帯の管状土錘、東北アジア全域の横型石錘と分布上に明瞭な差異がみられる。青銅器時代以降になると東北アジア南部では横型石錘に替わって管状土錘が隆盛することから、管状土錘は礫石錘と機能を同じくするものであり、これら3種の魚網錘は同一の用途に使用されていたものであることが分かり、刺網の錘として用いられたことが窺える(補注)。

以上のように長江下流域・淮河流域それに黄河下流域では、他の地域とは異なって投網と刺網の2種類の魚網が存在していたことが注目される。尹家城遺跡で今日のものと違わない網針が出土していることは、網漁製作の大本がこの地域にあったことを示唆することかも知れない。

黄河下流域では大汶口文化期以降単式の釣針もみられるが、その出土量は少ない。釣針が発見される遺跡の多くは当時の海岸に隣接した地域であり、内陸河川・湖沼地帯においては釣具が一般的であったとは言い難い。単式釣針がこの地域に分布を拡大するのは青銅製の釣針が出現した以後であり、それは紀元前二千年紀中ごろ以降と想定できる。釣針に替わってこの地域で特徴的なことは、淮河下流域において大汶口文化段階に刺突具と銛が卓越することであり、銛の中には離頭銛や回転式離頭銛の存在も認められる。離頭銛は体部や先端部に逆棘(かえし)をもち、基部の紐通しの孔を空けたり、紐を結ぶための溝を穿つ型式で、劉林遺跡（江蘇省文物工作隊 1962、南京博物院 1964）や大墩子遺跡（1964・1981）、王因遺跡（中国社会科学院考古研究所 2000）、尹家城遺跡（山東大学歴史系考古専業教研室 1990）などをはじめとして江蘇省北部から山東省南部の内陸湖沼地帯や河川流域で出土している。ヤスは存在した可能性が高いが、遺物の上からは具体的に指摘することは今のところ不可能である。

中国の東部地域の先史時代遺跡で検出された魚類には、コイ、フナ、アオウオ、ソウギョ、ハクレン、コクレンなどのコイ科の淡水魚が中心で、その他にハゲギギ、ナマズ、ギギ、カムルチーなどの種がある。その中でもコイ、アオウオ、ソウギョなどが多くの遺跡から発掘されている。釣具があまり展開しないこの地域においては、これら魚類は多くは網漁、または追い込み漁に使用される網と銛の組み合わせによる漁法でもたらされたものであろう。浙江省水田

畈遺跡では筌が検出されているが（浙江省文物管理委員会 1960）、これは構造的に魚伏籠と同一であり、東アジアの水稲耕作地帯で普通にみられる漁撈具であって、漢代の画像石にも描かれていることなどを考慮すると、水田、水路や溝などで筌や魚伏籠、あるいは簗などを使用しての漁撈活動が行われたであろうことは想像に難くない。

　この他にこの地域で特徴的なことは、爬虫類の仲間であるヨースコウワニ*Alligator sinensis*が多量に捕獲されていることである。王因遺跡で数多く発見されたヨースコウワニは、体長1～1.6mを測り、時には2m以上に達するものも見られる。淮河下流域や黄河下流域の湿地を控えた遺跡でとりわけ多くワニの遺骸が出土することは、上記した離頭銛の分布と一致を見せ、離頭銛が何を対象とするものであったかを明瞭に示唆するものである。

(2) 渭水・漢江上流域

　この地域は関中・漢中地区を中心として、河南省西南部、湖北省西北部を含み、仰韶文化半坡類型と廟底溝類型の土器が分布する範囲にほぼ相当する。

　この地域を代表する遺跡として西安市の半坡遺跡が挙げられる（中国社会科学院考古研究所・陝西省西安半坡博物館 1963）。ここでは多数の縦型石錘、離頭銛、固定式銛などが出土し、単式釣針も逆棘があるものも含めて10点ほど発掘されている。釣針はこの遺跡以外では、何家湾、紫荊、客省荘、案板の4遺跡に過ぎず、刺突具も姜寨遺跡で少数みられる程度で、その他の遺跡でも漁撈関係遺物が出土するのは、仰韶文化の早い段階に限られる傾向が認められる。したがってこの地域では漁撈活動があまり活発ではなかったことが窺える。今日では渭水流域にはハクレン、コクレンは棲息せず、魚種も極めて限られていることが報告されていて、漁撈活動を展開するにおいては自然分布上の障壁があったことを示唆している（李恩発他 1990）。このことは本来的に魚種の少なさに加え、耕作地の拡大などによる樹林の伐採と草原化の進展は、魚が生育する環境にマイナスの要因をもたらした結果にも起因するものかもしれない。

　この地域の先史時代遺跡出土の魚遺存体としてこれまで報告されたのは、コイ、コイ科、ソウギョ、ナマズに過ぎず、魚種が豊富であるとは言い難いので

あり、しかもその事例はすべて仰韶文化の前期に限られている。殷代になっても長江型土錘の分布は三門峡を越えることはなかったことをみると、天然の魚種の少なさと相俟って本来的に漁撈活動が活発ではなかったことも考えられる。新石器時代の当初はこの地域では狩猟活動と家畜飼育が盛んであり、動物性たんぱく質やエネルギーの多くはシカ科を中心とした陸上の獣類より摂取する割合が高かったことが窺われる（岡村 2000、甲元 2001b）。

(3) 渤海湾一帯（図103）

山東半島と遼東半島に所在する遺跡をここで取り上げることにする。黄河下流域は土砂の堆積が急速に進んでいて、河北省孟村では地表下18mに堆積した貝の年代が7,000年前と推定され、山東省の渤海湾に面した地域では沖積世初期の海岸線は今日よりも20Km近く内陸に入り込んでいたことが明らかにされている（張修柱 1993、庄振林他 1987）。実際、現海岸線よりも250Km内陸に入った山東省尚荘遺跡（山東省文物考古研究所 1985）や50Km入った河北省大城山遺跡（河北省文物管理委員会 1959）で海産の貝が出土することからみて、現在の海抜20m以下の場所では新石器時代にあっては海水の影響を受ける地域であったと想定できる。したがって今日沿岸から離れた地域であっても沿岸漁撈との関係を想定しておく必要がある。

この地域で特徴的なことは釣具が発達することであり、単式釣針以外に、逆T字形釣針、結合式釣針も見ることができる。さらに網漁に関しては土器片錘以外に、横型の石錘が広く分布し、沿岸地域では大型の棒状石錘が一般的に発掘される。また刺突具も豊富に出土し、中国内では最も幅広い範囲の漁撈技術が展開している（甲元 1997a）。

逆T字形釣針は長さが6cmから10cmほどの棒状をなし、両端を尖らせ、体部中央部に紐で緊縮するための抉りをいれる形状のもので、遼東半島の大藩家村遺跡出土品では、中央部に縄目の痕跡が認められていて、実際に結ばれていたことが知られる（大連市文物考古研究所 1994）。山東半島では魯家溝遺跡、照格荘遺跡、尹家城遺跡、白石村遺跡で発掘されていて、最も古い事例は大汶口文化期に遡上する。この逆T字形釣針が最も隆盛するのは遼東半島の先端部で、10ヶ所の遺跡から発見されている。その中でも上馬石遺跡ではこれま

290　Ⅳ　生業活動研究

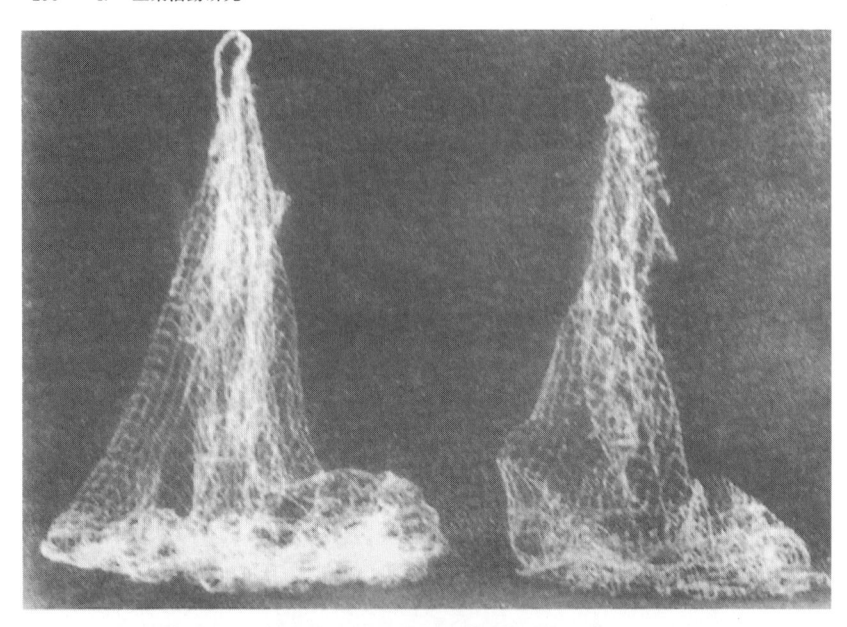

図102　居延出土の投網、土錘、網針

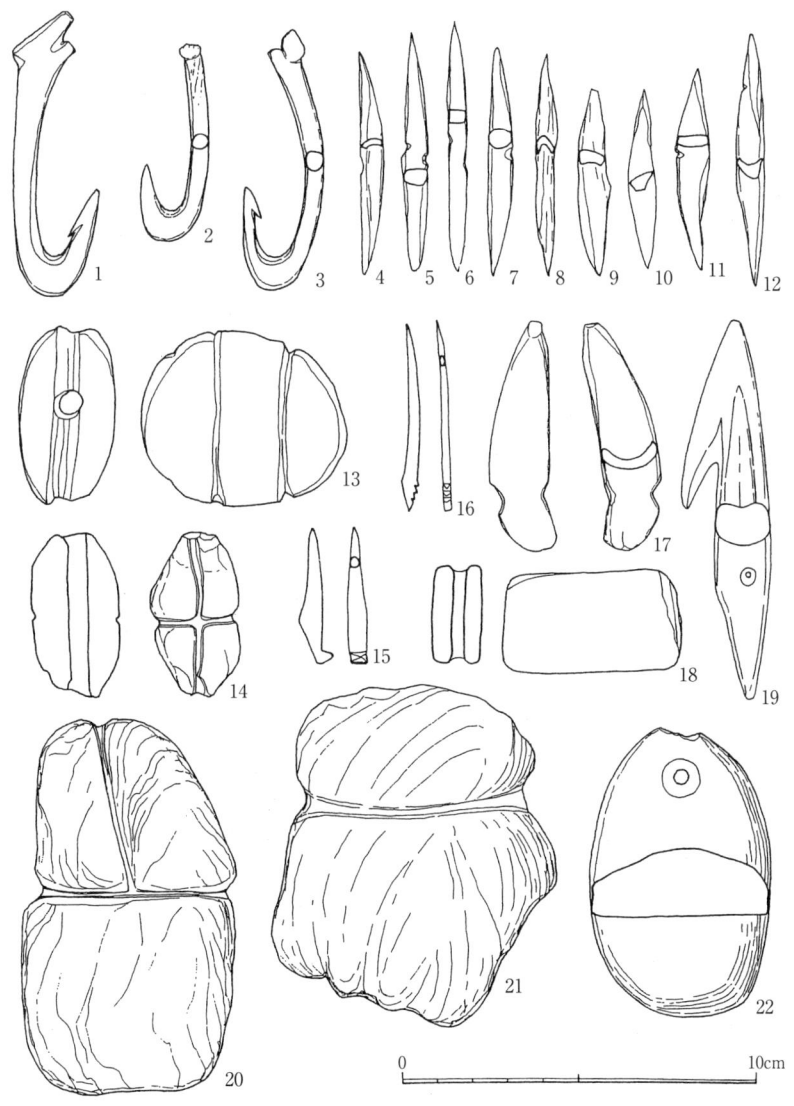

1　東アジアの先史時代漁撈　291

図103　渤海湾地域出土漁撈具　　1：英杰村　　2・3　20〜22：上馬石　　4〜12・17：羊頭窪　　13・18：双砣子　　14：廟山　　15・16：大藩家村　　19：啞叭荘

でに42点、羊頭窪遺跡では15点出土している（甲元 1999）。このように逆T字形釣針が同一遺跡で多数発掘されることは、この逆T字形釣針の使用法を暗示させるものである。

中国の東北部部に伝わる在来の漁法（岡本 1940）やアメリカ・インディアンの民族事例（Stewart 1977）によると、逆T字形釣針は、大きな碇石を錘として紐で結び、紐の中途に枝状に逆T字形釣針を幾つも繋いで延縄漁として使われるものであり、したがって針はまとまって多数出土する可能性が高いのである。この点が単式釣針の使用法と大きく異なるものである。

大汶口文化期以降、渤海湾沿岸地域に単式釣針の出土がまま見られるが、量的には多くはない。新石器時代の出土品は総じて小型であるのに対して、青銅器時代に入ると10cm内外の大型に属する類も出現するようになる。小型の釣針に逆棘をもつものが少ないのに反して、大型の釣針には逆棘がみられることから、大型の鹿角製釣針は青銅製の釣針の模倣と想定される。

山東半島ではまだその存在が確認されていないが、遼東半島の郭家村、大嘴子、大藩家村の3ヶ所の遺跡では針部と軸部を別に拵える結合式釣針も見られる。軸と針先の結合部を相互に面取りし、末端部に突起を作り出して緊縮するときの利便とした独特のもので（郭家村型結合式釣針）、遼東半島部で特異にみられる拵えとなっている。

その他に頭部と体部に逆棘を作り出し、基部に紐を繋げるための孔や溝をもつ離頭銛や回転式離頭銛も僅かではあるがみられる。前者の離頭銛は出土例からすると新石器時代の古い段階に限られる傾向がある。

紀元前三千年紀の後半から二千年紀には、この地域で大型の石錘や新来の土錘が多く見られるようになる。孔をもつ土錘も、外部に十字形の溝をつけたもの、円球形、楕円形、扁平な板状と各種あり、これらにはいずれも錘が網に強く結び付けられるような所作がなされている。これら土錘が出土するのは遼東半島先端部や長山列島に所在する遺跡に限られていて、外洋に面した地域で特異に発達した漁撈具と思われる。遠浅の海岸においては網による追い込み漁や地引網に類した活動が行われていた可能性も考えられる。

渤海湾一帯の遺跡で検出された魚類には、沿岸部に棲息するクロダイ、スズキ、ヒラメ、アカエイ、トラフグと回遊魚のサワラ、ヒラ、大型魚のチョウザ

メと海獣のアシカなどに区分できる。マダイも産卵期には沿岸部に近づくので前者の群に含めることができる。漁具との関係をみてゆくと、結合式釣針は舟を操ってのトローリング漁法による釣具であることから、集団で回遊するサワラなどがその対象と考えられ、これに対してクロダイ、マダイ、スズキ、ヒラメ、アカエイ、トラフグなど沿岸部に棲息する類は逆T字形釣針による延縄漁か網漁で捕獲されたものと想定できる（甲元 1996a、1999）。

　紀元前三千年紀の遼東半島地域ではアワ栽培がおこなわれ（遼寧省博物館・旅順博物館 1984）、紀元前二千年紀に入るとキビなどの畑作に加え稲作栽培も営まれていたことは確実である（遼寧省文物考古研究所・吉林大学考古系・大連市文物管理委員会 1996）。この段階で遼東半島地域の沿岸漁撈民と穀物栽培がはじめて結びついたことは、朝鮮南部や日本列島に展開した初期農耕文化を考える上では極めて重要な現象とすることができる。

　　(4)　東北内陸部

　ここでは中国東北北部を貫流する松花江、嫩江、牡丹江、黒龍江などの大河川流域を対象とする。この地域はアムールイトウ、コグチマス、ハス、サケ、チョウザメといった大型魚に恵まれ、漁撈活動を中心とした生活を送る赫哲族などの少数民族が分布しており、農耕が導入される以前の段階では淡水産魚を対象とした漁撈活動が活発に展開していたことを窺わせる。

　魚網錘としては扁平な礫の両端部に抉りや切り目をいれてつくる横型石錘が一般的であり、土器片錘も多くみることができる。管状土錘は紀元前一千年頃、東北地方南部の夏家店上層文化の影響を受けて一部に取り込まれるが、量的に多くはなく、在来の魚網錘（横型石錘と土器片錘）がほぼ万遍なく発見される。鉄器時代以降になると、長江型土錘から変化した棒状の両端部に溝をめぐらす形式の土錘が広がり、徐々に横型石錘や土器片錘に取って替わる傾向にあるが、この種の錘は刺網と投網両方に使用される可能性があり、この時期に投網が導入されたか否かはこれ自体では判別できない。

　紀元前一千年紀末頃の黒龍江省東康遺跡では多数の土錘と石錘が出土している。うちF2号住居址では床面から18点の土錘と1点の石錘がまとまって発見され（黒龍江省博物館・哈爾濱師範学院歴史系 1983）、これは一張の刺網が束

ねられた状態で放置されていともものと推測される。東康遺跡では4軒の住居址から142点の土錘と7点の石錘が出土していて、土錘と石錘の割合は20対1となり、F2号出土の石錘と土錘の割合とほぼ一致している。このことから、一張の網は1点の石錘と18〜20点の土錘で構成されていたことが窺える。この遺跡での在り方と同様に、1点の石錘と多数の土錘で網が作られる例は三江平原に住む赫哲族の魚網にみられる（凌純声 1934）。

凌純声が報告した赫哲族の魚網では土錘の置かれた間隔は9寸であり、この間隔で東康遺跡の土錘が網に付けられていたとすると、全体の長さが4.5m余りに復元できる。東康遺跡では4軒の住居址がみられることから、漁撈網が全体で共有されていたとして、各戸平均して1軒の住居で二張の網が使用されたとも推定できるが、これを繋いでもその長さは10m未満であり、大河川での使用には耐えない。したがって水路や溝あるいは洪水が溢れてできた「泡」などでの小型魚を捕獲する時に利用された可能性が高いとみることができる。

この地域で卓越する漁具は銛で、固定銛、離頭銛、回転式離頭銛が豊富にみられる（前田 1974、山浦 1983a・b）。固定銛には逆刺をもつ小型の類と、逆刺をもつ大型の製品で、体部上部に更に「逆刺」を付加する類もある。ただし固定銛に分類したものも、弓弭状角製品や環状角製品を使って離頭銛として使用される例があり、これはあくまでも便宜的な分類である。離頭銛は体部に逆刺を備え、基部に紐通しの孔を持つものが一般的である。また回転式離頭銛には開窩式と閉窩式の両種が認められる。固定銛は昂々遺跡で細石器と伴った事例があるが、年代は確定しがたい。離頭銛は新開流遺跡で発掘されていて（黒龍江省文物工作隊 1979）、その年代は6080±130 bpを示している。また左家山遺跡でも見ることができ（吉林大学考古学教研室 1989）、新石器時代初期から銛が使用されたことが窺がわれる。回転式離頭銛も内陸河川地帯では新石器時代の早い段階から使用されている。

この他に中国東北部内陸地帯で発達した特有な漁具として、疑似餌を挙げることができる（甲元 1994a）。これは淡水産の蚌を利用して周囲を削ぎ落とし、一端に孔を穿つものと、鼠類を括り付けて餌を固定する部品に分けられる。前者は蚌のもつ光沢が小魚に似ることで疑似餌となり、後者は夕刻川面を走るネ

ズミを餌として、イトウやコグチマス、ハスなどを釣り上げるもので、こうした漁法は顎倫春族などこの地域に居住する少数民族の間に広く使用されている（韓有峰 1991、甲元 1996b）。

　黒龍江水系はかってはバイカル湖と繋がり、渤海湾に注いでいたことから魚種が豊富であり、しかも大型の魚が多く分布することが知られている（西村 1990）。しかし先史時代遺跡での魚検出例はあまり多くはない。これはこの地域でなされる発掘報告では、魚骨が多数見られたという文言があるだけで、魚種について具体的に言及する例は多くないことによる。それでもこれまでに知られた魚としては、コイ、フナ、ハス、アオウオ、ソウギョ、カワヒラ、サケ、ケツギョ、ハゲギギ、ナマズ、カムルチーなど、極めて変差に富んだ魚が捕獲されている。赫哲族や顎倫春族の民族事例によると、コイやソウギョが銛で捕獲されたり、イトウ、コグチマス、ハス、ケツギョなどの肉食魚はネズミ、キタリス、テンなどを餌として釣り上げられているが、それとともに歴史時代において最も集中して捕獲されたのはチョウザメであった。このチョウザメを捕獲する時に使用されるのが離頭銛であったことは西清の『黒龍江外記』により窺がうことができる。

　　　捕之（チョウザメ）之法、長縄系叉、叉魚背縦去、徐挽縄以従数里外、
　　　魚倦少休敲其鼻、鼻骨至跪、破則一身力立葛、然后戮其腮使痛、自然一跃
　　　登岸、索倫尤檀能。

同様な方法でチョウザメが捕獲されることは曹廷杰の『西伯利東偏紀要』でも指摘されていて、黒龍江の上流と下流で等しく離頭銛がチョウザメの捕獲に使われていたことが知られる。この地域の遺跡からチョウザメの骨が出土した確実な例はまだ報告されてはいないが、離頭銛が対象とする堅い皮膚を持つ魚は他にこの地域には棲息していないことからも、先史時代においても離頭銛によるチョウザメ漁は当然行われたであろうことが類推される。

　東北内陸部においては魚網具、刺突具、釣具と各種の漁撈具をふんだんに活用して漁撈活動が行われていたことが窺がえる。とりわけサケ漁を中心として漁撈活動に生活の大きな比重を掛けていたことは、この地に割拠する少数民族の通年的な生業暦（春季と秋期は簗漁、夏季は釣漁、冬季は氷下の網漁）のなかに色濃く反映されている。農耕が導入される以前、あるいは農耕が本格化する

以前には、シカ科の狩猟とともに漁撈に対する依存度が極めて高かったことは推測に難くない。

(5) 朝鮮東北部・沿海州 (図104)

　朝鮮東北から沿海州の沿岸地域一帯には、多数の貝塚遺跡が存在する。カキやホタテガイ、エゾイガイを主体とするもので、大部分が砂泥性海岸の潮間帯に棲息する類で貝塚は構成されている (甲元 1997b)。この地域では釣針に単式と結合式の両者がみられるが、単式釣針は西浦項貝塚、ボイスマン遺跡、ペスチャヌイ貝塚で少量出土するにすぎず、釣具としては結合式釣針が卓越する。結合式釣針は軸部をシカ骨で製作し、針部はシカ骨の場合と、イノシシ、イルカの犬歯で作られる場合がある。針部や軸部のいずれにも緊縮のための何らの所作も見られず、軸と針を単純に重ねあわせるだけの拵えである (草島型結合式釣針)。結合式釣針を出土する遺跡では溝を穿った大型の丸い石錘が出土することから、アリュート族の民族事例にみられるように (Ляпунова 1975)、大型石錘を付けて沖合いをトローリングしながら回遊魚を捕獲するのに用いられたことが判明する (甲元 1987)。

　石錘は小礫の両端部に抉りをいれる横形石錘が一般的であるが、結合式釣針の付属品である、大型石錘もみられる。これ以外にもアカニシやウバガイなどの大型貝を穿孔して貝錘にする事例が雄基貝塚で報告され、青銅器時代に入ると長江型土錘も一部の地域に登場することもあった (八木 1938b) が、この地域では広域的な広がりをもつには至らなかった。

　この地域で最も普遍的に見られる漁具は刺突具で、なかでも銛は各遺跡で数多く発掘されている。固定銛には大型と小型があり、大型の一部には中国東北内陸部と同様に逆刺を付ける類もある。回転銛は開窩式でペスチャヌイ遺跡においては20点近く発見され、海獣狩りが盛んに行われていたことを示唆している (Окладников 1963)。

　朝鮮東北部から沿海州にかけての地域で特徴的なことは、遺跡から海獣類の骨が多く発掘されることであり、農圃貝塚ではゴマフアザラシ、オットセイ、クジラの一種 (金信奎 1962)、ペスチャヌイ貝塚ではゴマフアザラシ、イルカ、西浦項貝塚ではゴマフアザラシ、トド、クロアシカ、オットセイ、スナメリ、

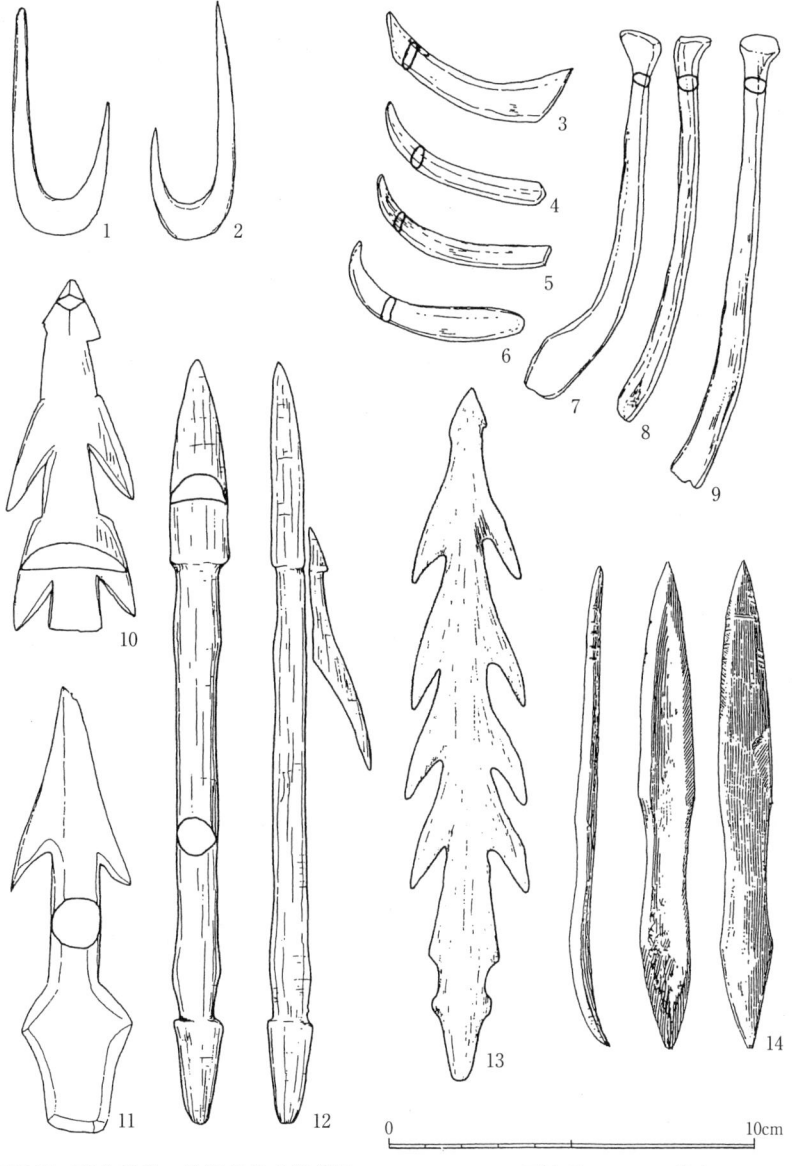

1 東アジアの先史時代漁撈　297

図104　東北朝鮮・沿海州出土漁撈具　1・2・10・11：西浦項　3〜9：草島　12・
13：ボイスマン　　14：ペスチャヌイ

セミクジラ（金信奎 1970）など各種におよんでいる。中でも西浦項貝塚ではゴマフアザラシ42頭、クロアシカ78頭、オットセイ47頭と発掘面積の割合には極めて多数の海獣類が出土していて、先史時代を通して海獣狩りが重要な漁撈活動であったことが窺がえる。多様な形状の銛類がこうした海獣の捕獲に使用されたことは言うまでもない。

　青銅器時代に入り西浦項貝塚以外の貝塚遺跡や沿岸部に立地する集落遺跡では海獣の出土することは殆どみられなくなる。草島遺跡で検出された魚類には、ブリ、スケトウダラなど結合式釣針による捕獲対象の魚の他に、マフグ、アカガレイなどの遠浅の海岸に棲息する魚類が出現し、さらにはヨルメギ、アユ、ドンコなどの淡水魚が混じるようになることは（朝鮮民主主義人民共和国科学院考古学及民俗学研究所 1957）、紀元前一千年紀前葉に寒冷化に伴う沖積地の拡大による遺跡付近の環境条件が変化したことを示唆している。同様なことはペスチャヌイ遺跡でコマイ、カサゴ、マルフグ科、カジカ科などの沿岸魚が検出されることでも窺がうことができる。

(6) 南朝鮮・西北九州

　朝鮮の慶尚南道から全羅南道にかけての南海岸一帯は先史時代の漁撈文化が最も開花した場所であり、漁撈技術の上では西北九州と深い繋がりを有している。この地域では釣具、網具、刺突具などの各分野においてそれぞれヴァラィティに富む漁法が展開している。

　釣具には単式、結合式、逆T字形の形式のものがみられる。単式釣針の殆どは縄紋時代後期に属するもので、朝鮮の東港里遺跡出土品（国立晋州博物館 1989）もほぼ同じ頃と思われる。この地域で出土する単式釣針はいずれも長さが6cm以下と小さく、逆棘をもたない。1遺跡から出土する量も対馬佐賀貝塚の6本が最高であり、その他の多くの遺跡では出土数が大部分1～2本に過ぎないことから、結合式釣針ほどは盛行しなかったものと思われる。小型品が多いことは、日本列島の中国・四国地域の縄紋時代後期の釣針が10cm前後の大型のものであることと極めて対照的である。

　逆T字形釣針は朝鮮の東港里遺跡と東三洞貝塚で発掘され、西北九州では福岡県新延貝塚、長崎県志多留貝塚、佐賀貝塚、脇岬遺跡、大浜遺跡、中島遺

跡などで発見されている（甲元 1998b）。いずれも長さが10cm以下の両端を尖らせた小型品で、体部中央部は紐を結ぶための小さな抉りが両脇から施されている。所属の年代も縄紋時代後期もしくはそれに相当する時期であり、両地域で密接な関係があったことが窺がわれる。

　結合式釣針は朝鮮南部と西北九州を代表する漁撈具で、朝鮮南部で12ヶ所、九州で15ヶ所の遺跡から発掘されている。軸部は鹿角製で針部はイノシシの牙を用いるものが多いが、軸を頁岩やテングニシでつくるもの、針を鹿角や石で拵えるものなど遺跡により少々異なりがみられる。また軸部と針部の結合の仕方において、両者を面取りして結合するもの（鰲山里型結合式釣針）、上下に重ね合わせて結ぶもの（草島型結合式釣針）、軸の下面に針を差し込む溝を穿つもの（西北九州型または脇岬型結合式釣針）があり、後者の結合手法をとるのは西北九州独自のもので、1例だけ朝鮮南部の島で出土している。

　結合式釣針は朝鮮南部と西北九州で縄紋時代早期末、ほぼ紀元前五千年紀に出現し、紀元前二千年紀に盛行することが明らかにされている。朝鮮中部東海岸の鰲山里（ソウル大学校博物館 1984・85・88）やその付近の遺跡において新石器時代初期の結合式釣針が発見されていて、シベリアとの関連で出現したと説く学者もいるが、シベリアの結合式釣針とは形態が異なり（小畑 1996）、また東シベリアや沿海州には新石器時代初期の結合式釣針が発見されていないことなどは、鰲山里遺跡出土の結合式釣針の来歴を謎として残している。

　この地域の網具の錘は礫の両端部に刻みをいれる横型石錘と土器片錘で構成され、これは朝鮮半島や日本列島でみられる通有の現象である。紀元前一千年紀になると朝鮮南部では一部に管状土錘が出現し、それとともに次第に横型の礫石錘は影をひそめてくる。弥生時代になっても一部の地域を除いて西北九州では管状土錘は盛行せず、石錘が基本的な網具の錘となっている。弥生時代後期から古墳時代初期にかけて玄海灘周辺で滑石製の錘が出現するが、これは魚網錘ではなく天秤釣の錘と想定されている。また長江型土錘は紀元後一千年紀の中ごろ以降にならないとこの地域には登場しないので、先史時代には基本的に投網は存在しなかったと思われる。

　刺突具には種類が多く、組み合わせ銛、固定銛、離頭銛、回転式離頭銛などがある。組み合わせ銛は、鋸状の側縁をもつ石鋸を数個繋ぎながら、木あるい

300　Ⅳ　生業活動研究

図105　逆Ｔ字形釣針（●印）出土分布図と対象とする魚および使用法　　　（Stewart 1987より）

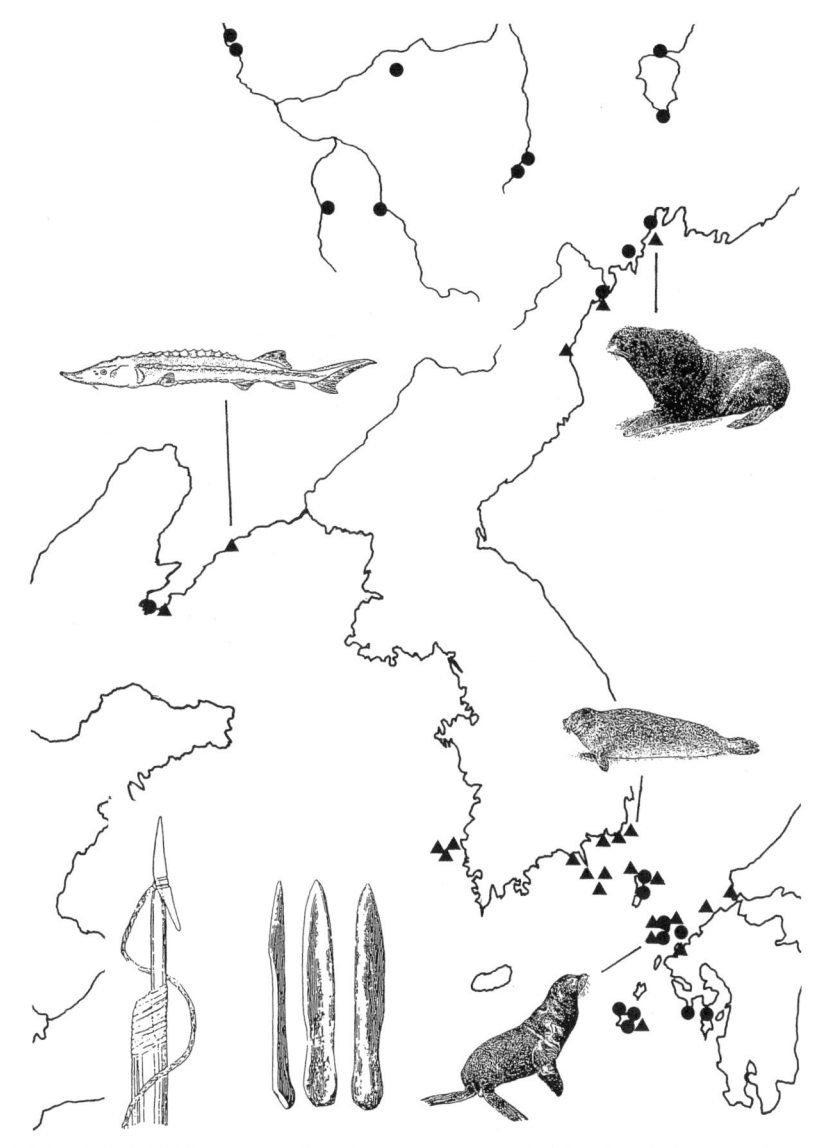

1 東アジアの先史時代漁撈 301

図106 回転式離頭銛（●印）と海獣・チョウザメ（▲印）出土分布図と装着法（大塚 1966 より）

は骨柄に装着して銛とするもので、この形状はシベリアの植刃器より想定されたものであるが、この地域では柄が残存した例は未発見である。朝鮮南部では東三洞貝塚、上老大島貝塚、莞島麗瑞貝塚で発見されている。これら3遺跡の石鋸の石材はどれも伊万里腰岳産黒曜石であり、西北九州との関連が強い漁撈具である。東北朝鮮にも茂山邑、雄基貝塚、油坂貝塚での発見例があるが、これらには白頭山産黒曜石が使用された可能性が高い。また黒龍江上流のシルカ洞窟でも石鋸が出土していて、東北アジアとの繋がりを示唆するが、石鋸以外の相互の関連性は未だ明確にはされていない。

　石鋸は九州で53遺跡から出土の報告がある。その中でも量的に多く発見されるのは、対馬、五島列島、佐賀・長崎沿岸部と天草であり、西北九州で特異に発達した漁撈具であることが分かる（山崎 1988）。縄紋時代前期から出土していることが確かめられているが、遺跡数も出土数も増加するのは縄紋時代後期であり、朝鮮南部の事例も後期相当期と思われる。この組み合わせ銛を1個の石で製作したものが石銛で、組み合わせ銛と同様に西北九州でとりわけ多く出土する。石銛が盛行するのは組み合わせ銛よりも早く、狭い海峡を望む台地上に形成された長崎県つぐめのはな遺跡では縄紋時代早期に遡る資料が100点近く採集され、この石銛の用途を暗示させている。

　回転式の離頭銛は佐賀貝塚をはじめとする縄紋時代後期の西北九州で少量発見されている。その分布の南端は長崎県脇岬であり、ニホンアシカの骨が検出される分布範囲とほぼ重なる点は大変興味深い（図106）。

　逆T字形釣針を出土する遺跡で魚類の報告がなされた遺跡として、朝鮮では東三洞貝塚を挙げることができる（横山 1933、及川 1933、Sample 1974）。ここではマダイ、マグロ、タラ、サメ科、ボラ、ブリの骨が検出されている。東三洞遺跡では結合式釣針が数多く出土していて、魚類の中でもブリ、マグロが遺跡全体の4割の出土量を占め、量的に最も多く発見された結合式釣針とそれらが強い関連性のあることを物語っている。さらに結合式釣針はトローリングによる回遊魚を捕獲の対象としていることから、東三洞遺跡では回遊魚以外のマダイ、タラ、ボラなど沿岸近くに棲息する類が逆T字形釣針の対象魚であった可能性が高い。西北九州では佐賀貝塚で、マダイ、クロダイ、ヘダイ、イシダイ、コブダイ、スズキ、トラフグ、ブリが、山鹿貝塚でマダイ、ヘダ

イ、クロダイ、スズキ、フグ、大浜貝塚でブリ、スズキ、マダイ、カンダイ、ハタ属、脇岬遺跡でエイ目、イシダイ、ハタ属、マダイ、ブリ、マグロ、ソウダガツオ、カツオがそれぞれ発掘されている。これらの魚類も回遊魚と沿岸魚に区分されることから、マダイなどの沿岸近くに棲息する類が逆T字形釣針の対象であり（図105）、結合式釣針はマグロ、ブリ、カツオなどの大型回遊魚がその対象であったことを物語る。

西北九州に多く分布する組み合わせ銛や石銛は結合式釣針と組み合わさって大型回遊魚の捕獲に使用されたことも想定されるが、より本来的には西北九州に特異に分布する状況から、これらの遺跡から多く出土するサメ類を対象とする漁撈活動の道具であった可能性が高い。

回転式離頭銛はその機能的側面から、対象とする動物は皮膚が頑丈で皮下脂肪が厚いことが肝要である。北太平洋海域で回転銛が海獣類の捕獲に使用されることはそのことを示している。東北アジアにおいては沿海州から東北朝鮮海域までが、オットセイ、アザラシ、アシカの棲息領域であり、朝鮮南沿岸域と遼東半島沿岸部までが、アザラシ、アシカの棲息領域となっていて、朝鮮東海岸を南下するリマン海流に沿って徐々に海獣の種が減少していくことを示している。またアシカは五島列島から隠岐以北が棲息域となっている。先に指摘した回転式離頭銛とアシカ骨の分布域の重なりは、沿海州から朝鮮東海岸・南海岸に至る海獣類を対象とした漁撈活動の周縁部であったことを端的に示しているといえよう。渡辺誠は朝鮮では原三国時代になるまで回転式離頭銛が出土しないことを例に挙げて、西北九州の回転式離頭銛は日本の東北地方からもたらされたとする説を提示している（渡辺 1988）。回転式離頭銛が対象とするものが、このように海獣類であるとすると、能登半島で海獣類の自然棲息域が途切れること、昨年度の東三洞貝塚の発掘で離頭銛が発見されたことを考慮すると、西北九州の回転式離頭銛は、結合式釣針・組み合わせ銛、石銛などとともに朝鮮南部地域と密接に関連する漁具であったことは容易に理解されよう。

　　おわりに

以上みてきたように、北海道と東日本を除いて、先史時代の東アジアで持続的に活発な漁撈活動が展開した類型としては、①長江下流域から黄河下流域に

かけての内陸河川・湖沼漁撈、②環渤海湾の内湾漁撈、③中国東北部の河川漁撈、④沿海州から東北朝鮮にかけての海獣漁撈、⑤南朝鮮と西北九州の外洋性漁撈が挙げられる。

　第1地帯は畑作栽培を含めて水稲耕作が卓越する農村にみられるもので、家畜飼育があまり盛んでない地域である。ブタ飼育はなされるものの、ニホンジカ、キバノロ、シフゾウなどのシカ科の狩猟活動が活発で、陸上動物の肉の多くは狩猟動物から補給されていた（甲元 2001b）。またこの地域は水辺での生業が重要な位置を占めていて、河川や湖沼の漁撈活動もその一貫であった（甲元 2001d）。漁撈以外にも、淡水産の貝である蚌の多量の採取、それを素材にした多様な道具製作、ハスやヒシなどの食料の採集、飛来する渡り鳥の捕獲など四季を通しての水辺での生業が行われていた。水稲栽培に不可欠の水田や水田への給排水施設（水路、溝、溜め池）はそのまま魚の産卵・生育場所であり、したがって水稲耕作の拡大はそれ自体淡水魚の増加をもたらすメカニズムを内蔵していたのである（甲元 2001d）。ジャコビのエネルギー換算によると（Jacobi 1980）、ブタ1頭はコイ、アオウオ、ソウギョなどの16匹分に相当することから、一見家畜の優位性を示す。これは単に摂取できる肉量だけの比較にとどまらず、家畜飼育を行うことで生じる通年的な餌の提供、とりわけ冬季の飼料を準備する労働の対価も念頭において評価すると、水稲耕作地帯においての動物性食料は、ブタよりも淡水魚から得られるものが大きかったことは想定に難くない。

　黄河の中流域は渭水流域と同様に漁撈活動は活発ではなかった。この地域にみられる漁撈具の殆どは山東地域からの流入品であり、仰韶文化末から龍山文化期以降、黄河下流域からの影響を受けて一部に漁撈活動が行われたに過ぎないのであり、全体として動物飼育に比重をおいた畑作栽培が卓越した地域とすることができる（甲元 1994b）。

　第2地帯は中国で唯一の海水域での漁撈である。単式釣針、逆T字形釣針、結合式釣針と3種類の釣具が備わっていること、錘から推定される網漁の多様性、固定銛や離頭銛などの各種刺突具の存在など中国の他の地域ではみられない装備をそなえていた。しかし捕獲対象とする動物の中に海獣は少なく、サワラなどの回遊魚の他には、クロダイ、マダイ、スズキなどの沿岸近くを棲息

域とする類であり、漁撈活動を行いながらもシカ科を中心とした狩猟活動やブタ飼育が併せて盛んであったことは遺跡出土の自然遺物に反映されている（甲元 1993b）。また大規模な貝塚も形成され、こうした多様な生業をおこなっていたのが「アワ、コウリャンなどの畑作とともに稲作栽培を行っていた沿岸漁民」であったことは、農耕文化の伝播に沿岸漁民が大きく係るようになる契機となり、渤海湾沿岸地域の漁民活動は南朝鮮や日本列島の農耕文化成立に重要な役割をはたすようになったのである。

　第3地帯は紀元前三千年紀後半期になるまで、農耕文化とは無縁の地域であった、いっそう漁撈活動への比重が高かったことが窺がえる。顎倫春族の生業暦では四季を通して漁撈が盛んであり、季節にあわせて対象とする魚種と漁法が異なっている。漁業を主たる生業にしていた赫哲族はさらに漁撈活動の集約化が進んでいることをみると、河川流域においては漁撈活動に主体をおいた先史時代の住民の存在さえも想定可能である。この地域にみられる離頭銛や回転離頭銛は沿海州沿岸部のそれと極めて類似する。このことは河川流域の漁撈民が沿岸部に進出した結果であるか、あるいはサケやチョウザメなどの回遊魚を追跡することで沿岸漁民が内陸にもたらしたものか、現在のところ明確ではない。今日知られる限りでは、その中間に位置する新開流遺跡の出土品が年代的には最も遡上する事例であり、今後の資料の増加が待たれる。

　第4地帯の東北朝鮮から沿海州地域のうち、南部地域は紀元前三千年紀後半期には小規模な農耕栽培が開始されていたが、基本的には狩猟・採集・漁撈といった自然経済が生業の中核となっていた。遺跡出土の動物遺存体の中では海獣類の出土比率が大きいが、海獣は季節性が高く、通年的な活動にはなり得ないものであり、狩猟活動もブタ飼育も盛んに行われたことは出土自然遺物に示される。青銅器時代になり、海獣類の出土比率が減少して沿岸部でも淡水産魚や沿岸を棲息域とする魚類の数量が増加することは、環境の変化とともに穀物栽培への傾斜が高まった結果、農耕を主体とする住民と海獣狩猟を主体とする住民とに分化した可能性もある。『後漢書』の「東夷伝」、『三国志』の「魏書東夷伝」に記載された穢人の「班魚」に関する記録は、そうした海獣類の狩猟集団が存在していたことを物語るものであろう。

　第5地帯の朝鮮海峡を挟む地域では、最も多様な漁撈活動が展開していた。

最初に登場するのは石銛で縄紋時代早期、次いで結合式釣針と組み合わせ銛が縄紋時代前期の頃である。縄紋時代後期（紀元前三千年紀末葉から二千年紀末葉）になると、離頭銛と回転離頭銛に加え、逆Ｔ字形釣針が発見される。漁撈具の出土が最も多く見られるのは縄紋時代後期であり、西北九州や朝鮮南部ではたいていの遺跡からこうした漁具が発見される。単式釣針は小型であり、結合式釣針が10cm以上の大型であるのと対比的で、これらが組になって存在することなどは、西日本のその他の地域での釣具の様相とは異にする。

　石銛、回転離頭銛などは寒流系の漁具であり、そのうち回転離頭銛は海獣類の捕獲に当てられたものである。回転式離頭銛は、日本列島では北海道から東北にかけての地域と西北九州に多く分布する。これは対象とする海獣の自然分布を反映したものであり、沿海州を基点として樺太経由の流れが東日本に広まり、朝鮮を経由したものが九州に到達したものである。こうした寒流系漁撈具は日本海をめぐって南北で共通することもそれで容易に理解できる。縄紋時代後期に登場する擦切用の石鋸も同じ流れであることは山崎純男が指摘するところである（山崎 1998）。

　結合式釣針は渤海湾や日本海西沿岸地域に広く見られ、いずれも回遊魚を対象としたもので、渤海湾地域ではサワラ、南朝鮮や日本ではカツオ、マグロなどが主な対象であったことが出土した魚骨で知ることができる。

　逆Ｔ字形釣針は渤海湾で発達した延縄漁法の部品であり、沿岸近くに棲息するクロダイ、スズキ、ボラなどを主たる対象とした漁具である。離頭銛に示される寒流系漁撈具と逆Ｔ字形釣針に示される暖流系漁撈具が朝鮮南部で結びつくことで、朝鮮海峡をはさむ地域は多様な漁撈文化が開花したのであり、その時期は紀元前二千年紀の気候温暖化にともなって海水面が上昇した時と一致している。

　逆Ｔ字形釣針は山東半島、遼東半島、南朝鮮、西北九州と東中国海沿岸地域を結び付ける漁具であり、遼東半島でこれを使用した漁民が稲作を含めて農耕を営んでいたことは大変重要である。中国長江下流域から黄河下流域にかけて稲作栽培を営んでいた住民は、徹底した水辺での生業活動の展開がおこなわれ、淡水産の魚の捕獲により動物性エネルギーの多くを摂取していた。それが遼東半島で沿岸漁民と結びつくことで、朝鮮や日本の魚種の少ない淡水魚に代

わって海水魚と稲作栽培が密接な関係をもつこととなった。漁撈民が同時に農民であるような、いわば「半農半漁」を生業とする民により、列島に新しい息吹が吹き込まれたのである。西日本の離島や沿岸地域での小規模な漁撈活動を行う集落では、「男性は漁業、女性は畑作」という生業の組み合わせが戦前まで一般的にみられたが、これは縄紋時代後期以降の初期農耕民の姿を彷彿させるものである。

補注

　刺網だけでなく、袋網の錘として使用された可能性もあるが、袋網とするには碇石ほどの大きさの大型石錘が多量に必要となる。中国先史時代遺跡ではこうした大型碇石は多量には発見されていない。また中国の在来漁法に刺網を水中に潜らせて使用する「掛網」もみられるが、それは使用形態の差であり、形状は刺網と変わらない。

追記

　成稿後2年が経過したので、その後判明したことを記す。結合式釣針のうち軸と針先を面取りして接合する郭家村型の軸端部外側に緊縮のための「突出する段」をもつものは、最近京畿道や忠南地方の沿岸部の遺跡で発見されている。これらは遼東の郭家村や北呉村遺跡出土品との関連が深いことが分った。これらは逆T字形釣針とともに、結合式釣針の中に環黄渤海地域に来歴を求めることが可能であることを示している。新石器時代中期に遼東から朝鮮南海岸を結ぶ交流があったことを物語る確実な資料となる。

2 農耕経済の日本的特性

はじめに

　1884（明治17）年、東京の本郷弥生町で頸を欠いた1点の壺が発見された。最初の頃は縄紋土器と同様に石器時代の遺物と考えられていたが、「貝塚」から出土する土器でありながら、その器面にはわずかに縄紋的施紋があるにすぎず、縄紋土器とは異なった種類と認識されるようになり、弥生時代の研究が始まった。

　弥生時代研究はまず、縄紋時代との違いを明らかにすることで、その時代的性格が把握されてきた。山内清男による稲籾の確認（山内 1925）、八幡一郎による一定地域内での遺跡立地や石器組成の違いの究明（八幡 1928）などは、生活形態上でのレベル差を具体的に明らかにした研究であり、高橋健自の『銅鉾銅剣の研究』（高橋 1925）や梅原末治の『銅鐸の研究』（梅原 1927）による青銅器の集成と分析は、弥生時代に金属器を使用していたという時代的特徴を明確にしたものであった。また1937年から奈良県唐古遺跡の発掘調査では、基本的な弥生土器編年を確立させるとともに、夥しい木製農具の発見により、弥生時代は水稲栽培を基盤とする農耕社会であったことを明瞭に示すこととなった。

　1947年から全国の考古学研究者を動員して始められた静岡県登呂遺跡の調査と1955年から開始された日本考古学協会特別委員会による弥生時代遺跡の集中的調査は、登呂遺跡や唐古遺跡に示される弥生時代村落が、列島全域にほぼ斉一性をもって展開したことを予想させたのである（日本考古学協会編 1961）。こうした中和島誠一はアワとキビを栽培し、家畜を飼育する黄河流域の半乾燥地帯の農業とモンスーン地帯で家畜飼育を伴わない水稲栽培を発達させた弥生時代の農業を対比的に捉え、その特徴を明らかにした（和島 1962）。和島は弥生時代水田経営の単位を、登呂遺跡の事例から10軒以上の住居で50人ばかりと推定したが、近藤義郎は岡山県沼遺跡などの事例から住居址5軒に高床倉庫1棟の組み合わせが水田経営の基本的な単位であることを指摘し

て、弥生時代における小規模経営の実態を明確にしたのである（近藤 1959）。

1960年代の後半から始まった大規模開発の波は、またたくまに全国に波及し、それに伴う緊急調査により面的な拡がりをもつ発掘がなされるようになり、従来の小規模調査では知りえなかった資料が陸続と明らかにされるようになってきた。またこの時期自然科学分野との協力による細かな研究も推進され、具体的な生態環境の中での穀物栽培の実態が捉えられるようになってきた。この段階で100ヶ所近くの水田址の調査が進み、弥生時代の水田の規模や区画に違いがあることが知られるようになった。これらの研究成果を受けて都出比呂志は、弥生時代の水田区画形態を二類型に大別した。その一つは、低湿地の平坦面に立地し、杭や矢板で補強した畦畔で囲う大区画類型と、他の一つは沖積地の緩やかな傾斜面あるいは段丘面に立地し、大畦畔で区画した内部に小区画の水田を設ける類型である。そしてこの二つの類型とも弥生時代当初から存在することを指摘した（都出 1983）。この二つの類型が水稲栽培技術の多様性を示すものか、あるいはその背後にある水田経営の規模の違いを意味するものか必ずしも明らかではないが、弥生時代における小区画水田の数的な多さは、弥生時代農耕経済の基本的特徴ともいえよう。

1978年になると、福岡市板付遺跡において従来の土編年上では縄紋土器に分類される、夜臼式土器単純期の段階での水田遺構が検出され、次いで佐賀県菜畑遺跡でも同様な事例が明らかにされた。このような縄紋土器の終わり頃、いわゆる突帯紋土器の時期に属する水田址は瀬戸内から近畿地方にかけて点々と発見されるようになり、突帯紋土器に付着した籾痕の事例も増加して、弥生時代の縄紋的生活基盤との差異がしだいに不明確になってきたのである。

(1) 日本の初期農耕文化

弥生時代に対してそれまで与えられていた定義は、「弥生式土器が使われた時代」であり、その属性として「稲作栽培が行われた時代」と考えられてきた。弥生時代が農耕に基礎を置く時代であり、縄紋時代が採集経済に依存する時代であると明瞭にその差異が認められていた研究段階では、壺、甕、高坏と器種セットになる赤褐色の磨研土器を弥生式土器、深鉢を基本とする黒褐色の素焼き土器を縄紋式土器と認定して、それがそのまま時代の指標として意味を

もちえていた。ところが縄紋時代における生業形態の分析が進化し、定住的な村落の形成とともに、ヒョウタンなどを栽培し、クリやドングリなどの保護育成が行われ、イノシシの一定期間の飼育（キーピング）もなされていたとの指摘もあって、従来縄紋時代に賦与されていた時代観が大きく変化してきたのである。そして一部にはソバやマメばかりではなく、コメやムギ類などの穀物栽培もなされていたことが次第に明らかとなり、ついには北部九州の沿岸部から瀬戸内沿岸の沖積地では、水稲栽培も営んでいたことが確実視されるようになって、土器を指標とする時代観では弥生時代と縄紋時代を弁別することは不可能になってきたのである。

板付遺跡や菜畑遺跡での突帯紋土器が伴う水田址の発見は、歴史学者がおこなう時代区分論と同様の時代認識が考古学研究者に問われることとなった。その結果、従来の時代認識を尊重して縄紋時代から弥生時代への転換をスムーズな展開であると考える説と、水稲栽培の導入を画期として捉え、弥生時代と縄紋時代を突帯紋土器段階で区切る説とが並立することとなった。前者の立場にたてば、縄紋時代前期から一部の畑作栽培と堅果類の保護育成を行い、縄紋時代後期にはマメを、晩期にはコメ、ムギ類を栽培し始め、こうした自然操作の経験を経て水稲栽培を主体的に受容したとして、縄紋文化の伝統を重要視するのである。一方後者は、日本文化の基盤をなす水稲栽培文化が形成された点を重視し、水稲栽培とそのほかの穀物栽培の違いを強調して、明確な弥生時代像を提示する立場である（佐原 1975）。

水稲栽培と畑作栽培の大きな違いは、地力回復力の強弱による。一般的に連作により栽培穀物の収穫量は低下する。自然状態においては連作した場合、水稲の収穫量が前年比で74.7％にとどまるのに対して、ムギ類は36％にまで低下するのであり、畑作の場合忌地現象による収穫量の減収は著しい（石井・桜井 1984）。このため畑作栽培においては多くの種類の穀物を輪作することが肝要となる。19世紀までの朝鮮火田民の事例では、アワ、アズキ、ダイズ、ソバを輪作し、6年目以降は休耕地とするのが慣わしであった（小野 1987）

一方水田では三大要素の1つであるチッソについては、生物的固定量の大きさ、カリについては灌漑用水の効果により恒常的な補給があり、リン酸の欠乏が唯一の収穫量低下の因子となる。しかし地中に含まれるリン酸化合物は、

水中の還元条件下では溶解しやすくなって、リン酸の濃度が高まることが確かめられている（久馬 1987）。これらの栄養素をより充分に得るためには、灌水と乾燥を繰り返すことで成し遂げられるのであり、灌漑農耕の優位性を示している。

このように、水稲栽培は畑作栽培に比べ食料源としてはより安定性が高いのではあるが、播種から収穫までのあいだ、間断なく管理する必要があり、定住性が強く要求される。また板付遺蹟の用水路にみられるように、当初の段階から大規模な灌漑施設を必要とする農耕では、その開削、維持管理のための社会的結合の度合いが、それのない畑作栽培とはまったく異質なものであったとすることができよう。このことからすれば、水稲栽培の開始をもって弥生時代と定義するのが、より弥生時代像を的確に表すものといえよう。

北部九州で水稲栽培が開始された時期は、近畿地方では志賀里Ⅳ式、関東では安行Ⅲd式、東北地方では大洞C2とほぼ並行する時期であり、従来の土器編年では縄紋時代晩期後半より弥生時代早期として捉えることとする（表3）。

弥生時代の栽培穀物については、ほぼ10年前、寺沢薫・知子により詳細な分析がなされていて（寺沢・寺沢 1981）、今日においても大勢に変わりはない。それによると弥生時代の遺跡で検出される穀物としては、イネ、アワ、ソバ、ヒエ、キビ、モロコシ、オオムグ、コムギ、エンバク、ハトムギ、ダイズ、ア

表3　縄紋晩期～弥生早・前期の編年（春成 1990 より）

北部九州	瀬戸内	近畿	東海	中部	関東	東北
○大石・広田	岩田4	滋賀里Ⅱ	寺津	＋	安行Ⅲa	大洞B
○古閑・広田	岩田4	滋賀里Ⅲa	元刈谷	＋	安行Ⅲb	大洞B-C
○黒川	黒土B1・原	滋賀里Ⅲb	稲荷山	佐野Ⅰ	安行Ⅲc	大洞C1
＊山ノ寺・曲り田　夜臼	前池(広江浜)	○滋賀里Ⅳ	西之山	佐野Ⅱ	安行Ⅲd・前浦	大洞C2
夜臼Ⅱ・**板付**Ⅰ	＊沢田(津島江道)	＊船橋・口酒井Ⅱ	五貫森	(女鳥羽川)	桂台	＋
板付Ⅱa 板付Ⅱb 板付Ⅱc	Ⅰ古　沢田 Ⅰ中 Ⅰ新	Ⅰ古　長原 Ⅰ中　長原 Ⅰ新	馬見塚 ＊Ⅰ中　○樫王 Ⅰ新　水神平	(離山) ○氷Ⅰ 氷Ⅱ	杉田・千網 荒海1 ○荒海2	大洞A 大洞A´ ＊砂沢

＊は水田稲作の確実な開始期　　○は籾痕土器の出土　　ゴチックは環濠集落の出現期を示す。
　東北・関東地方との対比は林謙作・設楽博己両氏の意見を参考にした。

ズキ、エンドウ、ソラマメ、リョクトウ、ササゲ、ツルマメなど18種が挙げられる。これにヒョウタンなどの畑作物などを加えると37種もの栽培穀物に及ぶ。このうち出土遺跡の数にして最も多いものは、オカボ（陸稲）を含めてイネであり、マメ類がこれに次ぐ。しかしこの数字によって弥生時代にはコメが主要な食べ物であったと推断することはできない。栽培穀物が考古学的資料として得られる条件は、たまたま穀物が火を受けて炭化した場合か、土器の製作時にその表面に付着するか、あるいは胎土中に混入した時、または水分の多い個所に保存されている場合に限られる。泥炭層に保存されている場合でも、アワやキビ、ソバなどはイネに比べて種子が小さいため、フローテーション法による採取以外では見逃されやすい傾向があり、資料化されない場合も多いことが想定される。

　また炭化した種子も何故「炭化したか」を考慮する必要がある。弥生時代種子が炭化する機会としては、たまたま火に遭ったときがまず挙げられるが、これには偶然性が大きく関与しているので、統計資料上では注意を要する。九州地方の弥生時代前期から中期中頃にかけての時期には、集落の中で大量の焼けたコメを発見することがあるが、中期後半以降の時期には、炭化したコメを発見することが極端に少なくなる。このことは九州地方では中期の後半以降稲作栽培を行わなかったことを意味するものではないことは明らかであろう。イネの調理過程での作業工程の差異がもたらした現象であると、まず考えてみる必要がある。

　長崎県対馬では、40年ほど前まではハダカオオムギを脱穀するのに邪魔な硬い穎を焼き落とす方法がとられていた（甲元・山崎　1984）。こうした脱穀方法が弥生時代の九州で行われていたとするならば、炭化したコメが出現する機会が多いこととなる。イネの新しい品種が導入されたのか、あるいは脱穀の方法が変わったのか委細は不明であるが、ともかく北部九州の弥生時代後半期には穎に火をかけて焼き落とす手法がとられなくなったために、結果的に遺跡から我々がイネを採取することが少なくなったと想定できる。

　長野県岡谷市橋原遺跡では、天竜川の河岸段丘上に立地する弥生時代後期の集落址である。この遺跡から出土する石製品は少量の石庖丁、太型蛤刃石斧、磨製石鏃を除くその他のすべては縄紋系の石器で占められている。石皿や

本にも及ぶ打製石斧はそのことを端的に物語るものである。ところが、橋原遺跡の38軒の住居址からコメ、ムギ、マメ類、クリ、エゴマ、アサ、アワ、ヒエなどの各種の炭化した栽培穀物種子が発見された。とりわけ後期初頭の59号住居址では、コメ16.3kg、およそ2斗6升、アワ2100粒、マメ120粒がみつかっている（岡谷市教育委員会 1981）。住居の隅で壺に入れて保管されていたものが、火災に遭って炭化したものらしい。イネの生育期間は約130日、アワは70日から120日で収穫時期にズレがあるので、イネが収穫されるまでの間にアワが食べられ、その後火災に遭ったとしてもその絶対量の差異は大きい。このことから弥生時代も後期になると、東日本の山間地域においても、コメは重要な食糧源となっていたことを示している。すなわち縄紋的な石器組成で推測される多種多様な食料の中でも、コメが当時の住民たちにとって最も大切であったことを物語っている。

　弥生時代も後期になると、食生活の上でもコメが大きな比重を占めるようになってきたことをみてきたが、次に弥生時代の水田での具体的なコメの収穫量を推測することにしよう。

　弥生時代のコメの収穫量を初めて推量したのは杉原荘介であった。杉原は静岡市登呂遺跡で検出された水田址をほぼ2万坪と想定し、1坪で1升のコメが収穫されたとすると、全体では2万升取れたこととなる。登呂遺跡の人口を60〜90人と仮定しても、この村では1年で6000〜9000升消費される計算となり、残り4000〜1000升は種籾や備蓄、さらには交換用に充てることができたとして、登呂の住民は豊な生活を送ることができたと主張した（杉原 1968）。

　この杉原の想定に対して乙益重隆は近世の農書にみられる記載から類推して、弥生時代当時のコメ収穫量は多くはなかったとし、正倉院文書から推測される奈良時代の収穫量を基とし、登呂遺跡で田植えが行われていた場合でも、その収穫量で賄える人口は上田で60人、中田で48人、下田で36人、下々田では18人の計算となり、下田以下の水田では雑穀やその他の縄紋時代以来の伝統的食料に依存せざるをえなかったであろうとした（乙益 1978）。

　寺沢薫は弥生時代前期が岡山県津島遺跡、中期は滋賀県大中の湖南遺跡、後期は登呂遺跡を例に挙げ、水田の拡がりから収穫量を査定し、遺跡占拠の推定人口を割り出して、1人1日3合食べるという前提で何日分の食料が賄えるか

を算出した。その結果は津島遺跡では28～14日、大中の湖南遺跡では157～78日、登呂遺跡では267～200日と想定された。また予想される収穫量のコメを1年間平均して食べたとすると、1人1日あたり津島遺跡では0.14～0.07合、大中の湖南遺跡では1.3～0.6合、登呂遺跡では2.2～1.65合となる。この寺沢の試算によっても弥生時代の前期—中期ではコメは必ずしも充分に食べたとは言い難い。しかし弥生時代も後期になると、かなりの量が食されていたこととなる。また後期の事例では岡山県百間川遺跡では稲株痕跡を基にして、反当り0.6～1.68石と高水準の収穫も予想される状況にある。

　弥生時代のコメの収穫量をみてゆくと、その前半期段階では決して充分ではなかったことが窺える。寺沢の統計資料においても、遺跡ごとに各種の食料が多様にみられることは、そのことを端的に物語っているといえよう。西日本で弥生文化が典型的に発展したと想定される地域で、かえってドングリ等の出土例数が多くなっていることは、不足するコメを補う糧として、多様な食料源への依存状態を表すものである。コメを求めながらも不足する食料をどのように補うかという点で、弥生時代の生活実態が浮かび上がってくることが考えられるので、次に具体的な食料のあり方を見てゆくこととしよう。

(2) 弥生時代の食料

　弥生時代の早期いわゆる突帯紋土器段階で水稲栽培を営んでいたことが確実な遺跡としては、西は唐津市の菜畑遺跡から東は兵庫県口酒井遺跡にまで及び、土器の表面に付着した籾痕をもつ例をこれに加えると、玄界灘から瀬戸内沿岸部にかけての西日本一帯では、広範囲に稲作がおこなわれていたと推測される。この段階での食料源全体にわたっての分析が可能なのは菜畑遺跡の事例しかなく、今この遺跡で出土した自然遺物を手懸りとして、初期農耕社会の食料実態を見てゆくこととする。

　菜畑遺跡は唐津湾と砂丘を隔ててその背後にある湿地帯を見下ろす小丘陵上に立地し、突帯紋土器の段階から弥生時代中期にかけての集落と水田の一部が発掘されている（唐津市 1983）。この遺跡で発見された穀物には、イネ、オオムギ、ソバ、アワ、アズキがあり、他に栽培植物としてリョクトウ、ゴボウ、メロンなどがみられる。堅果類にはクルミをはじめ、各種の落葉性・照葉性の

ドングリがあり、魚骨にはサメ、エイ、マイワシ、ボラ科、マグロ、マサバ、マアジ、ブリ、スズキ、クロダイ、マダイ、ベラ科、ハゼ科、コチ科、ヒラメ科、カレイ科、フグと沿岸で捕獲しうるほとんどの魚が食卓にのぼっていて、多様な漁撈活動が窺える。

また菜畑遺跡で検出された哺乳類には、ノウサギ、ムササビ、イヌ、タヌキ、テン、アナグマ、イノシシ、ニホンジカ、ウシ、イルカ科、ニホンアシカ、ジュゴンなどがある。このうちウシは加工痕跡を有する角のみであり、装飾品などとして招来されたものとしうるのでこれを除外できる。これら哺乳類の中でその個体数が多いのはイノシシとシカで、その割合は弥生早期で21対7、弥生前期で25対17、弥生中期で5対3となる。全体としてイノシシが多いものの極端な個体数の差異は認められない。このことは先にあげた各種多様な食料とともに、菜畑遺跡では網羅的な食料体系をもっていたと見ることができる。

日本列島の遺跡で出土する哺乳類のうち、先史時代人にとって重要であったと考えられるシカとイノシシについて、その出土数を菜畑遺跡や縄紋時代遺跡のものと比較すると、福岡県新延貝塚の縄紋中期で5対6、後期で3対3、広島県観音堂遺跡の縄紋中期で9対8、後・晩期で36対19、東大阪市日下遺跡の縄紋晩期では4対3、愛知県伊川津貝塚での晩期は125対130、静岡県蜆塚遺跡の後・晩期で6対3、静岡県磐田市西貝塚の後期段階で19対10となり、ほとんど差を見出しえない。このことは穀物栽培を開始した当初には穀物栽培への依存度はさほど大きくはなく、前代と同様の生業形態を持続せざるをえなかったことを示している。すなわち穀物栽培が導入されたとしても、実際には従来の食生活の一部を補完するに過ぎなかったことを意味している。突帯紋土器の時期に繰り広げられる初期農耕の実態は、菜畑遺跡の状態とほとんど差がなかったと類推できる。

北部九州に登場した水稲耕作を中心とする農耕文化の波は、かなりの速さを持って列島各地に拡大してゆく。春成秀爾の作成した編年表でみるように、籾痕をもつ土器の最古の事例は、さほどの時間をおかずに近畿地方の瀬戸内沿岸部に達している（春成 1990）。さらに前期後半には関東地方にまでそれが及んでいたことが分かり始めてきた。東北地方では西日本の弥生時代前期にみられ

る遠賀川系の土器が30ヶ所以上も発見されていて、弥生時代前期後半段階では、稲作栽培が東北地方でも営まれていた可能性が説かれていたが、最近になり青森県砂沢遺跡で水田址が発掘され、北部九州に水稲栽培が出現して300年ほどで、ほぼ本州の全域に農耕文化の成立を見るに至ったのである。

　こうした遺跡での農耕生産に対する依存度を遺跡から出てくる石器組成でみていくと、東日本に行くに従って弥生的な磨製石器を中心とする石器群が少なくなり、縄紋的石器が大半を占めるようになる。先述した長野県橋原遺跡でも弥生的石器は全体の1割にも満たず、愛知県朝日貝塚でも狩猟や採集に関する道具が依然として多くを占めている。

　島根県西川津遺跡群は、宍道湖に注ぐ朝酌川が形成する沖積平野に立地する縄紋時代後期から弥生時代中期にかけての集落址である。弥生時代の石器組成はほとんどが大陸に系譜を求められる磨製石器で占められ、土器も山口県響灘一帯でみられるものと強い共通性が認められる。この遺跡群のうち海崎地区の発掘では、縄紋時代と弥生時代に区別して動植物依存体が報告されているので、それをここで取り上げてみよう（島根県教育委員会1987・88）。

　縄紋時代の食べ物としては、オニグルミ、カシ、トチノキなどの堅果類があり、哺乳動物にはイヌ、アナグマ、ウサギ、ニホンジカ、イノシシがみられる。魚類にはクロダイ、マダイ、フグ、スズキ、エイなどはほぼ万遍なく捕獲されている。このうちシカとイノシシの最小個体数は36と26で、ほぼ拮抗しているとみられよう。一方弥生時代の中期段階では、ニホンザル、アナグマ、タヌキ、イタチ、ムササビ、ニホンジカ、イノシシなどがあり、鳥類ではオオミズナギドリ、ハクチョウ、ツル科、スガモ、スズメ、魚類ではクロダイ、スズキ、カンダイ、マイワシ、ハゼ科、アイナメ、フナ、ナマズ、コチ、サメまたはエイなどが検出されていて、菜畑遺跡と同様の網羅的な食料体系をなしていたことを示している。少し異なる点があるとすればイノシシに幼獣が多いことである。

　海崎地区の自然遺物で見る限り、弥生時代中期では縄紋時代とは異なってシカやイノシシが減少したかわりに、かえって多方面への食料開拓が推し進められて、特定種に対する集中度がみられなくなってきている。こうした傾向は弥生時代前期から中期にかけて形成された近隣のタテチョウ遺跡でも同様で、こ

こではクジラ目、イヌ、タヌキ、キツネ、アナグマ、イノシシ、ニホンジカが捕獲されているが、個体数の最も多いシカでもその絶対数が減少している。

　西川津遺跡群にみられるような食料源の多様さは、決してこの地域だけの特殊なものではないことは、岡山県門田貝塚での事例からも窺いうる。門田貝塚は吉井川の自然堤防上に形成された弥生時代前期を中心とする集落遺跡である。林謙作と西本豊弘によれば、ここで出土した動物依存体には次のような種類がある（林・西本 1986）。カニ類、サメ目、エイ目、コイ、フナ、ナマズ、ボラ、スズキ、マダイ、スッポン、ツル科、ガンカモ科、ニホンザル、ノウサギ、ムササビ、ネズミ科、イヌ、イノシシ、ニホンジカで網羅的な食料源をみせている。これらの中で個体数が多いのはシカとイノシシで、シカ 25 頭、イノシシ 42 頭であった。イノシシの年齢構成をみると、2.5 歳以上の成獣が全体の 74% を占め、縄紋時代集落で出土するシカやイノシシの年齢構成と類似した数値を示している。同様の在り方を示す事例として三重県納所遺跡の弥生時代前期の場合をみると、シカとイノシシの個体数はそれぞれ 13 頭、21〜22 頭となり、そのうち 70% 以上は成獣で占められていた。

　このようにみてくると、弥生時代の農耕文化が典型的に発達したと考えられている西日本の沖積地に立地する遺跡でも、網羅的な食料体系をなすものが存在していたことが分かる。一方これらとは異なって、シカとイノシシの個体数に極端な差異が見出される事例もある。佐賀県宇木汲田遺跡ではシカとイノシシは 2 対 10、福岡県曲り田遺跡では 3 対 12、兵庫県田能遺跡では 2 対 15、大阪府東奈良遺跡では 6 対 18、亀井遺跡では 20 対 63 で、イノシシがシカの 3 倍以上も捕獲されていて、特定種に対する著しい集中が認められるのである。このことを自然遺物が豊富に報告されている大阪府池上遺跡事例で見てゆくことにする。

　池上遺跡は信太山の西の裾が瀬戸内の沿岸に接するあたりの沖積地に形成された弥生時代を代表する大規模遺跡である。ここで出土する魚類には、サメ目、エイ目、コイ科、ハモ、スズハモ、スズキ、ボラ科、マダイ、マフグと各種みられるが、そのうちマダイの出土量が圧倒的に多い。スズキやクロダイの骨も検出されていることから、この結果を骨の残存率に関係するとは考えられず、本来的にマダイが選択されて捕獲されたことを物語っている。また哺乳類

ではクジラ目、タヌキ、イヌ、シカ、イノシシがあり、狩猟対象狭まっているばかりではなく、イノシシは60頭とシカ17頭の3倍以上にも達している。イノシシの年齢構成をみると、幼獣が成獣よりも多いことから、イノシシの一定期間の飼育が想定されている（金子・牛沢 1980）。もしもこの幼獣のうち雄が多いことが判明すると、特定種の選別的捕獲から一歩進んで、選別的保護もしくは家畜の存在を認めることが可能となる。

このように池上遺跡では魚はマダイ、哺乳動物はイノシシと特定種に集中する傾向を読み取ることができる、同様に採集食物の中ではヤマモモが圧倒的に多く、穀物ではコメが群を抜いて多い。こうした点からコメを中心とした安定した農耕社会の存在を窺うことができよう。これと同様な現象は奈良県唐古遺跡でも指摘でき、西川津遺跡群や門田貝塚にみられるような網羅的な食料依存とは異なった選別的経済類型に属していたとみなしうるのである。

池上遺跡や唐古遺跡ほどには明らかではないが、愛知県朝日貝塚の事例も選別的傾向がみられる。朝日貝塚は伊勢湾が清洲台地に接するあたりに立地する弥生時代前期から後期にかけての大規模な集落遺跡で、数年にわたる発掘調査がおこなわれてきた。その結果200体近いイノシシが検出されているが、ここでは1982年度の調査報告によってその内容をみていこう（愛知県教育委員会 1982）。哺乳動物ではイノシシが多く、ニホンジカ、イヌ、イタチ、タヌキ、キツネ、ニホンザル、ネズミが続く。このうちイノシシの個体数は66、イヌ15、シカ22とイノシシはシカの3倍以上となり、鑑定を受けた動物骨のうち55％を占めるに至っていて、著しい選別性が認められる。

このように弥生時代の食料を具体的にみてゆくと、同じく水稲耕作を営む集落でも網羅的な経済基盤をもつものと、コメを中心とした選別的な経済基盤を形成している類型が存在していることが窺われる。さらに菜畑遺跡とほぼ同じ時期の曲り田遺跡を対比すると、弥生時代早期の段階ですでに2つの類型が並存成立していた可能性を示唆するのである。こうした経済類型が、東アジアの中でどのような係わり合いを持ちながら展開していったのか、中国や朝鮮での先史時代農耕文化についてみてゆこう。

(3) 東アジアの先史時代農耕文化

中国では北緯33度あたりを東西に流れる淮河を境とし、その北部はアワやキビを中心とした畑作地帯、それ以南の地域は稲作地帯といわれている。中国北部で最も古く遡上する農耕文化は約7000年前の磁山・裴李崗文化で、アワを栽培していたことが確認されている。石鍬で耕起し、石鎌で収穫した後に鞍型磨臼と磨棒で製粉して蒸して食べるもので、中国の伝統的な食生活の祖形を窺わせている。磁山遺跡で出土した動物相では、家畜が60％に達し、それらにはブタ、イヌ、アヒルがみられる（河北省文物管理処・邯鄲市文物保管所 1981）。家畜の多くはブタでほとんど幼獣であった。一方狩猟動物は広範囲に及ぶものの、中でもシカ科の占める割合が半数に及んでいる。その他にソウギョをはじめとする淡水魚も多く検出され、どれにも偏らない食料源の在り方を示している。

河南省下王崗遺跡は仰韶文化から西周に至るまでの長期間にわたって営まれた大規模な集落遺跡である（河南省文物研究所・長江流域規画弁公室考古隊河南分隊 1989）。ここでは表4でみるように、時代の変遷にあわせて家畜と狩猟動物の推移を辿ることができ、多様な食料源があったことが分かる。家畜ではブタが狩猟動物ではニホンジカが持続的に重要な食料であったことが窺える。ところがそのブタの実数をみると、7層と6層では9体、5層では4体、4A・B層では5体、3層では15体、2A・B層では8体、1層では7体と全体的に少なく、2300m^{2}の発掘面積に比べると決して多いとは言い難い。このことは持続的にブタ飼育がなされていたとしてもブタの食料源としての比重は高くはなく、動物性蛋白質の多くは、魚類を含めた狩猟動物に依存していたことを仄めかしている。畑作地帯においては農耕文化がかなり高度に発達しても、多様な食料源に頼らざるをえないことを物語っていると言えよう。

同様に長期間にわたって営まれた集落遺跡の例として遼寧省水泉を取り上げてみよう。水泉遺跡は大凌河の上流にある遼西台地に立地し、夏家店下層文化、周、戦国の3時期に遺物が区分される（遼寧省博物館・朝陽市博物館 1986）。夏家店下層文化段階での家畜はブタのみで、狩猟動物として、オオカミ、ウシ、ヤギ、ゴーラル、ウマ、ニホンジカ、キバノロ、モウコノキネズ

表4 下王崗遺跡出土動物　★印は家畜（河南省文物研究所・他 1989）

動物名＼層	7	6	5	4A	4B	3	2A	2B	1
コ　イ　属			●				●	●	
ナ　マ　ズ　科							●	●	
ベ　ッ　コ　ウ　属	●								
カ　　メ　　科	●	●				●	●	●	
ク　ジ　ャ　ク　属	●								
ア　カ　ゲ　ザ　ル	●								
イ　　ヌ　　★	●	●		●	●	●			●
タ　　ヌ　　キ			●						
イ　　ヌ　　科		●	●						
ツ　キ　ノ　ワ　グ　マ	●					●			
ジャイアントパンダ		●							
ア　ナ　グ　マ		●					●	●	
ブ　タ　ア　ナ　グ　マ		●		●	●		●	●	
カ　ワ　ウ　ソ		●							
ベンガルヤマネコ		●							
ヒ　　ョ　　ウ									●
ト　　　　ラ	●					●			
ス　マ　ト　ラ　サ　イ	●	●							
ア　ジ　ア　ゾ　ウ	●								
イ　ノ　シ　シ	●	●					●	●	
ブ　　タ　　★	●	●	●	●	●	●	●	●	
ジ　ャ　コ　ウ　ジ　カ	●								
キ　ョ　ン	●	●							
ニ　ホ　ン　ジ　カ	●	●	●	●					
ス　イ　ロ　ク							●	●	
ホ　ッ　グ　ジ　カ							●	●	
ノ　　　　ロ				●	●	●			
ス　イ　ギ　ュ　ウ		●							
ウ　　シ　　★									●
スマトラカモシカ							●	●	
ヤ　マ　ナ　ラ　シ		●							

ミ、ヒョウなど森林草原の環境下に棲息するほとんどの動物が狩猟対象となっている。そして戦国期になってはじめてブタ、イヌ、ウシ、ヒツジの家畜が出揃う。家畜も多種類もみられることは、多様な食料源の裏返しとも見ることができる。このような多種類の動物を狩猟し、多種類の家畜を飼育するという類型は、東北アジアの初期農耕文化期に一般的に認められるところであり、栽培穀物もアワ、キビ、モロコシ、マメ類と各種に及ぶ（甲元 1991e）。こうした

現象は中国北部の畑作地帯においては普通に認められることであり、網羅的な動植物食料に依存していた生活を送っていたことが知られる。

長江流域ではこれまで7000年前に遡る稲作遺跡として河姆渡文化が挙げられてきたが、最近長江中流域において約9000年前に遡上する稲作栽培の存在が明らかにされてきた。湖南省彭頭山遺跡がそれで、大量のイネが発見されている。壺・鉢・甕だけの単純な土器組成からなり、石器も打製の製品が多くを占めていて、河姆渡遺跡の出土遺物に比べ古い様相を示している。この彭頭山と同様の遺物を伴う遺跡は湖南省北部を中心としてかなりまとまった分布をみせるといわれていて、かなり安定した農耕文化が存在していたことを窺わせる。これらの遺跡では家畜としてブタがみられるが、その実態は未だ良く分からない。動物骨の鑑定がなされた河姆渡遺跡では、検出された動物相は47種にも及び、それらの中には鳥類8種、魚類8種があり、多様な食料源の在り方を示している。数量的に多いのは、ニホンジカ、キバノロ、キョンといったシカ科の動物で、400体以上にも達している。家畜動物としてはイヌ、ブタ、スイギュウがあるといわれているが、スイギュウは狩猟された可能性が高い。ブタのうち年齢が1～2歳のものが全体の54％を占めていて、家畜飼育の初期段階にあったことを示している（Flannery 1965）。

河姆渡遺跡とほぼ同時期かあるいは、それよりもやや古いと考えられる浙江省羅家角遺跡での動物相も、河姆渡遺跡のそれと類似していて、稲作栽培の初期段階にあっては、中国北部の畑作地帯と同様に網羅的な食料体系のもとにあったことが分かる。

ところが約6000年前の菘沢遺跡や紀元前二千年紀の馬橋遺跡の段階になると、食料源の範囲が狭まりかつその種類が減じ、それに比例して特定の種類の動物の数が飛びぬけて多くなるという現象が認められるようになってくる。菘沢遺跡では出土動物の約半分をニホンジカが占め、シフゾウ、17％、キバノロ10％と続く。ブタは全体の15％であり、狩猟動物ならニホンジカ、家畜ならブタと著しい選別性がみられるようになっている。これと同様なことは約3000年前の湖北省の玉橋遺跡でも認められ、シカが出土数の半分を超える割合をみせている。

長江流域では初期農耕文化期のこうした例をみてゆくと、家畜は存在するも

のの多様な自然依存の食料体系をもっていたことが分る。その中でも黄河流域と長江流域との違いに着目すると、北の畑作地帯においては狩猟動物も家畜動物も広く浅く万遍なく網羅的な経済類型をみせるのに対して、水稲耕作地帯の農耕が発達した地域では、特定の動物に対する選別的な関心が高まっていたことが窺えるのである。

朝鮮半島では約5000年前からアワやキビを栽培する農耕文化が開花していたことは、智塔里遺跡の出土資料により知ることができる。それとほぼ同じ頃の弓山貝塚で検出された動物骨のうち、家畜と認定されたのはイヌだけであり、動物性蛋白質補給の面ではシカやイノシシを対象とした狩猟が中心であった。生活内容の具体的な様相が明らかにされるのは、約3000年前からのいわゆる無紋土器時代（青銅器時代）からで、半島のほぼ全域に農耕文化の足跡をたどることができる。

南京遺跡は大同江下流の自然堤防上に営まれた新石器時代から青銅器時代にかけての集落址である。うち新石器時代に属する31号住居址では大量のドングリとともに炭化したアワが1升ほど発見されている。また次の青銅器時代の住居址では、コメ、アワ、キビ、モロコシ、ダイズが採取され、とりわけコメは今日知られている先史時代遺跡出土例の最も北に位置する。黄海北道の石灘里遺跡ではアワとアズキが出土し、京畿道欣岩里遺跡の住居址からコメ、オオムギ、モロコシ、アワの炭化したものが発掘されている。中部朝鮮以北ではこのように多種類の栽培穀物の存在が認められるのである。この時期の動物相は美松里洞窟と立石里遺跡で報告されている（金信奎 1970）。美松里洞窟では家畜にはイヌとブタがあり、それぞれ6.5％と22.8％を占めている。野生動物は71％でそのうち最も数量が多いのはニホンジカで10％にしか過ぎず、シカ科全体でも30％ほどであり、特定種に対する偏りは認められない。立石里遺跡でも同様な傾向を示す。

朝鮮半島の東北地方の初期農耕文化期でも栽培する穀物はアワ、キビ、ダイズ、モロコシなどで家畜動物数も少なく、網羅的な食料体系をなしていたことが窺える。

一方南部朝鮮では、弥生時代と並行する時期に確認された穀物はコメだけで、しかも家畜動物の存在は認められていないという特徴を有している。この

時期出土した動物相をみると、慶尚南道朝島では出土哺乳動物骨の80%、金海貝塚では60%とニホンジカに対する選別的狩猟が行われたことがわかる。朝島はさほど大きくない釜山湾に浮かぶ島であり、その立地から一定期間の飼育さえ想定されている。南部朝鮮ではコメとニホンジカという著しい選別的食料体系を指摘できるのである。

このように朝鮮半島の中部以北の地帯では、各種の畑作物を栽培し、ブタやイヌを飼育しながらも広範囲にわたる狩猟活動も行われる網羅的経済類型をもっていた。これに対して朝鮮半島南部地域ではコメが中心で家畜動物は伴わず、狩猟動物もニホンジカを集中して捕獲するという選別的な経済類型が知られるのである（甲元 1991）。

(4) 弥生農耕経済の特性

以上のように、東アジアの初期農耕文化期においては、自然的食料とりわけ狩猟動物への依存度が高かったことが知られるが、長江流域の稲作地帯では食料に関しては選別性が生まれ、朝鮮南部地域でも家畜はみられないものの、ニホンジカに対する選別的捕獲が認められる。

特定種に対する選別的捕獲は、ヨーロッパの中石器時代にもみられ、それは特定動物の家畜化への第1歩と想定されている。弥生時代においても「家畜」としてブタが存在すると指摘されているのは、佐賀県菜畑遺跡、吉野ヶ里遺跡、大分県下郡桑苗遺跡、大阪府池上遺跡、奈良県唐古遺跡、愛知県朝日貝塚で、菜畑遺跡を除いてはいずれも選別的食料体系をもっていたと推定される遺跡であることは、大変興味深い。池上遺跡や唐古遺跡、朝日貝塚出土の事例はいずれもその大部分が2歳以下の幼獣であり、量的な年齢構成の面では、西アジアやヨーロッパ、それに中国でも家畜飼育の初期段階にあたる事が言われている。

家畜を飼育するときの最も大切なことは、その飼料をいかに調達するかということであり、とりわけ越冬用の飼料の確保に大変な労力と時間が必要となる。ユーゴスラビアでは10匹のヒツジの越冬用の秣として、1ヘクタールの広さの山から得られる木の葉が要り、ウシではその5～6倍に広さが必要となる。また冬の長いスウェーデンではウシ1頭あたり3,000kgの木の葉が求めら

れ、それは山林10ヘクタールに相当する（Piggott 1981）。

また日常的にも家畜に要する飼料収集は大変なもので、最も手間のかからないブタでさえ、人間の2倍もの食料が必要とされ、家畜飼育を持続させることは決して容易ではないことがわかる。ホームズの統計資料によると、1ヘクタールあたりの蛋白質の産出量は、肉牛で27kg、乳牛で115kg、コムギを栽培してそれを食べると350kgとなり、肉牛を1とすると乳牛では約4倍、コムギでは約13倍となり、穀物栽培が如何に効果的な食料であるかを知ることができる（Legge 1981）。コメはコムギの倍の生産性があり、食料上におけるコメの優位性は明白である。

このようにみてくると、家畜を飼育することが必ずしも穀物栽培には有利には働かないことが分る。中国においても1遺跡あたりの家畜の出土量がさほど多くはないのは、その間の事情を物語るものといえよう。新石器時代のイタリアやウクライナにおいて生態環境に恵まれた地域に進出した農耕民は家畜飼育をやめて穀物栽培とともに特定哺乳動物の狩猟へと転換する事例も報告されている（Barker 1981、Dolukhanov 1979）。ヨーロッパや中国において中世以降、家畜飼育が増加していくのは穀物栽培の集約化にともなって家畜がもたらす肥料を必要としたからであって、肉食を目的としたものではないことは明らかである。

ローマ時代のイギリスでのコムギの収穫量は、1ヘクタールあたり500kgであった。一方奈良時代の日本でのコメの収穫量は上田で1057.5kg、中田で846.3kg、下田で635kg、下々田で317kgであった。イギリスの場合は播種量が多く、収穫量との比率は1対3である。日本では播種量と収穫量の比は上田で1対12〜13、中田で1対10、下田で1対8、下々田で1対4であり、如何にイギリスの事例と比べて生産性が高いかが知られるのである（澤田1927）。このことは稲作が最も悪い条件での栽培でも、ローマに対する大きな穀物供給地であった当時のイギリスとほぼ同様であったことは、稲作の優位性を如実に示すものである。蛋白質を摂取することだけに限ると、稲作の場合家畜動物を飼育してそこから蛋白質を得る必要がないことを数字は示す。言い換えると穀物栽培の生産性が低いためにやむをえず家畜を飼育していたというのがヨーロッパの実情なのである。

ドングリにくらべ穀物の持つ栄養学的な有利さは蛋白質を豊富に内蔵していることである。ところが穀物性蛋白質はナトリウムがなければ体内で消化吸収されない性格を有している。このためにはどうしても塩分の摂取が必要となってくる。穀物栽培の初期過程では動物のもつ「血」が必要であり、穀物栽培民も動物狩猟が必然的に行われることとなる。言い換えると採集経済民も容易に補完的な穀物栽培の導入が可能なことを示している。弥生時代の網羅的な食料体系をもつ集落に在り方はそうした状況を表しているものと言える。

　近藤義郎によると、弥生時代中期中葉ないし末葉に備讃瀬戸を中心として土器製塩が出現し、そしてその製塩土器がそのまま消費地にまで運ばれていることが知られている。こうした動きは弥生時代後期には、大阪湾南岸、紀伊水道に及び、古墳時代前期には若狭湾、能登半島、瀬戸内西部、北部九州にまで達するという（近藤 1984）。こうした塩生産が始まるのと呼応するように、弥生時代中期後半になると、西日本の瀬戸内沿岸や北部九州ではシカやイノシシなどの遺跡出土数が減少していく傾向にある。このことは愛知県朝日貝塚での哺乳動物相の時期的変遷の中でも読み取ることが可能である。少なくとも西日本の弥生文化形成の中枢地帯では、中期中葉を境として陸上動物に対する依存度を著しく弱めたことを窺わせるのであり、その裏返しとしての穀物栽培の発展を物語るものである。

　東アジアの初期農耕文化の中での食料体系を動植物遺存体の側面からみていくと、畑作地帯における数種類の穀物と数種類の家畜動物を飼育する類型と稲作地帯におけるコメの単作と家畜はブタ、狩猟動物は限定されるという選別的な類型に分られることが判明した。

　これは1つには稲作栽培のもつ経済的優位性に起因するものであることをみてきた。ところが朝鮮半島南部の稲作地帯では、金海府院洞遺跡の例にみられるように原三国時代になるとコメばかりではなくオオムギ、コムギ、アズキ、ダイズ、アワと複合的な農耕文化へと変身を遂げ、弥生文化とは異なった方向へと進んでいく。これは朝鮮半島の自然地形と列島に比べ降雨量の少なさによることが大きいと考えられる。朝鮮半島の河川はおしなべて緩やかな傾斜で、河川流出量は多くはない。例を挙げると長さが525kmにも及ぶ洛東江では中流でも傾斜が3/10000、下流では1/10000にしかすぎず、灌漑を行うのに

は大変不利な条件となっている（姜錫午 1971）。百済の碧骨堤の創建にみられるように、公権力による大規模な堤建設をまって初めて沖積地が本格的な稲作栽培の適地となるのである。このことは中国江南においても同様で、後漢代以降の大規模な地溝開発を行って後に安定した稲作地帯へと変貌を遂げるのである（岡崎 1967）。

　これに対して列島では板付遺跡の用水路にみられるように、弥生時代早期の段階で既に灌漑施設を作っていたことが知られていて、しかも当初から大区画水田を営んでいた。こうした高度な農耕技術を地形的特徴に併せて発展させたのが弥生時代農耕の特徴であり、選別的な経済類型をさらに推し進めて、家畜を欠く農業へと展開させていったのである。しかし家畜を欠く農業は同時に家畜のもたらす重要な肥料を欠くこととなり、穀物栽培の発展を妨げたことは留意しておく必要がある。

3 縄紋と弥生——複合と重層

はじめに

　縄紋時代から弥生時代の転換期に人種の交代があったかどうかについて、長い間論争が続いてきた。ここ2、30年の考古学と人類学の目覚しい研究の進展に伴って、列島各地域の人種の異同についての大まかな議論ができるほどに資料が蓄積され、その結果、大幅な人種の交代はなかったという見通しがえられるようになってきた。

　また旧石器時代から現代に至るまでの形質の時代的な変化もたどれるようになり、縄紋人と弥生人とのあいだの形質的な差は、生態環境や生業形態の変化に伴うもので、旧石器時代以来の1系列の進化の揺れの幅に納まるもの、すなわち列島の後期旧石器時代人が我々の直接の先祖であるとする説が提唱されてきた。これに対して西日本の典型的な弥生文化を発達させてきた地域から出土する人骨は偏差が大きく、新来のモンゴロイドと在来の縄紋人との混血により新しく弥生人が誕生した、との見解もある。

(1) 弥生人の登場をめぐって

　混血説を唱えたのは金関丈夫で、北部九州や山口県西部地方で出土する人骨を中心に論じる。この地域の弥生人は、身長が男性で平均162～163cm、女性で平均150～152cmを測り、縄紋人と比べて背丈が高く、顔は面長で鼻も高い。面長の顔はとりわけ鼻根部から上顎までの長さ（上顔高）で示され、この地域の弥生人は7cm以上ある。このように縄紋人とは異なる形質の人骨が弥生時代には登場するが、次の古墳時代になるとまた縄紋人に近い形質に戻ってゆく。このことから金関は稲作とともに渡ってきた渡来人は、縄紋人と混血して弥生人を生んだが、その渡来人口が少なかったために新しい形質は縄紋人の中に解消され、古墳時代人になったと推論した。

　北部九州や山口県西部地域にみられる「高顔・高身長」の人骨と最も類似しているのは、朝鮮半島南部の朝島貝塚人や礼安里古墳人、東北朝鮮の草島人、

鳳儀人、中国北部の西夏侯人などである。このようにみてくると新来のモンゴロイドは少なくとも朝鮮半島南部からの渡来に関わるものと推測され、考古学的事実とも背反しない。弥生時代にはいっての人種の新しい波は、北部九州だけでなく近畿地方にも及んでいたことが確かめられているが、高身長であっても頭蓋骨を上からみた場合、長さに比べて横幅が広い短頭であって、北部九州の弥生人とは少し形質を異にしていたらしいことまで分ってきた。

　このほかの西北九州出土の人骨は、身長が男性で平均160cm未満、女性で平均150cm未満と低く、顔面も高さに対して頬骨や下顎の幅が広い丸顔となっている。南九州から南西諸島にかけての人骨は身長が西北九州弥生人よりもさらに低く、短頭となるものが多い。中九州沿岸部では両者が混在している。このように西日本では「高身長・高顔」、「高身長・短頭」、「低身長・低顔」、「低身長・短頭」と大きく4グループに分けられる形質の集団が混在していたことが確かめられているが、東日本では出土人骨の絶対数が少ないために、様相の不明な点が多い。従来縄紋人から古墳時代人へスムーズに移行すると説明されるときに使われる人骨資料は、」いずれも海浜部で縄紋的生業を営んでいた集団に属するものであり、環濠集落で生活し、弥生的石器組成を具備していた集団のものではない。農耕文化の東進とともに東海地方からの移住があり、二次的な混血もありえたとも考えられる。

　結局のところ今日最も想定しうる弥生人の形成過程は、図107に示される構成であったこととするのが、一般的である。

(2) 道具にみる弥生的生活

　弥生時代には水稲耕作を中心とした農耕が列島に導入され、生活様式が一変しただけでなく、縄紋時代から営まれていた漁撈や狩猟にも道具の面で大きな革新があった。板付遺跡で発見された水田址からは花粉分析によりコナギやオモダカといった水田雑草が検出された。しかし水田耕作土の下層には鉄やマンガンの集積層がなく、湿田であったことを物語っている。こうした水田は弥生時代前期では北部九州から瀬戸内沿岸にかけての各所で発掘され、前期末になると列島の北端津軽平野にまで到達している。また一部の地域では田植えを行ったと見られる稲株もみつかり、農耕技術発展の水準の高さに驚かされる。

3 縄紋と弥生　329

水田耕作の道具には耕起用の木製の鍬と鋤、水田を均すエブリなどがあり、いずれもアカガシやイチイガシなどのカシ類を中心とする硬い材で作られている。木製の耕起具の形態差も豊富で耕作土の状況にあわせて組み合わせを変えながら稲作栽培を営んでいたことを思わせる。収穫具としては石庖丁が数多く出土し、貝庖丁や木製の収穫具もみられ、地域によっては石鎌が加わってくる。収穫したコメを貯蔵する施設としては、貯蔵穴（北方系）があり、後に高床倉庫が出現する。コメを脱穀したり精白したりする道具には竪杵と竪臼があり、銅鐸にもその状況が描かれていることは馴染み深いシーンである。山口県綾羅木遺跡群の一つの遺跡から出土したビク型の容器は、その形状と土器表面を飾る紋様から竹製の容器の存在を窺わせ、有機質の素材で作られた多様な道具もあったことが分かる。当然播種のために必要な竹や蔓で編んだ籠もあったであろう。このように水田の耕起から収穫を経て調理に至る一連の道具の完備は、水稲栽培への依存度の高さを暗示しているものといえよう。

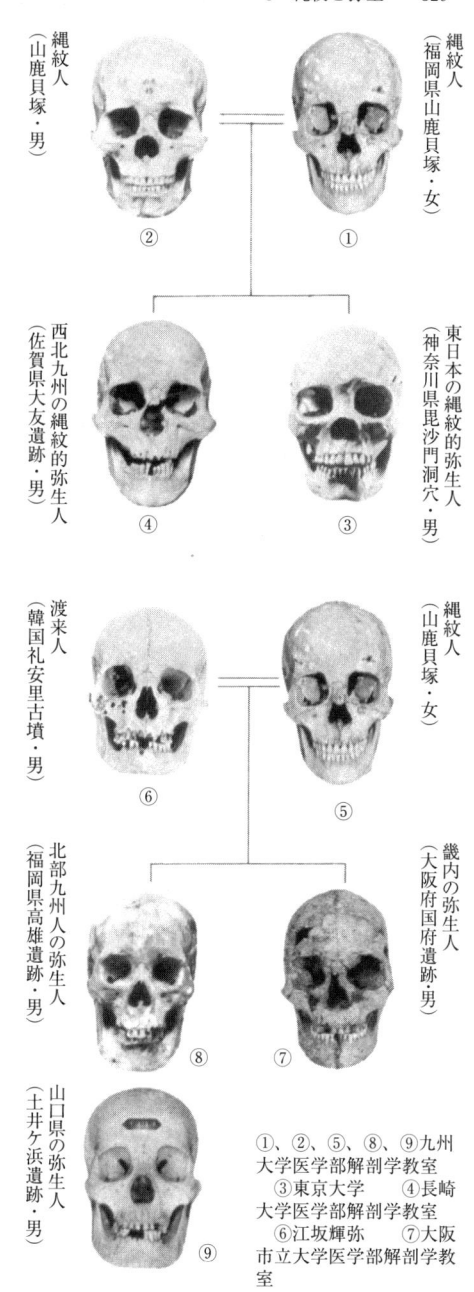

① 縄紋人（福岡県山鹿貝塚・女）
② 縄紋人（山鹿貝塚・男）
③ 東日本の縄紋的弥生人（神奈川県毘沙門洞穴・男）
④ 西北九州の縄紋的弥生人（佐賀県大友遺跡・男）
⑤ 縄紋人（山鹿貝塚・女）
⑥ 渡来人（韓国礼安里古墳・男）
⑦ 畿内の弥生人（大阪府国府遺跡・男）
⑧ 北部九州人の弥生人（福岡県高雄遺跡・男）
⑨ 山口県の弥生人（土井ケ浜遺跡・男）

①、②、⑤、⑧、⑨九州大学医学部解剖学教室　③東京大学医学部解剖学教室　④長崎大学医学部解剖学教室　⑥江坂輝弥　⑦大阪市立大学医学部解剖学教室

図107　弥生人の系譜

佐賀県菜畑遺跡で検出された栽培植物に伴う雑草の中には、コゴメカヤツリやミゾソバのような田畑に共通するざっそうとともに、カヤツリグサやハコベといった畑にしか生育しない草がみられる。このことは列島の初期農耕民が水稲耕作ばかりでなく、他の畑作作物をも栽培していたことを示している。事実、菜畑遺跡からはアワやアズキが出土しているし、その他の弥生時代遺跡からはキビ、オオムギ、コムギ、ヒエ、ソバなども発見され、複合的な農耕を営んでいたことが分る。

しかし畑の存在が想定される付近は乾燥した台地上では、木製の農耕具は残り難いこともあり、また水田と畑の耕作具は共用される可能性が高いために、畑作栽培に用いられる道具を抽出することは難しい。遺跡から実際に出土する畑作物や畑作に用いられたであろう石鍬や石鎌の存在により、考古学的にはかろうじて畑作の存在を推測するしかないのが現状である。

弥生時代にはまた漁撈具の面でも大きな進歩が認められる。大型の石錘や土錘は地曳網があったことを思わせ、管状土錘からは瀬網や刺網を想定できる。大陸との密接な交渉や井向銅鐸の絵によって知ることのできる半構造船の存在は、船の操作に長けた水人がいたことを示し、従来の沿岸漁撈から近海漁撈への進出をも連想させてくれる。弥生時代に筌がみられることは、同時に魚伏籠もあったであろうことを意味し、内陸河川や水田での漁撈は、農耕民に重要な動物性蛋白質の源となったにちがいない。

農耕生産が開始されても、コメだけでは食料が賄えたわけでは決してない。登呂遺跡の水田から推測される生産量の試算でも、最大見積もって年間の1/3にしかならない。このため当然のことながらコメのカサマシとして他の穀物が混合されたであろうし、新来の果物も食卓に供されたであろう。また縄紋時代以来のドングリ類への依存度も大きかったと思われる。

弥生人は水田や畑の開拓、集落の造成など活発に自然の開発を行ってきた。西日本の照葉樹林地帯では、自然林を伐採すると二次林としてコナラなどのドングリを稔らせる樹木が生育してくる。西日本各地の弥生時代遺跡から縄紋時代と動揺に数多くのドングリが検出されることは、複合農耕民であったとしても、初期段階においては自然に生育する食料への依存度がかなりの割合を占めていたことを物語っているといえよう。

3 縄紋と弥生　331

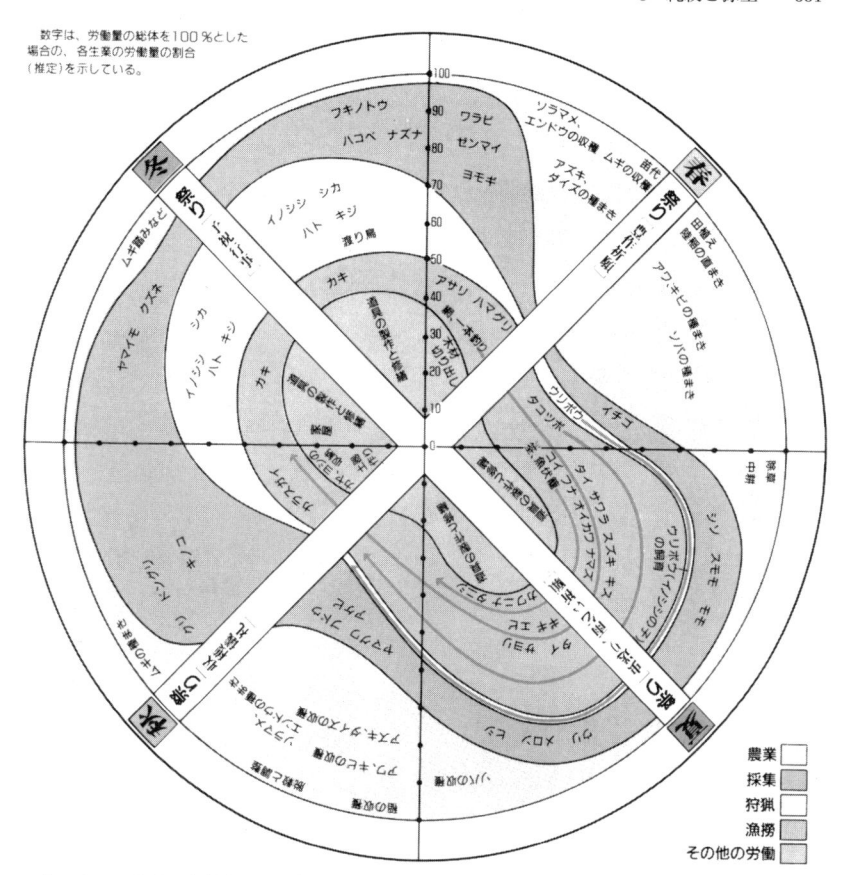

人々はコメだけで食糧をまかなうことはできなかったのは確かで、縄紋時代以来の狩猟、漁撈、採集で得られた食糧に栽培穀物が付加されたとするのが実情である。ただし農耕の導入によって農耕暦が人々の日常の生活のリズムになり、季節にあわせての営みが祭りによって明確になってきた。採集狩猟、漁撈は農耕と競合しない形で行われ、道具の製作や修理などは農閑期になされた。弥生時代に登場する筌や魚伏籠などの河川型の漁法は水田、溝、河川など農耕と密接に連なりをもつ場所での作業であり、狩猟や漁撈にさく時間が少なくなることから来る動物性たんぱく質の不足を補うものである。ウリボウ（イノシシの子）の飼育などは、食糧を目的とするものではなく、秋に行われる祭りに供されたものであろう。

　図は瀬戸内地方の沿岸平野に立地する遺跡を念頭において製作した模式図であり、地方によっては多少季節のズレはある。

図108　弥生人の生業暦

弥生人は稲作栽培を基本としながらも四季折々の多様な生業活動を営んでいたのであり、それらは季節を画する「祭り」を行うことで、明確に生業暦としての自然の移ろいを意識しての行為であった（図108）。

(3) 弥生的世界の拡大

　北部九州の沿岸部、小河川の下流域に出現した複合的な農耕文化の波は、400年もたたないうちに本州の北端部にまで到達する。この拡大の過程は在来の縄紋人との共生の仕方などにより、地域ごとで様々なドラマが展開したであろう。木製農具をみても北部九州では諸手鍬や二叉もしくは三叉の鍬が特徴をなすのに、近畿地方では鋤が発達し、また広鍬の形態差も大きい。

　弥生人は4、5軒の竪穴住居を基礎単位とし、それらが3、4集団まとまって周りを大きな溝で囲われた世界で暮らしていた。墓地は縄紋時代とは異なって集落の外に営まれたが、子供はどういうわけか集落の中に墓地を設けることが行われていた。九州では弥生前期段階こうした環濠集落は佐賀県東部と熊本県北部までの分布を示し、中期になっても北部九州的な弥生社会の特徴を示す甕棺の集団墓は熊本県の中央部を流れる白川流域から南下せず、新生の弥生人と縄紋人の系譜を引く弥生人との境界となっていた。

　北部九州に出現し定着した農耕民はやがて瀬戸内沿岸や山陰沿岸の沖積地に植民しながら近畿地方へ到着し、濃尾平野にまでその足跡を及ぼし、そこで小休止する。愛知県東部地方でも九州中部地方と同様の縄紋人との対立があったと考えられている。濃尾平野から東や北の地域には広大な火山灰台地が展開していて、西日本の沖積地でみられた水稲栽培中心の農耕から、畑作栽培を中核として、狩猟や採集活動を含む複合的な生業への転換が必要であった。一方関門地域を出発点とし、日本海沿岸地域を北上する農耕文化の波は、極めてスムーズに本州北端まで到達する。こうした差異は何処から生じてくるのか未だ分っていない。

　農耕生活への依存度を道具である石器組成の面でみてゆくと、弥生時代の前半期、菜畑遺跡では大陸系磨製石器や石庖丁などの農耕石器が全体の4割を占め、狩猟具は2割であるのに対して、福岡県辻田遺跡では農耕石器が3割、狩猟用石器が4割となり、搔器など動物調理具も1割に達している。このこ

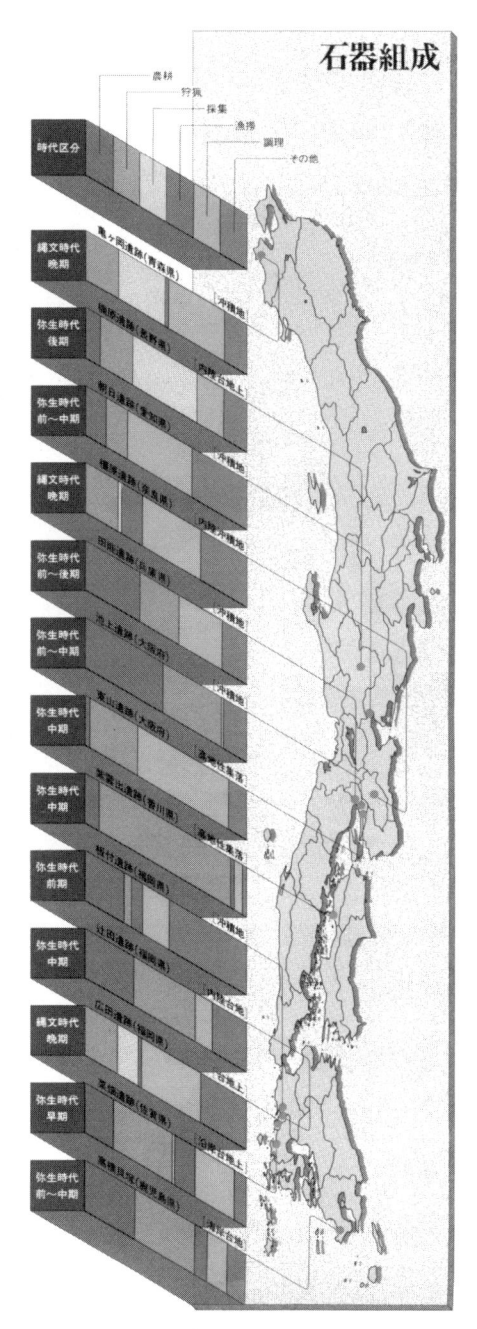

とは同じ頃の遺跡でも沿岸部の平野に立地する遺跡と内陸部の丘陵地帯に位置する遺跡では、前者が農耕主、狩猟従、後者が農耕従、狩猟主というように農耕と狩猟の比率に差異があったことを仄めかしている。近畿地方においても沖積平野に立地する遺跡と丘陵上の遺跡では明確な石器組成に差が認められている。長野県橋原遺跡では多くのコメやアワ、マメ類を出土しているが、それでも石器組成の多くは縄紋の系譜を引くもので構成され、弥生的な農耕石器は1割にも満たない。東日本の弥生文化は基本的には縄紋的生活様式が持続していたことを表している（図109）。

一方稲作とともに新たに出現する宗教的遺物としてはシカやイノシシの骨で作られた卜骨・刻骨、イノシシの下顎を棒差しにしたもの、木製

図109　石器組成図
遺跡ごとの各生業に対する相対的依存度を、石製道具の比率で表現してみた。九州では菜畑→板付→辻田と農耕が順調に展開したのに対し、東日本の朝日、橋原では縄紋時代以来の伝統的な生業の占める割合がなお高かったことがうかがえる。西日本では池上、田能と農耕に比重をおく集落と、紫雲出や東山のように近隣には農耕集落があるにもかかわらず、農耕への依存度が極めて少ない集落もあり、農耕文化の展開も決して一律ではなかったことが推定される。

の鳥像などを挙げることができる。卜骨や刻骨は先史時代の朝鮮や中国東北部に広く分布していて、木製の鳥像は朝鮮の蘇塗と関連するらしい。東北アジアのツングース系諸民族の間では鳥は大変神聖視され、満族ではカササギやカラスは神の使いとして崇められてきた。こうした宗教的遺物と分布が重なるものに多鈕鏡がある。中国製の鏡とは異なって、背面に鋸歯紋を廻らすもので、中国東北部と朝鮮それに弥生時代の日本でのみ見出せる。弥生時代に新たに出現したこうした宗教的遺物はどれも東北アジアに系譜をたどることができる種類である。

　中国東北部に住むオロチョン族やエベンキ族などのツングース系民族の間では、これら弥生時代の列島にみられる宗教遺物に通じる習俗がシャーマニズムという宗教体系の中に生きている。鏡はシャーマンの衣服に縫い付けられ、神がシャーマンに憑依した時の象徴として金属音と閃光を発して人を幽玄の世界へと引き込むのである。鳥は神が降下上昇するときの先導者であり、動物の骨とりわけ頭骨は神への重要な供え物と考えられている。シャーマンは神と交信するだけでなく、シカの肩甲骨を使って吉兆を占うことも行う。こうした東北アジアに見出されるシャーマニズムは、列島古来の神道の中にその残影を認めることができる。

4 PREHISTORIC SUBSISTENCE ECONOMY IN NORTHEAST ASIA

Foreword

An area to define as Northeast Asia here is North of Middle Hebei, East of Southeast Inner Mongolia and South of the Amur River Valley. By archaeological evidences, this area produces commonly deep bowl-shape as a basic earthenware form. Stone net sinkers with notches on both sides are distributed widely in Northeast Asia, and no tubular net sinker that is related to the Chinese Neolithic Culture can be found in the Neolithic in this area. Subsistence economy bases mainly upon hunting, fishing and gathering with small dry field cultivation such as foxtail millet *Setaria italica*, broomcorn millet *Panicum miliaceum* soy *Glycine max*, red bean *Ohaseolus angularis*. The target of hunting activities focused on deer family like red deer *Cervus elaphus* and Japanese deer *Cervus nippon*. The fishing in the inland riverine area intends for Amur huchen *Hucho perryi*, salmon *Oncorhynchus keta*, lenok *Brachymystax lenok*, and surgeon *Acipenser schrencki, Huso dauricus*. The capture of a salmon became extremely important food resources for prehistoric people in winter.

In the coastal area of Russian Maritime Region and the east side of Korean Peninsula, sea mammals were hunted largely with harpoon and toggle harpoon. These implements were used for hunting sea mammals such as fur seal *Calorhimus urusinus*, sea lion *Zallophus californianus*, Steller sea lion *eumnetopias jibata*, seal *phoca vitulina*, whale *Cetacea*sp., dolphin *Dolphinidae*sp., and also prehistoric people captured wide range of fishes like shark *Elasmobrachii*sp., marckerel *Tunnus* sp., and yellowtail *Serioala quinqueradiat*.

In Northeast Asia, a change in subsistence economy is found in later half of the Second millennium. It is given expression in distribution of tri-pod vessel influenced by Chinese Bronze Age Culture. However, distribution of tri-pod vessel is limited chiefly to the Second Songhua River Valleythat flows in the northern part of Northeast Chinaand did extend to the Amur Region. These archaeological evidences inform us that a traditional life style lasted in the area except a southern part of NortheastAsia. I would like to make it clear here based upon analyzing faunal and floral remains about subsistence economy of the Prehistoric Age in this area.

Hunting and Animal Breeding

1. *Zoujiashan* Inland Northeast China

Zuojiashan settlement, located on the river terrace of the upper Songhuajiang, has three periodical layer (the first period dates 6755 BC, the third period 4870 BC).

According to the excavation report, there are 6 dogs and 74 pigs as a domestic animal. Hunted animals are consisted of 76wild boars, 15 wild bison, 41 foxes, and 223 deer families. Among the animals produced form this site, deer families reach about half among all animal bones excavated from this site in individual number. A big change on subsistence economy is not recognized through the Neolithic time.

2. *Guajiacun* Coastal Northeast China

Guojiacun is the shell mound situated on a plateau overlooking Bohai Bay, dating back to

4870 BC. Lower layer produced 55.3% deer families and pig hold 23.3% among the total animals excavated here. However, at the time of the upper layer, we can recognize reasonably that it is on the rise of domestic animal breeding in addition to cereal cultivation's increase because a pig reaches 76.8%, and hunted deer families count less than 20%, in individual number among the total animals produced from this site and an adult aged pig occupied the majority.

3. *Peschanoi* Russian Maritime Region

Peschanoi is a settlement which ages about 1000BC, located on the Peschanoi Peninsula, facing the Vladivostok Bay. A dog holds 35.4% and a pig 36.3% by the individual number, and deer families do not reach less than 20%. It may be said that range of hunting of deer family got narrow and selective hunting activity focusing red deer rose in inverse proportion to increasing a domestic animal under the favorable ecological condition of this coastal area.

4. *Sepohang* Coastal Northeast Korea

Sepohang shell mound is situated on the foot of a hill overlooking the Sepohang Bay, North Korea. Dogs and pigs are found as a domestic animal at the Neolithic stratum, but a ratio to occupy among the total animals excavated from this site do not reach less than 10%. Number of deer families occupied more than half, and a marine mammal such as sea lion does 13%. At the Bronze Age stratum, deer families amount to 44%, sea mammal 10% and wild boar 17%. This shows that decrease of deer hunting are supplemented with a wild boar.

Sepohang people depend deeply upon hunting and fishing economy, even if they cultivate cereal grains in the bronze age because of abundant natural resources near at hand.

5. *Pomkukadong* Inland Northeast Korea

This settlement is situated on the terrace of the middle of the Tumenjian River Valley. At the time of the Bronze Age, wild animals including deer family are little less than 40% and a pig 43% in total number of the animal bones excavated in this site. It is indicated that inland zone have raised to dependence degree to animal breeding and cereal cultivation with a little degree to depend on fishing economy.

6. *Tongsandong* Coastal South Korea

Tongsandong shell mound of the Neolithic Age is located on the slant ground over looking Pusan Gulf. A marine mammal and fish holds 605 in an excavated animal bone and land animal reaches 405. Because dependence degree to fishery activity is high as for this, Tongsandong people downs a target to specific specie like red deer and Japanese deer. The domestic animal breeding was not prosperous in the

Neolithic Northeast Asia, as a mentioned above. In the coast area, subsistence economy is mutually ininverse proportion between hunting and fishing. Because fishery was very important subsistence activity in an inland area, subsistence economy is mixed with hunting, fishing, breeding and farming. It is easy to assume that hunting and fishing activity took important role in the Neolithic Northeast Asia.

Fishing Activity

A characteristic is indicated in harpoon and fishing net in fishing implements excavated from remains distributed over river valley areas of Northeast Asia inland Zone. A weight used for net fishing is consisted of an earthen weight and a stone weight with notches on both sides. 18 earthen weights with 1 stone weight are gathered up the surface of the pit-dwelling of Dongkang site, which tell us about what was used for the same net. Fishing net consisting of 1 stone weight and 18 earthen weights isextremely resembles that used in Hezhen tribe's one living in the Amur River Valley. If we restore to the original state, being based upon the Hezhen's fishing net, it becomes about 5 meter's long. Four pit-dwellings excavated from Dongkang ancient site produced 7 stone weights and 142 earthen weights. Then, we can reconstruct two fishing nets. But it is less than 1o meter's long, so it cannot be used at a big river. Accordingly, this net is supposed to be used only for capturing a small river or marsh.

Toggle harpoon is a specific fishing implement unearthed from inland Northeast Asia. Till today, 14 prehistoric sites produced big fish bones such as *Piscivorous chub, Opsariichthtys uncirostris*, grass carp *Ctenopharyngodon idellus*, black Chinese roach *Mylopharyngodon piceus*, salmon *Oncorhynchus keta* and sturgeon *Acipenser schrencki* and *Huso dabryanus*. We can easily base upon ethnographic materials and historical records, that these fishes were captured by toggle harpoon. We understand that fishery was done lively in inland Northeast Asia so that it is shown in what a fish bone accumulated thick in several sites like Hanshu. I t will be indicated easily that degree to be dependent on fishing economy in the Neolithic was high in inland Northeast Asia.

It is shown by multiple faunal remains that mammal hunting is excellent in the coastal area from Maritime Region to South Korea. As a known marine mammal excavated here, there are big mammals such as fur seal, sea lion, seal, whale and dolphin. When we consider a quantity of provided meat gained from these mammals, it can be easily realized that mammal hunting is a main subsistence activity at least in the time from winter to early summer. It is composite hook that exist subsequently in toggle harpoon a lot in these areas. The composite hook is such as shark, yellowtail, and tuna. At the time of mammal hunting and capturing of these marine animals that make seasonal migration, prehistoric maritime people is engaged in fishing or hunting activity through the year.

Various fishing implements are developed in the Liaodong Peninsulaarea. Besides a bone spear, there are slender hook, single hook, composite hook, toggle harpoon and fishing net. A characteristic of a fish excavated in this area shows extension of multiple kinds of species such as mackerel *Scomberomorus niphonius*, olive flounder *Paralichthys olivaceus*, sturgeon *Acipenser* sp., sea perch *Lateolabra japonicus*, stingray *Dasyatis akajei*, chub mackerel *Scomber japonicus*, red sea bream *Pagrus major*, black porgy *Acanthopagrus schlegeri*. A slender hook is the implement used for long line fishing (that means multiple bailed throat gorges attached to weighted long line) that targets red sea bream, black porgy and shark of which makes seasonal migration. A dolphin and a seal are hunted with toggle harpoon in this area.

In South Korea coast area, implements of both fishery of the Sea of Japan, a cold current, and the Yellow Sea, a warm current, can be found together and fishing activity is most active in history until today. Collection of a shellfish was done lively so that it was shown in existence of multiple shell mounds. A variety of a shellfish excavated from the Maritime Region is very simple. However, a kind of a shellfish extends to many in South Korean coast area. It is known easily that fishing activity-was most active in this area in prehistoric Northeast Asia.

Collecting Activity

Northeast Asia belongs basically to deciduous forest zone with Mongolian oak as a mark. It is clear in this area that an abundant eating plant exists in nature, but there are not so many kinds of plant detected by archaeological excavation. As a known edible plants unearthed from excavation are walnut *Juglans manchurica*, hazel nut *Corylus heterophy*, and peach *Prunus persica*, in Northeast Asia. Some archaeological sites in this area produced deciduous acorns that need to harshness, but no one has been identified deeply in biological standard.

Cultivated Cereals

On the cultivation cereals in Northeast Asia, it is detected with rice Oryza sativa japonica, barely *Hordeum vulgare*, foxtail millet *Setaria italica*, Indian millet *Holcus sorgum*, common millet P*anicum miliaceum*, soy bean *Glycine max*, red bean *Phaseolus angularis*, oats *Agropyrus semicostatum*. When looking at known cereals excavated in this area, Northern limit of rice growing cultivation is lat. 40 degrees north, and northern limit of dry field farming cultivation is lat. 45 degrees north. Beyond 45 degrees, it is non-cultivation zone before Bronze Age. It is a characteristic in Northeast Asia that a lot of kind of cereals is cultivated together except southern most part of Korean peninsula. For example, rice and common millet produced from Dazuizi, rice common millet and soy bean from Namgyonri, red bean, soy bean and common millet from Odong, rice, foxtail millet, Indian millet and barely from Heunamri.

In addition, a lot of prehistoric sites produced cereals of bean *Leguminosae*sp. in order to raise productivity of soil, and it is common property in a dry farming cultivation zone. If rice was cultivated in a dry field, repeated cultivation is impossible and cereals of beans that prevent a repeated cultivation obstacle must be planted as the intermediate crop. Cultivating a lot of kinds of cereals in prehistoric Northeast Asia, comes from such soil conditions and a characteristic of dry field cultivation cereals.

Closing Remarks

In the Neolithic Northeast Asia, woodland marks with Mongolian oak covered broadly and edible plants and animals were distributed abundantly. In accordance with distribution of these excellent surroundings condition, prehistoric people lived in the northern part of Northeast Asia hunted deer families and captured riverine resources in addition to the small dry field cultivation. Fishing activity is not so active in inland area of southern part of Northeast Asia. Farming and animal breeding developin addition to hunting and gathering. Coastal fishing, hunting and dry farming cultivation were done broadly in the area of Liaodong Peninsula and breeding of a pig was done prosperously in the late Neolithic. Rice cultivation was added in addition to dry farming cultivation in the later half of the second millennium and various subsistence activities developed here. Hunting-fishing activity on the base of mammal hunting was prosperous in Northeast Korea and Maritime Region with less breeding and dry farming. In coastal area of the Neolithic South Korea, hunting and fishing were main subsistence activities, but animal breeding and dry farming were not regarded as important occupation.

In the Neolithic Northeast Asia, hunting and fishing are most prosperous and basic subsistence activity, exchanging their importance, according to the locality. It is the Bronze Age that agricultural society formed in Northeast Asia.

V 先史学・考古学の方法論

1 先史学研究と文化人類学

はじめに

　先史学や考古学が主として研究の素材とするものは沈黙する物質資料である。この沈黙資料に「言葉」を付加して資料操作を行なうときに重要な役割を果たしてきたのは、文献史料と民族（民俗）誌および絵画資料であった。古典古代以降の歴史時代を主として研究対象にする考古学においては、文献史料を参照することはごく当たり前のことであるだけでなく、古典古代が展開した隣接地においても古代の文献研究は不可欠のもので、文献史料と考古学資料の両面からの接近することが肝要であり、こうした研究手法は「古代学」として定立している（角田 1954、1986）。北欧でしばしば発見される鉄器時代の Bog Man（Glob 1969）をタキツスの『ゲルマニア』の叙述で解釈するなどはこの好例であり、このことは言い換えると古文献に記載された内容も民族（民俗）誌として活用しうることを示しているに他ならない。

　一方古典古代世界から離れた僻遠の地で研究が進展した先史学は、民族誌・民族学世界からの「類似」や「近似」を求めることで沈黙資料に概念や言葉を賦与してきたのである（甲元 1993c）。これらは物質資料の個別的な解釈あるいは状況の説明といった側面で極めて有効に働いてきたのは事実であり、民族誌や民族学と先史学が密接な関係にあった 20 世紀初頭までの時期には、同時代の生活跡を捉えることで、先史学的研究は Palaeo-ethnography（古民族誌）とさえ呼称されたほどであった（八幡 1970a）。

　他方、民族（民俗）誌を基に法則定立を目指して人類の理論的把握を試みる文化人類学と素材としての物質資料との関係を求めるとしたら、それは前者と

は異なった認識の次元での働きであり、先史学や考古学研究の限られた分野でしか有効には作用しないことは明らかであろう。一方、東アジアの学問の基幹をなす歴史学としての考古学と密接に関係するのは、文化人類学の分野においても機能主義者による「類型化」ではなく、「進化論的組み立て」をもつ学説に限定されることは言をまたない。従ってここでは民族（民俗）誌と関連する側面と文化人類学の進化論的側面とを区別して、先史学・考古学と民族学・文化人類学との関係につき研究史を瞥見し、いくつかの私見を披瀝することとしよう。

(1) 新進化論以前の民族誌・民族学に依拠した資料研究

18世紀中頃、北アメリカに数年間居住したポウノールは、ブリテン諸島の古代文物をアメリカやその他の地域で展開されている「原始的な諸文化」と比較することで、文献で知りうる以前の世界の歴史叙述を試みた。それは「人間は生来、同一の環境下では同一の行為をなす」という人類としての共通性の信念に基づくものであった。それはイギリスの田野で発見される磨製石斧はアメリカ・インディアンの磨製石斧と着装法も使い方も同一であるというアメリカでの実体験に裏打ちされたものであった（Pownall 1795、Orme 1981）。この考え方はしかしながら当時のイギリスでは一般には受け入れられることなく（Orme 1981）、北欧における研究の導入により改めて先史時代における原始民族との比較研究が重要視されるようになった（角田 1962）。それはスウェーデンのニルソンの業績に即発されたものであり、デンマークのトムゼンによる三時期法による先史時代の編年の提唱を受けてのことであった。トムゼンの考え方はいち早くダニエル・ウィルソンによりイギリスで紹介され、先史時代という用語とともに石期、青銅期、鉄期という3区分による時代の叙述を行なうかたちで、まず紹介された（Wilson 1851）。その後ウィルソンは人類の発展段階と原始文化の比較を行った大著を出版したが（Wilson 1862）、この本でのウィルソンの主たる叙述対象が新大陸であったために、後世への影響はラボックには及ばなかったのである。

19世紀後半期にはタイラーをはじめとする民族学研究において「文化残存説」が隆盛を極めていたことも、原始民族の持つ物質文化との比較研究に依拠

する先史時代研究者には勇気をあたえることとなった（Tylor 1865、1871）。タイラーとほぼ同時代のフレーザーの言葉を要約した田中真砂子の次のような指摘は（田中 1984）、彼ら進化主義論者の歴史発展に対する観点を最も良く表現しているといえるであろう。「要するに、人類の社会は全人類に共通の一般法則に従って、より原始的な形からより高度な、もしくはより複雑な形へと進化する。ただ発展の速度は社会により遅速があり、それゆえ今日残存する、より遅れた社会を見れば、人類の過去の発展段階を復元すること」ができるはずである。西欧の現代を歴史発展の頂点に置き、そこから遠ざかるに従って過去の時代相に遡上することができるとの「普遍的進化論」のパラダイムに則っての想定であった。

　ラボックはトムゼンの三時期法を人類史上普遍的なものと受け入れつつ石器時代を細分し、先史時代を旧石器時代、新石器時代、青銅器時代、鉄器時代の4段階に区分している（Lubbock 1865）。この中でラボックは旧石器時代を移動の時代とし絶滅種と伴う段階、新石器時代は磨製石器の時期とし、装飾品として使用された金以外の金属器はない段階、青銅器時代は武器やあらゆる種類の刃物が青銅器で作られた段階、鉄器時代は武器や斧、ナイフなどにおいて鉄器が卓越する一方、青銅器は装飾品や剣の柄などに使用されたが、刃部には決して使われなかった段階とした。この時期区分は人類史の普遍的な進化過程として世に一般的に受け入れられるところとなり、以後の先史学・考古学研究においてこの考えが基本的に踏襲されることとなった。こうした時期区分を策定した後に、石器や骨器の製作法や使用法について民族誌の事例を参照するばかりでなく、ラボックはスイスの杭上家屋と東南アジアにみられるロング・ハウス（長大家屋）との比較をもおこなって、杭上家屋に居住する集団の様相を描き出そうとしている。また最終章近くにおいては「現存する未開民は彼らが出自した祖先とあらゆる面で劣っていると想定する如何なる理由もない」として「現生未開人」を紹介することにより、沈黙資料の具体的な内実を与えようと試みていることは、これ以降の時期の西欧世界での先史時代研究の方向性を確立するものであったといえるであろう。ちなみにラボックが紹介する現生未開民として、ホッテントット族、ブッシュマン、ヴェッダ族、アンダマン島人、オーストラリア・アボリジン、タスマニア人、フジー島人、マオリ族、タヒチ

島人、エスキモー族、北アメリカ・インディアン、南米のパラグワイ族、パタゴニア人、フェゴ島人があり、最後に彼らの装備、火の使用、埋葬、社会、信仰などの分野に関しての比較解説がなされている。これらのことによりラボックにおいては沈黙資料を民族誌で具体的に表現しようとする傾向を容易に読み取ることが可能である。

　このラボックの先史学研究に民族誌を援用するという考え方をさらに発展させたのはソーラスであった。ソーラスは先史学研究に民族誌的情報を取り入れるに際してanalogy（類似）という言葉を使用して、人類の発展段階が技術や生活水準からみて同様であると想定される原始民族の資料、いわば民族誌的共時性と考えられる報告資料を援用することを提示したのであった（Sollas 1911）。具体的にみてゆくとソーラスは曙石器と当時呼ばれていた初源的な礫石器段階を、使用する石器の共通性からタスマニア人に、中期旧石器段階を人の形態的特徴と槍の類似からオーストラリアのアボリジンに、後期旧石器段階は人の形態的類似と矢の使用の点からブッシュマンに、旧石器時代の最終期であるマグダレーヌ文化段階は漁撈活動が卓越する点からエスキモーにそれぞれ文化段階を該当させることで、先史時代人の実際的な活動内容を解説する試みをおこなった。こうした沈黙資料に接近する方法は当時のイギリスにおいては広く受け入れられていたことは、雑誌『アンティキティ』の初刊巻頭言に編集責任者として掲げられたクロフォードの次のような表現において示されている（Crawford 1927）。彼は民族誌との対比の有効性を、ウェセックスの高地性集落とマオリ族の防御性集落 Pa について触れながら、民族誌からは無言の言葉を知りうるとして、「従って現在の明かりの中で過去をみることは、過去に生命と本質を賦与することであり、……原始的な社会の習慣や展望に親しむことは（先史時代を研究するにおいては）必要なのである」と論じている。このような研究手法は八幡一郎により日本先史学研究に受け継がれている（八幡 1942、1959、1965、1970a）。八幡においては「進化」は強くは意識されていないが、生業形態を基本区分とする民族の「類型化」による先史資料との「類別的対比」が試みられており、そこにソーラスにみられるような段階論的な民族誌の援用を容易に読み取ることができよう。第2次世界大戦までのイギリスの学界においては、先史時代の確認された事実に基づき民族誌を援用して叙述する

ことはごく一般的なことであった (Elliot 1920)。いわば「沈黙する先史学資料という骨格に、血肉を付加する」のが民族誌の役割であると一般的に認識されていたとすることができよう。

イギリスにおけるこうした民族誌に対する信頼感を究極までに推し進めたのはオーストリアのウィーン学派であった。ウィーンの歴史民族学派、いわゆる文化圏論者の手法は、文化を諸特徴の集合体とみなす。現実に並立する様々な文化圏をそれらの特徴を具体的に示す道具にみられる装飾などの非機能的側面の類似性を根拠として、これに質的規準（機能には関係しない、文様や装飾の類似）と量的規準（質的基準の量的積み重ね）を適応することで、文化圏の相互関係と時間的な前後関係に人間集団の歩みを置き換えるものである。この歴史民族学派の文化圏説はグレイプナーによりその方法論が整備され (Graebner 1911)、次いでシュミットとコッパースにより体系化された (Schmidt und Koppers 1924)。基本的にこの文化圏説を取り入れて、石器時代の世界史を体系的に論じたのはメンギーンであった。彼は人類の基本文化として旧石器文化段階にピグモイデ、タスマノイデ、アウストラロイデ、エスキモイデ文化と現生民族の中でも素朴な狩猟採集民をこれにあて、これら基本文化が融合、接触、拡散することで、発展したより上位の文化圏を次々に形成してゆくという筋道で先史世界を叙述したのである (Menghin 1929)。ウィーン学派は社会・文化を進化論で捉えることを否定し、それに代わる人類史の包括的な体系を確立することを目指したのであるが、世界史を構成する社会集団の時間的変遷基軸が不明確なままに残されたために、充分な説得性を持ち得なかったのであった。コッパースがメンギーンの『石器時代の世界史』についての書評の中で「文化のさまざまな部門（経済、社会、宗教）がいつも同じ組み合わせであることを前提にして、民族学的な文化複合とあらゆる先史文化を比較し、物質文化の一致から、直ちに文化の他の部門にも、この民族学的な文化複合のそれをあてはめることは方法論的には許容できない」とする意見は（大林 1965）、文化圏説にも方法論的には未だ危弱な側面を内包していたことを端的に物語っている。むしろウィーン学派の中では、ハイネ・ゲルデルンなどの特定の遺物を含む文化総体を文化層（円筒斧文化、有肩石斧文化など）として捉え、それと特定の民族集団と結びつけて先史社会を復元する方法は (Heine-Geldern 1923、松本

1942、Beyer 1948、Tweedie 1953、Heekeren 1957、1958）東南アジアの先史学研究においてはある程度は有効であったし、これにより時期別の文化的特性を把握することが可能であった。しかし、炭素年代などに依拠した先史学的編年が確立するにおよんだ研究の段階においては、こうした方法はあまり省みられることはなくなってきたのである。

先史世界の研究に民族誌を援用する方法は北欧からはじまり、イギリスを経てオーストリアで完成したかにみえたが、民族学・人類学の世界ではタイラー的な文化残存説は否定され、1920年代以降のイギリスでは、ラドクリフ・ブラウンやマリノフスキーなどにより機能主義的人類学が唱道されるに及んで、先史時代研究に民族誌を応用する理論的根拠が否定されるに至った。機能主義理論の根本は「人間社会は自然体系であり、全ての部分が相互に依存し、その関係の複合が社会全体の維持に寄与している」という点である（長島 1965）。即ちあらゆる現象はすべて同一時空間において相互に統一体として融合しているために、現実には事象の新旧の弁別を試みる意味がないということにつきる。これはタイラーなどが提唱する文化残存説を真っ向から否定するものであり、民族誌を手懸りとする先史学研究に対するおおいなる警鐘であった。また第2次大戦後には、歴史観の世界においても、「民族誌と西欧近代史は一系列に捉えることが可能であり、西欧を頂点とした歴史の発展段階を画し、西欧との距離の近遠関係からそれぞれの相似を想定する」という構想自体が、何ら根拠のないものであるとの指摘もなされることとなり、先史学・考古学資料と民族誌の発展段階別の関連性に対して強い批判が生じてきたのである。さらに世界史の構想においてはオリエントという歴史上はじめて文明社会を形成した地域を発展の核として、周辺地域との相関関係で歴史は展開するというフリードの主張は、西欧中心の発展段階説に対する根本からの疑義を提示するものであり、社会進化を捉えるにおいても異なった枠組みを提起する必要が説かれてきた（Fried 1967）。

しかしながら先史学分野の技術的側面、道具の作り方・使い方などの点においては、発展段階論とは区別されて類似性が指摘されうるものである。20世紀初め頃になされたハイファーの技術史研究（Pfeiffer 1920）は今日なお高く評価されるべきものと考えられ、この分野の研究における民族誌利用の有効性

1 先史学研究と文化人類学 349

は否定することができない。20世紀中頃においてもクラークなどは中石器時代や新石器時代の道具の機能と使用法についてヨーロッパの民俗社会の事例を引き合いに出して説明することに成功しており（Clark 1952）、この種の研究は脈々と継続されてきている（Hommel 1927、Singer et al eds. 1954-58、Hodges 1970、八幡 1970b、Oswalt 1976、Stewart 1977、Sachsse 1978）。このことは少なくとも技術的側面の比較検討においては、先史時代や古代世界の研究において民族誌を参照することが極めて有効な手段であることを物語っていると言えよう。

イギリスの機能主義人類学の本場において、人類学界に吹く逆風にもかかわらず、戦後なお民族誌を援用することの重要性を説いたのはチャイルドであった（Childe 1956）のは極めて興味深い事実である。彼は一般向け解説書の中で、民族例を参照することの有効性を述べている。今、近藤義郎の訳を借りると次の通りである（近藤 1964）。「機能主義的分類を仕上げていく際に、考古学者は、民族学と民俗学に、絶えず有益な援助を求めてきた。産業革命の影響を殆ど受けたこともなく受けてもいない社会集団が、ごく最近まで存在していたし一部ではなお今日存在しているが、そうした集団の産業は機械化されておらず、そのあるものは金属さえも知らない。それはまさに生きた化石である。その装備・生産過程・日常生活などに関する知識は、先史学的記録として遺るかさかさの骨の断片に再び肉を与えそれを創った人間社会を再生させるための、もっとも有効な手段を提供する」。この中でチャイルドは Ethnographic parallels（民族誌的対比）という表現を用いて、民族誌利用の有効性を論じているが、それはあくまでも先史学的記録自体の説明の方向性を求めるだけのものであるとする。しかし人間としての欲求は共通性が高い点、民族誌と対比することで変化の可能性の限界を把握することが可能になると考えているようである。

チャイルドのこうした見解はこの6年前に出版した著書の中では、あまり目立たないように使用されている。ここでは一見、モルガンの『古代社会』（Morgan 1877）で展開されてきた人類社会発展過程に先史学的事実を包み込みながら論述したものであり（Childe 1954）、内実は暗々裡に民族誌の資料を前提として、人類の発展過程において経済活動を重要視して展開しながら、新石

器時代の生産経済への転換と青銅器時代の都市の成立に伴う社会構造の変化過程が多角的に論じられているのである。またグラハム・クラークも20世紀初めにソーラスが行ったような「人類学の先史時代前期包含層の露頭が現存の諸民族である」という解釈を否定しながらも、なお「われわれの遠い祖先が生きていた世界を想像しようとするときに、われわれは彼らが与えてくれる援助を必要とする」と言う。先史時代狩猟民の概説書において現存する狩猟民の生活や技術に関する分野では、アフリカのブッシュマンやオーストラリアのアボリジンの紹介を多くおこなっており（Clark 1965）、ヨーロッパ旧石器時代の投槍器の使い方はオーストラリアのアボリジンの民族誌から復元したのであった。このように民族誌を先史学研究の分野で参照するときに「類似」から「暗示」へと間接的な引用に変化させつつも、技術史の分野での民族誌に対するイギリスにおける先史時代研究の伝統の重さを感じさせるのである。

1960年代後半にはいると、技術史以外の旧石器時代と中石器時代を対象とする生業活動を主とした側面での民族誌と先史学・考古学研究の比較検討が行われるようになり（Lee and DeVoire 1968）、また新石器時代を対象に、なぜ穀物栽培や家畜飼育が出現したのかという問いかけに、考古学者と民族学者などによるシンポジュームが開催された頃から、初期農耕民や狩猟採集民への経済活動での評価が高まり（Ucko and Dimbleby 1969）、逆にそれを先史時代のフィールドに反映させる動きが活発に展開されるようになってきた。いわゆるEthno-archaeologyなどもそうした研究の流れの中に位置づけることが可能である（Kramer 1979）。また先史学的資料として痕跡を残さない多様な食料資源の存在やその利用法、さらには農耕民に比べ食料獲得に要する時間の希少性などを強調することで、先史時代の社会を「豊かな狩猟民社会」として位置づけようとする論攷など（Sahlins 1972、Lee and DeVoire 1976、Koyama and Thomas 1979、Winterhalder and Smith 1981）が多く提示され、暗々裡に民族誌を援用することが多くみられるようになってきたのである。

また1960年代以降は新考古学派、いわゆるプロセス考古学の影響下に、調査対象とする時代と経済基盤を同じくする民族誌の食料資源の量的・季節的分析や調査対象遺跡付近の生態学的見地からの可食食料解析をおこなって、予め推定される行動モデルあるいはパラライム（範型）を設定し、発掘調査した結

果との相関関係を検討する形で民族誌を利用する試みがなされ、季節的集団移動の状況を把握する研究から先史時代社会の多様な側面にまで切り込む試みがなされるようになった（Renfrew 1973b、 1984、Jochim 1976、Redman et al 1978）。しかしながら、いわゆるポスト・モダンの理論的混迷は、民族誌を小地域での状況説明に使用される傾向を強くし、民族誌を援用しての社会の全体構造の解明作業は終息に向かいつつある。

時間幅を無視して研究史をまとめるとすると、先史学と文化人類学の関係で言えば、人類の法則定立を希求する立場とこれを否定する立場の繰り返しと見ることも可能であろう。

(2) 社会復元と民族誌

民族誌の資料を先史学研究に生かすときに常に問題になる点は、最古の狩猟民とされるタスマニア人、オーストラリア・アボリジン、ピグミー族、ヴェッダ人、ブッシュマンなどの諸民族は今日劣悪な環境下に追いやられた状況にあり、優越する隣接種族とは関係なしに生態的に有意な環境の下にあって生活を営んでいた旧石器時代人とは生存条件が異なること、今日見られるこれら狩猟民は農耕民からの影響が看取され、あるいは共生関係にあることが指摘されること、また石器という技術が他のあらゆる文化面の指標となるかということなど、決してなおざりにはできない重要な前提が何も解決されているわけではない（大林 1965）。技術の類似性から社会という組織体へと考察が進むにつれて、こうした点はさらに検討を要するものである。民族誌の限定的利用法へと研究が展開していったのも、20世紀後半段階での当然の帰結といえるであろう。

こうした研究の反省を踏まえて、先史学資料に依拠しながら失われた先史社会を復元する試みは、世界の各地で第2次大戦後から細々とはじめられた。ノルウェーのイェッシングは極北地域の先史時代遺跡の分布状況や性格、出土した道具と動物骨の詳細にわたる分析を通して、ラップ人やエスキモー人の生活パターンと同一であることをつきとめ、こうした生態環境の下での相関性から双系的親族組織の存在を想定した（Gjessing 1953、1955）。これなどは極北地域という厳しい生態環境の中での石器時代以来連綿として同一の生業活動が踏

襲されていた地域での、現存民族誌との比較対照から生まれてきたものである。アメリカではビーズレイとその研究集団は各種の民族誌が現実的にどのような物質的痕跡を遺跡に残すのかという観点から、民族誌から得られた社会集団 community を動態的に把握する試みを行い、農耕民のたどる過程として自由放浪段階から都市生活までの 7 段階、牧畜民のそれを自由放浪段階から多様な牧畜民までの 5 段階に区分して、それぞれがどのような具体的な遺跡に該当するかの指摘を行っている（Beadsley et al 1956）。また同様の手法から民族誌に見られる親族組織と集落構造の関係を類型化し、それを発掘により得られた集落址との比較で親族構造を復元する試みも行われるようになった（Chang 1958、1962、1968、Binford 1980）。

この時期社会復元の面で最も成功を収めた事例としてはディーツのアリカラ族集落の分析が挙げられよう（Deetz 1965）。南ダコタ州のアリカラ族の遺跡は 1700 年から 1780 年にかけて居住された集落址である。この集落は上・中・下の 3 層に区分でき、下層では大規模住居に居住し、土器紋様も厳格な規則性をもっていたものが、上層に行くにつれて土器の様式的統一化が見られなくなるとともに、住居址も小型化していくという考古学的事実の指摘がなされている。こうした傾向についてアリカラ族の民族誌を参照し、母系的な大家族集団であったものが、白人の入植と近隣のインディアンとの抗争により、大家族集団は分解して小家族単位の移動集団に変化した結果として、集落規模の縮小、土器の様式的不統一を招来したものと想定した。これなどは考古学的事実に立脚しながらも、土器は女性が製作するものという民族誌と記録による民族史の構成を援用することで、目に見ることの出来ない社会組織を復元することを可能にした格好の事例である。

1970 年代にはいると直接的には民族誌を利用しないで、考古学的事実の徹底的追及の結果としての社会組織復元研究が一部で行われてくるようになる。デンマークのアルブレッセンとピーターセンは中石器時代の墓地の分析をおこない、人骨の年齢性別と埋葬様式、副葬品の伴い方などの属性を分析することで、男女平等の年令階梯社会の存在を明らかにしている（Albrethsen and Petersen 1976）。またシェナンはスロバキアの青銅器時代の墓地を分析して、人骨の年令性別と副葬品の排他的伴い方を調べ、さらに副葬品を入手するのに必

要な消費量の高低を多変量解析で算出して「富のユニット」を求め、共同墓地内での「貧富の差」が認められることを突き止めた。富の偏在も成人と壮年女性に集中することから、これは婚資であると認定する（Shennan 1975）。さらに墓地内出土人骨の死亡年令と墓地の継続期間から40人程度で集落が構成されていたと想定し、父系制で族外婚であったことを推定し、チャイルドにより説かれたWarrior Aristocracy説（Childe 1958）の規定は誤りであることを指摘している。こうした二つの事例は、社会組織復元にあたっては先史学的根拠が明確な墓地の分析が有効なことを示している。すなわち人骨の保存状態がよく、その記述的分析が行われている墓地で、埋葬施設、頭位、埋葬姿勢、抜歯の有無、分布の違い、副葬品の違いとその量的な問題が、年令性別に相関して墓域内で様式化された差異が指摘できれば、それは何らかの意味で当時の社会組織を反映しているとみなしうるからである（甲元 1986）。またイギリスにおいてはこの頃、巨石墓や環堤集落の存在形態から、サーヴィスなどの新進化論を先史学資料に組み込むかたちでレンフリューにより首長制の存在が主張されている（Renfrew 1973a）。

日本においてもこうした諸外国の社会復元研究の影響下に、親族組織を復元しようとする試みがはじまった。最初に日本での先史世界の復元研究の試みを行ったのは大林太良で、1960年代後半から失われた社会を復元する海外研究者の研究手法と動向を紹介した（大林 1971a）。その中で社会復元の蓋然性を高めるには生態学的検討が必要なことを力説している。縄紋時代の社会組織を具体的に復元するにあたっても、民族誌を適応する場合の生態学的近親性・類似性を重要視する接近法をとっている。縄紋時代においてはシベリアやカリフォルニア・インディアンなどとの比較検討が必要なことを、生業活動を含め個々の事象にわたり検証し、次いで住居内部の利用法、とりわけ性別による利用区分の分析を試み、シベリアの民族誌にみられる住居内の使われ方の共通性から、縄紋時代の東日本において父系親族組織の存在を推定したのである（大林 1971b）。その後大林は社会復元研究を含め、先史学あるいは古代史分野の研究に民族誌・民族学の知識が大きな役割を果たすことを積極的に論じるようになった（大林 1971c、1977a・b、1987、1988）。

大林の講義を受け、それに刺激された私は、民族誌を援用するときの生態学

的な限定の必要性と墓地にみられる人骨を通した情報の有効性に気付き、弥生時代の墓地構成から親族組織の復元をおこなった（甲元 1975）。これは金関によって土井ヶ浜遺跡で中央区と周辺区では埋葬様式に差異があるとの指摘から親族組織復元の手懸りが得られることを期待したことによる（金関 1969）。そこで弥生文化の領域を生態的・文化的見地から4地域に区分し、そのうち北部九州・山口西部の弥生文化が典型的に発展した地域の墓地を考察の対象として考察を行った。その結果、墓の配置、頭位、抜歯型式、年令性別による分布の違いが埋葬様式として成立し、しかも時間的に持続することを確かめた上で、それらの墓地では男女比がほぼ同数になることを勘案して双系的親族構造をもった集団が残した埋葬址であることを指摘した。田中良之も墓地における配置、埋葬様式と人骨との関係、とりわけ歯冠計測による人骨の親縁関係を組み合わせる形で、5世紀後半段階を境として双系親族組織から父系親族組織への傾斜が認められるとしたし（田中 1993、1995）、この手法は清家章により弥生時代や古墳時代を対象とした研究に引き継がれてきている（清家 1998、2001、2005）。春成秀爾の場合も埋葬人骨に施された抜歯型式の分析を基本とし（春成 1973、1974）、共同墓地での配置、副葬品の伴い方などの属性を加味して、縄紋時代や弥生時代の親族構造を明らかにしたのである（春成 1979、1980a・b、1981、1982、2002）。

一方都出比呂志は先史学的資料として最も豊富に存在する土器を分析の対象とし、ディーツ（Deetz 1965）やロングエーカー（Longacre 1981）などの行った土器分析の有効性を勘案して、土器につけられた紋様のモチーフの広がりから、「土器は女性が製作した」との前提を設けて、それは通婚圏を示すもの解釈した（都出 1982、1989）。それはまた前近代における大多数の一般庶民の通婚圏である「郡」内に納まるという文献史料との整合性を示し、弥生時代中期段階での婚姻関係の広がりを捉えたのであった。

このように日本における社会組織・親族構造の復元研究は、諸外国における民族誌を基盤とした社会組織研究からの影響を受けながらも独自に開始され、後にプロセス考古学派の刺激を受けつつ展開していったことが窺われよう。こうした新しい試みはしかし、相互に必ずしも一致した結果を引き出すばかりではない。伊川津貝塚の事例では抜歯型式の分布と歯冠計測に基づく分析とでは

一部背反するという結果が生じている（渥美町教育委員会 1988）。古代日本の親族組織復元においても、単系でありながら交差イトコ婚の存在や非単系親族（ラメージ）の問題など復元する親族組織そのものへの検討と、社会的上位者集団では近親婚が卓越する傾向にある点などの考慮とともに、今後はDNA解析など他の分析方法を通しての検証作業により、より確実性の高いアプローチの方法へと昇華させる必要があろう。しかしそれでもなおDNA解析では血縁関係が距離で表現されるだけであり、それらがどのように組織化されるかという社会結合の分析では、依然として民族学や文化人類学、社会学の研究成果を斟酌する必要があることは言を俟たない（甲元 2003）。

(3) 社会復元と文化人類学

19世紀モルガンの『古代社会』やエンゲルスの『家族、私有財産及び国家の起源』によりうちたてられた社会組織・制度の進化論的解釈は、機能主義人類学の隆盛により否定されることとなり、人類学者による世界各地での着実な現地調査を促進させ、膨大な民族誌を集積することとなった。こうした中から始まった政治的社会の「類型化」の試みが民族誌の進化論的な把握へと導くこととなった。そのかわきりはエヴァンス・プリチャードとフォーティスによるアフリカ民族社会の分析であり、その後研究対象が東南アジアやアメリカに及ぶ。政治的社会の類型化がアフリカ民族社会から始まったのは、アフリカは単系出自集団で社会が構成され、東南アジアと比較して論理的に体系化しやすかったことにもよる。東南アジアにおいてもこうした研究は大陸部の父系出自が卓越する地域の集団の分析から開始されたことも（Leach 1954）そのことを雄弁に物語っているといえよう。この時期から新進化論による首長制論への展開過程は増田義郎による簡潔な紹介がなされている（増田 1969）。今、増田の論文によりながら、この間の状況を垣間見ることにしよう。

エヴァンス・プリチャードとフォーティスによると、現生アフリカ民族社会には3個の類型が設定できるという（Fortes and Evans-Prichard 1940）。それらはブッシュマンなどのバンドにみられるいくつかの核家族を中心とした血縁社会、第2は集中的な政治焦点や政治機関を持たないで、分節リニージの体系原理により統合された社会、第3は政治権力の集中した機関により統合され

た社会である。すなわち国家を持たないグループと原初的な国家をもつグループに区分し、それぞれの構造的特徴を指摘したのである。このうち国家を持たないグループの中での分節リニージを詳しく検討し、政治権力の集中した機関（原初的国家）以前の段階として「分節国家」segmentary state を設定したのはサウゾルであった（Southall 1956）。かれは分節国家を「集中的な形態をとる政体が、その下部構造にいくつもの分節をかかえ、分節のひとつひとつが同一の次元に並べられたときには互いに拮抗しあうが、全体としてはピラミッド型の権力配分のかたちをとる社会」とした。すなわち分節国家の下では、「社会階層がはっきりしたリニージの集合体により構成されること、各階層の関係は、リニージという血縁的概念で表現されること、政治的な権力よりも呪術儀礼の司祭者である場合が多く、ルーズな政治的単位を精神的に統一する働きのあること、王の氏族から分かれた貴族のリニージは経済的・政治権力はあまりもたず、平民と変わりがないが、通婚や儀礼の面で平民とは区別されること」などが重要な点である。

　このように原初的国家以前の段階の社会集団統合過程において、分節国家段階の存在を提唱したことは、それ自体で機能主義人類学における類型化から進化論的な展開を念頭においていたと言うことが可能である。こうした流れの中で、機能主義人類学が解明した社会構造と機能を他の文化要素と結合させ、キルヒホフの「円錐クラウン論」とポランニーの「互恵制と再配分」論を導入することで、進化論的に組み立てなおしたのがサーヴィスで（Service 1962）、サーヴィスは政治組織を次のように一般化した（小野沢 1984）。

　　　バンド社会：いくつかの核家族で構成された社会。狩猟採集経済段階。互
　　　　　　　　　恵制による物資交換。
　　　部族社会：血縁的もしくは結社的結合によるバンドを超えて組織された段
　　　　　　　　階。家畜飼育と植物栽培段階。互恵制による物資交換。
　　　首長制社会：公共事業や儀礼に関連する再配分機構の存在。再配分機構を
　　　　　　　　　通しての特定指導者（政治・祭祀）の世襲化。定着農耕段階。
　　　国家：都市の出現。大規模灌漑事業などの公共事業を通しての体制整備

　このサーヴィスの発展段階説に対してフリードは、平等社会 egalitarian society、地位社会 rank society、成層社会 stratified society、国家 state という4段

階発展説を提唱したが（Fried 1967)、これはサーヴィスの部族論は政治社会の進化を論じるときに不適切である点と国家の直前に「成層社会」段階を設定するもので、「首長制社会」存在の是非も指摘されている。フリードはバンド社会と部族社会をまとめて平等社会とし、これは「いかなる年令・性区分においても、威信的地位がそれを充たす能力資格のある人間の数だけ存在する社会」とし、地位社会は「価値をおかれる身分的地位の数が限られていて、資質のある人間すべてがそれにつくわけにはいかない社会」であり、サーヴィスの部族社会の一部と首長制社会がこれに含まれる。部族を用いない理由としてアメリカ北西インディアンのように生態系に恵まれたところでは部族であっても地位社会が存在することを挙げている。成層社会は「同じ年令・性の段階にある成員が、生活維持のための基本的資源に対して平等の使用機会をもたない社会」と定義する。サーヴィスは互恵制と再配分の原理を明確に区別するのに対し、フリードは互恵の論理は地位社会や成層社会にも存在すること、成層社会においては「生産物の大部分が互恵によらず、ひとつの中心にいったん集められて、しかるのち社会の成員に再配分される形態がとられる」。従って「地位社会でみられる再配分体制は主に威信財にのみ関係し、戦略物資に関しては平等であるとして、威信上の秩序形成と経済的な分化のズレを指摘する」のである（小野沢 1984）。

　1970年代終わりころから、サーヴィスやサーリンズなどによる新進化論の社会発展論に刺激を受けるかたちで、マルクス主義人類学によるモルガン、エンゲルスの社会進化論に対する再検討の動きがフランスからはじまり、イギリスに及んだ（Pouillon 1976、Bloch 1983）。そこでは先史学の研究成果を取り込み民族誌の誤用を訂正するにとどまらず、生産技術と親族組織の相関関係の検証という唯物史観の基本原理にまで及んでいる。その結果農耕民と氏族組織の相関関係など今日的な知見においても、なお有効な側面の再評価がうちだされてくるようになった。そうした機運の中でクラッセンやスカールニクにより、新しく「初期国家論」が提起された（Claessen and Skalnik 1978、1981）。これはサーヴィスなどの提唱する首長制の大部分と国家（原初国家）の一部を含む概念で、いささか明確さを欠く首長制論をマルクス主義の立場で厳密化し、社会発展の理論をよりはっきりとうちだしたところに特色が認められる。

このクラッセンなどの考えを取り入れて、都出比呂志による日本の初期国家が展開されてきた（都出 1990）。都出による初期国家の特色は、①階層社会である、②階層社会が成立しうるほど多くの人口を要する、③社会に恒常的余剰が存在する、④血縁ではなく地域原理にもとづく成員権を基礎とする、⑤中央政府をもつ、⑦社会の分裂を回避しうる強制力をもった政府を有する、⑥支配の正統性を支える共同のイデオロギーをもつ、の7点である。階層性、恒常的余剰、地域編成原理、強制力の4つの指標により首長制や成熟国家とは区別される社会の発展段階とするのである（都出 1991）。ここで都出の言う首長制は明らかにサーヴィスなどの唱える首長制とは特定指導者の世襲化などの点で大きく異なっている。そこで都出は首長制の定義をやり直し、階級関係、余剰の存在、権力の形成と内容、社会統合の原理、物資流通という5つの指標の下に、改めて弥生時代＝首長制、古墳時代＝初期国家、律令時代＝成熟国家と位置づけ、独自の社会発展論を展開した（都出 1996）。従ってこの想定による限り初期国家が該当する古墳時代において、容易に「前方後円墳体制論」へと帰結する論理を内包しているとすることができよう（都出 1993、1995a・b）。

都出の初期国家論に対して、首長制をサーヴィスなどの概念にそって日本古代社会に適応するのが鈴木靖民で、7世紀推古朝の段階を首長制の完成した時期と想定し、8世紀の律令国家をもって古代国家の成立とみなす考えを提起している（鈴木 1990、1993、1996）。しかし鈴木のいう中国南朝により容認された「府官制」などは（鈴木 1988）、実態であればむしろ初期国家の内実に近いとも言えるのであり、結局フリードの唱える成層社会を拡大させて初期国家として古代国家の前提とするか、首長制を古代国家の概念に近づけて解釈するか、あるいは首長制をビッグマンの段階に留めておくかの違いにも換言できる。従ってここでは都出の唱導する初期国家論のもとに展開された「前方後円墳体制論」が考古学的事実と何処まで適合的であるかを検証することが当面の課題となるであろう。

(4) 前方後円墳体制論

文化人類学による政治社会の普遍的進化論のシェーマにより、日本古代史に新しい風を与えたのは上述のように都出であった。この都出の考えに対して古

代史研究家の間では意見が別れるところであるが（石上 1991、山尾 1993、吉田 2005）、ここでは前方後円墳体制そのものの分布と実態の検討を通して、その当否を検証してゆこう。

前方後円墳・前方後方墳の時期別分布変遷をみてゆくと（石野 1995、以下古墳の編年観はこれに準拠する）、4世紀初め段階には東は関東、西は宮崎、北は新潟まで前方後円墳が分布し、4世紀中頃になると北は東北中部地域にまで分布は拡大し、5世紀末の築造と想定される岩手県角塚をもって北限とする。南は5世紀初め大隅中部に達しこれが南限となる。

このように5世紀段階で前方後円墳・前方後方墳の列島での分布はほぼ確定していることが知られる。前方後円墳の分布が8世紀段階において中央政権から「異民族視された」集団が居住する地域にまで及んでいることは（田中 2004）、前方後円墳がヤマトによる政治的支配体制に組込まれたことを意味するものではない可能性を端的に物語るものと言えよう。この古墳の時期的分布に埴輪の有無を介在させると、古墳分布の周辺地域では少し異なった様相を見せる。北陸では5世紀初頭の水白鍋山古墳、中部山岳地帯では4世紀後半の森将軍塚、関東では4世紀後半の浅間山古墳、福島県でも4世紀後半の亀ヶ森古墳がそれぞれの地域での埴輪の初現である。また宮城県では5世紀前半、山形県では5世紀後半と埴輪の出現が遅れる様相を示している。一方九州では4世紀末段階になり川西編年2期の埴輪からみることができる。このように埴輪の存否は前方後円墳の分布とは必ずしも一致を見せない。さらに竪穴式石室、粘土槨木棺直葬、横穴式石室、家型石棺などを選択肢にいれて前方後円墳との関連性をみると、それらが共通する領域はさらに狭まることがわかる。

前方後円墳の分布の広がりと古墳副葬品、中でも鏡に関しては埴輪以上に隔たりが大きい。岡村秀典（1990、1999）と下垣仁志（2004）によると、後漢の画紋帯神獣鏡分布の南端は宮崎県で、東は群馬県、舶載三角縁神獣鏡の分布は、南側は熊本県、東側は群馬県と前期古墳に副葬されている鏡の分布範囲はほぼ限定されていることが知られる。チャイルドの言う迷点（Childe 1956）となっているのは石川県親王塚古墳と福島県会津大塚山古墳で、これを除くと後漢の画紋帯神獣鏡や三角縁神獣鏡の分布範囲はほぼ重なるのである。一方5世紀後半から6世紀初頭の古墳にみられる画紋帯神獣鏡もほぼこれらと同様

の分布状態を示している。樋口隆康（1978）と川西宏幸（2004）によると、この時期の画紋帯神獣鏡各種にわたり同型鏡が検出されているが、注目される点は近畿中央部を介在させながら肥後や日向出土鏡と武蔵、上野、下野、上総といった領域の周辺部の古墳から同型鏡を出土していることである。またこうした周辺部の古墳である江田船山古墳と埼玉稲荷山古墳からワカタケルと関係する銘文をもつ鉄刀が検出されていることは、これら画紋帯神獣鏡の分布範囲は当時における近畿勢力の影響力の及ぶ領域の境界をも意味していると想定できる。このことはまた肥後―日向から越前―信濃―下野を結ぶ線が3世紀から6世紀初頭段階までの、近畿勢力が把握する安定した「倭」の勢力範囲の実態といいかえることができよう。以上のことは前方後円墳の実際上の分布と現実的な支配体制との間の乖離を示すものであり、前方後円墳の分布状況と切り離して古墳時代の政治・社会的構造を考察する必要があることを物語るものである。

　古墳時代の首長系譜論においては、ヤマト政権内部においても地方においても、長期間持続して首長の系譜をたどりうることは極めて稀で、変動性が高いことが指摘されている（都出 1988、1999）。このことは階層関係が社会制度として固定していなかったことを意味するのであり、王とヤマトのウヂの首長、王あるいはヤマトのウヂの首長と地方の在地首長との関係は、個人的な、あるいは集団間の人間関係に還元されうる性質のものであったことを窺わせる。鏡や・鉄・鉄製品、あるいは石製装身具、金銅製装身具などの威信財の配布あるいは下賜は、こうした人間関係を維持するための媒介物であったものと考えることが可能である。すなわち前方後円墳の時代は、王あるいはヤマトの首長層を通しての再配分システムにより、階層関係が維持されていた段階であったとすることができる。ヤマトの王や有力者から配布あるいは下賜された威信材が、それを受け取った在地首長の死とともに古墳に副葬され、次代の首長に継承されなかったことは、代を越えるたびに地位の表示に必要な威信材を更新しなければならなかったことを物語る。社会的下位の首長に彼らが望む威信材を配布、もしくは下賜することが逆に上位に立つ首長の力量に係わっていた状況をそこに読み取ることが可能であろう。それを遂行することができる限りにおいて上位の首長でありえたのであり、これが不可能な場合には中央地方を問わ

ず、首長系譜に変動がおこることを余儀なくされることも起こりうる（福永1999）。先に見た会津大塚山古墳や石川親王塚古墳にみられる迷点も、5世紀段階の寒冷化に基づく生態環境の変化を考慮すると（坂井2004、甲元2005）、再配分システムが首長制の下での一時的・個別的現象とすれば容易に解釈が可能である。多数の人間集団の参画なしでは構築することができない前方後円墳の築造も、巨石記念物の創立にみられる勲功祭宴行為としての浪費活動、社会的下位者に対する上位者の奉仕活動と見ることもできるのである。古墳が寿墓として生前に構築されることはそのことを強く示唆する。租税収奪の証跡と想定された法円坂遺跡や鳴滝遺跡などにみられる大型倉庫群も、単一の時期の所産であることは、そこに持続的な支配体制の存在を読み取ることは困難である。鈴木の唱道する「府官制」（鈴木1988）に関しては朝鮮での同一の事例を考慮すると、あくまでも倭五王の時代の対中国外交における必要性からの所作であり（宮崎1959）、必ずしも国内的に有意味な制度化を示すものではないとも考えられよう。

　キルヒホフの円錐クランは、単系出自・平等主義・族外婚を原理とするクランと区別して階層社会を生じる契機を系譜関係の中に求めようとするものである。すなわち共通の始祖からの系譜の遠近によりクラン成員の差異が形成され、その地位を維持するために近親婚が営まれるもので（Kirchhoff 1968）、クランの成員は父系・母系のいずれかを問わず、自己に有利な系統に身分を属させるものとする。東国においては7世紀段階において、両方の系譜を強調する世界があったことは群馬県の山上碑や金井沢碑によっても示されているし（国立歴史民俗博物館1997、篠川1999）、「出自が父系に傾いているが単系ではないこと、族外婚制をもたず、支配者層では異母兄弟姉妹の結婚など族内婚の傾向が強いことなど」の点で古代日本のウヂはラメージと類似している（吉田1983）ことは、古代日本の社会を考察するときには首長制との間の重要な類似点とすることができる。

　以上の点を考慮するとサーヴィスなどの新進化論の定義に従う限り、前方後円墳の時代は首長制の時代であったとすることが最も適合するものである。そのことは鈴木靖民の次の言葉で適切に表現されているといえよう。ヤマトの大王による地方首長を支配下に置く体制は「各地の住民を直接掌握するものでな

く、あくまでも地方首長の既成の支配権に依存する間接的な性格をもっていたことが特徴的である。このヤマト政権の首長＝大王と地方首長との関係を中心とする体制の国家的段階を首長国〈首長制国家〉と呼んでおく」(鈴木 1980)。それでは日本における国家形成はどのように考えられるであろうか。まず、朝鮮での動向を検討することにしよう。

(5) 朝鮮における古代国家の形成

新羅の王統に関しては『三国史記』と『三国遺事』で細部には異なりが認められるが、朴氏から昔氏、そして金氏に王権が移動したことはそれら史書で窺うことができる。しかし金石文による政権の内実はかなりそれとは異なった様相を示す。中原高句麗碑によれば5世紀前半段階まで新羅は高句麗の掣肘下にあったことが分かるが、6世紀に入ると自立して国家形成へと歩みはじめる。6世紀初め頃新羅の位階制度が確立したとされるが、金石文によると、最初は京位と干支で表現される外位に位階が分けられ、喙、沙喙、岑喙、牟喙、本波、斯波の6部の集団により政権基盤が構成されていた。503年の冷水碑では複数の王と干支集団の合議により命令が下されていたが、鳳坪碑 (524年) では2王と7名の干支集団、赤城碑 (545年) では1王と9名の干支集団の合議制への変化、言い換えれば王の地位の向上へと変化してゆく。そして、真興王の巡礼碑である磨雲嶺碑 (568年) ではついに帝王建号や「朕」の文字がみられて王の優位性が認められるとともに、干支集団は登場していない。同年の黄草嶺碑や北漢山碑では、単独の王による命令の形で行政処置が成されるようになり、南山新城碑 (591年) では王は登場せず、沙喙部と牟喙部による執行となる。こうした王権の伸張とともに国家支配の手段として仏教の興隆が図られていることは、6世紀の初頭段階では同列中の上位にあった「王」が、この段階では明確に階層差をもって表現されるように変化していることを窺わせる。新羅の軍管区的組織網による地方統治体制は6世紀中頃には成立し、真平王の580年代には中央官司制が整備され、ここに国家体制が完備した (山尾 1989) ことは金石文と文献史料の両面から窺うことができる。

一方高句麗においては、『三国志魏書』「高句麗伝」によると3世紀段階において5部族により政権が構成されていたが、王のもとに9の位階が設けら

れていた。王を出す桂婁部や元々王を出していた涓奴部、代々王妃を出す絶奴部は「古雛加」と他の部族に比べ社会的地位が高かったこと、涓奴部には宗廟・霊星・社稷を祭ることができることなどが記されている。ここではかっては5部族による輪番制的な政権であったものが、次第に崩れて特定の部族による統治に変化するとともに、位階制が整えられていた様子を窺うことができよう。『北史』「高麗伝」や『旧唐書』「高麗伝」によれば、この頃の高句麗には12の位階があったことが知られるが、それは南北朝末期頃には成立していたと想定されている（宮崎 1959）。6世紀に入ると郡県制がひかれ、内評・外評・5部の行政官で支配する体制が整えられた。ところが『翰苑』「蕃夷部」には大対盧という国事を総攬する最高の位階があり、3年交代で勤めを行い、職にかなう者は年限が限られないが、不服があるときは兵を使っての戦いの勝者がこれにあたる仕組みであったことが記されている。その間王は「ただ宮を閉じて自ら守り、制御する能わず」という状態であり、王権に一定の掣肘が加えられていたことを物語る。王権の不安定性は6世紀中頃以降の王位継承の争乱によりもたらされたものと考えられ、『周書』「高麗伝」の「大対盧は強者が奪い取ってその位置に就くのであり、王の任命するものではない」との記事と符合し、位階制が成立していたにもかかわらず王権の脆弱性を示すものである（木村 2004）。『日本書紀』皇極紀元年二月の条により知られる、大対盧の泉蓋蘇文が栄留王や政権上層部180人余りを殺害し（642年）、宝蔵王を擁立して独裁政治を行ったことなどは、その端的な表れとすることができよう。

『周書』「百済伝」によると、百済においては16等位階制を基礎として、中央官庁においては22部司制、王都と地方における5部5方制などの支配体制が整備されていたことが知られ、百済においてこうした位階制が確立するのは6世紀中葉段階、泗沘城遷都と前後する時期と考えられている（武田 1980）。このようにみてくると高句麗では6世紀前半段階、百済では6世紀中葉後半段階、新羅では6世紀後半段階にそれぞれ支配集団が王を頂点とする臣僚的結集を更新し、軍事色の濃い地方組織を作り上げたのである（山尾 1989）。

(6) 前方後円墳の性格

前方後円墳や前方後方墳、その他の古墳の性格を考えるときに、沖ノ島の祭

祀との類似性を強調する井上光貞や岡崎敬の見解は極めて重要である（井上1979）。古墳に副葬された品目と沖ノ島の祭祀行為として供献された品目が時代的変遷を通しながらも一致して「葬祭未分化」であったものが、沖ノ島第3段階から形代などの祭祀用のものが多数を占めるようになり「葬祭分化」がはじまる（岡崎他 1972）。すなわち6・7世紀の交を境とし、それ以前の段階では、同笵鏡や同型鏡が沖ノ島にも見られる（岡村 1990、下垣 2004）ように、神への供献物が古墳副葬品と同一の再配分レヴェルに扱われていたことを意味し、このことは古墳の葬送儀礼において埋葬者を「カミ」に昇華させる意図があったことを示すものである。また古墳にみられる埋葬者に対する持続的な追善行為がなされていることは、明らかに死者を神として崇める観念、あるいは祟りすることなく神となって現世に福音をもたらしてくれる存在に変身することを願う思想がそこに存在していたことを類推させるのであって、葬送儀礼と祭祀行為が同一の観念の下に営まれていたことを窺わせる。

　日本においての国家形成を考えるときに、前方後円墳の築造が停止されることは一つの画期とすることが可能である。前方後円墳は全国ほぼ共通して6世紀末をもって終焉を迎える（白石 1999、2000）。全国的にさほどの時間的間隔をおかないで前方後円墳が消滅し、円墳や方墳に変化することは、そこに大きな同一の前方後円墳否定の論理が働いたことを示すものといえよう。このことは、6世紀の半ば新羅との戦いに敗れて朝鮮から撤退した後、従来のような威信材の十分な供給体制が崩れてきたことでひきおこされる現象とみることが可能である。言い換えれば6世紀の対朝鮮戦争への備えからはじまったミヤケの設置と在地首長層の国造への任命は、6世紀後半段階には従来の再配分システムによる階層関係の維持に替わって、ミヤケの設置や国造の任命によるヤマトの政治的支配体制の浸透により、特定在地有力者の選別的創出を招来し、古墳築造の原理が変更を余儀なくされた結果とみなすことができる。前方後円墳に替わる大型円墳や方墳の出現、切石積石室や家型石棺の配置などの現象は、一方ではヤマト政権の下での制限された古墳築造という社会状況の出現を意味する。ヤマト政権と結ぶ氏族の長およびその近親者という限られた社会的存在者に対する特権としての古墳築造の限定化を物語るものといえよう。祖先崇拝を旨とする氏寺の創建はこうした流れの延長線上にあり、古墳築造に替

わって寺院が祖先崇拝の中核に置き換わったものであることは、これまでに諸氏の論じるところであり（都出 1988）、地方における神社祭祀の出現も古墳築造の終焉の観点からみることも可能である（山下 1994）。

　古墳を上記のように解するならば、前方後円墳という外的表示に替わって、新しい身分制度に基づく支配論理の登場は、三韓の国家体制の整備とやや遅れながらも同一の社会的変動としてとらえることが出来よう。初期国家論に即して言えば7世紀段階の状況を説明するときにこそあらゆる点で適合的であり、前方後円墳体制終焉後にこれを求めるべきであろう。これに対して白村江での敗戦後天智・天武により急速に導入・展開された律令体制が本格的な国家形成であったとみられる。急速に導入された律令体制も唐のそれとは異なる点が多く、畿内制による旧来氏族の擁護、在地豪族による地方支配を容認するなど多分に前代の支配システムをそのまま継承し、内包したものであった。こうした趨勢は朝鮮においての統一新羅のありかたと極めて類似したものであり、中国周辺地域における類似した歴史的対応とみることができる。

　都城の形成、地方における国衙や郡衙などの斉一的な構造物の出現、位階を示す装身具の出土例、木簡に記された職官や収奪の具体例などは、考古学的に把握できる新たな時代の登場を明白に物語るものと言えよう。

2　気候変動と考古学

はじめに

　生態環境の変化をもたらす要因のなかで最も重大視されているのは、極端な、あるいは持続的な冷暖差や乾湿差がもたらす気候変動である。かつて地球上で時代を画するような気候変動があったことを把握するときに、今日一般的に試みられているのは花粉分析に基づいて植生の復元を根拠に接近する手法である。ところが花粉分析で捉えられる気候変動の現象は、採取する花粉堆積層の形成時間の幅が大きく、また生態環境を概念化しすぎることから当時の人々の生活環境とはズレが生じていることも指摘されている。すなわち25年以上の低頻度作用と10年単位の高頻度作用を区別しなければ、先史時代人の生存のための戦略を導き出すことができないのである（Bogucki 1998）。さらに、分析対象である土壌の生成過程に関する解析が殆どなされていないことにも、この種の調査結果に対する考古学者の信頼性を著しく欠くことの大きな要因となっているといえよう。

　花粉分析に関するもう一つの疑念は、所属年代の起点がC^{14}で与えられ、中間の年代は比例配分してもたらされる事例が多い。そのために分析対象である堆積層の把握が考古学的事実と即応しない場合がしばしばみかけられる。北欧の粘土縞のように現代から遡上して経年的な推移を把握することが可能な場合を除いて、その他の地域では確実に年代が補足できるほど十分に条件が整った堆積層はあまりないのが実情である。一時期は粘土縞で把握されたとしても、現代からの遡上する年代が把握できないことから、導き出された結論に対しては、考古学の立場から資料に対する厳密な検討が必要となってくる。

　日本においても最近、水月湖や東郷湖において粘土縞の分析による、気候変動の把握や海水準の測定が試みられている（福沢・小泉他 1995、福沢 1995、1996）。東郷湖の場合、補正を行った炭素年代で、7700BP、5600BP、4000BP、3600BPそれに2700BPの時期に急速な海水準の上昇があったことが、海水中で生成される方解石の量を基準として主張されている（Kato, M. Fukusawa, H.

Yasuda, Y. 2003)。しかしここでも炭素年代に依拠した年代付けのため、以下に述べるように他地域の事例とそぐわない結果となっている。彼らが比較事例として取り上げた北大西洋における IRD 測定は、グリーンランドの氷床プロジェクト GISP2 や西アジアのヴァン湖などの花粉分析からもたらされた研究結果と比べて確実性が低いとされており（Weiss 2000）、東郷湖の分析から得られた海水準の年代的位置づけに対しては、俄かには従いがたい。そのことは福沢の 1996 年論文において、従来と同じ資料を使いながら年代比定が異なることによっても示される（福沢 1996）。炭素年代ではたとえ補正をおこなっても、ばらつきのある年代が示され、中央アジアでの事例でも花粉分析の年代付けはまとまりを付けがたい状況にあることは既に指摘されている事実である（Kremenetsuki 2003）。

C^{14} 年代それ自体に関しては、大気中に含まれる C^{14} の量が恒常的に一定ではないために、例え AMS を用いた高精度編年においても、求める年代が横並びで表され、あるいは複数の補正値が提示される時期があることが判明している（Bowman 1990）。たとえそれをウイグル・マッチング法で補正しても、確率の問題（国立歴史民俗博物館 2003）にかわるだけであり、具体的な C^{14} の量との関係が把握されない限り、暦年代には置き換えることはできない。太陽の活動が活発で黒点の活動が最大になると、宇宙線が地上に到達するのが阻害されて、C^{14} の生成量が減少し、反対に太陽活動が不活発になると宇宙線が地上に到達しやすくなり、C^{14} の生成量が大幅に増加する（Fagan 2000）。実際、ヨーロッパでも木に含まれる C^{14} の量が時期的に変化していることが確かめられており（図110）(Kristiansen 1998)、温暖化した時期には C^{14} の量が少なく、反対に寒冷化した時期には C^{14} の量が増大していることが知られている。C^{14} の量が増大する時期には年輪の木目が狭まり、C^{14} の量が減少する時期には木目が広がる傾向があることで、相対的な寒暖差をそれにより確認することができる。従って C^{14} 測定で所属年代を求めた花粉分析結果から気候変動を類推する場合には、実際の年輪の年代（年輪による C^{14} 年代の補正ではない）で暦年代に置き換え、資料を具体的に吟味する必要が生じることとなる。

現在までのところ、世界で年輪年代が最も古く遡上しうる例で我々が引用しうるのはおよそ紀元前 3000 年までであり、これ以降の時期においては年輪年

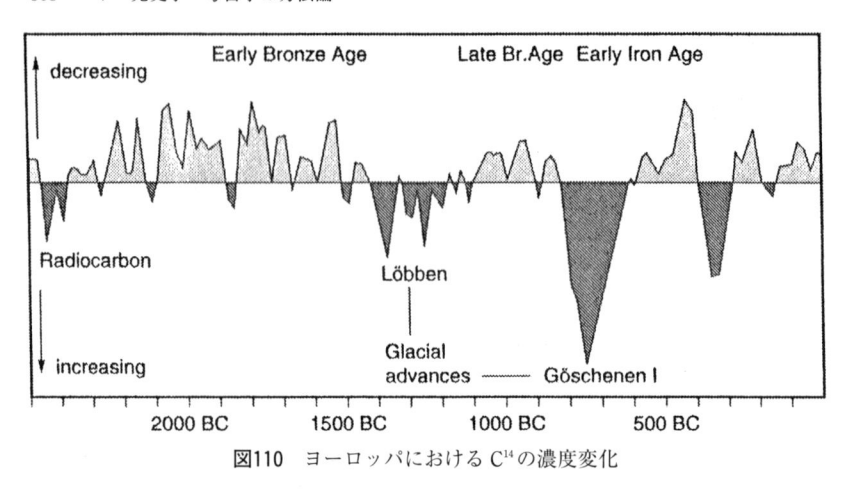

図110 ヨーロッパにおける C^{14} の濃度変化

代に依拠した正確な暦年代を把握することが可能である。エジプトの王名表で遡上できる暦年代もほぼ紀元前3000年であり、今のところ歴史的にはこの時期が暦年代に置き換えることが可能な最古の限界であるとしうる。

今日、年輪年代による気候の寒冷化と温暖化の指標として利用できるものは、アメリカ・カリフォルニアのMethuselah Walkとネヴァダのindian Gardenで抽出された木材での事例である(Weiss 2000)(図111)。この年輪年代が歴史的事実と良く符合することは、11世紀から14世紀までは「中世温暖期」で木目の幅は広がるのに対して、1460年から1556年のシュペーラー寒冷期、1645年から1715年のマウンダー寒冷期、1790年から1820年のドルトン寒冷期には木目の幅が狭まっていることで、寒冷化や温暖化を繰り返す気候状況を正確に反映しているとすることができる。これら各時期の気候変動の実際については、豊富な文献史料や気象データを使用してすでに詳しく論じられており、また C^{14} の量の増減とも即応していてその妥当性は明白である(Weiss 1982、Fagan 2000)。寒冷期の木材には C^{14} が多量に含まれることから、太陽活動が不活発な時期と寒冷化した時期、C^{14} が増加する時期が実際に一致することは、気候変動の問題を考える上で極めて重要な手掛かりとなることを示している。

紀元前800年頃から700年頃にかけての頃の寒冷化現象は、東広島市黄幡出土木材(図112)により日本列島でも確かめることができる(東広島市教育文化事業団 2005、甲元 2007)。ここでは紀元前817年から木目が読み取れ、814

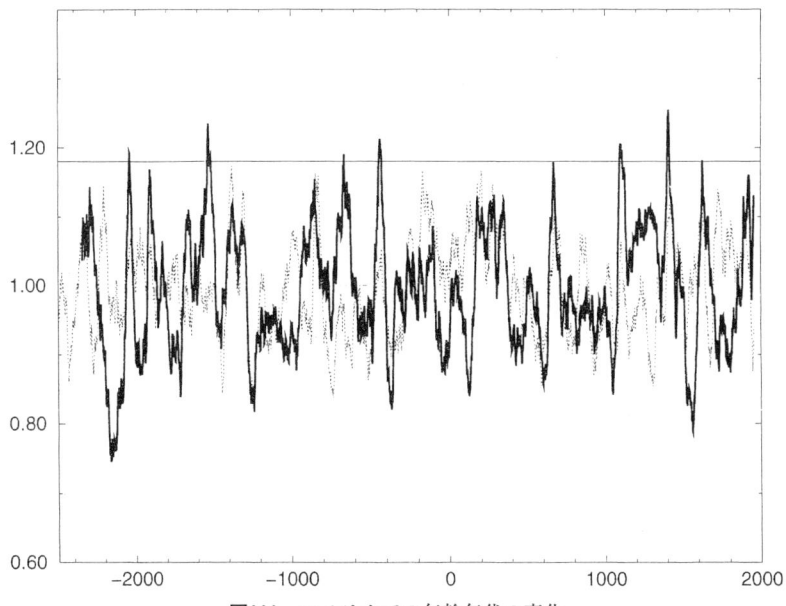

図111　アメリカでの年輪年代の変化

図112　東広島市黄幡出土木材の年輪

年頃から冷涼な気候状態に入ったことを窺いうるように年輪幅が狭まっている。

ワイスによるとBC2200年頃の寒冷化は年輪年代により、紀元前2278年から下降し始め、2248年で中間値を示し、紀元前2170年でもっとも狭まり、2056年で再び中間値を示すように変化することで、気候が回復したことを把握できる（Weiss 2000）。

これらのことから、このアメリカの年輪年代は地球規模の気候変動に関する資料として充分に信用がおけるものであることを物語っている。東アジアにおいてもほぼ同じ見通しが提示されていて、地球規模の環境変動に対する指針とすることができうることを示している（Winkler and Wang 1993）。

このアメリカでの年輪年代を通して知りうる寒冷化現象は、紀元前3000年以降の年代では、紀元前2170年前後、1800年前後、1450年前後、1200年前後、750年前後、350年前後、紀元後150年前後をそれぞれピークとする時期に出現していたとすることができる。従ってC^{14}年代により年代づけされる寒冷化現象は、これらの時期にそれぞれ相当すると読み替える必要が生じてくる。但し寒冷化現象は地球規模であったとしても、乾燥化を伴うものか、湿潤化したのかの違いもあり、その及ぼす影響は地域により異なるために、個別の検証を必要とする。紀元前一千年紀初め頃の寒冷化は、東アジアの沿岸部においては湿潤化したが、中国北部や西部では逆に乾燥化したとの違いも指摘されている（Winkler and Wang 1993）ので、この点に関しては個別地域的な検討が求められるのである。

(1) 中央アジア紀元前三千年紀末の寒冷化現象

この時期の寒冷化は極端な乾燥化を伴い、西アジアではそれが大きな社会変動を誘引したことが指摘されている（Weiss 2000、Fagan 2004）。中央アジアにおいてもこの時期大規模な環境変動が出現し、住民の生業活動と社会形態に大きな影響を与えたことが明らかにされてきている（Hiebert 2000）。東は天山山脈から西は黒海周辺までは、イラン高原からパミール高原の麓を南境として、緯度に平行して南から北方に向けて、オアシスを伴う砂漠地帯、ヨモギを混じえる砂漠地帯、ハネガヤなどを主とする草原砂漠地帯、森林草原地帯、森林地

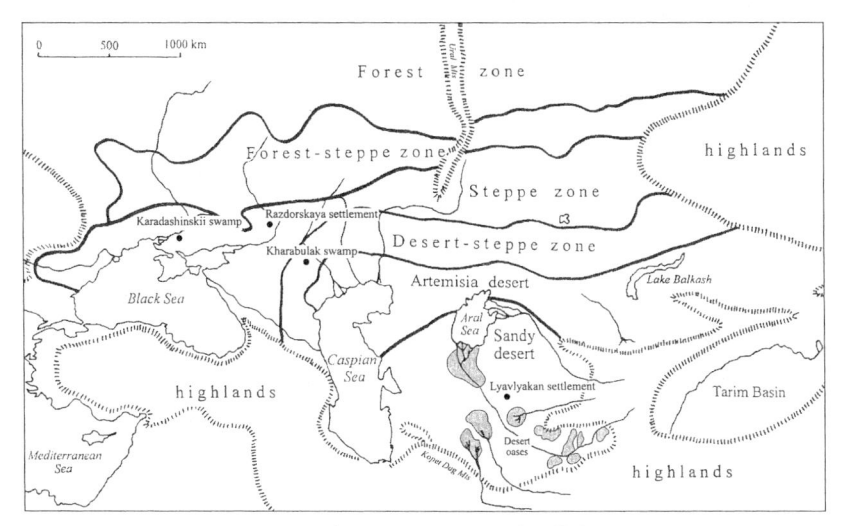

図113　中央アジアにおける現在の植生図

帯と、気温と降雨量の違いにより異なった生態系が順次展開する（図113）。

ヒーバートにより紹介された中央アジアでの3ヶ所の花粉分析結果は次の通りである。

黒海に注ぐドン河流域のラズドルスカヤでは、新石器時代から中期青銅器時代（紀元前七千年紀から三千年紀）にマツを中心とする森林であった景観が、BC2200～2000年にかけて急速に森林が後退し、ステップ景観が展開するようになる。これ以後BC1700年までは草原状態が続き、BC1700年以降は森林が回復し、穀物花粉が増加するように変化する。

一方、クリミア半島のカラダシンスキー沼での花粉分析結果によると、沖積世には7000年以上にわたり森林景観が基本的に持続していたことが判明している。但し紀元前三千年紀後半から紀元前二千紀前半には草原が拡大して森林を侵食する様相を呈していたと想定される。ここに居住していた人々は農耕牧畜民であり、寒冷乾燥化に伴って開拓した畑地に森林が回復しなかった状況を思わせる。

砂漠地帯に立地するウズベキスタンのリャブルヤカン湖周辺では、紀元前四千年紀から三千年紀にかけての時期の狩猟採集民と牧畜民の集落が発掘され、あわせて生態環境の分析が試みられている。集落址は海抜50mから200mの

高さに立地し、土壌分析の結果から紀元前2200年頃は極めて乾燥化が激しい段階にあったことが報告されている。

以上3ヶ所の分析結果からヒーバートは、西アジアと同様に中央アジアの草原地帯でもオアシスを伴う砂漠でも、紀元前三千年紀終末期においては乾燥化に即応した生態環境が展開していたことを指摘している（Hiebert 2000）。中央アジア東部に位置するバルハシ湖でも、湖面の水位が4264±120 BPに2～3mほど低下し、3860±120 BPには上昇、2771±120 BPには再び低下することが報告されていて、花粉分析からもたらされる寒冷乾燥化という気候状況とも矛盾しない（Kremenetsuki 2003）。

紀元前三千年紀の前半期には、ハネガヤなどを主体とする草原景観が拡がり、そこにヒツジ、ヤギ、ウシ、ウマを保持する移牧民が展開した。考古学的には最初はヤームナヤ（土壙墓）文化が、次いでカタコンブナヤ文化が拡がりをみせたことが知られている。彼らの居住地は大河川の流域か小河川の岸辺にあり、草原は季節的利用に過ぎなかったことが土壌と動物骨の分析により明らかにされたという。この時期には未だ恒常的な移動牧畜民の出現はみられないこととなる。

カタコンブナヤ（地下式横穴墓）文化の最終段階、BC2200～2000の寒冷乾燥化した時期には、河川流域の落葉樹林が衰退して草原景観が拡大した結果（図114）、カタコンブナヤ文化を担った住民は四輪馬車を使用しての広範囲の恒常的移動民に変化したと想定されている。いわば牧畜民としての「草原適応化」は、また家畜飼育のための飼料の負荷を高め、BC2000～1800頃にはユーラシア・ステップを広域に移動する牧畜民に出現をみたと想定されている（Hiebert 2000）。

以上中央アジアの草原地帯においては、農耕と牧畜を営む集団が寒冷乾燥化にともなって徐々に牧畜への比重を高め、紀元前三千年紀末の激しい寒冷乾燥化とともに、移動牧畜民を出現させるに至った姿を描くことができる。図114に表された移動牧畜民の分布範囲は、まさしく初期のアンドロノヴォ文化の領域と重なり、このアンドロノヴォ文化とそれに続くスルブナヤ（木槨墓）文化における騎馬と車（四輪車・二輪車）の導入、広範囲にわたる考古資料の共通性、とりわけ青銅器の類似性を積極的に解釈して牧畜民による移動性を強調す

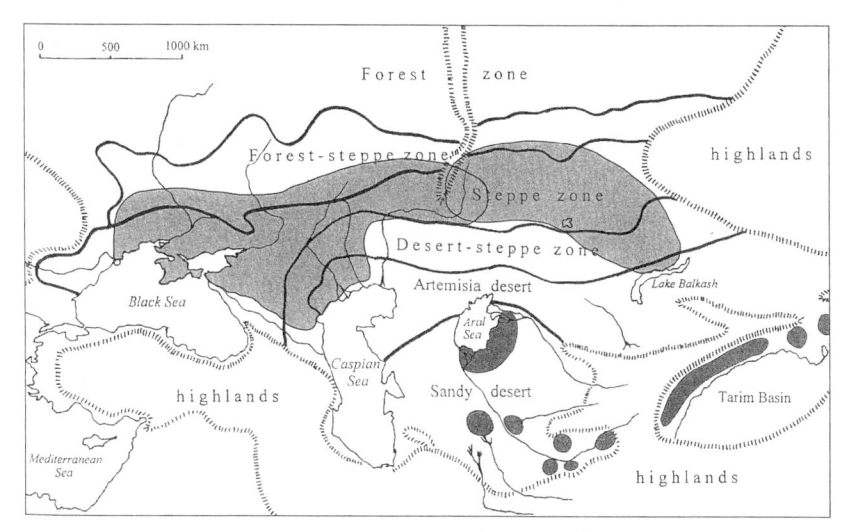

図114　BC2000〜1800の中央アジアの植生図

る学説も見受けられる（Chernykh 1992、Anthony 1998）。

しかしアンドロノヴォ文化の住居址からは青銅製の鎌をはじめとする農耕具も多数検出されることから（Черников 1960、Sulimiruski 1970）、その担い手は穀物栽培をも営むものであり、ヒツジやウシなどの移動性の高い家畜飼育に完全に依拠した移牧民とは考えられない。多数の家畜馬が確認されていない段階では、農耕をおこないながらも季節的移牧を営んでいたとするのが実際であろう。大規模な家畜飼育を営むためには騎馬によるのが最も効果的であり、多数のウマの検出とそれに使用する馬具が必要となる。ちなみに内蒙古の民族事例によると、1人の徒歩での牧民の扱いうるヒツジの頭数は150〜200匹であるが、騎馬牧民では約500匹に達し、2人の騎馬牧民では2000匹に及ぶ扱いが可能であるという（Anthony 1998）。従って騎馬民による中央アジアの席捲は次の寒冷乾燥化した時期——いわゆるスキタイ系民族の登場——を待たねばならなかったといえよう。

(2)　中国西部紀元前三千年紀末の寒冷化現象

紀元前三千年紀終末の寒冷乾燥化現象は、中国甘粛でも同様に認められる（安成邦・馮兆東・唐嶺余 2006）。甘粛地域での新石器時代の代表的遺跡である

大地湾での花粉分析結果によると、4070年±45 BP（補正年代）を境として、環境が大きく変化することが指摘されている。この時期以前には陸生草本類が60％を占め、その中でも喬木類が相当な比重を成していて、温暖湿潤気候状態にあったものが、次には陸生草本類が80％に達し、喬木類の占める割合が低下している。またこれにあわせて有機質の含有量が著しく低下し、寒冷化したことを示すという。また蘇家湾地点の分析によっても、4070BPを境として黄土が堆積を開始し、淡水産のカタツムリが消失し、付近では沼沢地が減少するようになった。こうした現象は中国北方地域では普遍的に認められるとされる。

　紀元前三千年紀は斉家文化と馬家窯文化馬廠類型の時期にあたり、キビ・アワ作が営まれブタの飼育がなされていたが、その後期には牧畜的要素が高まり、ブタに替わってヒツジが増加することが指摘されている。馬家窯文化馬廠類型の後に、しばらくの空白期間を置いて登場した寺窪文化や辛店文化では牧畜業が一般的となり、遺跡の規模も縮小する傾向がみられるという（安成邦・馮兆東・唐嶺余 2006）。これらのことは紀元前三千年紀終末期の寒冷乾燥化を経た後は、環境の変化に即応するように生業形態が一変し、移牧を伴うより家畜飼育に比重を移した生活が始まったことを物語っている。

　BC2200を前後する頃に地球規模での寒冷乾燥化現象が生じたことはすでに指摘されてきたことであり（Weiss 2000）、こうした傾向はアンドノノヴォ文化の影響を受けた東トルキスタンでも認められ、印欧語族の移動と結びつけて主張されることもある（Hsu 1998）。また陝西省神木新華遺跡においても、文化層である古土壌（クロスナ層）を挟んで上下には黄色の砂層が堆積していることが報告されている（陝西省考古研究所・楡林市文物保護研究所 2005）。古土壌層にはタデ科、ヨモギ属やイネ科の植物花粉が多く含まれ、温暖化した環境にあったが、その前後に堆積した層では植物花粉は少なく、層に含まれる鉱物の磁化率と粒度の分析から寒冷化して砂丘形成が活発に展開していたことが明らかにされてきている。

（3）　中国北部紀元前三千年紀末の寒冷化現象

　モンゴル高原の南縁地帯ではこれまでに田広金を中心とする研究グループに

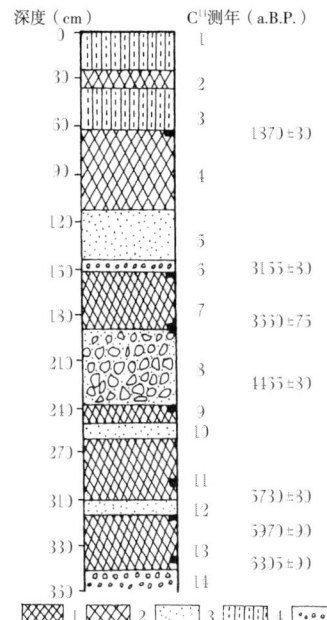

考古学文化	年代（a B.P.）
战国晚期→汉（农业文化）	2 000
鄂尔多斯式青铜器 "毛庆沟类型"	2 600—2 300
西周（空）	
商（空）	
朱开沟文化 3、4 段	4 000—3 600
空	
老虎山文化	4 800—4 300
（空）	
海生不浪文化 "庙子沟类型"	5 800—5 000
空	
仰韶文化 "王墓山下类型"	6 000
后岗一期文化	6 200

図115 老虎山遺跡の柱状図と考古学編年表（田広金 2000 年より）

　より、花粉分析結果と考古学的事象を統合した研究が活発に行われてきた。しかし時々の発表により年代と意味づけに食い違いがあるために（甲元 2007）、ここでは 2000 年に出版された『環境考古研究』に掲載された論文と 2005 年出版の著書（田広金・郭素新 2005）を通して、モンゴル高原の南縁地帯の環境変化について検討することにしよう。

　田広金が主として分析対象とするのは老虎山遺跡での層位関係である（田広金 2000）。岱海は内蒙古自治区の山西省との境界付近にある湖で、周囲を 2000m 級の山々に囲まれた盆地内にある。現在の湖の標高は 1233m で山塊と湖の間は 6 段もの段丘が形成され、各段丘上には先史時代の遺跡が分布している。老虎山遺跡はそうした段丘上の一つに立地し、数回にわたる発掘調査がなされてきた。老虎山の柱状断面図によると、漢代以前の層では 5 枚のクロスナ層が礫層や砂層に挟まれてみられ（図115）、ここでは温暖湿潤期と寒冷乾燥化した時期が交互に観察される。クロスナ層に対応する先史文化として、

13層は後崗1期文化と仰韶文化王墓山下類型、11層は海生不浪文化廟子溝類型、9層は老虎山文化、7層は朱開溝文化、4層はオルドス式青銅器文化の毛慶溝類型がそれぞれ対応する。クロスナ層以外の礫層や砂層が堆積する時期には先史文化の空白地となり、殷商文化や周文化も存在しないと解釈されている。

7層に相当する朱開溝文化は二里崗期を中心とする時期に並行関係にあったと解されるので、紀元前二千年紀の中ごろから後半にあたる時期の所産である。一方9層の老虎山文化は紀元前三千年紀に属すると考えられるので、8層は中央アジアやトルキスタンと同様の紀元前三千年紀終末期の寒冷乾燥化した時期に相当すると考えられる。田広金などは朱開溝文化の年代を古く位置づけるのは、中原地域の夏王朝との並行関係を念頭において、それとの対応関係で設定したものである。しかし最近、二里頭遺跡の年代については中国の学界において再検討がなされ、夏王朝の存在期間は紀元前1750年から1520年であると訂正された（岡村 2007）。すると二里崗文化との時期的な並行関係からもたらされた朱開溝文化の年代は、田広金が想定する時期よりも降り、紀元前二千年紀の中ごろに比定されることとなる。

朱開溝遺跡では各時期の文化層中から土壌を採取しての花粉分析が試みられている（内蒙古自治区文物研究所・顎爾多斯博物館 2000）。1期から5期に細分された文化層では次のような変遷がたどれる。

第1期：木本花粉は少なく、ヨモギ属、タデ科などの草本類が50%前後を占める。

第2期：木本類の中では少量のウルシ属、マンシュウグルミなどの闊葉樹がみられるが、草本類が多く、花粉全体の70%を占める。

第3期：草本類のヨモギ属、タデ科が90%以上を占める。

第4期：木本類の中で耐寒性のモミ、カバノキ、ニレなどがあり、マツとの闊葉針葉混交林を形成する。

第5期：木本類ではモミ、マツが多く、草本類のヨモギ属、タデ科が93%を占める。

以上の花粉分析の結果からは、灌木と草本を主体とする森林草原景観が、次第に草原状況が展開し、モミやマツなどの耐寒性樹木が増加することから、気

候は冷涼乾燥化していったことが窺える。家畜動物の中でもブタは終始最も数が多いが、時期が降るに従ってヒツジが増加する傾向にある。このことは寒冷乾燥化に伴う草原の拡大に即応するものである。しかし1期と5期では分析した資料数が少ないことからこれを除外すると、ブタよりもヒツジが家畜飼育動物の中で最も多くなることが指摘できる。第3期にヒツジの下顎骨を随葬する事例が多くなり、第4期にはそれが最も多くなることはヒツジが持つ社会的意味の重要度が増したことを暗示させるものといえよう。

　こうした傾向からは朱開溝文化の形成時期は、C^{14}の生成量が増加する紀元前1400年前後（Kristiansen 1998）に比定することも可能であろう。このほうが中国の夏王朝修正年代観と適合的であると言える。すると内蒙古のこの地域においての遺跡形成の空白期間は、中国の研究者たちが想定しているよりは長期間に及んだこととなる。

　朱開溝遺跡での生態環境の変遷と同様な現象は内蒙古東部でも確認できる。夏家店下層文化に属する土壌から花粉が採取され、その分析結果が報告されている（斉烏雲 2005）。夏家店下層文化は、紀元前三千年紀末の寒冷化が終了した後に形成された東北アジア南部の先史文化で、大山前遺跡では花粉の組み合わせが3小期に区分されて検討され入る。

　1期では木本類と草本類が相半ばし、木本類の中ではマツ属が多く、これにカバ属が続き、モミ属、クルミ属、ナラ属、シナノキ属などもみられる。草本類にはイネ科やヨモギ属が主で、その他にタデ科やキク科の花粉もあり、湿性のカヤツリグサ科の花粉が認められることから、闊葉針葉混交林を混える草原環境で、気候は温暖でやや湿潤であったと想定されている。

　2期には木本類が草本類を越える量が出現し、木本類の中では針葉樹のマツ属、モミ属のほかにトウヒ属の花粉が採取されている。闊葉樹ではカバノキ属、シナノキ属、ナラ属、クルミ属、ニレ属がみられる。草本類の占める割合は少ないが、その中ではヨモギ属、イネ科が多く、他には湿地を好むイワヒバ科、ウラボシ科、ワラビ科などもあり、湿潤ではあるが冷涼な気候状態であったことを物語る。

　3期では草本類が木本類の量を越えることから、森林が縮小して草原面積が拡大したことが窺われ、全体的には温暖でありながらやや乾燥化した状況に

あったとされる。

　9層に相当する老虎山文化は老虎山遺跡と園子溝遺跡により代表される（内蒙古文物考古研究所 2000）。両方とも紀元前三千年紀に属する集落遺跡で、前期には平面が凸字形に作られた住居型式が、後期になると窰洞式住居を象った型式に住居構造が変化している。その最終段階は三千年紀終末期であり、寒冷化により住居構造を変化させながら環境適応をはたしたが、最終的には集落が放棄された可能性がある。こうした趨勢は寧夏省南部の山岳地帯から陝西省の北部地域にかけての常山文化期にもみられ、窰洞を象った住居構造は寒冷な気候に適応するものと想定されている（中国社会科学院考古研究所経渭工作隊 1981）。自然遺物の報告や花粉分析がなされていないために、当時の生態環境を復元する手懸りはないが、伐採具としての石斧、収穫具としての石庖丁を多数伴出することから、農耕生産が基本的な生業であったことは窺えよう。報告者は包含層が薄く、これは過度の栽培活動による表土層の流失に求められる可能性を示唆している。

　内蒙古東南部から遼寧省西部地域では、この時期は小河沿文化から夏家店下層文化への変化するときにあたる。しかし小河沿文化と夏家店下層文化が上下に重複する遺跡は殆ど無く、遺跡の具体的なあり方から、環境変動を読み取ることは困難である。一般に夏家店下層文化は寒冷化した時期から温暖化した時期にかけての頃とされ、紀元前二千年紀の初めから中頃にかけての時期であることは間違いない。河北省南部地域で龍山文化の影響を受けた夏家店下層文化に属する土器が見られることは、その始まりの時期を特定する資料となりうるし（河北省文物研究所・滄州地区文物管理所 1992）、さらに夏家店下層文化は殷文化中期に並行することは、大甸子遺跡の土器から推察することが可能である（中国社会科学院考古研究所 1996）。また遼寧省西部地域には夏家店下層文化と上層文化をつなぐ資料として、周家墓地などを挙げることができる。

　夏家店下層文化段階では大甸子遺跡で埋葬址の副葬品である容器類の内部に留められた土壌の花粉が分析に供されている。分析された結果をみると副葬容器ごとに大きな違いがみられる。例えばM1145：2では水生植物の花粉が81％占め、その他に少量のイネ科、ヨモギ属、マツ属や好温性のニレ属、クルミが見られるのに対して、M1123：2では99.2％が喬木であり、また

M1117：2では92.7%をイネ科が占めている。これは容器に溜まった土壌という偶然に左右された結果とも想定され、気候状態復元の資料としては信頼性を欠くものといわざるをえない（中国社会科学院考古研究所 1996）。

(4) 黄河流域紀元前三千年紀末の寒冷化現象

黄河流域においても紀元前三千年紀末を前後する時期に、大きな気候変動があったことが言われている。水涛は斉家文化が衰退した原因として竺可楨の示した気候変化曲線を取上げ、寒冷乾燥化したことを指摘して、その結果として農耕から牧畜への生業の転換があったことを論じている（水涛 2001）。龍山文化末期の段階に泰山を挟んで遺跡の動態が大きく変化する現象は、気候変動に起因するものと欒豊実は想定している（欒豊実 1997）。

さらにこの時期の気候変動は「夏王朝」出現とからめて論じられることもある。河南省偃師市二里頭遺跡は、夏代から殷代前期にかけての政治センター的性格を帯びた遺構が検出されることで著名である。二里頭は洛陽の中心地から東へ約25km、伊河と洛河が形成する沖積平野の中に遺跡は立地している。花粉分析に供された資料は1997年試掘ピットから得られたもので、龍山文化末期から二里頭4期までの連続した分析結果（図116）が提示されている（宋豫秦 2002）。

龍山文化末期では木本類が17.5%を占め、そのうちカバノキ属、ハンノキ属、ナラ属、クワ科、ウコギ科、が主でマツ属は比較的少なく、バラ科やマオ

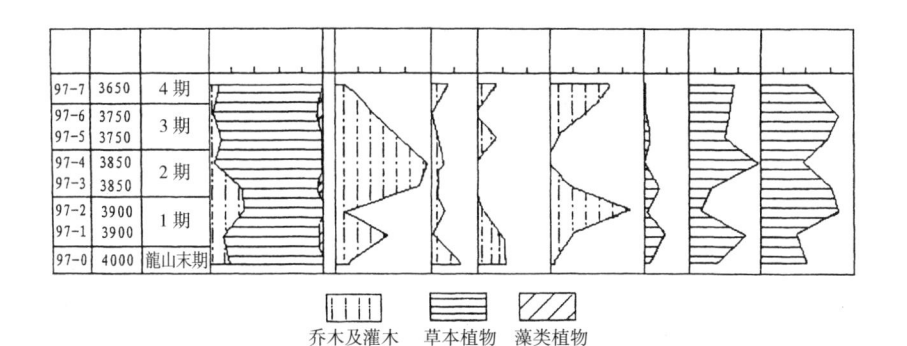

97-7	3650	4期
97-6	3750	3期
97-5	3750	
97-4	3850	2期
97-3	3850	
97-2	3900	1期
97-1	3900	
97-0	4000	龍山末期

乔木及灌木植物花粉　　草本植物花粉　　藻类植物花粉

図116 二里頭遺跡の花粉ダイアグラム（宋豫秦他 2002）

ウ科がこれに続く。草本類花粉は全体の81.7%を占め、その中でも多くはガマ属、ヒルムシロ属、ホモノ科などであり、その他にヨモギ属やタデ科、イネ科が見られるが、ワラビ属は総量の1%に過ぎない。この結果から、落葉針葉混交林を主とし、付近には草原が展開し、気候は比較的温暖湿潤であったと推測されている。

　二里頭1期では前代と大きな変化はなく、木本類ではマツ属とクワ科が主で、ナラ属やカンバ属もみられる。草本類は全体の80%に達し、ガマ属やヒルムシロ属などが優勢であり、その他にヨモギ属、タデ科が一定量あるという。ワラビ類は出土量が少なく、ウラジロ科やイワヒバ科がわずかに見られる程度である。落葉針葉混交林を主とし、草原状況であったが、前代よりやや冷涼であったと想定されている。

　二里頭2期では草本類の花粉が全体の90%に達していて、中でもイネ科、ヨモギ属が多く、ジュウジバナ科、ガマ属、ヒルムシロ属が一定数見られる。木本類は前代より急速に減少し、8.6%に過ぎない。その中にはマツ属、カンバ属、クワ科、バラ科、マオウ属が認められる。ワラビ類は1.3%である。この結果樹木が稀な草原状態で、気候は冷涼乾燥化したものであったと推定されている。

　二里頭3期では草本類が9割以上を占める中で、ヨモギ属、イネ科、タデ科が主流であり、ガマ属やヒルムシロ属、ユリ科の花粉がわずかに出土している。ワラビ類は全体の2.2%で、その中でヒカゲノカズラ科が主たるものであった。こうした結果から樹木が稀な草原状態で、気候は冷涼乾燥化していたと考えられている。

　二里頭4期ではマツ属、カンバ属、ナラ属、クワ科などの木本類がやや増加している。それでも草本類は全体の9割を占め、ヨモギ属、タデ科、イネ科、キク科、ナス科、ヒルムシロ属がある。ワラビ類はごく少数であった。このことから気候は冷涼ではあるがやや湿潤な草原が展開していたとされる。

　以上の結果からは、紀元前二千年紀前半期の中原地域は、龍山文化期の温暖湿潤気候から冷涼乾燥化した状態への変化過程にあったとすることができる。遺跡付近の沖積地では森林開拓が進んだ結果草原状態となり、一部は畑として利用されていたと考えられ、樹木は山麓に分布が限られる状況にあったことが

窺われる。

　皂角樹遺跡は洛陽の南 8km ほどの伊河と洛河に挟まれた沖積地に立地している。ここでは花粉分析やプラント・オパール分析以外に黄土中に含まれている赤鉄鉱の磁化率から、当時の機構状況を把握する試みも行われている（洛陽市文物工作隊 2002）。

　花粉分析によると灌木と草本類でほとんどが占められている。中でも乾燥に適応的なマツ属、タデ科、ヒカゲノカズラ属が多いことから冷涼乾燥化した気候条件にあったと推定される。また二里文化期直前にマツ属やヨモギ属が突然減少していることは、龍山文化末期から二里頭期にかけては急速に寒冷乾燥化が進んだことを示していると想定している。

　二里頭文化期以降はタデ科やヨモギ属、ヒカゲノカズラ属が多くを占める状態が続き、荒漠とした草原状態が継続していたとみている。

　赤鉄鉱と磁赤鉄鉱の割合からみた気候状況の把握では、龍山文化期は磁化率が最も高く、高温湿潤な気候状態であったが、二里頭文化期には磁化率が低下し、それ以降寒冷乾燥化が進んでいたことが示されるという。

　皂角樹遺跡では水選別法により植物種子の採取も行われ、アワやキビを中心として、イネ、オオムギ、コムギ、ダイズなどの穀物ばかりでなく、ナツメ、モモ、シソなどの園芸作物も検出されている。これら作物の組み合わせは典型的な多角的経済類型に属すものであり（甲元 1992c）、草原状況の卓越は一方では田畑の拡大を物語るものとも考えられる。

　以上の皂角樹遺跡での花粉分析などからする生態環境の変化は、細部では必ずしも一致しない。しかし大局的にみて、龍山文化と夏文化の交代期前後、西周から東周にかけての時期には寒冷乾燥化した状況が推定でき、これは中国各地での研究結果とも一致するとしている。そして龍山文化末期の生態環境の悪化から環境が好転していくことで、夏文化の発展が見られてと想定している。

　この皂角樹遺跡の調査に関しては、層位の同定とサンプリングのやり方において大きな疑問が提示されている。許宏は種々の検討を加えた結果皂角樹の花粉分析で得られた結論は二里頭4期のものと解すべきであるとして、具体的な二里頭遺跡での井戸の掘り込みの深さから、宋豫秦の見通しの正確さを論証している（許宏 2006）。

382 V 先史学・考古学の方法論

　二里頭遺跡の4期が寒冷化に向かいつつある気候状況であったとすると、岡村により提示された夏王朝に対する新しい編年とうまく即応し、紀元前1500年頃の寒冷化が始まる趨勢と一致する（岡村 2007）。すると龍山文化と夏王朝の間はますます時間的に離反することとなり、王湾3期を介在させるだけでは、その空白期間は埋まらないこととなる。少なくとも、夏王朝の出現は紀元前2200年頃の寒冷化とは無関係となり、アメリカの年輪年代で示される紀元前1800年から1700年頃の寒冷化と関連する事象と即応することとなる。するとこの紀元前二千年紀第1四半期と第2四半期の交が王湾3期に該当する蓋然性が高くなり、山西省南部と河南省西部地域に分布する秦寨文化が問題となり、龍山文化とこの王湾3期に挟まれた時期の生態環境の把握が重要な解決の鍵を握ることとなろう。

(5) 長江流域紀元前三千年紀末の寒冷化現象

　紀元前二千年紀前半期の寒冷化現象は、長江流域の一部遺跡でも確認することが可能で、このことは上海博物館の宋建により最初に指摘された（宋建 2000）。上海市の中心部に幅約5kmにわたって貝混じりの砂堤防（反曲砂嘴堆積区）がみられる（図117-上）。一方西側の青浦地区は台地となって、これに挟まれた松江付近はかつて広汎な潟湖あるいは低湿地となっていたことが明らかにされてきた（宋建 2000、周昆叔 2007）。

　この5500BPに出来上がったと想定される砂堤上には、紀元前二千年紀に属する馬橋をはじめとする大規模な集落遺跡が形成されてきた（上海市文物管理委員会 1978、1997、2002）。この砂堤上の西側の傾斜した部分に立地する遺跡では、砂堤の上に無遺物の層があり、良渚文化層がまず堆積している、湖沼堆積層を挟んでその上位に再び良渚文化層が形成され、さらに良渚文化の遺物を含む湖沼堆積層があって、馬橋文化層の堆積が認められる（図117-下）。良渚文化は紀元前三千年紀に属する先史文化であり、それより下位に位置する砂堤防は、紀元前四千年紀以前に形成されたものとすることができる。この砂堤と良渚文化層の間にはそれほど厚い堆積がみられないために、良渚文化形成時期と大きな時間的隔たりを想定しなくても良いであろう。

　沿岸部の大河川付近で形成されるこうした砂堤防は、寒冷化に伴う海水面の

2 気候変動と考古学 383

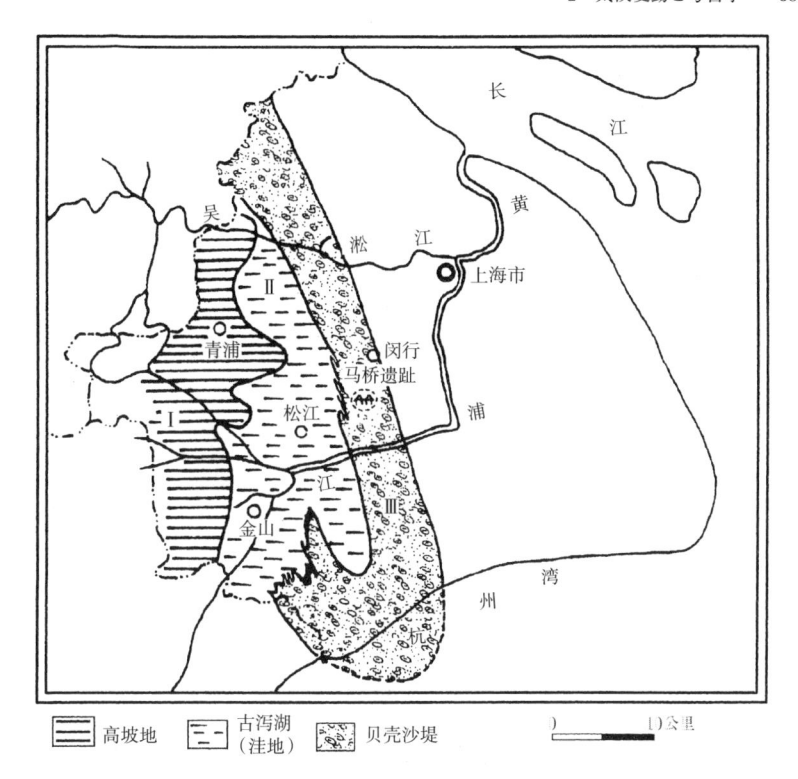

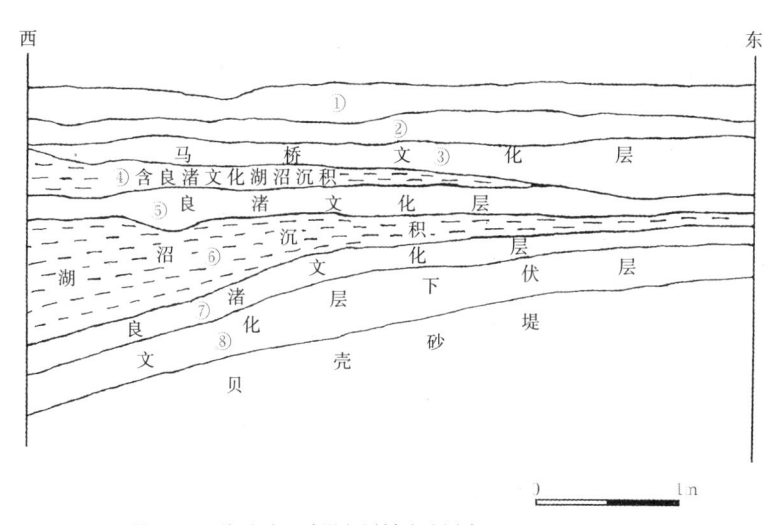

図117 上海地域の砂堤と馬橋遺跡層序（周昆叔 2007年より）

低下時期に、大きな海流に対する反流の働きによりつくられる。このことを念頭におくと、上海地域にみられる巨大な砂堤は、紀元前 3200 年から 3000 年にかけて起こったワイスのいう完新世 3 番目の寒冷化現象に随伴する可能性が最も高いといえよう（Weiss 2000）。

馬橋遺跡の断面図で知られる湖沼堆積層は、紀元前三千年紀の温暖湿潤化した時期の水位の上昇によりもたらされたと考えることができる。また 4 層の良渚文化期の遺物を含む湖沼堆積層や馬橋文化層に見られる水平堆積は、良渚文化の最終段階において寒冷化することにより、土壌の自然堆積がなされたことを示している。また 1993～1995 年の発掘では、良渚文化と馬橋文化の中間に無遺物層である青黄色の粘土層の堆積がみられた（上海市文物管理委員会 1997）。これらのことは、良渚文化と馬橋文化の間は紀元前三千年紀末から二千年紀初めの寒冷化した時期をあてることを可能にする。馬橋文化の古い時期に二里崗期と類似した土器が検出されることもこれと反しない。馬橋文化後期にカキやハマグリが検出されることは、殷代後期の海水面が上昇した時期に即応するものである。

6) 紀元前一千年紀初めの寒冷化現象

紀元前一千年紀初めの寒冷化は紀元前 750 年頃をピークとする前後 100 年間の事象である（Bowman 1990、Kristiansen 1998、Weiss 2000、甲元 2007）。このことは西アジアの死海での塩の堆積状況からも確認されている（Hsu 1998）。この時期の寒冷化現象は太陽活動の不活発に起因するもので、ユーラシア大陸各地で寒冷化に伴う考古学的資料の変化が確認され、湿潤化した地域と反対に乾燥化した地域と違いがあることが分かってきた。ヨーロッパでは青銅器時代と鉄器時代の境目にあたり、大きな社会的変化が環境変動に伴って引き起こされたことも主張されている（Weiss 1982）。この時期はまた花粉帯ではサブ・ボレアル期とサブ・アトランティック期の境界にあたる。さらに中央アジアのステップ地帯では、急速な寒冷化と乾燥化現象は東西 2000km にも及ぶ牧畜民の移動を惹き起こしたと想定されている（Taylor 2001）。

この時期ヨーロッパでは寒冷湿潤化し、生業の上で大きな変化があったことが知られている（Kristiansen 1998）。農耕栽培の面では、キビ、オートムギ、

ソラマメが主要な穀物となり、ライムギも加わるようになった。しかし地域によってはオオムギなかでもハダカオオムギが一般的になったところもあった。こうした現象は耐寒性の強い品種と地味の良好でない畑での栽培が選択されるようになったことを窺わせるが、他面では寒冷化に伴う生態環境の悪化で、地域ごとの多様な農耕生産が営まれるようになったことをも意味している。休耕地の二次的植生として出現するアカザやアマナズナも食卓にのぼったことが指摘されていることも、生業活動の多様化を示すに他ならない。家畜動物の面ではウシの持つ比重が低下し、ヒツジ・ヤギとブタがヨーロッパ大陸では増加し((Kristiansen 1998)、イギリスではウシは増えるものの、シカ科を主な対象とする野生動物の狩猟が盛んとなって、動物相の中では家畜動物の占める比重が低くなった（Tinsley 1981）。

この時期の環境変動は中央アジアやモンゴル高原が顕著で、いわゆるスキタイ文化の出現と展開に関係して論じられることが多い。そのはじまりは先スキタイ期のアルジャン古墳で示されるのが嚆矢であり（Грязнов 1980）、騎馬によるヒツジなどの家畜飼育が本格的に開始されたとみられている。寒冷乾燥化による森林の消失、草原や砂漠の拡大は、またオアシス国家形成へのターニング・ポイントであったことが多くの研究者により説かれてきた（Hiebert 1994、Masson 1996）。

(7) 中国東北地域紀元前一千年紀初めの寒冷化現象

東北北部地域での花粉分析の事例は少ない。黒龍江泰賚県ではクロスナ層と砂層が互層に重なり合った東翁根山遺跡での調査が行われている（葉啓暁・魏正一・李取生 1991）。遺跡が立地する地点は嫩江と大興安嶺に挟まれた半砂漠の草原景観を呈していて、北西と南西の季節風により、砂丘の形成と移動が繰り返されている。

ここでは5枚のクロスナ層（黒褐色古土壌）が確認され、黒砂層の上下は灰黄色の細砂層の堆積が見られる（図118）。このうち最下層のクロスナ層（2層）には囓歯類の遺骨が、2番目のクロスナ層（4層）はやや粘質の有機質を含む層で大量の細石器と土器片が、3番目のクロスナ層（6層）は緻密な腐植土層で、白金宝文化の遺物を包含していた。また4番目のクロスナ層（8層）は植

386   V　先史学・考古学の方法論

図118　東翁根山遺跡の断面図

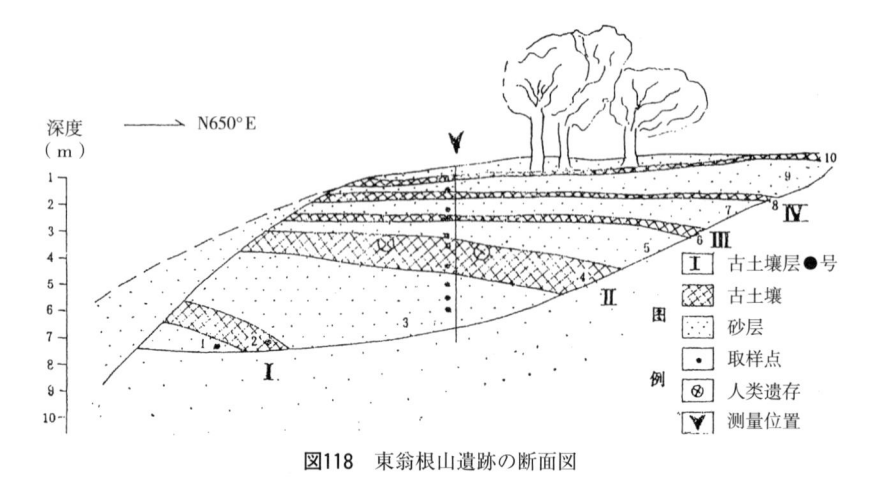

物の残骸と有機質を含む層となっている。

　クロスナ層で試みられた花粉分析結果は次の通りである。

　2層：アカザ科とヨモギ属が主でクワ科やイネ科の植物を一定量含んでいる。またニレ、コナラ、ヤナギ、マオウ、キク科などがみられ、温和だがやや湿気のある気候条件下であった。

　4層：小型のヨモギ属が優勢で約40％を占め、中型のヨモギ属と小型アカザ科が各10％で、キク科、シナガワハキ、ウマコヤシ、アカネ科などもあり、2層に比べて温和であった。

　6層：小型ヨモギ属と小型アカザ科が主流で40％と20％を占め、ホウキギハ9％である。またマメ科、アカネ科、アブラナ科があり、こうした花粉の組み合わせから、気候は温暖であるが、4層と比べてやや乾燥状態であったと推定される。

　8層：小型ヨモギ属が15〜20％を占め、中型ヨモギ属が10〜25％、アカザ科20％、アカネ科が10％に達する。またその他にキク科、マメ科、アブラナ科の花粉もあり、温暖ではあるがさらに乾燥化が進んでいると考えられる。

　10層：小型のヨモギ属、中型のヨモギ属と小型のアカザ科が主流で、またキンポウゲ科、マメ科、カヤツリグサ科、イネ科などの草本類が

多数を占めることから、寒冷乾燥状態と推定され、現代の状況とほぼ一致している。

このことは風砂層が形成されるのは寒冷乾燥化した気候条件であり、クロスナ層が形成されるのは、温暖で湿潤状態かあるいはやや乾燥した気候状態であったと復元できる。考古学的文化層の形成期とクロスナ層とが一致することは極めて重要なことである。

炭素年代によると第1クロスナ層は7000±100BP、第2クロスナ層は4400±80BP、白金宝文化包含層である第3クロスナ層は2900±80BP、隋唐渤海期の第4クロスナ層は1400±100BPである。

白金宝文化は松嫩平原を代表する青銅器時代の文化として知られ（譚英杰・孫秀仁・趙虹光・干志耿 1991）、戦国期から漢代並行期に位置づけられる漢書第2期文化より以前であることが層位的に確かめられている。白金宝文化の土器紋様は殷のそれを踏襲するものであり、5層の砂の堆積は紀元前8世紀を中心とする寒冷乾燥化した時期に堆積したと想定することが可能である。4層に含まれる土器破片の図示がないために詳しくは分らないが、炭素年代に示す数値からすると5層の砂層は紀元前三千年紀末の寒冷化した時期に堆積した可能性もある。報告者は4000年前に堆積したものとみている。

西遼河流域においても炭素年代で示す3000BP頃に、大きな環境変化があったことが唱えられている（楊志栄・索秀芬 2000）。渾善達克砂地に位置する大水諾爾湖岸での調査では、3400BPから3300BPまでの2層では植物が半分腐食した泥炭層が形成されるが、その後3層では砂と泥炭層が交互に重なり、ついには4層の砂の堆積のみの状況に変化したことが記されている。半分腐食した堆積層が形成されるのはまだ水位が高く、植物相は水中に繁茂していたことを示し、泥炭層と砂が交互に堆積するのは、水位が上下したことによるものであり、小規模な乾燥と湿潤状況が繰り返されていたことを示す。従って4層の風成砂層が形成されたのは、完全に寒冷乾燥化が進展した後のことと想定できる。

黄河流域以北の地域でも、この時期の環境変動が良く把握されている。

天馬曲村遺跡は西周から東周にかけての晋の塋域であり、周代晋の広大な墓地群の調査に併せて、堆積層の化学元素の含有量を比較して、当時の気候状況

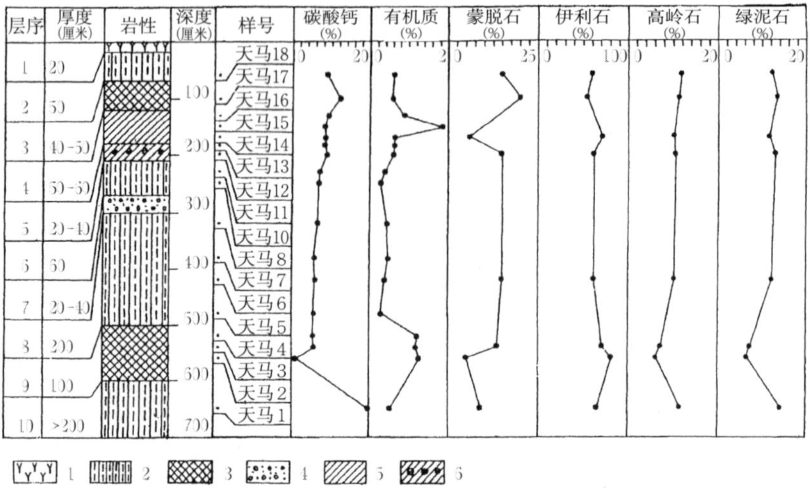

図119　天馬曲村岩性柱状図及び堆積物分析表（鄒衡☆2000）
　　1：耕作土　　2：黄土層　　3：礫石層　　4：古土壌層　　5・6：晋文化層

の復元が試みられている（図119。鄒衡 2000）。

　最下層の黄土層には炭酸石灰分が多く含まれ、有機質が少ないなどのことから更新世末期に堆積した風成黄土に相当し、寒冷乾燥化状態であった。第9層の褐色土層には炭酸石灰は少なく、有機質も多いことから気候は湿潤であったと想定できるが、粘土鉱物中のモンモリロナイト（Montmorillonite）やカオリナイト（Kaorinite）が少なく、イライト（Illite）が多いことから気温は低かった。第8層の黄土層では炭酸石灰の含有量は中くらいで、モンモリロナイトやカオリナイトは比較的多くイライトが少ないことから、温暖湿潤気候が展開していたと想定でき、仰韶文化期と龍山文化前期に相当する。第7層の礫石層では小さな礫が多く、穏やかに流れる水流が付近にあり、比較的湿潤な環境にあった。第6層の黄土層では細砂分が多く、炭酸石灰の量が増加し、有機質が減少していることから、第8層よりも寒冷化した状態にあり、第5・4層の晋文化期では炭酸石灰が多く、粘土鉱物中にはモンモリロナイトやカオリナイトが少なく、イライトが多いことから気温は低かったことが分る。ただし、有機質分も多く見られることは、人工栽培によるものと考えている。第3層の赤褐色黄土層炭酸石灰を多く含み、有機質も中ぐらいで、粘土鉱物中には

モンモリロナイトやカオリナイトが多く、イライトが少ないことから、気候は温暖であったが、湿度は低下していたと考えられる。第2層の黄土層は炭酸石灰の量が低下し、モンモリロナイトが少なく、イライトが多いことから気候は相対的に低温化したと想定される。

以上の状況から中国北方地域では、西周後期から春秋期にかけて気温が低下するとともに乾燥化がはじまり、戦国期になって気温は上昇するものの湿度は低かったことが窺われる。

(8) 黄河流域紀元前一千年紀初めの寒冷化現象

河北省においても中国研究者の報告を仔細に検討することで、紀元前一千年紀はじめ頃の寒冷乾燥化した環境状況を推察することができる。軍都山墓地群の遺構切り込み層については、簡潔な記載がなされている（北京市文物研究所 山戎文化考古隊 1992）。それによると次のようにまとめられる（図120）。

葫芦溝墓地：第1層；耕作土　20〜30cm、戦国時代土器
　　　　　　第2層；砂混じり褐色土　20〜45cm、この層から掘り込む
　　　　　　第3層；黄土と砂の互層

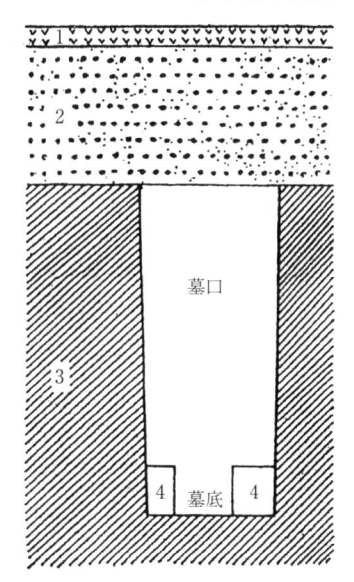

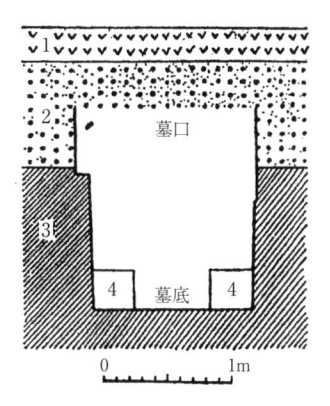

図120 軍都山遺跡の遺構断面図

西梁垙墓地：上層；紅褐色土あるいは砂層と礫が混じる紅褐色土
　　　　　　下層；細黄土　この層から掘り込む
玉皇廟墓地：北区の土層
　　　　　　第1層；褐色土　12cm
　　　　　　第2層；砂と礫が混じる層　35cm
　　　　　　第3層；黄土層　2m以上　この層から掘り込む
　　　　　西区の土層
　　　　　　第1層；褐色砂混じり層　30～35cm
　　　　　　第2層；大粒の砂礫層　60～90cm　この層から掘り込む
　　　　　　第3層；黄土層　40cm
　　　　　　第4層；砂と石混じり黄土層
　　　　　東・南区
　　　　　　第1層；褐色土　20～25cm
　　　　　　第2層；砂と石粒混じり褐色土　80cm　この上部から掘
　　　　　　　　　　り込む
　　　　　　第3層；黄土層　1.04m

　砂礫混じりの層を手懸りにすると、この層から遺構が掘り込まれたものと、この層の下部に認められる黄土層から掘り込まれたものとに弁別することが可能で、西梁垙墓地と玉皇廟墓地北区墓地の形成時期が古く、葫芦溝墓地と玉皇廟墓地西区、東・南区が遅れることを意味する。玉皇廟墓地西区を例にとれば、山麓の高い場所から墓地の形成が始まり、低地に及んだことを物語る。軍都山墓地群での春秋中期に降る遺物を副葬する類があることは、この切り込み層位の違いからも裏付けることができる。このことは砂が堆積する前か堆積し始める頃に西周末期から春秋前期の墓がつくられ、砂の堆積中に春秋中期の埋葬址が営まれたことを物語る。

　この時期に寒冷化した気候が展開したことは、いくつかの花粉分析の結果からも窺い知ることができる。すなわち夏家店上層文化段階では寒冷乾燥化が著しく、タデ科やヨモギ属などの草本が優勢となり（孔昭宸・杜乃秋・張子武 1982）、北京周辺では二次林としてマツ属が大半を占めるようになる（周昆叔・陳碩民・陳承恵・葉永英・梁秀麗 1984）ことなどを指摘することも可能である。

動物相の面でも夏家店遺跡でウマやヒツジの数が増加し、モウコノウサギなどの草原性動物が登場することが知られていて、こうした環境の変化と良く即応しているのである。

以上の遺跡の状況から推察される考古学的事実は、西周末期から春秋前期にかけて寒冷乾燥化し、風成砂層が堆積する環境にあったことを示すものであると言いうる。この点は中国の文献上でも確認することができる。『太平御覧』が引用する『史記』は本来『竹書紀年』であったと推定されているが、この周孝王七年条には、

　厲王生る。冬、大雨と雹あり。牛馬死し、江・漢、倶に凍る。

と記され、ひどく寒い時期であったことが知られる。また今に伝わる『竹書紀年』の記事から、この頃晋の領域で寒冷乾燥化した状況であったことを窺うことが可能である。紀元前9世紀末から8世紀にかけての頃には極めて劣悪な環境が展開していたことが分かる。

この時期の寒冷化現象は北方及び西方地域では極度の乾燥化をもたらした(Winkler and Wang 1993)。ためにこの時期中国西・北方地域で生活していた非中原系民族が幾度となく南下して黄河流域を席巻した事実は、中国の史書に詳しい記載があり、中でも『竹書紀年』には宣王の後半期に戎との戦いが頻発したことが記されている[補注]。

　宣王36年：王、條戎、奔戎を伐つ。王師、敗績す。

　宣王38年：晋人、戎を汾隰に敗北させるも、戎人姜侯の邑を滅ぼす。

　宣王39年：王、申戎を征め、これを破る。

また『竹書紀年』にその出典が求められるであろう『後漢書』「西羌伝第七十七」には、西周末から春秋初期にかけての頃の状況が次のように具体的に描かれている。

　　夷王衰弱し、荒服朝せず。乃ち虢公に命じて六師を率いて太原の戎を伐たしめ、兪泉に至って馬千匹を獲たり。厲王は無道にして、戎狄寇掠し、乃ち犬丘に入り、秦仲の族を殺す。王命じて戎を伐たしむるも、克たず。宣王立つこと四年に及んで、秦仲をして戎を伐たしむるも、戎の殺すところと為る。王乃ち秦仲の子荘公を召し、兵七千人を与え、戎を伐ちて之を破らしむ。是れに由りて少しく却く。

後二十七年（宣王31年）にして、王は兵を遣わして太原の戎を伐たしむるも、克たず。後五年にして、王は條戎、奔戎を伐つも、王師敗積す。後二年にして、晋人は北戎を汾・隰に敗り、戎人は姜侯の邑を滅ぼす。明年、王、申戎を征し、之を破る。後十年にして、幽王は伯士に命じて六済の戎を伐たしむるも、軍敗れ、伯士死す。其の年、戎は犬丘を囲み、秦の襄公の兄の伯父を虜にす。時に幽王は混虐にして、四夷交も侵し、遂に申后を廃して褒姒を立つ。申公怒り、戎と与に周を寇し、幽王を麗山に殺す。周乃ち東のかた洛邑に遷り、秦の襄公は戎を攻めて周を救う。後三年にして、邢侯大いに北戎を破る。

　平王の末に及んで、周は遂に陵遅し、戎は諸夏に逼り、隴山自り以東、伊、洛に及ぶまで、往往にして戎有り。是に於いて渭首に狄貒、邽、冀の戎有り。涇北に義渠の戎有り。洛川に大荔の戎有り、渭南に驪戎有り、伊、洛の間に楊、拒、泉、皐の戎有り、潁首より以西に蛮氏の戎有り。春秋の時に至りて、間まれて中国に在って諸夏と盟会す。

　西周末期には、河北省北部から山西、陝西を経て甘粛の霊台に至るまでの中原隣接地は、西・北方の非中原系民族に占拠され、時には中原周辺地域まで侵略されていた状況が綴られ、さらに『春秋左伝』「昭公4年条」には、

　周の幽王は大室の盟を為すも、戎狄これに叛く。

とあって、会盟したにもかかわらず、戎との戦いは終止符を打つことがなかったことが記載されている。

　こうした文献の記載内容は、青銅器に記された銘文によっても窺い知ることができる。

　厲王期の作と想定される「多友鼎」により、（『商周青銅器銘文選』408、馬承源1988）、獵狁との間で、この時期戦車を交えた戦いが持続して繰り広げられていたことが分かる。

　　佳れ、十月、用て獵狁が放興し、広く京師を伐す。王に告追し、武公に命じて乃ち元士を遣りて京師に羞追せしむ。武公、多友に命じ、公車を率いて京師を羞追せよと。癸未、戎は筍を伐し、以て俘とす。多友、西追す。甲申、是れ晨、郤を博し、多友、折首・執訊あり。凡そ以て公車は折首するもの二百又□又五人。執訊するもの二十又三人、戎の車百乗一十又

七乗を俘る。以て筍人の俘を復し、又襲を博す。折首するもの三十又六人、執訊するもの二人、車十乗を俘る（後略）。

西周末期のこれらの戦闘地域地の比定に関して、王国維は『観堂集林』巻十三「鬼方昆夷玁狁考」において、山西省太原地域に居住する非中原系民族が割拠する地点であったとする（王国維 1973）のに対して、李学勤（1990）は、これら西周末期に行われた戦闘行為は、中原中枢地域からやや離れた周原一帯であったとし（李学勤 1990）、馬承源（1988）は「克鐘」銘を引き合いに出して、京師を山西省中部に、筍を陝西省筍邑に比定する。

宣王の初期においては、玁狁との戦いが有利であったように記載された銘文もみられる。例えば、「兮甲盤」（『商周青銅器銘文選』437＝馬承源 1988）には、その前半部分に玁狁との戦いが記されている。

　　隹れ、五年三月既死覇庚寅、王、初めて玁狁を冒虘に格伐す。兮甲、王に従い折首・執訊す。休にして悶するなし。王、兮甲に馬四匹・駒車を賜う（後略）。

この宣王5年の戦闘地点に関して、白川静は冒虘を陝西省白水県の東北の彭衙とし、玁狁が中原侵略するそのルート上に位置しているとし（白川 1971）、馬承源（1988）もこれに従う。すなわち周原の東側、渭水に注ぐ伊川・洛川流域が主たる玁狁の進入経路であった。さらに「虢季子白盤」には（『商周青銅器銘文選』440、馬承源 1988）、

　　隹れ、十又二年正月初吉丁亥、虢季子伯、宝盤を作る。不顕なる子伯、戎功に壮武して、四方を経維す。玁狁を洛の陽に博伐す。折首すること五百、執訊すること五十。是を以て先行す。垣々たる子伯、馘を王に献ず。王、孔だ子伯に儀を加う。王、周廟に格り、宣榭に爰に饗す。王曰く、伯父、孔だ顯にして光有りと。王、乗馬を賜う。是を用て王を佐けよと。賜うに弓を用てす。彤矢、旗央。賜うに戈を用てす。用て蛮方を征せよと。子々孫々、万年無疆ならんことを。

周王十二年は宣王12年のことであり、洛は渭水に注ぐ洛水と想定されるので（馬承源 1988）、紀元前816年には玁狁の勢力は陝西省中部の渭水の北側にまで及んでいたことを示している。

さらに同じ宣王期の「不其簋蓋」の銘文にも玁狁との戦闘行為があったこと

が記されている（『商周青銅器銘文選』441、馬承源 1988）。

　　　隹れ、九月初吉戊申、伯氏曰く、不其・駇方よ、獵狁、西俞を広伐す。王、我に命じて、西に羞追せしむ。余、来帰して禽を献じたり。余、汝に命じて洛に羞追せしむ。汝、我が車を以て獵狁を高陵にて宕伐せしむ。汝、折首執訊多し。戎、大同して、汝を従追せしに、汝、戎に及び、大いに敦博す。汝、休あり、我が車を以て艱に陥らず。汝、多く禽して、折首執訊あり。伯氏曰く、不其よ、汝小子なるも、汝戎功に肇敏せり。汝に弓一、矢束、臣五家、田十田を賜う。用て乃の事に従えと。不其、休に拝頓首し、用て朕が皇祖公伯・孟姫の尊彝を作り、用て多福を匂む。眉寿無疆にして永純霊終なからんことを。子々孫々其れ永く宝として用て享せんことを。

　趙英山は西俞を山西省代県に、高陵を陝西省の洛水と経水の上源地域に比定し、洛を洛邑にあてている（趙英山 1984）。西俞を山西省代県にあてるとすると、この事件での戦闘地域は広大すぎる嫌いがあり（白川 1971）、陝西省の洛水・経水流域に当てるのが適切であろう。劉雨もそうした地名考定をおこなっている（劉雨 1983）。

　これらは西周末期になり、非中原系民族が盛に周勢力の中枢地帯に進出してきたことを、雄弁に物語っている。青銅器の銘文はその性質上、戦勝した事実しか記さないが、申公が「戎と与に周を寇し、幽王を麗山に殺す」ことが可能なほどに戎が宗周と接近していた状況にあったことを物語り、「親戚を封建して以て周の藩屏となす」（『春秋左伝』「喜公二十四年条」）ことは望むべくもなかった。そしてついには春秋初期には「間まれて、中国に在って諸夏と盟会す」状況に陥ったのであった。西周末期の西・北方民族の南下は周王朝にとって愁眉の問題となっていたことが窺えるのである。

　別の考古学的な資料によっても、これら非中原系の牧畜民が南下したことは裏づけることができる。周原から西安にかけての地域で、多数の青銅礼器を埋納した遺構が検出されることで有名であるが、それら青銅器の年代の最も遅れるものはすべて西周末期に属するものであることは（岐山県文化館・陝西省文管会 1976、羅西章 1988）、西周末期に地中に埋められて放擲されたことを窺わせる。すなわち当時の為政者にとって社会的に必須の宗廟での祭祀行為がその時

点で終焉したことを意味していて、支配領域からの逃亡のやむなきに至ったことを物語る。さらに陝西省岐山県で発掘された大型建物群が焼失し、厚く焦土層が覆っていたが（陝西周原考古隊 1979）、その時期に犬戎が侵入して破壊したと考えられること（丁乙 1982）などをその証左として挙げることができよう。紀元前 9 世紀終わりから 8 世紀にかけて、宗周付近は決して安穏な場所ではなくなっていた。

　以上、西・北方民族の南下現象は寒冷・乾燥化に起因する生態環境の悪化がもたらしたものと考えることができよう。中国甘青地区でもこの時期寒冷乾燥化が生じたことが明らかにされている（陳洪海 2003）。玁狁が匈奴の祖先に関係するとすれば（余太山 1999）、中国の西方地域でもこの時期居住環境が悪化して、より生態環境が良好な地点を求めて移動を余儀なくされたことは想像に難くない。これらのことは、モンゴルから中央アジアの草原地帯に共通して出現した現象と見るべきであろう。内蒙古小黒石遺跡で副葬品として出土した「許季姜簋」や同じく内蒙古扎魯特旗で出土した「井姜大宰它簋」などは、その銘文から贈答品と考えることは出来ず、この時期の中原へ侵入した結果持ち帰った略奪品とも見ることが可能である（甲元 2006c）。

　中国北辺でミルク製品を製造する必要から発明された銅鍑が（甲元 1992a）、この時期の寒冷乾燥化に伴って中国北部からトルキスタンに拡がり、さらにはスキタイ勢力の西方への拡大とともに、中央アジアからヨーロッパまでその分布が到達する状況は（江上・水野 1935、Erdy 1995、郭物 1999、2002、高浜 2005）、気候変動を起因として広範囲に及ぶ騎馬牧畜民の往来を招来し、結果としての共通の文物交流をもたらしたことの証左とすることができよう（Cosmo 2002）。

(9)　中国南部地域紀元前一千年紀初めの寒冷化現象

　中国大陸東沿岸部ではそこに注ぐ遼河、黄河、淮河、長江、珠江などの大河が運ぶ大量の土砂が堆積することで、先史時代の自然環境を把握することはきわめて困難となっている。しかし香港周辺の離島部では沿岸砂丘が良く保存されていて、集落が営まれる砂丘や砂堤の背後は後背湿地が形成され、現代に続く水田地帯となっている（朱非素 2000）。砂丘遺跡の発掘により遺物を含まな

い黄色砂層の存在がどの遺跡でも確認され、「間歇層」として把握されている（深圳博物館・中山大学人類学系1990、肖一亭2004）。間歇層が形成される時期は人間が居住を放棄していたという点では一致をみるものの、その起因については諸説あって解決はみていない。また土器の型式学的把握を試みる研究も始まったばかりであり、研究者に共通する編年大系が確立していないために、「間歇層」についての細かな検証は不充分にしか行えないのが実情である。

　珠海市淇澳島後沙湾遺跡では、地盤の上にクロスナ層と遺物を含まない黄色砂層が交互に堆積していた。そのうち間歇層である第3層の堆積は薄く、2層と4層の文化層の内容が類似していることから、第3層の間歇層は極めて短時間内に形成されたとみられるのに対して、第5層は厚く堆積していて、第6層と第4層の文化遺物は違いが大きく、5000年から4300年BP間の自然の堆積作用でもたらされたとされる。第3層の間歇層は台風などの自然災害によりもたらされた可能性が指摘している（李子文1991）。しかし同じような間歇層でも珠江口沙丘遺跡では、BP4600〜4000年に年代が比定され、時期に食い違いがみられる。文化遺物を指準とすれば、深湾遺跡、涌浪南遺跡、大湾3区、草堂遺跡でも間歇層は新石器時代中期と後期の間に位置づけられるのであり、炭素年代での比較よりも文化遺物の型式変遷を検討することが重要であることを示しているのである。

　澳門黒沙遺跡でも表土層の下からはクロスナ層と黄色砂層で構成される間歇層が交互に堆積しているのが確認されている（鄧聰・鄭煒明1996）。第1層出土遺物の中では外面を縄蓆紋で飾る鉢形釜（椀）が特徴的で、新石器時代晩期に属する。黒沙遺跡での熱ルミネッサンス法での測定によると、3780±530bp、と3450±450bpであり、殷代並行期にその年代の一端を押さえることができる。またその他の遺跡での年代測定値をみても、ほぼ4000〜3500bpに納まることが指摘されている（鄧聰・鄭煒明1996）。これは香港陳家園遺跡や棠下環遺跡で殷代の影響を受けた土器が出土することと良く符合する（広東省文物考古研究所・珠海市平沙文化科1998）。さらにこの後期新石器文化に属する遺跡からは有肩石斧と有段石斧が登場するが、これは稲作栽培の拡大に伴う標識的な遺物であり、中国南部を含む東南アジアでの稲作の開始時期は、紀元前2000年以降に年代を比定することができる（甲元1992b・2001a）。

以上の大まかな位置づけが正しいとすると、香港周辺地域での砂丘の堆積時期のひとつは殷代よりも後の時期に生じたことが窺える。一方下限年代に関しては、大梅沙などの砂丘遺跡において春秋から戦国期の青銅製武器が発見されていること（深圳市博物館 1993、邱立誠 1987）を勘案すると、春秋期以前と想定できるので、西周後期から春秋前期にかけての内陸部で把握された寒冷化現象に伴う様相と大きな違いは認められない。

新石器時代中期に比定される文化段階の比定は十分な資料がないが、炭素年代などを考慮すると、ほぼ良渚文化から龍山文化と並行する時期に相当するとみられる。

新石器時代前期は鄧聰や黄韻璋がいう咸頭嶺文化に相当する（鄧聰・黄韻璋 1994）。この文化類型はいくつかに細分されるが（裴安平 1999）、この類型で発見される小梅沙遺跡の彩陶盆は皀市下層文化から大渓文化前期のそれと類似していることに注目すると、アトランティック期の最温暖期に属する文化類型と見ることが可能である。

以上の予察的検討からは、新石器時代前期と中期の砂丘堆積は、廟底溝第2文化の寒冷期に、新石器時代中期と後期の砂丘堆積は紀元前三千年紀末の寒冷期と考えることができる。また新石器時代後期と青銅器時代の間の砂丘堆積時期は、西周後期から春秋初期の時期に比定することができよう。このように寒冷化が引き起こした砂丘や砂堤の形成は、中国南部地域でも確認することが可能なことを示している。

(10) 日本における環境変化の検討

花粉分析により環境変化を捉えることは塚田松雄により本格的に開始された（塚田 1974）。塚田は完新世の花粉帯をRⅠ、RⅡ、RⅢa、RⅢbと区分し、RⅢb期では草本性の植物が増え、マツ属やカンバ属などの二次林的要素が優勢となることから、この時期の人間による森林開拓が提起された。その後坂口豊は尾瀬ヶ原での泥炭層の連続的採取を行って、花粉分析から推定された気候変動を論じた（坂口 1989）。この論文では縄紋時代中期、縄紋時代後期から晩期、古墳時代にそれぞれ寒冷化した時期があったことが提唱されている。しかしこの著書での考古学的時期区分は、縄紋時代中期の年代をBC3000〜2000

年、後期を BC2000〜1000 年と仮定しての想定であり、炭素年代をそのまま考古学編年にあてはめただけで、考古資料との対比はまったくなされていないことが問題として指摘することができる。すなわち縄紋時代中期寒冷期とするのは BC2587〜2409 年で、縄紋時代後期から晩期の寒冷期は BC1056〜580 年とされ、古墳時代寒冷期は AD246〜732 年との測定値が示されている。しかしこの 5 年前に発表された論文ではどういうわけか、縄紋時代中期と後期の間、縄紋時代晩期と弥生時代の間、古墳時代にそれぞれ寒冷化した時期があったと、同じ資料を使用しての見解が述べられているので (坂口 1984)、考古学の編年との対比は便宜的なことであることを物語っている。従って坂口の環境変動を引用する場合には、考古学的な時代区分を除外して炭素年代だけで比較することを考える必要がある。

　地理学者の海津は、沖積平野の形成過程と気候変動をリンクさせて、坂口の古墳寒冷期を弥生時代と古墳時代の間、弥生寒冷期を縄紋時代と弥生時代の間に求めている (海津 1994)。しかし梅津が分析した遺跡の資料は多数の異なった時期の土器を含むことで、考古資料それ自体からは、そうした年代を引き出すことはできないし、沖積地の資料ではコンタミネーションを常に想定しなければならないので、相当の年代幅を考慮することが肝要となっている。

　安田喜憲は東郷湖での分析を基にして、環境変化と先史遺跡の関係について大胆な提言をおこなっている (Yasuda, Y. et. al. 2004、安田 2007)。しかし東郷湖での分析からはかなりモディファイしなければ、図 121 に示すような寒冷化した現象は把握されず、さらに重要なことは、先史遺跡の動態とどのように必然的に関連するかについては殆ど述べられていない。

　自然地理の分野では海水準の変化は、大局的には気候変動と一致しているとされ (梅津 1994)、寒冷化した時期には海水面が低下して、沿岸部の砂が風により陸地に運ばれて風成砂丘が形成されることとなる。一方温暖期には海水面が上昇することで砂の供給がとまり、植物が繁茂することでクロスナ層が形成される。温暖期にクロスナ層が形成されることは、これまでに中国各地の事例でみてきたとおりである。

　すると沿岸砂丘に形成された遺跡の層位関係と考古遺物とを対比させることで、寒冷化して砂丘が形成された時期と温暖化して砂丘上に先史時代人が生活

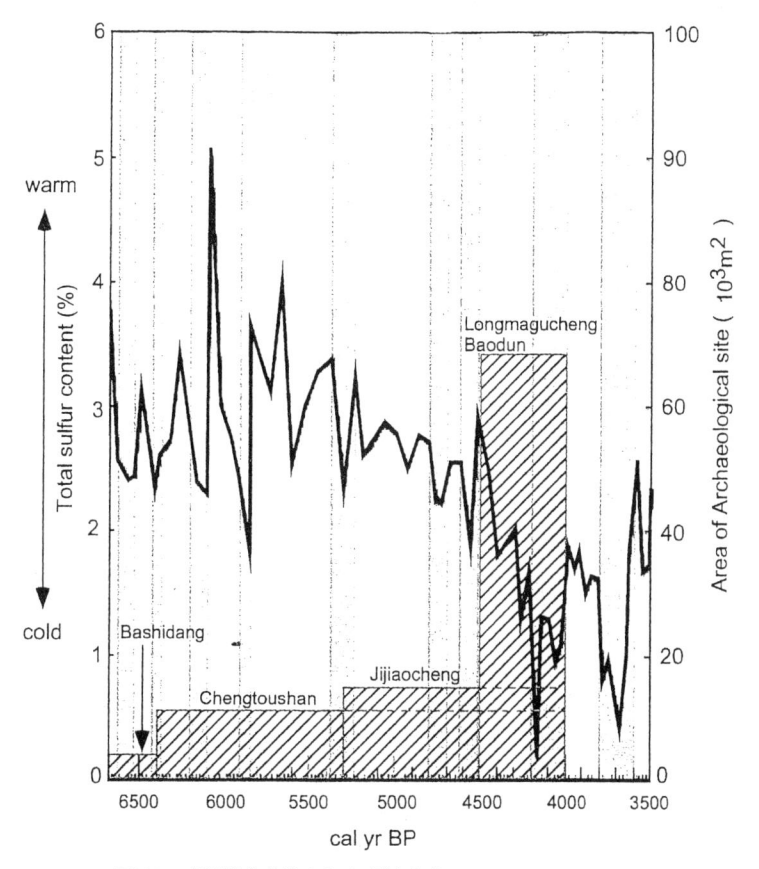

図121　東郷湖を基準とした環境変化（Yasuda, et. al. 2004より）

の拠点を求めた時期を特定することが可能となる。そこでここでは坂口や梅津の唱えた寒冷化した時期を、考古学資料により再検討をおこない、まず砂丘の形成時期を把握することで、寒冷化した時期を特定することとする。なお「寒冷化した時期に形成される黄色砂層と温暖化した時期に形成されるクロスナ層」を明確化するためには、そこに含まれる植物種子の同定から裏付けることも必要であることは言うまでもない。

　　（11）　縄紋中期寒冷化説の検討

　坂口によれば縄紋時代から古墳時代にかけて3回寒冷期があったことが指

摘されていて(坂口 1989)、また梅津はこれら3回の寒冷期を炭素年代に基づいて、縄紋中期、弥生期、古墳期にそれぞれ相当することを指摘している(海津 1994)。しかしこれらの気候変動に関する説は、その年代観が大まかであるうえ、考古学資料との対比はなされていない。基本的には炭素年代の数値をそのままあてはめて、考古学の編年を組み込んで表記されているために、多分に誤解を与えている。

　丹後半島から響灘、それに九州西半部や南西諸島などの西日本沿岸部には、小規模のものを含めて多数の風成砂丘をみることができ、これら砂丘で考古遺物や遺構が検出される事例は少なくない。これら砂丘は砂の供給が止むか少なくなると、草や灌木が繁茂することとなり、結果として腐植土の堆積がみられるようになる。こうして形成されたクロスナ層は、砂丘上に砂の供給が停止して安定化を迎え、人間がここを利用することが可能になったことを示している。従ってこのクロスナ層から検出される遺物や遺構により、砂丘の形成が一段落し、安定化を迎えた時期を考古学的に特定することができる。実際のところ、島根県古浦遺跡においては、弥生時代前期から中期、弥生時代後期から古墳時代前期、古墳時代後期から奈良時代にかけての3時期にわたってクロスナ層の存在が確認されていて、砂丘の形成と考古資料との対応関係を把握することが可能なことはすでに示されている(鹿島町教育委員会 1993)。このように各地に西日本各地に認められる砂丘内部のクロスナ層を手懸りにすることで、形成時期が特定されるばかりではなく、クロスナ層の形成時期を基に広範囲の編年的序列を組み立てることが可能になり、また当時の生態環境と考古資料に反映された人間活動との相関関係を知りうることができるのである。

　鹿児島県奄美大島の笠利半島の沿岸部には、海岸に沿って多数の沿岸砂丘が形成されている。現在の海岸からは1kmほど離れた内陸にあって宇宿貝塚が立地する砂丘を古砂丘、現在の海岸近く、兼久式土器段階の集落址が立地する砂丘を新期砂丘として分類するのが通例である(鹿児島県笠利町教育委員会 1979)。しかしこの地域での発掘資料によれば、小規模なものを含めてなお砂丘形成の時期が3回以上あることが指摘できる。

　笠利町宇宿小学校遺跡の発掘調査においては、間層を挟んで4枚のクロスナ層が確認された。そこでは豊富な考古遺物が検出されており、クロスナ層の

上下には各々 25cm から 30cm の厚さの砂の堆積が見られる（奄美考古学研究会 2003）。最下層の第 4 文化層からは条痕紋系土器が多数の石製品、骨貝製品とともに発見され（縄紋時代前期相当）、第 3 文化層からは室川下層式土器と貝製品（縄紋時代中期相当）、第 2 文化層からは掘立柱の建物址と面縄西洞式及び東洞式土器（縄紋時代後期相当）、第 1 文化層からは 7 基の竪穴住居址とカヤウチバンタ式土器、喜念 I 式土器と宇宿上層式土器（縄紋時代晩期相当）がそれぞれ多く検出されていて、考古学的な編年に沿っての上下関係での遺物・遺構の出土状態を示している。ここでもクロスナ層が往時の人々にとっての重要な生活の基盤を提供していることが窺える。そしてこのような砂丘内のクロスナ層に営まれた文化層の存在は近隣地域でも多く認めることが可能である。奄美龍郷町手広遺跡では、

　　無遺物砂層
　　兼久式土器包含層（古墳時代後期から奈良時代相当）
　　無遺物砂層
　　弥生時代前期初頭土器包含層
　　無遺物砂層
　　カヤウチバンタ式土器包含層（縄紋時代晩期）
　　無遺物砂層
　　宇宿上層式土器包含層（縄紋時代晩期）
　　無遺物砂層
　　面縄東洞・西洞式土器包含層（縄紋時代後期後半）
　　無遺物砂層

と文化層と無遺物砂層が交互に堆積していて、宇宿小学校遺跡での事例の裏づけとなっている。また宇宿小学校遺跡から内陸に 100m ほど入った宇宿高又遺跡では最下層のクロスナ層に条痕紋系の土器が入れ子になり倒立した状態で検出されている（熊本大学法文学部考古学研究室 1979）。この条痕紋系土器は従来赤連系土器と称されていたもので、九州の轟式土器の影響を受けて作られた南西諸島の土器であると認定されている（河口 1982）。この種の土器は奄美諸島やトカラ列島にこれまで類例が多くの報告があり、多くはその上部に厚い砂の堆積層が確認される状況下で出土している（国分他 1994）。西日本の遺跡でも、

条痕紋系土器（轟式土器）の包含層の上に厚く砂が堆積している事例として、下関市梶栗浜遺跡などが挙げることができる。

　条痕紋系土器よりも所属年代が明確なのは曾畑式土器であり、沖縄県北谷町伊礼原C遺跡では、曾畑式土器段階の包含層やドングリ貯蔵穴の上層は、厚い砂の堆積に覆われている（東門 2000）。この遺跡出土曾畑式土器はその第2、第3段階に属する型式の土器で（中村 1982）、中には西北九州から持ち込み品と認められるものも検出されている（山崎 2004）。曾畑式土器の上層に砂が堆積している事例は、熊本県大矢遺跡でも見られる（山崎 1991）。ここでは曾畑式土器包含層の上に砂層があり、その砂層の上には縄紋時代中期初頭の土器が存在していることで、西日本でのこの時期の砂丘の形成は前期後半の曾畑式土器と中期初頭の土器が流行する間の時期であることが把握できるのである。一方鹿児島県一湊松山遺跡において、砂層の中から多数の曾畑式土器が検出されている。ここでは17層でクロスナ層が確認されているが、それ以上の層では3層の縄紋中期段階までは極めて不安定な層序をなしていて、砂丘が安定していなかったことを示している（鹿児島県埋蔵文化財センター 1996）。従ってこの時の調査結果では砂丘の形成と曾畑式土器との関係は層位的には不明確であるとしなければならない。

　自然地理学者が唱える縄紋中期寒冷化説は、縄紋時代中期の年代を仮にBC3000年～2000年と想定した時に設定されたもので（坂口 1989）、考古資料との伴出関係からもたらされたものではない。梅津は沖積地の形成過程において考古資料を援用しているものの、伴出土器は多くの型式を含み、その時期を考古学的に特定するには十分ではない（梅津 1994）。考古資料との関係でいえば、上述のように縄紋時代前期末と中期初頭のクロスナ層に挟まれた期間に砂丘が形成されたこと、その遠因としての寒冷化気候にともなって海退現象がおこり、それに誘引されて風成砂丘が形成されたものとみられる。曾畑式土器段階の貯蔵穴から検出されたドングリの子葉の炭素年代は、補正年代では4600BP頃で、AMS年代では紀元前四千年紀末となる。また縄紋時代中期の船元式土器に付着した煤の年代は、補正年代で4400BP前後を示すことから（谷口 2004）、寒冷化に伴う風成砂丘の形成はAMS年代では紀元前三千年紀第1四半期を中心とした時期との想定が可能である。このことは中国においての廟

底溝第二期文化段階の寒冷化現象との一致をみせ（甲元 2001a）、東アジアでの共通の現象であった可能性を示唆しているし、またこれはサブ・ボレアル期の前半期に相当すると考えられる（Taylor 1980、Simmons and Michael 1981）ことから、世界的な現象の一環として捉えられるものである。

(12) 弥生時代前期寒冷化説の検討

　弥生寒冷期説に関しては自然科学者の中でも、その年代比定に微妙なずれが認められる。坂口豊はJC2期をBC1056年〜BC580年とし、編年表では縄紋時代晩期前半にこれを比定している（坂口 1989）のに対して、海津は弥生小海退とからめて縄紋時代晩期から弥生時代初頭の間に寒冷期を想定し、これを弥生小海退と称している（海津 1994）。一方この時期の寒冷化を汎世界的な現象として、紀元前1000年前後の寒冷化が文明の変動をもたらしたことを主張し、縄紋時代晩期前半期にこれを比定する説もあるが（安田 1993、1994）、その根拠となる考古学的事実についての検討は十分にはなされていないことから、あまり説得的な論とはなってはいない。この他に花粉分析の結果からも、近畿地方においては縄紋時代晩期に寒冷化現象が生じていることが報告されている（天理大学考古学研究室 1994）。これらからは縄紋晩期のどの段階であるのか、あるいは寒冷化は縄紋晩期のすべての期間なのか否かはまだ明らかにはされたとは言い難いのが現状である。遺跡内部に形成される泥炭層からは、縄紋時代晩期前半以降であることが古く推定されてはいたが（八幡編 1973）、その後こうした観点からの検討は従来殆どなされることはなく、結果的には自然科学的研究成果と考古学的事実との乖離が生じてきたのである。

　山陰沿岸では沿岸部に小規模砂丘の発達が各所に認められる。そうした砂丘上には、山口県梶栗浜遺跡から丹後半島の函石浜遺跡にかけてごくあたりまえのように弥生時代の埋葬址が一般的に存在している。その代表的な遺跡として山口県豊浦郡の中の浜遺跡を取上げてみよう。中の浜遺跡は川棚川の右岸、現在の海岸線から約100m東南側にはいった、海抜が4mほどの砂丘上に立地し、弥生時代前期初頭から前期末まで土壙墓、石棺墓、石配土壙墓、壺棺墓などが継続して構築された集団墓が検出されている（豊浦町教育委員会 1984、1985）。こうした現象は土井ヶ浜遺跡でも認められ、一定の砂層堆積による空

404　V　先史学・考古学の方法論

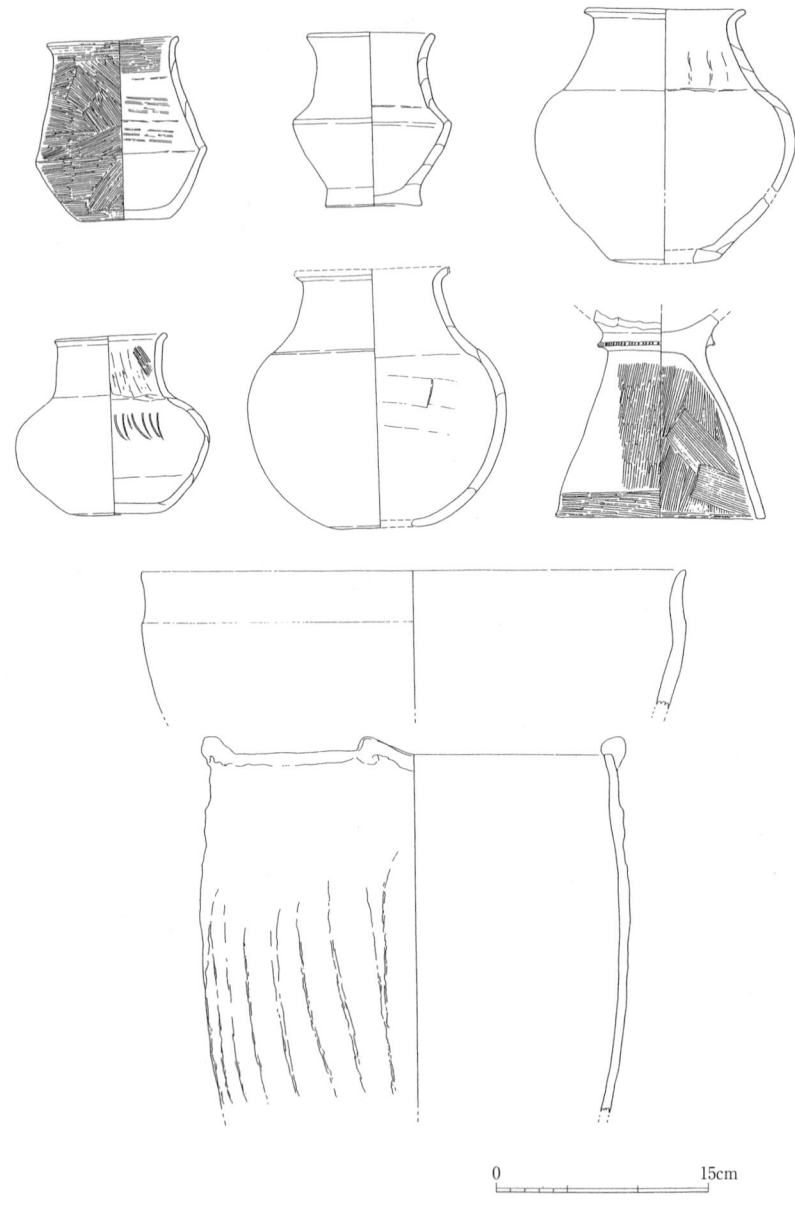

図122　新町遺跡出土夜臼式土器（上2段）と大浜遺跡出土黒川式土器（下2段）

白期間を介在させて中期前半の埋葬址が営まれる（金関・坪井・金関 1961）。その後はしばらくの空白期間を置き、砂層を介して古墳時代初頭の土器が発見されていて、古墳時代初頭直前までは砂丘が安定した状態に戻り、砂丘の再利用が可能であったことを示している。近隣の吉母浜遺跡では弥生時代中期の埋葬遺跡が存在し、さらに最下層から夜臼式土器が出土している（下関市教育委員会 1985）。このことから響灘沿岸地域においては、弥生時代早期から前期末にかけての頃は、砂の供給が止り、砂丘が安定して当時の人々の生活空間として組み込まれた状態にあったことが窺われるのである。このことは先述した島根県古浦遺跡での層序と一致をみせ、弥生時代早期から前期末、古墳時代初期、古墳時代後期から奈良時代までは山陰地方では、クロスナ層が形成される環境にあった。即ち砂の堆積が微弱かあるいは休止した状態であったために、植物の繁茂に影響を及ぼすほどには砂の堆積が見られなかった時期であると推断することが可能である。前期末の砂層の堆積は、紀元前4世紀中葉の寒冷化現象に伴うものである。

　玄海灘沿岸地域においても、海岸砂丘上に弥生時代の埋葬遺跡が多数存在している。このうち福岡県新町遺跡では沿岸の砂丘上に弥生時代の支石墓群が構築されていて、この期間砂丘の形成が一時期停止していたことが分かる（志摩町教育委員会 1987）。これら支石墓に副葬品として供献されていた土器で最古の時期に属するのは、弥生時代早期の夜臼Ⅰ式土器であり（図122-上）、砂丘の形成は弥生時代初頭段階では停止して、砂丘の利用が可能な安定した状態にあったことが窺える。同様なことは福岡市藤崎遺跡でも認められる（福岡市教育委員会 1982a）。この遺跡では弥生時代早期から中期にかけて継続して遺構が営まれていることから、砂丘の安定した状態は早期から中期まで継続していたとすることができる。長崎県五島列島においても、宇久松原遺跡では砂丘上に夜臼式土器を副葬する支石墓や夜臼式丹塗り磨研土器を用いた壺棺が多数発見されている（宇久町教育委員会 1997）。それら以外にも玄海灘沿岸地域から西北九州の砂丘上に立地する弥生時代埋葬址は、弥生時代前期から中期にかけての時間幅の中に納まることから、砂丘の形成状況は山陰地域と同様に、西日本の沿岸地域に見られる砂丘の一部は、弥生時代早期以前に堆積したものと考えることができる。

一方砂丘の形成が始まる時期に関しては、データはあまり多くはない。長崎県壱岐市大久保貝塚では海岸の砂礫に混じって縄紋時代晩期の条痕紋土器片が検出されていて、その上部に砂の厚い堆積が認められている（熊本大学文学部考古学研究室 2002）。このことから縄紋時代晩期初頭以降に砂丘の形成がみられたことが窺える。また長崎県福江市の大浜遺跡では、V層の茶褐色混土には縄紋時代晩期黒川式土器の単純層が形成されていて、その上部には黄白色の風成砂層の堆積が認められる（図122-下。長崎県教育委員会 1998）。また鹿児島県一湊松山遺跡においても、黒川式土器の包含層上部に砂層の堆積が認められること（上屋久町教育委員会 1981）、さらに種子島一陣長崎鼻遺跡での埋葬址の事例を加えることが可能ならば（金関 1958）、縄紋時代晩期の黒川式土器が使用された時期以降に風成砂層が形成されたとすることができる。

奄美地方においても縄紋時代晩期から弥生時代初期にかけて砂丘が生活場所として利用される例は少なからず認められる。龍郷町手広遺跡などはその代表的な大規模遺跡であり、その時期の土器を多数包含する生活址も検出されている（熊本大学文学部考古学研究室 1986）。

以上の結果から「弥生寒冷期」と称されている事象は、縄紋時代晩期黒川式土器が使用された時期と弥生時代早期夜臼式土器が使用された時期に挟まれた期間に限定してその年代を比定することができる。さらに吉母浜遺跡での夜臼式土器直前の時期に砂の堆積が認められる事例を念頭におくと、西日本一帯にかけてはこの時期、急速な砂丘の形成が行われたとも考定することが可能である。

紀元前一千年紀前葉の寒冷・海退化現象は世界的な傾向でもあり（安田 1994）、世界各地でその傾向が報告されている。遼東半島南部においての花粉分析の結果から、この時期に寒冷化がみられたことが知られており（Laboratory of Quaternary Palynology and Laboratory of Radiocarbon 1978）、日本においても川崎市の沖合での海底調査結果から、この時期海退現象に伴って陸上からの有機物の提供が急増したことが明らかにされているし（中井他 1988）、九州においても、古くは有明海研究グループにより、有明海での沖積層の堆積過程の研究により明らかにされてきた（有明海研究グループ 1965）。中国北方地域においても考古学的資料に依拠しながら、この時期寒冷化現象により、農耕・牧畜

業から牧畜業への生産活動の移動が行なわれたことが明らかにされている（田広金・史培軍 1997）。またこうした現象はイギリスにおいても遺跡や遺跡周囲に顕著な泥炭層の形成がみられることで支持されるのである（Simmons and Michael 1981）。砂漠の拡大や砂丘の成立以外に、泥炭層の形成されていることは、この時期、世界的には広く寒冷化が生じ、ある地域では乾燥化し、またある地域では湿潤化したことを窺わせる。縄紋時代晩期後半期の寒冷化現象がグローバルなものであったとすると、年平均気温が極端に低下したものであり、人間生活に大きな影響を与えずにはおれなかったことは想像に難くない

(13) 古墳時代寒冷化説の検討

　島根県古浦遺跡において弥生時代の埋葬址の上部に堆積した砂層のさらに上部には、古墳時代初頭の土器を包含するクロスナ層が、厚い箇所で30cmほど認められ、さらにその直下には弥生時代後期終末の土器を多量に出土する掘り込みが検出されている（鹿島町教育委員会 1993、古浦遺跡調査団 2007）。すなわちここでは弥生時代後期終末期と古墳時代初頭の包含層が、連続して営まれている。この遺跡では最下層のクロスナ層には弥生時代前期の埋葬址と中期の遺物が包含されていることから、砂丘の形成は弥生時代中期以降、弥生時代終末期以前とその時期を認定することが可能で、これは前述した山口県吉母浜遺跡や中の浜遺跡、鳥取県内海砂丘遺跡（赤木 1983）でのあり方とは背反しない。
　玄海灘沿岸地域でも砂丘上に古墳時代の集落址が形成される事例は少なくないが、クロスナ層との関係が明らかにされたものはあまりない。福岡県新町遺跡の発掘調査では、第8層の黒色砂層がクロスナ層にあたると比定されるが（志摩町教育委員会 1990）、考古資料との関係は明らかでない。遺構との関係からは第3層の「灰白色砂で薄く暗灰色などの黒っぽい砂層を互層状に挟んだりする層」とあるのが、古墳時代のクロスナ層に該当する可能性が高い。この第3層から掘り込まれた石棺には布留式土器が副葬品として伴う。しかし包含層（第3層）には弥生時代終末期の土器も見出されることから、弥生時代終末期から古墳時代初期にかけてのころの新町遺跡では砂丘が安定した状態であったと考えることも可能であろう。
　同様な事象は近隣の御床松原遺跡でも見ることができ、ここでは古墳時代前

期の大集落址が発掘されている（志摩町教育委員会 1983）。弥生時代の集落跡は中期の後半を中心とした時期が全盛期であり、後期の前半期で集落址は激減する。山陰地方との編年関係で言えば、後期中頃から後半段階で遺跡占拠時期が一時期空白となり、弥生時代終末期に再び砂丘が利用されることなる。福岡市藤崎遺跡でも方形周溝墓群が砂丘上に形成されるのは布留式土器段階であるが、それにやや先行して弥生時代終末期の住居址の存在が確認されることから、この遺跡においても弥生時代終末期から古墳時代前期には砂丘は安定化した状態であったことが窺われる（福岡市教育委員会 1982a）。西新町遺跡でも弥生時代終末期から継続して遺構が営まれていることから（福岡市教育委員会 1982b）、玄海灘地域においても山陰地域と同様な事象が出現していたとすることができる。これらのことは、弥生時代後期段階での九州の山あいの集落遺跡で発見される竪穴住居址の壁が一段と深くなることとも相関するものであろう（壱岐尾 2007）。

　鹿児島県笠利町宇宿港遺跡では弥生時代後期初頭の遺物包含層の上部に厚い砂層の堆積がみられる（熊本大学文学部考古学研究室 1981）。種子島でも鳥ノ峯遺跡では弥生時代後期の埋葬址の上部には厚く砂の堆積層が認められるし（中種子町教育委員会 1996）、馬毛島の弥生時代後期の椎の木埋葬址の上部には厚く砂が堆積した層があった（熊本大学文学部考古学研究室 1980）。また広田遺跡ではクロスナ層の下位に、クロスナ層から掘り込んだとみられる下層、中層埋葬が営まれていて（広田遺跡学術調査研究会・鹿児島県立歴史資料センター黎明館 2003）、南西諸島においても弥生時代終末期以前、弥生時代後期前半以降の時間帯内に、砂丘の形成があったことを窺うことができよう。このことは竺可＝が復元した中国の気候変遷の研究によってもこの時期寒冷化現象が生じているとすることとも良く一致するのである（竺可楨 1972）。

　上述したユーラシア大陸における寒冷化現象の時期は、日本列島においても砂丘や砂堤の形成過程を通して把握することができることは、すでに詳しく論じた（表5。甲元 2007）。日本列島も地球規模の環境変化に関しては埒外ではないことは言うまでもない。

表5 日本における完新世の環境変化と砂丘遺跡の変化

時代区分	年代(年前)	文化編年	氷河時代	花粉帯	気候変化	海面変化	砂丘遺跡の変化	広域テフラ
第四紀 完新世	1,000	歴史時代	後氷期	サブアトランティック	小氷期 奈良・平安温暖期 古墳寒冷期寒冷期	海退 海退	クロスナ層の形成 クロスナ層の形成	
		古墳時代						
		弥生時代			寒冷期	海退	クロスナ層の形成	
		縄紋時代 晩期		サブボレアル			クロスナ層の形成	
		後期			寒冷期(?)		クロスナ層の形成	
	5,000	中期			寒冷期	海退		
		前期		アトランティック	温暖期	縄文海進 高調期	クロスナ層の形成	アカホヤ (K-Ah)
		早期						
				ボレアル				
	10,000	草創期	晩氷期	プレボレアル				
				ヤンガードリアス	寒冷期 温暖期	海面の低下 海面上昇		
更新世	15,000	旧石器時代	最終氷期		最終氷期 最寒冷期	最大海面低下期	海面100m低下	姶良 Tn(AT)
	20,000							

おわりに

　寒冷化現象は様々な要因により惹き起こされるとされ、完新世に限っても種々取りざたされている。ヤンガー・ドライアス寒冷期と紀元前6400年から6000年にかけての寒冷期であり、これらは北米のローレンタイド氷床の急速な融解により、海流の流れが停止したことによる（Weiss 2000、Fagan 2004）。そうした中で紀元前3000年以降、最も確実に寒冷期が把握されるのは、太陽活動が不活発になりC^{14}の濃度が増加する時期である。これは木材に含まれるC^{14}の濃度に反映され、その時期は年輪年代により確実に補足できる（Weiss 2000）。寒冷化現象により惹き起こされた西日本沿岸地域での砂丘や砂

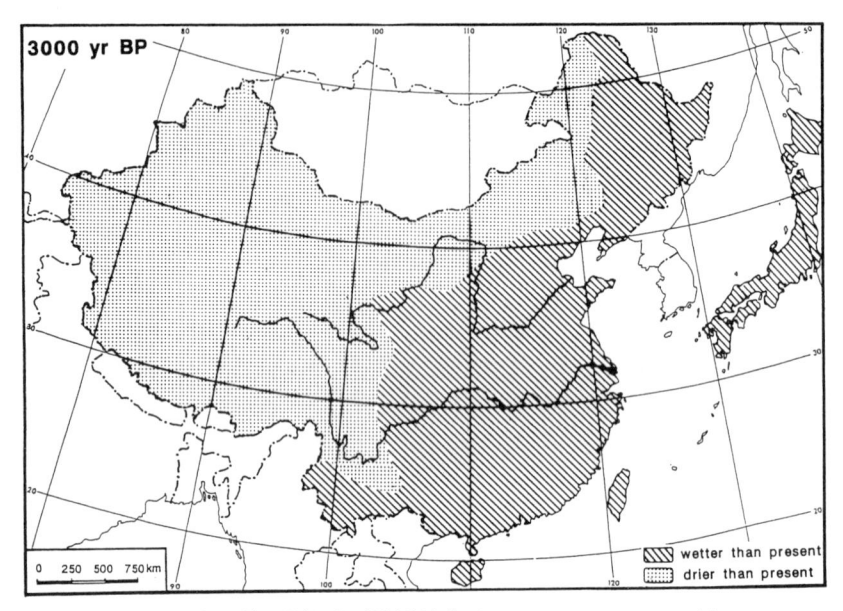

図123 紀元前8世紀頃の乾湿地域差（Winkler and Wang 1993 より）

堤の形成期からは、縄紋時代晩期と弥生時代早期の境は紀元前8世紀末、弥生時代前期末と中期初頭の境界は紀元前4世紀中葉、弥生時代後期後半と後期終末期の間は紀元後2世紀末葉と比定される。

　しかし生態環境の変化に大きな影響を与える乾湿差に関しては、また別の検討を要する。紀元前一千年紀はじめ頃の寒冷化は西ヨーロッパと東アジアの沿岸地域では湿潤であったのに、中国大陸の北部と西部は反対に極端な乾燥化をもたらしていたことが研究されている（図123）(Kristiansen 1998、Winkler and Wang 1993)。事実東日本の縄紋時代晩期は湿潤な気候状況下にあったことは、泥炭層の形成などに反映されている。

　寒冷化により惹き起こされた海岸線の後退は、沿岸部に砂丘や砂堤を形成することとなり、砂丘や砂堤背後に後背湿地が形づくられた。後背湿地の初期は塩分を含むために植物の繁茂を妨げるが、脱塩されるに従ってアシが生え、やがてガマが成育する時分には水田耕作が可能な農地に転換するところとなったと想定しうる。この脱塩作用にとって湿潤な気候条件であったことは、後背湿地の淡水化へ拍車をかけることとなり、水稲耕作民にとっては格好の条件を提

供されることとなったのは想像に難くない。九州の西海岸や山陰・北陸地方の沿岸部に弥生時代初期の遺跡が点在することは、砂丘背後の後背湿地を耕作地として選択しながらの稲作栽培の分布拡大化のあゆみを物語るものである。この時期、九州地方と同様に（高橋 2007）、東北地方でも砂堤の形成があったことが仙台湾でも確認されることが最近判明したが（仙台市教育委員会文化財課 2007）、東北地方へ急速に稲作栽培が展開するのも、こうした生態環境が有利に働いていたことは充分に考えることができる。砂堤背後に形成された低湿地は、上海での事例と同様に初期の水稲栽培には格好の生産場所を提供してくれたのであった。

ただ単に炭素年代に依拠して環境変化の時期を捉えるのではなく、年輪年代を利用しての正確な時期の特定を行い、考古学的事象と相関させることで初めて人類の生活実態を明らかにすることができるのである。

補注

戎や獫狁の祖と関連すると想定される鬼方など（余太山 1999）が季節的移動する牧畜民であったことは、康王期の「小盂鼎」（『商周青銅器銘文選』63）（馬承源 1988）に、「馬を俘ること……匹、車を俘ること三十両、牛三百五十五牛、羊三十八羊を俘る」「馬を俘ること百四匹、車を俘ること……両」と敵方が飼育する家畜牛を多く獲得したという事実から窺いうる。

3 ゴムの方法論——考古学と民俗学

はじめに

　柳田國男が日本民俗学の最初の本である『後狩詞記』を自費出版して世に問うたのは、明治42年(1909)のことで、爾来約80年を経過してきた。その後『石神問答』や『遠野物語』などを次々に著して、その歩みを確かなものにしていったが、近代科学の確立に必要な方法論については、あいまいな表現でしか公にはしなかった。すなわち「くり返して見せてくれる現実の行為」を「寄せ集め重ね会せて見る」ことで、一過性の強い文献史料とは異なった分野の生活変遷をたどることができるとしたのである（柳田 1935）。また柳田自身の唯一の方法論を叙したと言われる『民間伝承論』の中で、「重出立證法」という言葉で、比較研究の方法論を説いた（柳田 1935）。

　この柳田の考えの背景には、ゴムの『歴史科学としての民俗学』(G. L. Gomme 1908) があったことは、大藤時彦 (1973) や R. モース (1976) の論文でも明らかにされたが、より具体的には1951年発行の『民俗学辞典』(柳田 1951) に示されている。「重出立證法」について述べられた「比較研究法」の執筆者は誰であるかは明白ではないが、本書は柳田の監修になり、同研究所の設立の経緯からしても、柳田の考えと同一であると認めることができよう。この重出立證法の項目では次のように記されている。

　　民俗学の資料である民間伝承の著しい特質はそれが記録によらないで受け継がれてきた点にある。長い年代にわたって伝承されて行くうちに、少しずつ改変されて行く。しかもこの改変は土地によって一様ではない。同一の事柄でも、あらわれる形は地方々々で千差万別であるのはこのためである。同種の民間伝承について各地の資料を数多く集める場合、その類似と差異が極めて重要な観点になる。資料の比較によってその伝承の変遷過程が跡付けられる筈である。（中略）や。同種の伝承と考えられる数多くの資料が集まったら、それを若干の類型に分け、それぞれ要素に分析する。いま仮に次の如く4つのグループに分けられたとする。

(1)　a・b・c・d・e・f
　　(2)　a・b・c・d・・・・・・・g・h
　　(3)　a・b・・・・・・・・・・g・h・i・k
　　(4)　・・・・・・・・・・・g・h・i・・・・l・m

この４つを重ねてみると、(1) と (2) はa・b・c・dを共通にし、(2) と (3) はa・b・g・hを、(3) と (4) とはg・h・iを共通にしている。(1) と (4) とは何等共通の要素を持たないが、(2) と (3) を間に置いてみると、同一の系列に属する伝承であることが推定される。しかしここに問題が生じる。a・b・c・dとg・h・iいずれを本質的要素とし、いずれを第二次的な変化要素とするかということである。ごく大雑把に言えば、最初からの本質的要素は、各例證を通じて常に同様の形式を示し、もし変化を生じているにしても、ごく僅かな差異に過ぎない。これに反して変化要素は、形式が非常にまちまちで、それ自身の類例の中でも共通形式を持たないことが多い。本質的要素は残存中、最も古い伝承を形成している。それは本質的なものであるだけに容易に変容しないのである。このように比較によってある伝承が、(1) から (4) へと変化したことを推定するのである。

すなわち同種と思われる伝承の構成要素の差異を摘出して新古を弁別することとみなすのである。これは言葉を換えると、

　　或る伝承に関わる多くの資料を並べて比較してみると、幾分か重なる部分があり、そのずれた部分にまた他の要素の一部が重なる。このように重ね写真式につなぎあわせて行くと、そこにその習俗の一続きの変遷過程が現れてくることになるわけである。民俗学のこうした方法を重出立證法とも呼ぶことがある。

またこうした重出立證法を補完するものとして、分布を手懸りにすることにも言及する。

　　次に民俗資料を比較するときにあたり、カルトグラフィすなわち民俗地図と称されるものを利用することがある。これは地理学的に資料の分布を見てゆくものである。多くの種族の混淆している欧州では、種族文化を地域的に見るために、このような方法が利用されている。日本のように種

族・言語の単一な国では、この方法によって、歴史的変遷を辿ることができる。

実際、柳田國男は灯火の歴史を論じたり、有名な「蝸牛考」の中でカタツムリの方言収集から、同心円状に分布する類似した言葉を手懸りにして、「ミナ」が最も古いものであることを示しているように（柳田 1963）、それらを具体化してきた。

柳田國男の提示した方法論のうち後者はあくまでも、前者＝重出立証法を具体化するための手続きもしくは便法とみられるので、重出立證法自体が方法論の根幹をなすものであることは想像に難くない。この重出立證法のアイディアの源がゴムの本にあったことは、当時柳田の身近にいた人々には周知のことであったらしく、この『民俗学辞典』が出版されるよりも前に、和歌森太郎（1951）によって重出立證法の解説が、明らかにゴムの考えを念頭において語られている。

　　日本人なら日本全体についていうと、或る伝承的行為をAB→BC→CD→DE→EF……という風に伝えて来ているにしても、それぞれの地域社会ごとについていえば、必ずしもそのようには進まず、或る所ではなおABにとどまり、或るところではBCにとどまり、また別のところではEFに至っているという風にまちまちである。右にのべたように円錐体の頂点は先に進んで行っても、底辺の動き方がところによって違って来るから、こんにちの日本常民全体の中では、随分といろいろの伝承の型が見られるわけである。これらを拾い集める仕事が、民俗学研究の第一段階である。そして相互に比較しあい、各伝承が含む要素の触れ合い重なりあう部分を触れ重ねて並べて行く。AB−BC−CD−DE−EF……と並べて行く。すると、もしもA的な要素とE・F的という要素をくらべて、人間の発達史の論理上から、仮にAの方がより古く、EやFの方がより新しいというようなことがわかるならば、AB→BC→CD→DE→EF……という風に、日本人全体として見ると、一つの伝承的生活が推移して来たのではないかと察しられてくる。

この和歌森の論文においては、『民俗学辞典』にみられるようなゴムの図式はないが、民俗伝承を諸要素の組み合わせとみなし、それに含まれる単一の要

素を比較することで、一系列の発展図式を描くことなどは、ゴム抜きでは考え難いものであろう(補注)。

　重出立證法はその多くをゴムの方法論によっていることはこのように明らかであるが、伝承資料の分類そのものも、ゴムからの引用と思われるふしがある。柳田國男は『民間伝承論』の中で、伝承資料を、
　　(1) 目に映じる資料
　　(2) 耳に聞こえる言語資料
　　(3) 最も微妙な心意感覚に訴えて初めて理解できる資料
の3つに分類したが（柳田 1935）、これはゴムが「民俗資料は伝統的口碑、伝統的習慣及び信仰よりなる」とするものを言い換えたに過ぎない（G. L. Gomme 1908）。

　このようにみてくると、モースならではの「柳田民俗学のゴム起源」と言いたくもなる。しかし一方、柳田國男が昭和10年（1935）に、ゴムを表に出さないで、民俗学の方法を世に説き、昭和26年（1951）には、その隠していた出典まで明らかにして民俗学の方法を説いたことの意味は改めて考え直さなければならないであろう。

　とまれ、戦後まもなくの柳田國男の門弟によって、説かれたゴムの方法論に依拠した民俗学の方法論は、

　　　民俗学の方法といえば重出立證法と周圏論の二つが必ずのようにあげられるほどに、重出立證法の地位は確定した。（中略）ある事象についての各地の類型を全国的に集積し、それをいくつかの類型に分類し、その類型間の異同や分布の相違から事象の変遷過程を明らかにする方法として一般化した。

のであった（福田 1984）。

　ところが、この確定し、一般化したかに思われた方法論についても、そのすぐ後に批判が出たのであり、今日では「重出立證法や周圏論にとらわれ、それに部分的修正を加えるのみでは、もはや民俗学のかかえている問題は解決しないと言える」状況にまで至っていることは、福田アジオが民俗学の方法について詳細にわたっての検討を終えた後の言葉で明らかであろう（福田 1984）。

　福田の克明な方法論の検討の後の「認識」については、何も付け加えること

はない。しかし、柳田國男が中心となってつくりあげた重出立証法という方法が、民俗学の正当な方法論として今日通用しないとするなら、まず柳田が手本としたゴムの方法論に立ち返って、何故ゆえに問題となるのか検討することこそ、民俗学にとっては先決ではあるまいか。『民俗学辞典』に参考文献として、ゴムの本が掲げられていることは、それまでゴムの方法論を伏せてきたことの意図が感じられるのである。

(1) ゴムの民俗学

ゴムの民俗学の目的は、伝統的口碑や伝統的習慣及び信仰を資料として、太古の昔の歴史的世界を復元することにあった。ドーソンによれば

「異教徒時代の歴史の展開を再構成する」ことである（R. モース 1976）。その手懸りとなったのは、文明人のあいだでみられる「文化残存」であり、柳田（1964）によってそのことが紹介されている。

> 或寒村の小さな寺の新築に、鶏の血を入口の敷石の上に濯いだというたった一つの小さな異聞は、今まで恐ろしい蛮民の中にのみ、行わるるものときめて居た生類犠牲の風習が、白人の諸国にも実は広く行われて居たことを発見せしめる端緒であった。

ゴムの業績の一つに数えあげられているものは、*Gentleman's Magazine* の分類である（Everyman's 1961）。この雑誌にはイギリス各地の様々な遺習や地名のことが掲載されていて、ゴムはそのうち1731年から1868年までの巻の系統分類を行い、民間伝承にかんする事柄を抜き出して公にした。こうした仕事を通して、キリスト教以前の歴史的世界の解明にあたろうとしたのであり、『歴史科学としての民俗学』はまさしく、そうした世界を復元するための方法論を論述したものであった。この本は1908年に出版され、次の7章よりなる。

　　第1章　歴史と民俗学
　　第2章　資料と方法
　　第3章　心理学的条件
　　第4章　人類学的条件
　　第5章　社会学的条件

第6章　ヨーロッパ的条件

第7章　民族学的条件

これらのうち直接的な方法論が記述されているのは第2章であり、有名なゴムの図式が掲げられているのは、そのうちの第3節「習慣、信仰それに儀礼」の項である。

ゴムの民俗学に対する思い入れは「近代人の心理、宗教、社会、政治の歴史の最古の段階を発見する唯一の手段として、民俗学の価値を確信」することにあった（G. L. Gomme 1968 p.xi）。このための資料として、

(1) いわゆる伝統的口碑

(2) 伝統的習慣

(3) いわゆる信仰

が挙げてある。しかしこれらの資料はそれ自体で直接的には役立たない。類似の事例を集め、それらがもつ位相を明らかにしなければならない。そのためにはまず、

(1) それぞれの習慣や信仰の構成部分（Component parts）を確認すること

(2) それぞれの事例を異なった要素（elements）に分類すること

(3) 様々なモチーフと性格が相互に結びついている組列（class）に分類すること

の必要があるとする（G. L. Gomme 1968 p.158）。

習慣・儀礼・信仰の構成要素としては、行為の一定の形式（fomula）、行為の目的、行為に伴う制裁もしくは行為の結末が挙げられるが（同 p.159）、すべての事例にわたってこれら3点ともに備わっていることはない。一定の形式はふんでいてもその目的や制裁が分らなくなっているものもある。その事例としてCarrickfegusの事例が引かれている（同 p.159-160）。

　　Carrickfegusでは母親について次のような習慣があった。授乳の最後の時には卵をもたせ、戸口の敷居に据わらせて足を両側に投げ出す。そしてこの儀式は普段は日曜日に行われた。

この事例では目的も制裁も不明であるので、資料として活かすためには、一定の形式から離れた事例や不完全なじれいであっても、敷居に関する習慣の中から断片を見つけ出さなければならない。

第2に一定の形式が不明であるが、目的と結末がはっきりとしている事例として次のようなものが挙げられる（同 p.168）。

　　　マン島の苦屋に住む人が炉の灰の中に足跡をみたとき、足指の方向が戸口を向いていたら死があり、炉の中心を向いていたら誕生がある。

この事例では一定の形式はなく、目的と結末（制裁）があるだけである。このような場合には外国の事例（ここではインドのボンベイ地方のものとの類似）の中で探すことができるが、最初に挙げる事例としては好ましくない。

3番目の留意点としては、一定の形式は明確であっても、目的や結末があまりにも一般化されている事例の扱い方である。ゴムは元旦の朝に出会う最初の人について、様々なバリエーションを掲げている。すなわちマン島では元旦の朝に最初に会う人が色黒か色白かで判断するが、これと同様なことはリンカーン州などでもみられ、色黒の人なら不幸、色白の人なら幸福とされる。一方これとは反対に黒髪の人なら幸福とされる地方もある。また西スコットランド地方などでは、男に会えば幸福、女に出会えば不幸という例もある。この場合、黒、白、男、女が口承の要素（element）となるわけである。このときに黒白で分けるのが古いのか、あるいは男女で分けるのによりオリジナリティがあるのかを判断する必要がある。ゴムは「検討できるすべての事例を見渡したとき、色で分けるのが信仰の最も古い基盤である」と考えている（同 p.164）。このような時に、序列をつける目安として登場するのがゴムの図式である。

同一の習慣もしくは信仰に関する様々な事例を集めたとき、部分的に一致するもの、部分的に違いがあるものが出てくるが、これらをまず「共通する類似の特徴を比較し、次いで類似しない特徴を比較する」必要がある。

　　　ある習慣が6つの要素からできていたとしよう。その要素は習慣が残存してきた形の中で、すべての事例にわたってかわらないものと、その特性によって第1次的要素と見做しうるものがある。これら第1次要素をa、b、c、d、e、f、と呼ぼう。
　　　同一の習慣の第2の事例では、これら第1次の事例と同じ要素が4つa、b、c、dがあり、第2次要素と考えられる2つの違いがある。これをg、hの記号で表す。第3の事例では要素a、bと相違するg、h、i、kがある。さらに他の事例では第1次要素は何もなく、相違だけでg、h、i、l、mが

ある。この場合の図式は次のようになる。

　　1＝a、b、c、d、e、f
　　2＝a、b、c、d＋g、h
　　3＝a、b＋g、h、i、k
　　4＝b＋g、h、i、l、m

　ここから引き出せる第1の結論は、事例の（要素の）重なるもの（1と2はa、b、c、d、2と3はa、b＋g、h、3と4はb＋g、h、i）はこれら4つの事例が本来1つの習慣の異変であることを示している。第2の結論はgからmまでの相違点は、その民族の主流の文化ではなくなって、その民族のほんの一部の人々によってのみ保存されてきた前代文化の残存物という地位におとしめられたために、衰退の一歩をたどることを示している（同 p.167-168）。

　これらのことは決して要素の順序を変えることで変化はきたさない。重要なことは、第1次的要素と第2次的要素をどのようにして弁別するかという点にある。このことに関してゴムは、第1次的要素はすべての事例の中で最も不変的な部分であり、頻度の多いもの、共通の型式対するこだわり、（もし変化があったとしても）バリエーションの少なさで示されるとする。一方第2次的要素はこれの反対であり、第1次的要素は文化残存の最も古い部分を代表する習慣の形をなしているのである（同 p.168）。こうしたゴムの見通しは、タイラーの文化残存説を濃厚に留めるものであり、フレーザーの「異教と未開の固い核心部分が露出する」という文言と同一の歩調をとるものであることは言うまでもない。

　ゴムはこうして様々にバリエーションをもった民俗の中から、不変の部分を取り出して、キリスト教以前の古代世界の歴史的再構成を意図したのであった。日本で言えば民俗調査をすすめて、仏教以前の世界を構築しようとしたものであり、通時代的な変化の姿を読み取ろうとしたものではないことは明らかである。要素a、b、c、d……と記号化して表現されたものも、決してa→b→c→d→e→……という単系的展開を述べるためのものではなく、あくまでも共通する不変的要素を発見するのが目的であった。この点において『民俗学辞典』の執筆者が、ゴムの図式を用いてa→b→c→d→e→……という単系

的発展の図式に置き換えて、重出立證法の説明に替えたのは明らかに誤用であると言わざるをえない。さらにゴムの場合、民俗資料を扱う手続きとして3点を挙げているが、こうした前段階における資料操作を無視しての方法論の説明は、決して学問的には有益なものではなかったことは、その後の重出立證法の運命にみられる通りである。

とは言っても、民俗学が歴史学の一部分野であろうとするときに、あくまでも単系的発展の序列化という誘惑には抗し難いものがある。重出立證法を修正する形であくまでもそれに固執した研究者が、多くは歴史学畑出身の学者であったことは、それを如実に物語っている。

次に観点を替えて民俗事象に対して単系的発展の把握が可能か否か見ていこう。

(2) モンテリュウスの方法論

19世紀から20世紀はじめにかけての頃、キリスト教以前の古代世界を復元しようとする試みは、民俗学や民族学の分野ばかりではなかった。人間の残した残存物を組み立てて、歴史の再構成に当たるとする動きは、ことに北欧の世界で顕著に認めることができる。地中海地方では文献が豊富にあり、彫像その他にしてもインスクリプションがあって年代的位置づけが容易にえられることで、博物館学としての古典考古学が典型的に発達してきた。アルプス以北では、『ゲルマニア』などの少ない文献史料と人間の残した文化遺産を総合的に研究する古代学が展開していった。ところが北欧諸国ではローマの影響は乏しく、また文字の出現が遅れたために、キリスト教以前の歴史的世界を考察するには、物質的資料に依拠する他はなく、そのために個々の遺物・遺構を分析して年代的序列を与え、時代的変化を把握しようとする努力がなされてきて、いわゆる先史学が登場した。

1818年デンマーク王立博物館の学芸員となったクリスティアン・トムセンは、発見された古代の遺物を系統的に展示するにあたって、石器、青銅器、鉄器と材質の違いにより、年代順に並べることを思いつき、後に『北欧古代学入門』（C. J. Thomsen 1836年）の中で、その説明を行った。「異教的古代遺物に適用しうる諸時期について」の項目で、キリスト教以前の段階では[1]、石器時

代、青銅器時代、鉄器時代と進んだことを示したのである。これは後に彼の高弟であるウォルソーにより、貝塚の発掘調査により層位学的に確認されるに至り、『三時期法』によるキリスト教以前の古代世界での時間の流れを掴むことが可能になった。

このトムセンの三時期法をもとに、新石器時代を4期、青銅器時代を6期、鉄器時代を8期に細分し、オリエントでの変遷を核として編年体系を完成させたのはスウェーデンのモンテリュウスであった。彼がこの研究に用いた方法は「型式学」と呼ばれ、19世紀の終わり頃にはヨーロッパ各地の研究者の知るところであったが、方法論としてまとめられたのは1903年に出版された『オリエント及びヨーロッパにおける遠古の文化諸期』であり（O. Montelius 1903）、1932年には浜田耕作により『考古学研究法』[2]として日本でも訳出されている（モンテリウス・浜田 1932）。浜田はこれよりも10年前に考古学の入門書である『通論考古学』（1922）を上梓したが、その付論として主要参考文献を掲げた中でモンテリュウスの著作を紹介し、

> 本書に於いて氏は、古代東方欧州に於ける石器時代以降青銅器、鉄器時代の研究に先立ち、其の研究法を述べ、相対的絶対的年代より、型式論に及び、其の型式学を論じて、伊太利古代の留針、土器、青銅容器及び蓮華紋等を挙げて之を例證したることは余輩の已に述べたる所にして、考古学研究法上最も聞く可き議論の一なり。

と激賞している。

モンテリュウスの型式学とは、彼の言葉によれば次のように表現できる（モンテリウス・浜田 1932）。

> 進化の過程——換言すれば其系統——を知り、且型式がその特有の標準に由って判断した場合に、如何なる順序に四手前後してゐるかを知らんが為め、武器、道具、装飾品、容器などを、その紋様と共に一つ一つ幾つかの重要なる組列に私自ら順序して見た。

この型式的把握において最も大切な点は、かつては機能を有していた器具のある成分が、次第にその実用上の機能を失ってしまうこと、すなわち退化的（rudiment）成体である。モンテリュウスは青銅器時代の斧、短剣、ブローチ、横帯紋容器を掲げてこれを説明した（図124）。そのうち斧について説明を加え

422　V　先史学・考古学の方法論

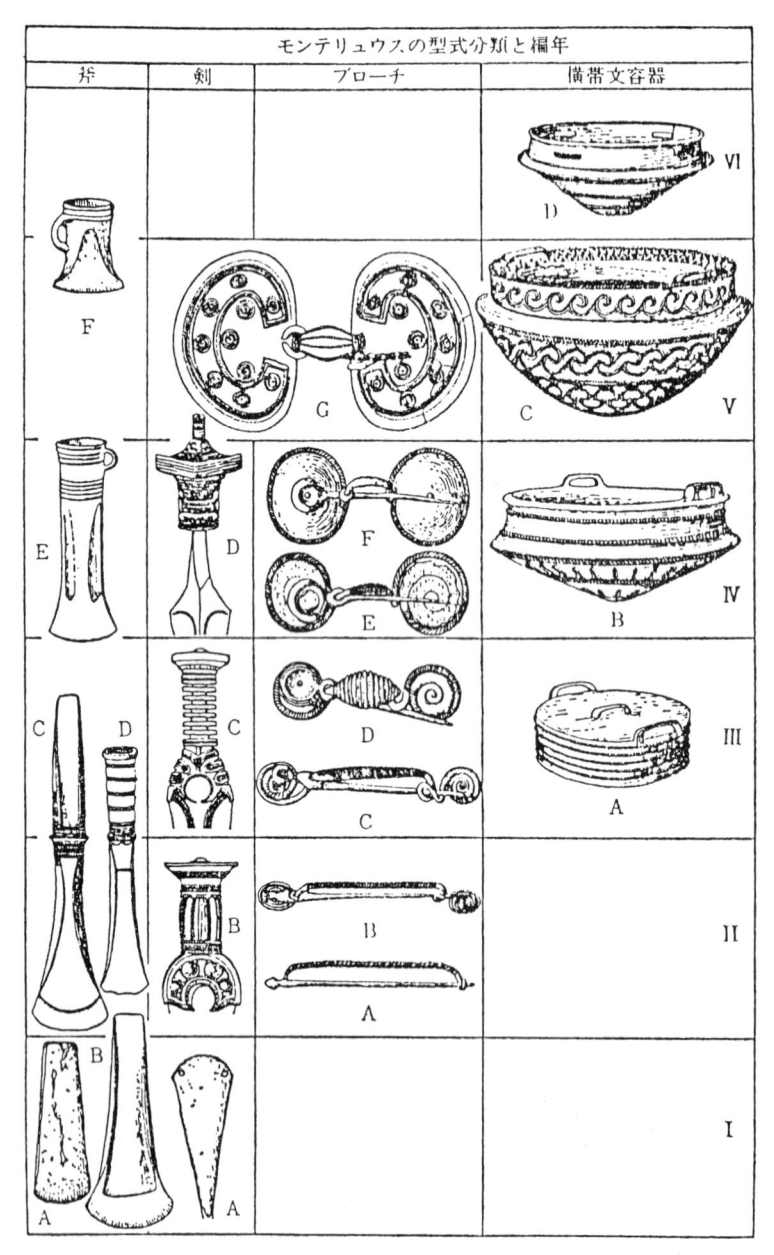

図124　モンテリュウスの型式分類と編年（田中・佐原 1981による）

ると次のようである(3)。

　最古の型式は石器をそのまま模倣した扁平斧である（A 型式）。この種の斧は柄の先端を割いてその間に斧を挟み込み、紐を巻きつけて緊縮する。これでは使用中に前後にぐらつきが生じるために、両側辺を突出させてぐらつきを防止するように改良を加える（B 型式）。この型式でも斧を打ち下ろしたりすると、柄の中に斧身が食い込んでついには柄を割く可能性があるために、斧身に節帯を設ける有節帯斧が誕生する（C 型式）。ついで斧身の上半部にソケットをつくり、柄を差し込むものができる（D 型式）。ところがソケット式では不必要な節帯や紐が装飾として残される。技術的にはこれで完成の域に達するが、材料を節約する必要上から、さらに斧身に改良が加えられてミニチュア化してゆく。節帯や紐痕、それに E 型式にみられる抉りなどは、機能的には意味がない退化器官である。本来はこうであった、紐を巻きつけて斧身を緊縮していたとの昔の型式を装飾として残すのである。

　このように各遺物をおのおの型式ごとに配列した後に、各遺物相互に於いては、型式変化の激しいものとそれが緩慢なものがあるため、相互に機能を異にする器物の同時代性を確認する方法を提示する。それには一括発見遺物の分析が大切な作業となり、一括発見遺物などに基づく遺物相互の組み合わせ、すなわち遺物の型式的流れ＝組列の伴い方の検証は、組列の平行性で保証される。

　　　甲組列　A　B　C　D　E
　　　乙組列　A　B　C　D　E
　あるいは、
　　　甲組列　　A　　　B　　　C D
　　　乙組列　A　　B　　C D E F
の組列は平行であるが、
　　　甲組列　　B A E D C
　　　乙組列　　B A C D E F
の組列は正しいとはいえない。この場合にはそれらの配列に何らかの違いがあることを示している（モンテリウス・浜田 1932 pp.28-29）。

　このようにして異なった種類の型式の遺物の共伴の仕方について、1回では暗示的であるに過ぎず、その度数が増すと蓋然性、30回を越えると確実性と

する。

　むろんモンテリュウスはこれだけで編年体系を組み立てたわけではなく、層位学的検証をも考慮する必要を説いている。組列による共伴の在り方、それにより新旧を弁別する基本的な考え方はゴムの図式と変わるところはない。発表の年代からすれば、むしろモンテリュウスの組列による新旧の把握の方法がゴムに影響を与えたとも推定される。考古学研究においては、遺物の退化器官による編年が可能なために、単系的変化が捉えやすい。しかし二つの型式の遺物が共存することは実際には多く存在する。ゴムの場合、要素個々の単系的変化を求めたのではなく、あくまでも要素複合の中で不変なものを追求したのであり、ゴムは次式を掲げたあとで、

　民俗のばらばらの項目は、実際には科学的研究には役立たない。
と明言している。このことは退化器官で新旧を弁別しうる考古学資料に比べての民俗資料の特異性にゴムは留意していたのであろう。この点においても重出立証法という日本的な民俗学方法論を、安易にゴムの方法で説明しようとすることは間違いであることを物語っている。

おわりに

　柳田國男は考古学研究に対しては極めて冷淡であった。それは考古学資料を基にしての生活の叙述では「人間」が表現できないことにあったらしい（柳田1964）。ところが柳田が民俗資料の歴史的変遷について説いた資料、松のヒデ→行灯→ランプ→電灯などは物質資料として考古学的な検討対象となりうるものであり、逆にいえば物的証拠により民俗的な変遷が裏づけられるのである[4]。このことからすると、物的資料との関係を明確化することで、民俗伝承の歴史的位相が把握できることを示している。今日の考古学研究では柳田の時代と異なって、近代までをその射程にいれており、戦跡考古学と称して第2次大戦時の遺構調査も行われ、聞き書き調査も併せてすばらしいモノグラフも作成される趨勢となってきている。民俗学が捉えた成果の一つである「詣り墓」にしても、考古学的見地からの言及もなされている（浜田1922）。このことからすると、民俗資料を考古学が扱う物質資料で補完することでより充実した研究成果が挙げられる可能性を示唆しているといえよう。

民俗資料と考古資料の比較検討は、今では考古学研究者の側からなされることが多く、宗教的遺物の解釈において、仏教以前に遡上する事象の検証さえ試みられている（国分 1970）。「異教徒時代」の世界は再現できないにせよ、中・近世の庶民レベルでの生活実相は民俗学と考古学の接近により解明される世界は大きい。

　モンテリュウスもゴムもその方法論の根幹は、19世紀に隆盛した「文化残存説」を継承している。モンテリュウスは「退化器官」を手懸りとして型式学研究法を編み出し、相対的な編年体系を作り上げることで今日の考古学研究の鼻祖となった。さらに技術史の側面での研究は人類誕生から今日までの長い歴史的スパーンを照射することを可能にしたのである。ゴムにはこれが欠けていたことが民俗学には不幸であった。そのために日本民俗学は、柳田國男と折口信夫という二人の巨人のそれぞれが独自の混沌とした世界の中に形成されざるをえなかった。したがって誰もがこれら学問を継承することはできない点でもう一つの不幸がある。考古学は独自に型式学を考案し、美術史から拝借した様式論と地質学から持ち込んだ層位論を介在させることで、方法論上の共有財産を作ることができたが、これを欠いた民俗学は素材の「民俗事象」そのままに留まっている。歴史資料学上からすると、「口頭伝承は結局のところ文字史料か考古資料にしか残されない」という研究対象の性格からもたらされるものである。であるならば考古学がそうであるように、歴史学への接近は避けられないであろう。さらに言えば共有することができる研究方法の欠如にそれは起因するのであり、それなしでは、今後も周辺学問分野に素材の提供を続けていくしかないであろう。歴史学への接近を拒否して、変わらないもの、変わりにくいもの、「心性・パイドイマ」を追い求めたとしても、それは哲学への接近に他ならないのであり、個人の特異な資質に依拠してかろうじて学問として成り立つという、柳田や折口のディレンマを引きづるしかないのである。

注
(1)　なおこの項に関しては（角田 1980）によると事が多い。
(2)　なおモンテリウスの『方法論』については、（エガース、田中・佐原訳 1981）がある。

(3) この部分はエガースによる。
(4) 浜田耕作は『通論考古学』の中で、歴史学を文献史学、考古学、民俗学に分けて、それぞれ扱う資料の差に過ぎないことを示した。しかし極論すれば口頭伝承は文字に記録されるか、あるいはモノとして残るしか、大幅に世帯を超えることはできないのであり、この点民俗学が歴史学の一分野であろうとするならば、物質資料に対する研究も必要なことはいうまでもない。

(補注)
　和歌森太郎がゴムの方法を熟知していたことは、昭和22年に出版された（和歌森 1947）の中で、参考文献としてゴムのこの本が掲げられていることで窺うことができる。また『日本民俗学概説』が不評のために書き直したとされる『日本民俗学』（和歌森 1953）には、『民俗学辞典』とほぼ同様の文言で、ゴムに則った方法論が展開されている。結局和歌森は、『日本民俗学概説』ではゴムの方法論を暗示し、『歴史と民俗学』では間接的に言い換えてこれを表現し、『日本民俗学』ではゴムに則っての説明が明確な提示の仕方で言い表している。柳田國男の監修になる『民俗学辞典』が出版されるまでは、ゴムを表面に出すことにためらいがあったことが推察される。

4 FORMATION OF SAND DUNES AND THE CLIMATIC DETERIORATIONS

INTRODUCTION

In an attempt to clarify the background of the historical world through archaeological remains, the basic research method of Japanese Archaeology marginalizes the research subject's special and chronological frames through typological analysis, and analyzes it individually based on findings. Needless to say, archeological materials include not only relics that were intentionally done by human hands, but also natural finds that were produced organically through human activities as well as given ecological environments in which humans lived. Reconstruction of historical contexts based on archaeological materials cannot be completed without typological understandings of research subjects including natural phenomena that have impacted human activities. As O. Montelius pointed out, typological and stratigraphical verification of associations among archeological materials plays an important role in demonstrating the chronological order of archaeological materials in history. This point has been emphasized by K. Hamada from the early stages of Archaeological study in Japan.

Generally speaking, the sediments of archaeological stratification of culture in the Japanese Islandsare extremely scarce, and many ruins in Japan are small compared to ones in the Orient and China. In addition, as humans have been active producers throughout history, the importance of the notion of contamination cannot be over-emphasized in any investigation site, and the difficulty of undertaking a reliable stratigraphical verification cannot be ignored. Appropriately, K. Hamada regarded tephra layers as important key stratum caused by natural movements in the field of stratigraphical research in the Japanese Islands. Archaeological research on the Japanese Islands requires an examination of both relative vertical relationships among consecutive cultural layers and natural layers such as flood and tephra layers caused by natural phenomena in order to grasp a clear understanding of chronological order. In the last two decades, this sort of stratigraphical research has been advanced by researchers such as K. Shinto in Southern Kyusyu, and there have been great accomplishments in chronicle analysis of cultural layers and investigations of dynamic transformations of remains by focusing on several tephra layers from AT to AH as key beds from the late Palaeolithic, the earliest Jomon and the early Jomon.

By establishing a consistent time frame over different regions by comparing typological orders, it is possible to reconstruct networks over a wide time period and to discover regional traits through comparative analysis. For instance, the comparative research between Egypt and Creteindicates the calendar year of Minoa after 1800 B. C., with one-century margin of error. In addition, in England, remains of the Aegean area were discovered as offering items in graves of Britain IV and V period in England. In contrast, golden and amber ornaments, which are characteristics of Britain IV period, were brought to Greece during the 15th and 16th centuries B. C. As these findings suggest, the eastern part of the Aegean area and England after mid 2000 B. C. can be subjects for a comparative analysis within the same chorological framework.

In the field of chronological research, the comparisons of remains of Korean and Chinese civilizations have been the major subject of investigation in Japan. However, these studies do not act as comparative cross-dating researches but rather, act as unilateral comparisons. Even though researchers have been able to identify the beginning of time frames, they have tended not to precede their researches with credible explanations about the end such frames. Possible research subjects for the cross dating method after the prehistoric period have been limited to exchanges of pottery during the Jomon and Yayoi periods, and the comparisons of certain bronze wares in the Yayoi period. Therefore, the relative dating method is usually applied to other subjects examined with the use of historical documents. The fact that only a small amount of Japanese cultural goods were transported to other continents requires researchers to employ other methods other than examining

4 FORMATION OF SAND DUNES AND THE CLIMATIC DETERIORATIONS

cultural remains in order to gain a chorological understanding. Therefore, natural phenomena such as widespread tephra, are crucial to archaeological research.

In the field of physical geography, changes in sea level and fluctuations of the climate have generally occurred simultaneously. Hence, during a climatic deterioration, regression occurred and eolian dunes were formed. This shows the possibility of constructing a global archaeological time frame by detecting the top and bottom of sand dune layers and establishing the time of the formation. Y. Sakaguchi suggests that there were three climatic deteriorations occurring between the Jomon and Kofun periods. In addition, M. Umitsu claims that based on radiocarbon dates, these deteriorations correspond to the Middle Jomon, Yayoi, and Kofun periods respectively. Questions regarding the influences of these climatic deteriorations over archeological materials have been indicated in previous research; therefore, this study aims to establish a chronology for the formation of sand dunes by investigating the formation time of black band (*Kurosuna* layer) in sand dunes based on archeological materials.

Climatic Deterioration in the Middle Jomon Period

Various eolian dunes, on both large and small scales, can be found in the coast of the western part of Japan such as Tango Peninsula, Hibikinada, Western Kyushu, and the Ryukyu Islands. Many archeological remains and ruins have been excavated in these dunes. When new sands were no longer carried into these dunes, weeds and bushes started to luxuriate, and, as the result, humic soil was deposited. The layers of black sandy band show that dunes became accessible for humans to exploit when new sands ceased to be brought in. Therefore, the examination of remains and ruins found in the layers of black sandy band allow us, from an archeological standpoint, to establish the time frame for when formation of the dunes became stable. The formation of the layers of black sandy band in the Koura site, Shimane, have been demonstrated to have occurred during three periods of time, from the early to middle Yayoi, from the late Yayoi to the early Kofun, and from the late Kofun to the Nara period. The credibility of research based on the reciprocal relationship between the formation of sand dunes and archaeological materials has already been proven. By examining the black sandy bands in dunes around the western part of Japan, not only can the time frame of the formation be determined, but it also becomes possible to determine the reconstruction of a chronological order over a wide range of time. This also enables us to understand the inter-relationship between natural environments and human activities that is reflected in archaeological materials.

In the coast of Kasari Peninsulaof Amami Islands, Kagoshima, we could find various coastal dunes. Generally speaking, the dune in which the Usyuku shell mound is located, approximately 1 km away from the current coastline, is categorized as a formerly deposited sand dune, and the dune near the current coastline, where the ruins of a village of Kaneku-type pottery-phase are found, is classified as a newly deposited dune. Nevertheless, according to excavation research in this region, the number of times sand dunes, including ones on a small scale, were formed can be considered to be more than three times.

In the excavation at the site of Usyuku Elementary School, a total of four layers of black sandy band were detected. Abundant archeological remains have been found in the excavation area, and there are about 25 cm to 30 cm of sedimentary sand between each black sandy band. From the fourth to the lowest cultural layer, Incised Line Decoration pottery as well as various stone, bone, and shell objects corresponding to the early Jomon have been found. The third cultural layer have produced Murokawa Lower-type pottery and various shell objects corresponding to the middle Jomon. Ruins of construction poles as well as Omonawa-Seido-type and Todo-type pottery which correspond to the late Jomon from the second cultural layer have also been discovered, and the first culture layer yielded ruins of seven pit-houses as well as Kayauchi-banta, Kinen-I, and Usyuku-Upper type of pottery vessels corresponding to the final Jomon. As evidenced by these discoveries, the uncovered objects closely follow an archeological chronology. In addition, these discoveries have brought about an understanding of the black sandy bands as a crucial foundation for human life.

Also, near the site, other cultural layers embedded in black sandy band in sand dunes have been excavated. In the Usyuk-tamata site, Amami Islands, approximately 100m inland from the site of Usyuku Elementary School, upside-down Incised Line Decoration pottery, one fitting inside another as nesting boxes, have been detected. This Incised Line Decoration pottery, formerly known as Akaren type pottery, has been determined to be a pottery from the Ryukyu Islands that was created with strong influences form Todoroki-type pottery in Kyusyu. Similar type pottery has also been found in the Amami and Tokara Islands and in most cases, was found underneath thick sedimentary sand layers. Similar cases of thick sedimentary sand layers existing above layers containing Incised Line Decoration pottery have been found in parts of Western Japan, such as the Kajikurihama site in Yamaguchi.

The chronology of Sobata-type pottery is more definite than that of Incised Line Decoration pottery. In the site of Ireibaru C in Okinawa, the layer containing Sobata-type pottery, along with storage pits of acorns, were covered by thick sedimentary sand layers. The Sobata-type pottery excavated from this ruin was classified as the second and third phase of the pottery type. There are also examples of pottery that are believed to have been brought in from Northwest Kyushu. Another case of a sedimentary sand layer above the layer in which Sobata-type pottery was held was found in the Oya site in Kumamoto. Because the sedimentary sand layer existed beneath another sand layer containing the early of the middle Jomon pottery, it is possible to speculate that the sand dune in western Japanwas formed between the times when Sobata-type pottery and Funamoto-type pottery were popular. Contrastingly, much Sobata-type pottery has been excavated from sand layers in the ruins of Issou-matsuyama in Kagoshima. Here, seventeen black sandy bands have been found. However, above these layers, three layers dating from the middle Jomon were formed with a high degree of instability, indicating that the formation of the sand dune did not become stable. Therefore, with the findings of this excavation, the relationship between the formation of sand dunes and Sobata-type pottery remains unclear from a stratigraphical standpoint.

The theory of climatic deterioration in the middle Jomon period from research of physical geography does not establish a time frame for the middle Jomon in the period stretching from 3000-2000 B. C. Such theories have not made extensive use of available archaeological materials. Umitsu has employed archaeological finds in order to determine the formation process of alluvial areas. These finds include various kinds of pottery, yet his theory does not offer enough proof to establish their appropriatechorological setting. If archeological materials are taken into consideration, the sand dunes were formed, as indicated, between the latest of the early and early of the middle Jomon, and it, with the climatic deterioration, could have indirectly caused sea transgression resulting in the formation of eolian dunes. The radiocarbon datesof the cotyledons of acorns, excavated from the storage pit containing Sobata-type pottery, is approximately 4600 B. P. according to calibrated dates and falls at the end of 4000 B. C using AMS dating. In addition, since the chronology of soot adhered to Funamoto-type pottery from the middle Jomon indicates 4400 B. P, it is possible to assume that the time period of the formation of eolian dunes caused by climatic deterioration was approximately early 3000 B.C.

This formation corresponds to the climatic deterioration during the Second Miaodigou Culture in central China. This provides the possibility that climate deterioration was a common phenomenon in East Asia. Also, since this period of time presumably corresponds to the early stages of the Sub-boreal period, the climatic deterioration could be understood as part of a worldwide phenomenon.

Reconsideration of the Climatic Deterioration in the Early Yayoi Period

Understandings concerning the chronology of Yayoi climatic deterioration periods in natural science-led research have suffered from inconsistency. Sakaguchi suggests, by embedding the JC2 period between 1056-580 B. C., which the deterioration occurred in the early Final Jomon. By contrast, Umitsu, analyzing the deterioration of Yayoi transgression, claims that it happened between the final Jomon and early Yayoi, which he named "Yayoi small transgression." In addition, another theory states that the climatic deterioration was a worldwide phenomenon that occurred in the early Final Jomon, suggesting that the climatic deterioration around

1000B. C. caused the transformation of civilizations. However, the theory lacks credibility due to its lack of a full examination of archeological facts. Furthermore, a report based on pollen analysis indicates that the climatic deterioration occurred in the final Jomon in the middle Japan. This report does not clarify during which stage of the final Jomon the deterioration occurred, or whether it occurred throughout the whole period of the final Jomon. While it has been previously indicated that the peat layer within a site was formed after the middle final Jomon, most approaches have largely ignored this point, thus resulting in the findings of natural science and archeology to be examined independently.

In various places on the coast of the San-in region there are small-scale sand dunes. In these dunes, existing from the Kajikurihama site in Yamaguchi to the Hakoishihama site in Tango Peninsula, Yayoi cemeteries have been frequently covered by the eolian sand. One of the best-known ruins is the Nakanohama site in Yamaguchi. This site is located on the right bank of the Kawadana River, 100m southeast from the current shore and 4m above sea level. From the site, a cemetery constructed with pit-grave, stone cist, and urn burial from the earliest stage of the early Yayoi to the early stage of the middle Yayoi have been found. The early Kofun type pottery has also been excavated after a long blank period from the middle Yayoi, showing that the sand dunes became stable again before the early Kofun and accessible to humans.

From the Yoshimohama site, near the Nakanohama site, the burial mounds from the Middle Yayoi have been found, and Yusu-type pottery has been excavated from the lowest layer. These findings indicate that, in the coast of Hibikinada, the sand dune reached a state of stability. This was due to the cessation of dune movement that ended the influx of new sand during the earliest to early of the middle Yayoi, thus making it possible for humans to engage in daily activities. A similar conclusion can be reached when looking at the order of layers in the Koura site in Shimane, previously mentioned. In the San-in region, from the earliest to Middle Yayoi as well as from the latest Yayoi to the Early Kofun, the condition of the dunes was such that it enabled the eolian sandy band to be formed. Therefore, it is possible to claim that during these periods the sand deposits were not enough to affect the growth of plants.

We could find the various Yayoi cemeteries in the coastal dunes on the shore of Genkainada. The Shinmachi site, in Fukuoka, is one example, and dolmens from the Earliest Yayoi period were construed on the sand dunes in the vicinity of the shore. This indicates that the formation of the sand dunes stopped during this time period. The most ancient offering pottery found in these dolmens is Yusu 1-type pottery from the Earliest Yayoi, which indicates that the formation of the sand dunes had stopped before the earliest stage of Yayoi, and that the stability of the dunes allowed humans to access it during this period. The same case can be suggested for the Fujisaki site, in Fukuoka. Since the remains continued from the earliest to middle Yayoi in the site, the stability of the dunes probably lasted from the earliest part of the period up until the middle stage. Many dolmens, in which Yusu-type pottery and Jar burial with Yusu Type Red Slipped pot were buried, were discovered in the sand dunesin the Uku-matubara site in the Goto Islands, in Nagasaki. Besides these findings, burial mounds from the Yayoi period in the sand dunes, stretching from the shore of the Genkainada region to the Western Kyusyu, fit in the time frame between the Early to Middle Yayoi. As a result, it can be concluded that several dunes on the shore of Western Japan, just as ones in the San-in region, were presumably formed before the earliest Yayoi's establishment.

In contrast to these findings, there is not much data available concerning the inception of dune formational activities. From the shell mound of Okubo in Nagasaki, pieces of Incised Line Decoration pottery from the Late Jomon were excavated, along with thick, sandy sediment above them. This case suggests that the formation of the sand dune took place after the early stage of the final Jomon. In the Ohama site in Nagasaki, a single layer of Kurokawa-type pottery, the final Jomon was found in a brown mixed soil of V layer, with a yellowish-white sedimentary sand layer above it. In addition to these findings, other research has found sedimentary sand above the layer containing Kurokawa-type pottery in the Isso-matuyama site, in Kagoshima, and the study of the burial mound in Ichijin-nagasakibana in Tanegashi-

4 FORMATION OF SAND DUNES AND THE CLIMATIC DETERIORATIONS

ma. If these cases are taken into consideration, it is reasonable to conclude that the formation of eolian dunes took place after the final Jomon when Kurokawa-type pottery was used.

There are also several cases that indicate the use of sand dunes in Amami region by humans during the final Jomon to the early Yayoi. The Tebiro site in Tatsugo-cho is the largest such example, and along with the habitation remains contained various pottery of the era. Nevertheless, since this research failed to fully distinguish the difference between the layer-contained pottery and the layer of sand, most of the pottery from the period is considered to be from the same cultural layer in a stratigraphical sense.

Due to these findings, it is possible to assert that the climate deterioration of the early Jomon occurred between when the final Jomon Kurokawa-type pottery was used and when the earliest Yayoi Yusu-type pottery was used. In addition, considering the findings that indicate that the sand deposits were formed before the inception of Yusu-type pottery in the Yoshimohama site, it is reasonable to conclude that during this period, a rapid formation of sand dunes occurred across Western Japan.

Climatic deterioration and sea transgression were worldwide phenomena in the early period of 1000 B. C., and these cases have been documented in various places throughout the world. Through pollen analysis, conducted in the Liaodong region of the southern Liaodong Peninsula, it has been proved that climate deterioration occurred during this same time period. Also, results of an oceanographic survey off the coast of Kawasaki-shi suggest that during this period, there was a sudden increase in organicsubstances from the land. Furthermore, in Kyusyu, a research group working in Ariake Inlet reached the same conclusion through an investigation of the sedimentary process of alluvium in the Ariake Inlet. In the northern region of China, the climatic deterioration during this same period forced production activities, such as agriculture and stock farming to change, limiting the inhabitants to only stock farming. This phenomenon has also been noted in the case of England, through analysis of the formation of peaty layers within and around ruins. Along with this research of peaty layers, research documenting the expansion of deserts and the formation of sand dunes all serve to indicate a climatic deterioration that occurred worldwide in places of varying humidity.

Climatic Deterioration during the Kofun Period

In the Koura site, in Shimane, a black sandy band as thick as 30cm was found containing pottery from the early Kofun. Right below the black sandy band, ditches that yielded much pottery from the late of the final Yayoi were discovered. Hence, it can be assumed that the layer of the late of the final Yayoi and the layer of the early Kofun were formed consecutively. Since the lowest layer of black sandy band in the site contained the burial mounds from the early Yayoi and the remains of the middle Yayoi, it is possible to conclude that the formation of sand dunes occurred between the middle and final Yayoi. This assertion is consistent with the case of the Utsumi site sand dune in Tottori.

Even though several ruins of settlements on the coast of Genkainadafrom the Kofun period were formed above sand dunes, few of them correspond to the black sandy band. The black sand layer (the eighth layer), could be assumed to be a black sandy band in the case of the excavation of Shinmachi site in Fukuoka, however, its connection to archeological materials has not been clearly established. Within the remains, the third layer, described as "an intermediate layer of light gray sand and blackish sand layer of dark gray sand," could likely be assumed to be a black sandy band. Furu-type pottery, used as offering objects, was found in stone cists buried in this third layer. However, since pottery of the Final Yayoi was excavated from the third layer, it is reasonable to conclude that the sand dune in the Shinmachi site maintained a high degree of stability from the final Yayoi into the early Kofun.

Near the Shinmachi site, a similar case can be found in the Mitoko-matsubara site, were the ruins of a large colony from the early Kofun has been uncovered. The ruins of colonies from the late of the middle Yayoi were found to be at their peak of development, and the number of such ruins decreased sharply after the early of the late Yayoi. By examining the chronological relationship with the San-in region, the sand dunes were possibly available for human exploitation in the final Yayoi after a blank period of ruins from the middle to the last stage of the late Yayoi. In the Fujisaki site, in Fukuoka, square-shaped burials, formed on sand dunes were produced in the Furu-type pottery period, but ruins of houses from the final Yayoi, a little before the stage, were also discovered. Therefore, it can be asserted that the sand dunes were stable between the final Yayoi and into the early Kofun. A case identical to that of the Sanin region could have occurred in the Genkainada region, as remains exist consecutively from the final Yayoi in the Shinmachi site. These findings could be related to the fact that the walls of pit-houses in the ruins of colonies around mountains in Kyushu became thicker during the late Yayoi.

A thick, sandy deposit found above the layer contained remains from the early of the late Yayoi in Usyuku-minato site in Amami Island. Similarly, in the Torigamine site in Tanegashima, there was a thick, sandy sediment layer above the burial mounds from the late Yayoi, and the same sort of layer was found above the Shiinoki cemetery from the late Yayoi. Furthermore, in the case of the Hirota site, below the black sandy band, interments in the lower and the middle layers were uncovered making it plausible that the sand dunes were also formed in the Ryukyu Islands between the early of the late and the final Yayoi.

Conclusion

Through investigation of archeological materials relating to the black sandy band produced when sands ceased to be carried into the dunes thus ushering in a period of relative stability, it is highly probable that the climatic deterioration and transgression that caused the formation of sand dunes occurred in five periods: (1) between the stages of Sobata-type pottery, the late of the early Jomon and of Funamoto-type pottery, the early of the middle Jomon, (2) between the late Jomon, (3) between the phases of the final Jomon Kurokawa-type pottery and of the earliest of the Yayoi Yusu-type pottery, (4) between the early of the late to the final Yayoi. (5) between the early Kofun and the late Kofun. The close connections between archeological materials and the natural environment is indicated by the black sandy bands during the period between the late Kofun and the Nara period. Those phenomena were dispersed widely throughout the Ryukyu Islands to the coast of the San-in region. The time frame of Kaneku-type pottery, which was widely distributed amongst the Amami Islands, can be assumed to have taken place between the late Kofun all the way to the Nara Period.

Sand dunes formed before the early Yayoi and after the time in which Kurokawa-type pottery of the final Jomon was used, included substances that originated from Chinese yellow soil. This shows the possibility of the existence of a relationship between the formation of sand dunes due to climatic deterioration and the expansion of deserts in the northern part of China. It is also possible to examine the reason why groups of unique Bronze cultures in the northern regions of China moved south by relating this phenomenon to the changes of ecological surroundings, which including climatic deterioration and increasing aridity.

Accurate records of history can only be made possible by focusing further research on the relationship between archeological materials and ecological surroundings. To offer an example, the sand deposit between period of Kurokawa-type pottery and of Yusu-type pottery led back marshes to be formed in the back of sand dunes on the coast in western Japan. This could be related to establishing ecological surroundings to undertake wet-rice cultivation, offering a firm explanation as to why ruins of the early Yayoi were situated along the coast of western Japan.

引用・参考文献

〈日　本〉

秋山進午　1969　「中国東北地方の初期金属器文化の様相（下）」『考古学雑誌』第 54 巻第 4 号

愛知県教育委員会　1982　『朝日遺跡』

渥美町教育委員会　1988　『伊川津貝塚』

天野元之助　1962　『中国農業史研究』御茶の水書房

奄美考古学研究会　2003　「宇宿小学校校庭遺跡発掘調査報告」『奄美考古』第 5 号

有明海研究グループ　1965　「有明海・不知火海の第 4 紀系」『地団研専報』11 集

有光教一　1953　「朝鮮石器時代の『すりうす』」『史林』第 35 巻第 4 号

　　　　　1959　『朝鮮磨製石剣の研究』京都大学文学部

　　　　　1969　「朝鮮支石墓の系譜に関する一考察」『浜田耕作先生追憶古代文化論攷』古代学協会

壱岐尾可奈子　2007　「大野川上流域における弥生時代後期竪穴住居跡について」甲元眞之『砂丘形成と寒冷化現象』熊本大学

石井英也・桜井明久　1984　「ヨーロッパにおけるブナ帯農耕文化の諸特徴」『日本のブナ帯文化』朝倉書店

石神英一　1991　「都出比呂志『日本古代の国家形成－前方後円墳体制提唱』についての覚書」『日本史研究』第 343 号

石毛直道　1968　「日本稲作の系譜（下）」『史林』第 51 巻第 6 号

石野博信編　1995　『全国古墳編年集成』雄山閣出版

伊藤道治　1959　「安陽小屯殷代遺蹟の分布復元とその問題点」『東方学報』29

　　　　　1967　『古代殷帝国の謎』角川書店

井上光貞　1978　「古代沖の島の祭祀」『古代・中世の社会と思想』三省堂

小畑弘己　1996　「シベリア先史時代の釣針と漁撈」『古文化談叢』第 36 集

今来陸郎・武藤潔訳　1958　『歴史のあけぼの』岩波書店

宇野隆夫　1977　「多鈕鏡の研究」『史林』第 60 巻第 1 号

梅原末治　1946　『朝鮮古代の墓制』

　　　　　1933　「朝鮮出土銅剣銅鉾の新資料」『人類学雑誌』第 48 巻第 4 号

　　　　　1927　『銅鐸の研究』大岡山書店

梅原末治・藤田亮策　1947　『朝鮮古文化綜鑑』第 1 巻、養徳社

エガース・田中琢、佐原真訳　1981　『考古学研究入門』

江上波夫　1932　「石器時代の東南蒙古」『考古学雑誌』第 22 巻第 4・5 号

江上波夫・水野清一 1935 『内蒙古長城地帯』東亜考古学会
及川民次郎 1933 「南朝鮮牧ノ島東三洞貝塚」『考古学』第4巻第5号
大野俊一訳 1970 『　　』河出書房新社
大林太良 1965 「歴史民族学の諸問題」『民族学研究』第30巻第2号
　　　　 1971a 「先史社会組織復元の諸問題」『一橋論叢』第66巻第2号
　　　　 1971b 「縄文時代の社会組織」『季刊人類学』第2巻第2号
　　　　 1971c 「古代の婚姻」『古代の日本』第2巻、角川書店
　　　　 1977a 『邪馬台国』中公新書
　　　　 1977b 『葬制の起源』角川選書
　　　　 1987 「親族構造の概念と王家の近親婚」『日本の古代』第11巻、中央公論社
　　　　 1988 「統一国家への道」『古代統一政権の成立』学生社
大藤時彦 1973 『柳田國男入門』
大森元吉・他監訳 1971 『アフリカの伝統的政治体系』みすず書房
岡崎敬 1967 「漢代における地溝開発とその遺跡」『末永雅雄先生古稀紀年古代学論叢』末永先生古稀紀年会
岡崎敬・小田富士雄・弓場紀知 1972 「沖ノ島」『神道考古学講座』第5巻、雄山閣出版
岡村秀典 2000 「殷代における畜産の変革」『東方学報』72冊
　　　　 1990 「卑弥呼の鏡」『邪馬台国の時代』木耳社
　　　　 1999 『三角縁神獣鏡の時代』吉川弘文館
　　　　 2007 『夏王朝』講談社学術文庫
岡本正一 1940 「満支の水産事情」水産通信社
岡谷市教育委員会 1981 『橋原遺跡』
乙益重隆 1978 「弥生農業の生産力と労働力」『考古学研究』98号
小野昭 1972・73 「内モンゴリアの細石器について」『考古学研究』第19巻第2・3号
小野沢正喜 1984 「マルクス主義と人類学」綾部恒雄編『文化人類学15の理論』中公新書
小野武夫 1942 『日本農業起源論』日本評論社
小野忠明 1937 「銅剣鎔笵」『考古学』第8巻第8号
海津正倫 1994 『沖積低地の古環境学』古今書院
鹿児島県笠利町教育委員会 1979 『宇宿貝塚』
鹿島町教育委員会 1993 『古浦砂丘遺跡立会調査報告書』
鹿児島県埋蔵文化財センター 1996 『一湊松山』
加藤九祚 1963 『シベリアの歴史』丸善新書
金関丈夫 1958 「種子島広崎鼻遺跡出土人骨にみられた下顎中切歯の水平研磨事例」『九州考古学』3・4号
金関丈夫・坪井清足・金関恕 1961 「山口県土井ヶ浜遺跡」『日本農耕文化の生成』東京堂
金関恕 1969 「弥生時代の社会」『日本文化の歴史』第1巻、学習研究社

金子浩昌・牛沢百合子 1980　『池上・四ツ池』
上屋久町教育委員会 1981　『一湊松山』
唐津市 1983　『菜畑』
河口貞徳 1982　「奄美諸島の文化」『縄文文化の研究』第 6 巻、雄山閣出版
川西宏幸 2004　『同型鏡とワカタケル』同成社
韓国国立中央博物館『韓国美術五千年の美』京都国立博物館
木村誠 2004　『古代朝鮮の国家と社会』吉川弘文館
久馬一剛 1987　「土と稲作」『稲のアジア史』第 1 巻、小学館
金元龍（西谷正訳） 1972　『韓国考古学概論』東出版
熊本市教育委員会 1971　『熊本市健軍町上ノ原遺跡調査報告書』
熊本大学文学部考古学研究室 1980　『馬毛島埋葬址』
　　　　　　　　　　　　　　1981　『宇宿港遺跡』
　　　　　　　　　　　　　　1986　『手広遺跡』
　　　　　　　　　　　　　　2002　「大久保貝塚」『考古学研究室報告』第 37 集
熊本大学法文学部考古学研究室 1979　『宇宿高又』
近藤喬一 1969　「朝鮮・日本における初期金属器文化の系譜と展開」『史林』第 52 巻第 1 号
甲元眞之 1972a　「朝鮮支石墓の編年」『第 23 回朝鮮学会発表資料』
　　　　 1972b　「朝鮮半島の有茎式磨製石剣」『古代文化』第 24 巻第 7 号
　　　　 1973a　「東北アジアの磨製石剣」『古代文化』第 25 号第 4 号
　　　　 1973b　「朝鮮支石墓の編年」『朝鮮学報』第 66 輯
　　　　 1973c　「西朝鮮の支石墓（上）」『古代文化』第 25 巻第 9 号
　　　　 1975　「弥生時代の社会」『古代史発掘』第 4 巻、講談社
　　　　 1978　「東中国海周辺の初期農耕文化」『東アジアの古代文化』14 号
　　　　 1982　「南島文化　トカラ列島の文化」『縄文文化の研究』6 巻、雄山閣
　　　　 1986　「弥生社会復元の試み 2」『弥生文化の研究』第 9 巻、雄山閣
　　　　 1987　「先史時代の対外交流」『岩波講座日本の社会史』岩波書店
　　　　 1991　「東北アジアの初期農耕文化」『日本における初期弥生文化の成立』文献出版社
　　　　 1992a　「大ボヤール岩壁画と銅鍑」『比較民俗学研究』第 6 巻
　　　　 1992b　「東南アジア研究」『東アジアの文明の盛衰と環境変動』天理大学
　　　　 1992c　「長江と黄河」『国立歴史民俗博物館研究報告』第 40 集
　　　　 1993a　「中国先史時代の漁撈」『潮見先生退官記念考古論集』
　　　　 1993b　朝鮮先史時代の漁撈関係遺物」『古文化談叢』30 号
　　　　 1993c　「考古学と民族誌」『新版古代の日本　古代資料研究の方法』角川書店
　　　　 1994a　「東北アジアの先史時代漁撈」『熊本大学文学部論叢』45 号

1994b 「黄河流域の先史時代漁撈技術」『日本中国考古学会会報』4号
1996b 「顎倫春族の生業暦」『梅光女学院大学地域文化研究所紀要』第11号
1997a 「黄渤海沿岸地域の先史漁撈文化」『先史学考古学論究』Ⅱ
1997b 「東北朝鮮の貝塚」『動物考古学』第9号
1998a 「環東中国海沿岸地域先史時代動物遺存体集成」甲元眞之編『環東中国海沿岸地域の先史文化』熊本大学
1998b 「環東中国海沿岸地域先史時代漁撈具集成」甲元眞之編『環東中国海沿岸地域の先史文化』熊本大学
1998c 「農耕文化の拡大と環東中国海先史漁民」『日本人と日本文化』No.5
1999 「環東中国海の先史漁撈文化」『熊本大学文学部論叢』65号
2001a 「東アジアにおける農耕起源」『中国新石器時代の生業と文化』中国書店
2001b 「狩猟動物と家畜」『中国新石器時代の生業と文化』中国書店
2001c 「新石器時代の採集活動」『中国新石器時代の生業と文化』中国書店
2001d 「中国先史時代の漁撈技術」『中国新石器時代の生業と文化』中国書店
2001e 『中国新石器時代の生業と文化』中国書店
2003 「書評　春成秀爾著『縄文社会論究』」『歴博』第118号
2005 「砂丘の形成と考古資料」『熊本大学文学部論叢』第86号
2006a 「北部地域における青銅器文化の成立」『東北アジアの青銅器文化と社会』同成社
2006b 「殷周文化の拡大」『歴博国際シンポジューム2006　古代アジアの青銅器文化と社会』国立歴史民俗博物館
2006c 「東北アジアの青銅器」『東アジアにおける新石器文化と日本』Ⅲ、国学院大学
2006d 「東北南部地域における青銅器文化の展開」『東北アジアの青銅器文化と社会』同成社
2007 『砂丘形成と寒冷化現象』熊本大学

甲元眞之・山崎純男 1984 『弥生時代の知識』東京美術
古浦遺跡調査団 2007 「古浦遺跡の調査」甲元眞之編『砂丘形成と寒冷化現象』熊本大学
国分直一 1970 「葬制上諸問題」『日本民族文化の研究』
国分直一他 1994 「宝島大池遺跡」『熊本大学文学部考古学研究室報告』第1集
国立歴史民俗博物館 2003 『炭素14年代測定と考古学』
　　　　　　　　　　1990 『国立歴史民俗博物館研究報告』第27集
　　　　　　　　　　1997 『古代の碑』
後藤直 1971 「西朝鮮の無文土器について」『考古学研究』第17巻第4号
　　　 1973 「南朝鮮の無文土器」『考古学研究』第19巻第3号
小林達雄 1977 『縄文土器』日本原始美術体系1巻、講談社

小堀甚二訳 1942 『東南アジアの民族と文化』聖紀書房
駒井和愛他 1939 『東洋考古学』平凡社
近藤喬一 1983 「亜鉛よりみた弥生時代の青銅器の原材」『展望アジアの考古学』
近藤義郎 1959 「共同体と単位集団」『考古学研究』第 21 号
　　　　 1984 『土器製塩の研究』青木書店
近藤義郎訳 1964 『考古学の方法』河出書房
斎藤忠 1935 「慶州付近発見の磨製石器」『考古学』第 8 巻第 7 号
坂井秀弥 2004 「古墳寒冷期と東北地方」『越後佐渡の古代ロマン』新潟県立歴史博物館
阪口豊 1984 「日本の先史・歴史時代の気候」『自然』5 期
　　　 1989 『尾瀬ヶ原の自然史』中公新書
佐藤達夫 1963 「朝鮮有紋土器の変遷」『考古学雑誌』第 48 巻第 3 号
佐原真 1975 「農業の開始と階級社会の形成」『岩波講座日本歴史』1、岩波書店
沢俊一 1937 「鎔范出土二遺跡」『考古学』第 8 巻第 4 号
沢四郎他 1962 『東釧路』釧路市教育委員会
澤田吾一 1927 『奈良朝時代民生経済の数量的研究』冨山書房
篠川賢 1999 「山上碑を読む」『東国石文の古代史』吉川弘文館
島根県教育委員会 1987・88 『朝酌川河川改修工事に伴う西川津遺跡発掘報告』
志摩町教育委員会 1983 『御床松原』
　　　　　　　　 1987 『新町遺跡』
　　　　　　　　 1990 『新町遺跡』2
下垣仁志 2004 「玉手山古墳群の鏡」『玉手山古墳群の研究』4、柏原市教育委員会
下條信行 1985 「伐採石斧」『弥生文化の研究』5 巻、雄山閣
下関市教育委員会 1985 『吉母浜遺跡』
正林護 1973 「つぐめのはな遺跡」『日本考古学年報』24 巻
　　　 1974 「つぐめのはな遺跡の概要」『長崎県考古学会会報』2 号
　　　 1985 「南北市籴の島・対馬」『韓国文化』71 号
白石太一郎 1999 『古墳とヤマト政権』文春新書
　　　　　 2000 『古墳の語る古代史』岩波現代文庫
白川静 1971 『金文通釈』白鶴美術館
白鳥庫吉 1971 「『隋書』の流求国の言語に就いて」『白鳥庫吉全集』9 巻、岩波書店
新東晃一 1984 「鬼界カルデラの爆発と縄文社会への影響」『Museum Kyushu』15 号
杉原荘介 1968 「登呂遺跡水田址の復元」『案山子』2 号、日本考古学協会生産技術特別委
　　　　　　　員会農業部会
鈴木忠司 1984 『先土器時代の知識』東京美術
鈴木靖民 1980 『古代国家史研究の歩み』新人物往来社
　　　　 1988 「倭の五王」『雄略天皇とその時代』吉川弘文館

　　　　　　　1990　「歴史学と民族学（文化人類学）」『日本民俗学大系』第10巻
　　　　　　　1993　「日本古代国家形成史の諸段階」『国学院雑誌』第94巻第12号
　　　　　　　1996　「日本古代の首長制社会と対外関係」『歴史評論』第551号
清家章　1998　「女性首長と軍事権」『待兼山論叢』第32号
　　　　　2001　『古墳時代前・中期における埋葬人骨と親族関係』大阪大学
　　　　　2005　「女性首長出現の背景」『待兼山考古学論集』大阪大学文学部考古学研究室
仙台市教育委員会文化財課　2007　『杳形遺跡　仙台高速鉄道東西線関係遺跡発掘調査現地説明会資料』
高倉洋彰　1975　「右手の不使用」『九州歴史資料館研究論集』1集
高橋健自　1925　『銅鉾銅剣の研究』聚精堂
高橋信武　2007　「大分県内の砂丘遺跡」甲元眞之編『砂丘形成と寒冷化現象』熊本大学
高浜秀　2005　『中国北方系青銅器』東京国立博物館
高宮広衛　1983　「弥生前期に比定された真栄里貝塚」『地域と文化』17・18号
武田幸男　1980　「6世紀における朝鮮三国の国家体制」『東アジアにおける日本古代史講座』第4巻、学生社
橘昌信　1979　「石鋸―西北九州における縄文時代の石器研究（二）」『史学論叢』10号
　　　　1984　「縄文晩期の石器」『史学論叢』15号
田中聡　2004　「蝦夷と隼人・南島の社会」『日本史講座』第1巻、東京大学出版会
田中真砂子　1981　「機能主義人類学」綾部恒雄編『文化人類学15の理論』中公新書
田中良之　1993　「出土人骨を用いた親族構造研究」『新版古代の日本』第10巻、角川書店
　　　　　1995　『古墳時代親族構造の研究』柏書房
谷口武範　2004　「宮崎県耳切第3遺跡の植物種子」甲元眞之編『先史・古代東アジアの植物遺存体』熊本大学
塚田松雄　1974　『花粉は語る』岩波新書
都出比呂志　1983　「古代水田二つの型」『展望・アジアの考古学』新潮社
都出比呂志　1982　「原始土器と女性」『日本女性史』第1巻、東京大学出版会
　　　　　　1988　「古墳時代首長系譜の継続と断絶」『待兼山論叢』22号
　　　　　　1989　『日本農耕社会の成立過程』岩波書店
　　　　　　1990　「日本古代の国家形成過程」『日本史研究』第338号
　　　　　　1991　「古代日本の国家形成論序説」『日本史研究』第343号
　　　　　　1993　「前方後円墳体制と民族形成」『待兼山論叢』第27号
　　　　　　1995a　「前方後円墳体制と地域権力」門脇禎二編『日本古代国家の展開』上、思文閣
　　　　　　1995b　「祖霊祭式の政治性」小松・都出編『日本古代の葬制と社会関係の基礎研究』大阪大学
　　　　　　1996　「国家形成の諸段階」『歴史評論』第551号

　　　　　　1999　『古墳時代首長系譜変動パターンの比較研究』大阪大学
角田文衞　1954　『古代学序説』
　　　　　　1965　「考古学史　ヨーロッパ・アメリカ」『世界考古学大系』第16巻
　　　　　　1986　『古代学の方法』法蔵館
　　　　　　1980　「C. H. トムセンの〈異教的古物の時代区分〉』ヨーロッパ古代史論考』
寺沢薫・知子　1981　「弥生時代植物質食料の基礎的研究」『橿原考古学研究所紀要』第5号
天理大学考古学研究室　1994　『奈良盆地の古環境と農耕』
東亜考古学会　1938　『赤峰紅山後』
当真嗣一他　1978　『木綿原』沖縄県教育委員会
東門研治　2000　「伊礼原C遺跡」『考古学ジャーナル』454号
豊浦町教育委員会　1984　『史跡中ノ浜』
　　　　　　1985　『史跡中ノ浜第9次調査概報』
鳥居龍藏　1917　「平安南道黄海道古蹟調査報告」（『朝鮮総督府大正五年度古蹟調査報告』）
　　　　　　1925　『有史以前の日本』叢文閣
内藤芳篤　1985　「日本列島における人類の出現と日本人の形成」『岩波講座日本考古学』2巻
中井信之他　1987　「川崎市域の沖積層の14C年代測定による堆積速度の変遷と13C、12C、CNによる相対的海水面変動と古気候変化」『川崎市内沖積層の総合研究』
長崎県教育委員会　1985　『名切遺跡』
永島暉臣慎　1979　「横穴式石室の源流を探る」『日本と朝鮮の古代史』三省堂
長島信広　1965　「社会変化研究の論理」『民族学研究』第30巻第2号
中種子町教育委員会　1996　『鳥ノ峯遺跡』
中村愿　1982　「曾畑式土器」『縄文文化の研究』第3巻、雄山閣出版
那須孝悌　1985　「先土器時代の環境」『岩波講座日本考古学』2巻岩波書店
成瀬敏郎　1997　「電子スピン共鳴による東アジア風成塵石英の産地同定」『地理学評論』70―1
西川宏　1970　「日本帝国主義下における朝鮮考古学の形成」『朝鮮史研究会論文集』7号
西谷正　1969　「朝鮮半島における初期稲作」『考古学研究』第16巻第2号
西村三郎　1974　『日本海の成立』築地書館
新田栄治　1977　「日本出土卜骨への視角」『古代文化』29巻12号
日本考古学協会編　1961　『日本農耕文化の生成』東京堂
浜田耕作　1922　『通論考古学』
浜田耕作・梅原末治　1923　「金海貝塚発掘調査報告」『朝鮮総督府大正九年度古蹟調査報告』
浜田耕作他　1938　『赤峰紅山後』東方考古学会

林謙作・西本豊弘 1986 『環太平洋北部地域における狩猟獣の捕獲・配分・儀礼』北海道大学
林巳奈夫 1972 『中国殷周時代の武器』京都大学人文科学研究所
春成秀爾 1973 「抜歯の意義」『考古学研究』第 20 巻第 2 号
　　　　　1974 「抜歯の意義」『考古学研究』第 20 巻第 3 号
　　　　　1979 「縄文晩期婚後の居住規定」『岡山大学法文学部学術紀要』第 40 号
　　　　　1980a 「縄文晩期の装身具」『小田原考古学研究会会報』第 9 号
　　　　　1980b 「縄文合葬論」『信濃』第 32 巻第 4 号
　　　　　1981 「縄文時代の複婚制について」『考古学雑誌』第 67 巻第 2 号
　　　　　1982 「縄文時代の婚姻形態」『家族史研究』第 7 号
　　　　　1990 『弥生時代の始まり』東京大学出版会
　　　　　2002 『縄文社会論研究』塙書房
東広島市教育文化事業団 2005 『西条町黄幡 1 号遺跡発掘調査報告書』
樋口隆康 1974 『大陸文化と青銅器』講談社
　　　　　1978 「稲荷山古墳出土の鏡」『毎日新聞』12 月 11 日号
比屋根安定訳 1962 『原始文化』誠信書房
広田遺跡学術調査研究会・鹿児島県立歴史資料センター黎明館 2003 『広田遺跡』
福岡市教育委員会 1982a 『藤崎遺跡』
　　　　　1982b 『西新町遺跡』
福沢仁之 1995 「天然の『時計』・『環境変動検出計』としての湖沼の年縞堆積物」『第四紀研究』34
　　　　　1996 「稲作の拡大と気候変動」『季刊考古学』56 号
福沢仁之・小泉格・岡村真・安田喜憲 1995 「水月湖細粒堆積物に認められる過去 2000 年間の風成塵・海水準・降砂変動の記録」『地学雑誌』104
福田アジオ 1984 「民俗学の方法」『日本民俗学方法序説』
福永光司 1973 「道教に於ける鏡と剣」『東方学報』45 巻
福永伸哉 1999 「古墳時代の首長系譜変動と墳墓要素の変化」都出編『古墳時代首長系譜変動パターンの比較研究』大阪大学
藤田等 1964 「大陸系石器—とくに磨製石鎌について—」『日本考古学の諸問題』考古学研究会
藤田富士夫 1983 「玦状耳飾」『縄文文化の研究』7 巻、雄山閣
藤田亮策 1964 『朝鮮考古学研究』
藤本強 1979 『北辺の遺跡』教育社
前田潮 1974 「オホーツク文化とそれ以降の回転式銛頭の型式とその変遷」『東京教育大学文学部史学研究』96 号

増田義郎 1969 「政治社会の諸形態」『思想』535号
町田章 1977 「華北における漢墓の構造」『東方学報』49号
町田洋・新井房夫 1983 「広域テフラと考古学」『第四紀研究』22巻3号
松本信広 1942 『印度支那の民族と文化』岩波書店
松本健郎 1983 「塚原古墳群をめぐる二、三の問題」『上の原遺跡』1
三上次男 1961 『満鮮原始墳墓の研究』吉川弘文館
　　　　 1966 『古代東北アジア史研究』吉川弘文館
三森定男 1935 「肥後轟貝塚の土器に就て」『考古学』6巻、2・5号
宮崎市定 1959 「三韓時代の位階制について」『朝鮮学報』第14輯
宗像町教育委員会 1979 『久戸古墳群』
村上智順 1947 『朝鮮の巫覡』朝鮮総督府
R.モース著、宇野正人訳 1976 「柳田民俗学のイギリス起源」『展望』210号
モンテリウス・浜田耕作訳『考古学研究法』1932年。
八木奘三郎 1938 『咸鏡北道石器考』東京人類学会
安田喜憲 1993 「気候変動と民族移動」『日本人と日本文化の形成』朝倉書店
　　　　 1994 「紀元前1000年紀のクライシス」『文明と環境』思文閣出版
　　　　 2007 「環境科学と考古学」『現代社会の考古学』朝倉書店
柳沢一男 1982 「竪穴系横口式石室再考」『古文化論集』新日本教育図書
柳田國男 1935a 『郷土生活の研究法』(『定本柳田國男全集』25巻、1964年)
　　　　 1935b 『民間伝承論』
　　　　 1963 「蝸牛考」『定本柳田國男全集』18巻
　　　　 1964 「青年と学問」『定本柳田國男全集』25巻
柳田國男監修、財団法人民俗学研究所編 1951 『民俗学辞典』
山内清男 1925 「石器時代にも稲あり」『人類学雑誌』第40巻第5号
山内昶訳 1996 『マルクス主義と人類学』法政大学出版局
　　 訳 1984 『経済人類学の現在』法政大学出版局
山浦清 1983a 「オホーツク文化の終焉と擦文文化」『東京大学文学部考古学研究室紀要』2号
　　　 1983b 「中国東北地区における回転式銛頭について」『貝塚』31号
山尾幸久 1989 『古代の日朝関係史』塙書房
　　　　 1993 「国家形成史の諸問題」『歴史評論』第514号
山崎純男 1988 「西北九州漁撈文化の特性」『季刊考古学』25号
　　　　 1998 「縄文時代の擦切石器について」『第5回日韓新石器研究会発表資料』
山崎純男 1991 『本渡市史』本渡市史編さん委員会
　　　　 2004 「九州縄文土器の編年」甲元眞之編『先史・古代東アジア出土の植物遺存体』熊本大学

山下志保 1994 「中通古墳群」『熊本大学文学部考古学研究室研究報告』第1集
山中英彦 1974 『東宮尾古墳群』
山内清男 1925 「石器時代にも稲あり」『人類学雑誌』第40巻第5号
八幡一郎 1928 『南佐久郡の考古学的調査』岡書院
　　　　 1940 「熱河省北部ノ先史時代遺跡及遺物」『第一次満蒙学術調査研究団報告』第6部第3編
　　　　 1942 「中枢民族の文化的基礎」『フィリピンの自然と民族』河出書房
　　　　 1959 「民族誌研究の一断面」『日本民俗学大系』平凡社
　　　　 1965 「インドシナ半島諸民族の物質文化にみるインド要素と中国要素」『インドシナ研究』有隣堂
　　　　 1970a 「物質文化」『新版考古学講座』第2巻、雄山閣
　　　　 1970b 『図説日本文化史大系　生活技術の発生』角川書店
八幡一郎編 1973 『貝の花貝塚』東京教育大学
横山奨三郎 1933 「釜山府絶影島東三洞貝塚報告」『史前雑誌』第5巻第4号
吉崎昌一 1986 「北海道における地域性」『岩波講座日本考古学』5巻
吉田晶 1998 『倭王権の時代』新日本出版社
　　　 2005 『古代日本の国家形成』新日本出版社
吉田孝 1983 『律令国家と古代の社会』岩波書店
和歌森太郎 1947 『日本民俗学概説』
　　　　　 1951 「歴史と民俗の関係」『歴史と民俗学』
　　　　　 1953 『日本民俗学』弘文堂
和島誠一 1962 「東アジア農耕社会における二つの型」『古代史講座』第2巻、学生社
渡辺誠 1968 「九州地方における抜歯風習の研究」『帝塚山考古学』1
　　　 1973 『縄文時代の漁業』雄山閣
　　　 1985 「西北九州の縄文時代漁撈文化」『列島の文化史』2号
渡辺誠 1988 「西北九州の回転離頭銛」『日本民族・文化の生成』六興出版
有光教一 1938 「朝鮮江原道の先史時代遺物」『考古学雑誌』第28巻第11号

〈朝　鮮〉

黄基徳 1957 「咸鏡北道地方石器時代遺跡と遺物」『文化遺産』1期
　　　 1960 「茂山邑虎谷原始遺跡発掘中間報告」『文化遺産』1期
　　　 1965 「墳墓を通してみた我国青銅器時代の社会関係」『考古民俗』4期
　　　 1970 「豆満江流域の青銅器時代文化」『考古民俗論文集』2号
姜錫牛 1971 『新韓国地理』新文社
全栄来 1977 「韓国青銅器文化の系譜と編年」『全北遺跡調査報告』7号
金元龍 1962 「岩寺里遺跡の土器・石器」『歴史学報』第17・18輯

                1963　「霊岩月松里の石器文化」『震檀学報』第 24 号
                1974　『韓国の古墳』
                1974　「百済初期古墳についての再考」『歴史学報』62 号
金信奎　1970　「我国原始遺跡から出た哺乳動物相」『考古民俗論文集』2 号
金信奎　1962　「農圃原始遺跡の動物骨について」『文化遺産』2 期
        1970　「我国原始遺跡に見られる動物相」『考古民俗論文集』2
金信奎　1970　「我国原始遺跡出土哺乳動物相」『考古民俗論文集』2、社会科学出版社
金政文・金永祐　1964　「細竹里遺跡発掘中間報告」『考古民俗』2 期・4 期
金戴元・尹武炳　1967　『韓国支石墓研究』国立博物館
金勇男　1961　「西浦項貝塚発掘中間報告」『文化遺産』3 期
        1967　「我国の新石器時代」『考古民俗』3 期
金用玕・黄基徳　1967a　「我国の青銅器時代文化」『考古民俗』4 期
            1967b　「紀元前一千年紀前半期の古朝鮮文化」『考古民俗』2 期
金用玕・黄基徳　1967b　「紀元前一千年期前半期の古朝鮮文化」『考古民俗』2 期
金ヨンウ　1964　「細竹里遺跡発掘中間報告」『考古民俗』4 期
金良善　1962　「再考を要する磨製石剣の型式分類と祖形考定の問題」『古文化』1
国立晋州博物館　1989　『欲知島』
国立中央博物館　1973　『韓国先史時代青銅器』国立中央博物館
国立博物館　1968　『八・一五後蒐集青銅器図録』国立博物館
崔淑郷　1960　「韓国摘穂石刀の研究」『歴史学報』第 13 輯
崔夢龍　1976　『栄山江水没地区発掘調査報告書』全南大学校博物館
        1978　「全南地方所在支石墓の形成と分類」『歴史学報』第 78 輯
徐国泰　1965　「永興邑遺跡に関する報告」『考古民俗』2 期
石光濬　1974　「五徳里支石墓発掘報告」『考古学資料集』第 4 輯
        1979a　「我国西北地方支石墓に関する研究」『考古民俗論文集』第 7 輯
        1979b　「我国西北地方支石墓の変遷について」『歴史科学』1979-1
全栄来　1979　「長水三峰里北方式支石墓」『全北遺蹟調査報告』第 10 輯
        ソウル大学校博物館　1984、85、88『鰲山里遺跡』
朝鮮民主主義人民共和国科学院考古学及民俗学研究所　1955　『羅津草島原始遺跡発掘報告』
    科学出版社
国立中央博物館　1973　『韓国先史時代青銅器』国立中央博物館
徐国泰　1965　「永興邑遺跡に関する報告」『考古民俗』2 期
朝鮮民主主義人民共和国科学院考古学及民俗学研究所　1969　『考古民俗論文集』1
朝鮮民主主義人民共和国社会科学院考古学研究所　1957　『羅津草島原始遺跡発掘報告』
沈奉謹　1979a　「支石墓の形成と編年」『福岡考古懇話会会報』第 10 号
        1979b　「日本支石墓の一考察」『釜山史学』第 3 輯

鄭燦永 1961 「慈江道時中郡深遺里原始遺跡発掘報告」『文化遺産』2 期
都宥浩 1959 「朝鮮巨石文化研究」『文化遺産』1 期
任世権 1976 「韓半島支石墓の総合的検討」『白山学報』第 20 号
任孝宰 1983 「土器の時代的変遷」『韓国史論』12 号
釜山大学校博物館 1981 『金海水佳里貝塚』
李春寧 1964 『李朝農業技術史』韓国研究院
林炳泰 1966 「朝鮮支石墓の形成及び年代問題」『史叢』第 9 輯

〈中　国〉

安成邦・馮兆東・唐嶺余 2006 「甘粛中部距今 4000 年前後気候寒冷化与古文化変化」『環境考古研究』3、北京大学出版社
安志敏 1954 「唐山石棺墓及其相関遺物」『考古学報』7 期
安陽市文物工作隊・安陽市博物館 1992 「安陽市梯家口村殷墓的発掘」『華夏考古』1 期
丁乙 1982 「周原的建築遺存和青銅器窖蔵」『考古』4 期
内蒙古自治区文物研究所・顎爾多斯博物館 2000 『朱開溝』文物出版社
内蒙古文物考古研究所 2000 『岱海考古（一）』科学出版社
浙江省文物管理委員会 1960 「杭州水田畈遺址発掘報告」『考古学報』2 期
汪宇平 1957 「内蒙古自治区発現的細石器文化遺址」『考古学報』1 期
王国維 1973 『観堂集林』中華書局
岳洪彬・岳占傅・何毓霊 2006 「小屯宮殿宗廟区布局初探」『三代考古（2）』科学出版社
葛英会 1989 「殷墟墓地的区與組」『考古学文化論集』2、文物出版社
河南省文化局文物工作隊 1958 「1958 年春河南安陽市大司空村殷代墓葬発掘簡報」『考古通訊』10 期
河南省文物研究所・長江流域規画弁公室考古隊河南分隊 1989 『浙江下王崗』文物出版社
河北省文物管理委員会 1959 「河北唐山大城山遺址発掘報告」『考古学報』3 期
河北省文物管理処・邯鄲市文物保管所 1981 「河北磁山武安磁山遺址」『考古学報』3 期
河北省文物研究所・滄州地区文物管理所 1992 「河北省任邱市唖叭荘遺址発掘報告」『文物春秋』増刊号
韓建業 1997 「殷墟西区墓地分析」『考古』1 期
甘粛居延考古隊 1978 「居延漢代遺址的発掘和新出土的簡冊文物」『文物』1 期
広東省文物考古研究所・珠海市平沙文化科 1998 「珠海平沙棠下環遺址発掘簡報」『文物』7 期
韓有峰 1991 『顎倫春族風俗志』中央民族院出版社
韓立剛他 1998 「五河西尤遺址発掘簡報」『文物研究』第 11 輯
岐山県文化館・陝西省文管会 1976 「陝西省岐山県薫家村西周銅器窖穴発掘簡報」『文物』5 期

吉林大学考古教研室 1989 「農安左家山新石器時代遺址」『考古学報』年 2 期
邱立誠 1987 「広東深圳大梅沙発現青銅兵器」『考古与文物』5 期
許宏 2006 　高野晶文訳「二里頭文化期の人と環境の関係に関する考古学的一検討」『亜洲学誌』3 号、國學院大學中国考古学会
靳楓毅 1988 「大凌河流域出土的青銅器時代遺物」『文物』11 期
江士文 1972 「中国の土壌」『人民中国』12 号
孔昭宸・杜乃秋・張子武 1982 「北京地区千年以来的植物群発展和気候変化」『植物学報』2009/2/24
江蘇省文物工作隊 1962 「江蘇邳県劉林新石器時代遺址第一次発掘」『考古学報』1 期
甲元眞之 1996a 「黄・渤海周囲地区史前時期漁撈」『環渤海考古学術討論会論文集』知識出版社
黒龍江省博物館考古部・哈爾濱師範学院歴史系 1983 「寧安東康遺址第 2 次発掘記」『黒龍江文物集刊』3 期
黒龍江省文物工作隊 1979 「蜜山県新開流遺址」『考古学報』4 期
呉蘇 1978 「圩墩新石器時代遺址発掘簡報」『考古』4 期
斉烏雲 2005 「内蒙古大山前遺址花粉分析所反映的夏家店下層文化時期的自然環境」『新世紀的中国考古学』科学出版社
山東省文物考古研究所 1985 「茌平尚荘新石器時代遺址」『考古学報』4 期
山東大学歴史系考古専業教研室 1990 『泗水尹家城』文物出版社
上海市文物管理委員会 1978 「上海馬橋遺址第一次、二次発掘」『考古学報』1 期
　　　　　　　　　　 1997 「上海市閔行区馬橋遺址 1993－1995 年発掘報告」『考古学報』2 期
　　　　　　　　　　 2002 『馬橋 1993－1997 年発掘報告』上海書画出版社
朱非素 2000 「珠江三角州考古発現的新知識」『文化的饋贈』北京大学出版社
秋浦 1962 『鄂温克人的原始社会形態』中華書局
周昆叔 2007 『環境考古』文物出版社
周昆叔・陳碩民・陳承恵・葉永英・梁秀麗 1984 『中国北方全新統花粉分析和古環境』科学出版社
邵国田 1993 「内蒙古敖漢旗発現的青銅器及有関遺物」『北方文物』1 期
庄振林他「山東半島西北海岸全新世海侵時代的研究」 1987 『第 4 紀氷川与第 4 紀地質論文集』第 4 集
肖一亭 2004 『先秦時期的南海島民』文物出版社
常州市博物館 1984 「常州圩墩新石器時代遺址第三次発掘簡報」『史前研究』2 期
深圳市博物館 1993 「広東深圳大梅沙遺址発掘簡報」『文物』11 期
深圳博物館・中山大学人類学系 1990 「広東深圳市大黄沙沙丘遺址発掘簡報」『文物』11 期
水涛 2001 「甘青地区青銅器時代的文化結構和経済形態研究」『中国西北地区青銅器時代考古論集』科学出版社

鄒衡 2000 『天馬曲村』科学出版社
石璋如 1948 「河南安陽後崗的殷墓」『中央研究院歴史語言研究所集刊』第 13 本
　　　　 1961 「小屯殷代丙組基址及其有関的現象」『慶祝董作賓先生六十五歳論文集』
陝西省考古研究所・楡林市文物保護研究所 2005 『神木新華』科学出版社
陝西周原考古隊 1979 「陝西岐山鳳雛西周建築基址発掘簡報」『文物』10 期
曹定雲 1987 「殷代初期王陵試探」『文物資料集刊』10
宋建 2000 「環太湖地区夏商遺址環境研究」『環境考古研究』2、科学出版社
宋豫秦 2002 「河南偃師二里頭遺址的環境信息」『考古』12 期
大連市文物考古研究所 1994 「遼寧大連市大藩家村新石器時代遺址」『考古』年 10 期
譚英杰・孫秀仁・趙虹光・干志耿 1991 『黒龍江区域考古学』中国社会科学出版社
中国科学院考古研究所 1962 『新中国的考古収穫』文物出版社
中国科学院考古研究所内蒙古工作隊 1972 「寧城県南山根石槨墓」『考古学報』2 期
　　　　 1974 「赤峰薬王廟、夏家店遺址試掘報告」『考古学報』1 期
中国科学院考古研究所安陽発掘隊 1964 「1962 年安陽大司空村発掘簡報」『考古』8 期
中国社会科学院考古研究所 1980 『殷墟婦好墓』文物出版社
　　　　 1994 『殷墟的発現與研究』科学出版社
　　　　 1998 『安陽殷墟郭家荘商代墓葬』中国大百科全書出版社
　　　　 2004 『安揚小屯』世界図書出版公司
中国社会科学院考古研究所 1984 「山東滕県北辛遺址発掘報告」『考古学報』2 期
中国社会科学院考古研究所 2000 『山東王因』科学出版社
中国社会科学院考古研究所・陝西省西安坡博物館 『西安半坡』文物出版社
中国社会科学院考古研究所 1996 『大甸子』科学出版社
中国社会科学院考古研究所安陽工作隊 1979 「1969－1977 年殷墟西区墓葬発掘報告」『考古学報』1 期
　　　　 1981 「安陽小屯村北的両座殷代墓」『考古学報』4 期
　　　　 1986 「安陽殷墟西区 1713 号墓的発掘」『考古』8 期
　　　　 1988 「安陽大司空村東南的一座殷墓」『考古』10 期
　　　　 1989a 「1986 年安陽大司空村南地的両座殷墓」『考古』7 期
　　　　 1989b 「1987 年安陽小屯村東北地的発掘」『考古』10 期
　　　　 1991 「1987 年秋安陽梅園荘南地殷墓的発掘」『考古』2 期
　　　　 1992 「1980 年河南安陽大司空村 M539 発掘簡報」『考古』6 期
　　　　 2003a 「河南安陽市洹河北商城的観察與試掘」『考古』5 期
　　　　 2003b 「河南安陽市洹河北商城宮殿区 1 号基址発掘簡報」『考古』5 期
　　　　 2004a 「1998－1999 年安陽洹北商城花園荘東地発掘報告」『考古学集刊』第 15 巻
　　　　 2004b 「河南安陽市花園荘五四号商代墓葬」『考古学報』1 期
中国社会科学院考古研究所経渭工作隊 1981 「隴東鎮原常山遺址発掘簡報」『考古』3 期

趙英山 1984 『古青銅器銘文研究』台湾商務印書館
張雲翔・胡松梅 2000 「陝西大茘地区第 4 紀環境演変」『環境考古研究』第 2 輯、科学出版社
張修柱 1993 「海河流域平原水系演変的歴史過程」『歴史地理』第 11 輯
張森永 1977 「富林文化」『古脊椎動物与古人類』第 15 巻 1 期
陳志達 1987 「安陽小屯殷代宮殿宗廟遺址探討」『文物資料集刊』(10)、文物出版社版
陳洪海 2003 「環境変遷与宗日遺存発展的関係」『中国史前考古学研究』三秦出版社
田広金 2000 「岱海地区考古学文化与生態環境之関係」『環境考古研究』2、科学出版社
田広金・郭素新 2005 『北方文化与匈奴文明』江蘇教育出版社
田広金・史培軍 1997 「中国北方長城地帯環境考古学的初歩研究」『内蒙古文物考古』2 期
鄧聰・鄭煒明 1996a 「大湾文化試論」『南中国及隣近地区古代文化研究』中文大学出版社
鄧聰・鄭煒明 1996b 「澳門黒砂」中文大学出版社
東北考古発掘団 1964 「吉林省西団山石棺墓発掘報告」『考古学報』1 期
郭物 1999 「青銅鍑在欧亜大陸的初伝」『欧亜学刊』第 1 輯
　　　 2002 「論青銅鍑的起源」中国社会科学院考古研究所編『21 世紀中国考古学与世界考古学』中国社会科学出版社
南京博物院 1964 「江蘇邳県四戸大墩子遺址探掘報告」『考古学報』2 期
　　　　　 1965 「江蘇邳県劉林新石器時代遺址第二次発掘」『考古学報』2 期
　　　　　 1981 「江蘇大墩子第二次発掘」『考古学集刊』1
馬徳志・周永珍・張雲鵬 1955 「1953 年安陽大司空村発掘報告」『考古学報』第 9 冊
馬承源 1988 「商周青銅器銘文選」文物出版社
裴安平 1999 「環珠江口地区咸頭嶺類型的序列与文化性質」『東南考古研究』第 2 輯
北京市文物研究所山戎文化考古隊 1992 「北京軍都山東周山戎部落墓地発掘紀略」『北京文物与考古』第 3 輯
北京大学考古系 1998 「駐馬店楊荘」科学出版社
楊錫璋 1981 「安陽殷墟西北崗大墓分期及有関問題」『中原文物』3 期
葉啓暁・魏正一・李取生 1991 「黒龍江省泰賚県東翁根山新石器時代地点古環境初歩研究」『環境考古研究』1、科学出版社
楊志栄・索秀芬 2000 「中国北方農牧交錯帯東南部環境考古研究」2、科学出版社
余太山 1999 「犬方、鬼方、実方与獫狁、匈奴同源説」『欧亜学刊』第一輯
欒豊実 1997 『海岱地区考古研究』山東大学出版社
洛陽市文物工作隊 2002 『洛陽皂角樹』科学出版社
羅西章 1988 「周原青銅器窖藏及有関問題的探討」『考古与文物』2 期
李済 1930 「18 年秋工作之経過及其重要発現」『安陽発掘報告』2 期
李恩発他 1990 『長江、珠江、黒龍江、鰱、鱅、草魚種質資源研究』上海科学技術出版社
李学勤 1990 「論多友鼎的時代及其他」『新出青銅器研究』文物出版社

李子文 1991 「淇澳島後沙湾遺址発掘」『珠海考古発現与研究』広東人民出版社
劉一曼・徐広徳 1998 「論安陽後崗殷墓」『中国商文化国際学術討論会論文集』中国大百科全書出版社
龍虬荘考古隊 1999 『龍虬荘』科学出版社
劉雨 1983 「多友鼎銘的時代与地名考討」『考古』2期
凌純声 1934 『松花江下游域的赫哲族』中国歴史語言研究所
遼寧省博物館・朝陽市博物館 1986 「建平水泉遺址発掘簡報」『遼海文物学刊』2期
遼寧省博物館・旅順博物館 1984 「大連郭家村新石器時代遺址」『考古学報』年3期
遼寧省文物考古研究所・吉林大学考古系・大連市文物管理委員会 1996 「遼寧大連市大嘴子青銅器時代遺址的発掘」『考古』2期
遼陽文物管理所 1977 「遼陽二道河子石棺墓」『考古』5期
呂光天 1981 『北方民族原始社会形態研究』寧夏人民出版社

〈英　文〉

Albrethsen, S. E. and Petersen, B. 1976 Excavation of a Mesolithic Cemetery at Vedbaek, Denmark. Acta Archaeologica. 47.

Anthony, D. W. 1998 The Opening of the Eurasian Steppe at 2000 BCE. Mair, V. H. ed.*The Bronze Age and Early Iron Age Peoples of Eastern Central Asia*. The University of Pennsylvania Museum Publications.

Archaeology and research Section, Jinlin University 1983 The Neolithic site at Zuojisshan Nonng-an, Jinlin province. *Acta Archaeologia Sinica*. No. 2

Barker, G. 1981 *Landscape and Society*. Academic Press

Beadsley et al., 1956 Functional and Evolutional Implications of Community Patterning. *Memoirs of the Society for American Archaeology*. 11.

Beyer, H. O. 1948 Philippine and East Asian Archaeology. *National Research of the Philippines*. No.29.

Binford, L. R. 1980 Willow Smoke and Dogs' Tails. *American Antiquity*. Vol. 45-1

Bishop, C. W. 1933 The Neolithic Age in Northern China. *Antiquity*. vol.28.

Bloch, M. 1983 *Marxism and Anthropology*. Oxford University Press. 山内訳『マルクス主義と人類学』法政大学出版局、1996.

Bogucki, P. 1998 Holocene Climatic Variability and Early Agriculture in Temperate Europe. Zvelebill, M. Domanska, L. and Dennell, R. eds. *Harvesting the Sea, Farming the Forest*. Sheffield Academic Press.

Bowman, S. 1990 *Radiocarbon Dating*. British Museum

C. J.Thomsen, 1836 *Ledetraad til Nordisk Oldkyndighd*.

Chang, K. C. 1958 Study of the Neolithic Social Grouping. *American Anthropologist*. Vol. LX.

1962 A Typology of Settlement and Community Patterns in Some Circumpolar Societies. *Arctic Anthropology*. Vol.1.

1968 *Settlement Archaeology*. Palo Alto.

Chernykh, E. N., 1992 *Ancient Metallurgy in the USSR*. Cambridge University Press

Childe, V. G. 1954 *What Happened in History*. Penguin Books. 今来・武藤訳『歴史のあけぼの』岩波書店、1958 年。

1956 *Piecing Together the past*. Routledge & Kegan Paul. 近藤訳『考古学の方法』河出書房、1964 年

1958 *The Prehistory of European Society*. Harmondsworth.

Claessen, H. and Skalnik, P. 1978 *The Early State*. Mouton.

1981 *The Study of the Early State*. Mouton.

Clark, J. G. D. 1952 *Prehistoric Europe-the Economic Bases*. Menthun.

1965 *The Stone Age Hunters*. Thames and Hudson

Cosmo, N. D. 2002 *Ancient China and its Enemies*. Cambridge University Press

Crawford, O. G. S. 1927 Editorial. *Antiquity*. 1.

Deetz, J. 1965 *The Dynamics and Stylistic Change in Aricara Ceramics*. University of Illinois Press.

Dolukhanov, P. 1979 *Ecology and Economy in Neolithic Eastern Europe*. Duckworth

Elliott, G. F. S. 1920 *Prehistoric Man and his History*. Seeley. Service & Co.

Erdy, M. 1995 Hun and Xiong-nu Type Cauldron Finds Throughout Eurasia. *Eurasian Studies Yearbook*. 67

Fagan, B. 2000 *The Little Ice Age*. Basic Books

2004 *The Long Summer*. Basic Books

Flannery, K. V. 1965 The Ecology of Early Food Production in Mesopotamia. *Science*. 147

Fortes, M. and Evans-Prichard, E. E. 1940 *African Political Systems*. Oxford University Press. 大森・星監訳『アフリカの伝統的政治体系』みすず書房　1971 年

Fried, M. 1967 *The Evolution of Political Society*. Random House.

G. L. Gomme, 1908 .*Folklore as an Historical Science*.

Gjessing, G. 1953 Circumpolar Stone Age. *Antiquity*. 27

1955 Prehistoric Social Groups in North Norway. *Proceeding of the Prehistoric Society*. 21

Glob, P. V. 1969 The *Bog People*. Faber and Farber.

Heekeren, H. R. Van, 1957 *The Stone Age of Indonesia*. Martinus Nijhoff.

1958 *The Bronze Age of Indonesia*. Martinus Nijhoff

Heine-Geldern 1923 Sud-Ost Asien. *Illustrierte Volkerkunde*. 小堀訳『東南アジアの民族と文化』聖紀書房、1942 年

Hiebert, F. T. 1994 *Origin of the Bronze Age Oasis Civilization in Central Asia*. Peabody Museum of Archaeology and Ethnology Harvard University
  2000 Bronze Age Central Eurasian Cultures in their Steppe and Desert Environment. Bawden, G. and Reycraft, R. M., eds. *Environmental Disaster and the Archaeology of Human Response*. University of New Mexico
Hodges, H. 1970 *Technology in the Ancient World*. Allen Lane The Penguin Press
Hommel, R. P. 1937 *China at Work*. The John Day Company
Hsu, Kenneth, J., 1998 Did Xinjiang Indo-Europeans Leave Home Because of Global Coolong ?. Mair, V. H. ed., *The Bronze Age and Early Iron Age Peoples of Eastern Central Asia*. The University of Pennsylvania Museum Publications
Jacobi, R. M. 1980 The Early Holocene Settlements of Wales. Taylor,J. A. ed. *Culture and Environment in Prehistoric Wales*. BAR
Jochim, M. A. 1976 *Hunter-Gatherer Subsistence and Settlement*. Academic Press.
Kato, M. Fukusawa, H. Yasuda, Y. 2003 Varved Lacustrine Sediments of Lake Tougou-ike, Western Japan with reference to Holocene Sea-level Changes in Japan. *Quaternary International*, 105.
Kim shinke 1990 Animal Bone excavated from Sepohang. *Journal of Korean Archaeology*. No. 3
Kim shinke 1970 Animal Bones excavated from prehistoric Korea. *Papers on the Archaeology and Folklore*. No. 2
Kirchhoff, P. 1968 The Principles of Clanship in Human Society. Fried, M. H. ed. *Readings in Anthropology*. Vol. 2, Cromwell.
Komoto, K. 1982 Megalithic Cultures in Ancient Japan. Kim Byung Mo ed. *Megalithic Cultures in Asia*. Hanyang University
Komoto, M. 1994 Prehistoric fishing in Northeast Asia. *Kumamoto Journal of Culture and Humanities*. No. 45
  1999a prehistoric Fishery of the Circum East China Sea. *Kumamoto Journal of Culture and Humanities*. No. 65
  1999b List of Cereal Remains in Prehistoric East Asia. Komoto ed. *The Prehistoric Cultures of the Circum East China Sea Area*. Part 2
  2000 List of prehistoric Botanical remains in East Asia. Komoto ed. *The Prehistoric Cultures of the Circum East China Sea Area*. Part 3
  2001 *The Neolithic Farming Cultures in Mainland China*. Fukuoka.
Koyama, s. and Thomas, 1981 D. H. *Affluent Foragers*. National Museum of Ethnology. ?
Kramer, C. ed. 1979 *Ethno-archaeology*. Columbia University Press
Kremenetsuki, K. 2003 Steppe and Forest-steppe Belt of Eurasia. Levine, M. Renfrew, C. and Boyle, K. eds., *Prehistoric Steppe Adaptation and the Horse*. Cambridge University

Press

Kristiansen, K. 1998 *Europe before History*. Cambridge University Press Laboratory of Quaternary Palynology and Laboratory of Radiocarbon 1978 Development of Natural Environment in the Southern Part of Liaoning Province During the Last 10,000 Years. Scientia Sinica.21-4

Leach, E. R. 1954 *Political Systems of Highland Burma*. Cambridge University Press.

Lee, R. B. and DeVoire, I. eds., 1968 *Man the Hunter*. Aldine Publish Company.

　　　　 1976 *Kalahari Hunter-Gatherers*. Harvard University Press.

Legge, A. J. 1981 The Agricultural Economy. Mercer, R. J. ed. *Grimes Graves, Norfolk*. Her Majesty's Stationery Office.

Lianing Provincial Museum and lushun Museum 1984 Excavation at the Neolithic Site in Dalian. *Acta Archaeologia Sinica*. No. 3

Longacre, W. 1981 Kalinga Pottery. *Patterns of the Past*. Cambridge University Press.

Lubbock, 1865 *Prehistoric Times*. Williams and Norgate.

M. J. Meggitt, M. J. 1964 Aboriginal Food-Gatherers of Tropical Australia. *International Union for Conservation of Nature and Natural Resources.*

Masson, V. M., 1996 The Decline of the Bronze Age Civilization and Movements of the Tribes. Dani, A. H. and Masson, V. M. eds., *History of Civilization 'of Central Asia*. UESCO Publishing

Morgan, L. H. 1877 *Ancient Society*. Henry Holt.

O. Montelius, *190Die alteren Kulturperioden in Orient und Europa*. Stockholm1.

Okladnikov, A. P. 1965 *The Soviet Far East in Antiquity*. University of Toronto Press

　　　　 1966 The Temperate zone of Central Asia. *Courses Toword Urban Life*. Aldine Publishing Company

Orme, B. 1981 *Anthropology for Archaeologists*. Duckworth.

Oswalt, W. H. 1976 *An Anthropological Analysis of Food-getting Technology*. John Wiley & Sons..

Piggott, S. ed. 1981 *The Agrarian History of England and Wales*. Cambridge University Press.

Pownall, T. 1795 *An Antiquarian Romance*. London. Orme 1981 による。

Redman, C. L. et al. eds. 1978 *Social Archaeology*. Academic Press.

Renfrew, C. 1984 *Approaches to Social Archaeology*. Edinburgh University Press

　　　　 1973a *Social Archaeology*. University of Southampton

　　　　 1973b *The Explanation of Culture Change*. Duckworth

Sahlins, M. 1972 *Stone Age Economics*. Aldine-Atherton.

Sample, L. 1974 Tongsandong A Contribution to Korean Neolithic Culture History. *Arctic anthropology*. No. 11-2

Semenov, S. A. 1964 *Prehistoric Technology*. Cory, Adams & Mackay

Service, E. 1962 *Primitive Social organization*. Random House.
Shennan, S. 1975 The Social Organization at Branc. *Antiquity*. 49
Simmons and Michael 1981 *The Environment in British Prehistory*. Duckworth
Singer, H. et al. eds., 1954-58 *A History of Technology*. A. R. Hall and T. I. Williams.
Sollas, W. J. 1911 *Ancient Hunters and their Modern Representatives*. MacMillan and Company.
Southall, A. 1956 *Alur Society*. Cambridge University Press. 増田 1969 による。
Stewart, H. 1977 *Indian Fishing*. University of Washington Press
Sulimiruski, T. 1970 *Prehistoric Russia*. John Baker Humanities Press
Taylor, T. 2001 Thracians, Scythians and Dacians, 800BC-AD300. Cunliffe, B. ed., *Prehistoric Europe*. The Oxford Illustrated History, Oxford University Press.
Tinsley, H. 1981 The Bronze Age. Simmons, I. & Michael T. eds., *The Environment in British Prehistory*. Duckworth
Tweedie, M. W. F. 1953 The Stone Age of Malaya. *Journal of the Malaya Branch of* the Royal Asiatic Society. Vol.26, Part 2.
Tylor, E. B. 1865 *Researches into Early History of Mankind and the Development of Civilization*. John Murray. Orme 1981 による
    1871 *Primitive Culture*. John Murray. 比屋根訳『原始文化』誠信書房、1962 年
Ucko, P. J. and Dimbleby, G. W. eds., 1969 *The Domestication and Exploitation of Plants and Animals*. Duckworth.
Weiss, B. 1982 The Decline of Bronze Age Civilization as a Possible Response to Climatic Change. *Climatic Change*. 4-2
Weiss, H. 2000 Beyond the Younger Dryas. Bawden, G. and Reycraft, R. M., eds. *Environmental Disaster and the Archaeology of Human Response*. University of New Mexico
Wilson, D. 1851 *Archaeology and the Prehistoric Annals of Scotland*. Edinburgh University Press.
    1862 *Prehistoric Man*. Edinburgh University Press.
Winkler and Wang 1993 The Late-Quaternary Vegetation and Climate of China. Wright, Jr. H. E. Jr., Kutzbach, J. E., Webb, III , T., Ruddiman, W. F., Street-Perrott, F. A. and Bartlein, P. J. eds., *Global Climates since the Last Glacial Maximum*. University of Minnesota Press
Winterhalder, B. and Smith, E. A. 1981 *Hunter-Gatherer Foraging Strategies*. The University of Chicago Press.
Yasuda, Yoshinori et. al. 2004 Environmental Archaeology at the Chengtoushan Site, Hunan Province, China and Implications for Environmental Change and the Rise and Fall of the Yangtze River Civilization. *Quaternary International*. 123-125.

〈フランス〉

Licent, E. & Teihard de Chardin, P. 1925　Note sur deux instruments agricoles du néolithique de Chine.*L'Anthropologie* tom ⅩⅩⅩⅤ № 1-2

Pouillon, F. 1976　L'Anthropologie Economiqué. 山内訳『経済人類学の現在』法政大学出版局、1984年

〈ドイツ〉

Jettmar, K. 1966　Mittelasien und Siberien in Vortürkischen Zeit. *Geschichite Mittelasiens*. Brill

Graebner, F. 1911　*Methode der Ethnologie*. Universitatsverlages.

Menghin, O. 1929　*Weltgeshichte der Steinzeit*. A. Schroll & Co.

Pfeiffer, L. 1920　*Die Werkzeuge des Steinzeit Menschen*. Jana, Verlag von Gustav Fischer

Sachsse, H. 1978　*Anthropologie der Technik*. Vieweg.

Schmidt, und W. Koppers, W. 1924　*Gesellschaft und Wirtschaft der Volker*. Wien. 大野訳『民族と文化』河出書房新社、1970年

〈ロシア〉

Академия Наук СССР, 1983 Сибирское Отделение, Якутский Филиал,

Андреев, Г. И. 1958 Некоторые вопросы культуры раковинных куч. Советская Археология № 4

Андреева Ж. В. 1975 Следы местного металлургического производстова в Приморье в Памятниках Ⅱ тыс. до.н.э. Археология северной и центральной Азии. Новосибирск.

Археологические памятники Якутии, Новосибирск

Гразнов М. П. 1980 Аржан. Наука, Москва.

Гришин Ю. С. 1971 Металлические изделия Сибири эпохи энеолита и бронзы.Москва.

Диков Н.Н. 1958 Бронзовый век Забаикалья. Улан-удэ.

Ермолоба, Н. М. 1963 Остатки млеко питаюших из раковинных куч полувостова 'Псчаноло М. И. А. 112

Ивашина, Л. Г. 1979 Неолит и Энеолит лесостепной зоны Бурятии, Новосибирск.

Конопацкий, А. К. 1982 Древние культуры Байкала, Новосибирск.

Лысов, В. Н. 1966 Чумиза и просо в условиях приморского края. Сибирский Археологический Сборник. Новосибирск

Ляпунова, 1975 Очерки по этнографии Алеутов, Ленинград, 1975.

Окладников, А. П. 1963 Древнее поселение на полуострове Песчаном у Владивостока, Москва

Окладников, А. П. 1976 Неолитические памятники нижней Ангары, Новосибирск.

Савелев, Н. А. 1973 Г. И. Медведев, Ранний керамический комплекс многослойного поселения Усты-Белая, Проблемы археологии Урала и Сибири, Москва.

Хороших, П. П. 1966 Неолитический могильник на стадионе Локомотив в г. Иркутске, Сибирский Археологический Сборник, Новосибирск.

Черников, С. С. 1960 Восточный казахстан в эпоху бронзы. МИА, 88.

あとがき

　本書は 2010 年 3 月で熊本大学を停年退職するにあたり、これまで書き綴ってきた論文の中で、年代ごとに書いた代表的な論攷を選んで 5 章にまとめて採録したものである。本来ならこうした書物の出版は停年を迎える年にすべきであるが、熊本大学文学部の建物の改築と遭遇し、1 年間は書籍を利用するのに不自由となり、しかも研究室が建設現場と隣り合わせになることから、1 年これを早めることとした。

　本書に 1980 年代と 90 年代に書き上げた論文が少ないのは、これまでに『中国新石器時代の生業と文化』(2001 年)、『日本の初期農耕文化と社会』(2004 年)、『東北アジアの青銅器文化と社会』(2006 年) 及び『東北アジアの初期農耕文化と社会』(2008 年) に再録したものを除いたことによる。しかしこの本に採録した論文により、20 代後半からほぼ 10 年単位で筆者の関心の推移を窺うことができるように編集してある。

　筆者の先史学・考古学研究は北海道根室市西月ヶ丘遺跡の発掘調査からはじまった。東京教育大学文学部 1 年の夏、八幡一郎先生が主催される考古学実習調査に参加し、貴重な体験を済ませた。忘れもしない 1963 年 8 月 11 日、西月ヶ丘第 120 号住居址の一隅から擦紋時代に属する炭化したモロコシの種子の塊を発掘して、八幡先生からえらく褒められたことからこの世界に没頭するようになったのであった。どういうわけか、今から思えば、その後、動植物依存体の研究を推進するはしりがこの時既に醸成されていたとも考えられる。最初の発掘経験は強く人生に働きかけるものと驚くしだい。東京大学に進んでから常呂の栄浦遺跡の発掘に参加し 7 号住居址の発掘を担当したこともそれに拍車をかけた (「7 号竪穴」『常呂』東京大学文学部、1972 年)。

　この学生時代の北海道の発掘調査が遠因となり、後年ロシア沿海州の調査を計画することとなって、クロウノフカ 1 遺跡やザイサノフカ 7 遺跡、クラーク 5 遺跡の発掘を通して、動植物依存体の分析を中心としてみた寒冷地域での初期農耕の受容過程の研究をなすことができた (*Krounovka* 1、*Zaisanovkan* 7、

Klerk 5、『東北アジアの環境変化と生業システム』熊本大学2004～2007年)。彼の地は北海道と生態環境が大変類似していることに、学生時分に戻った気持ちが不思議と湧いてきて、高揚した気分でこれら調査の数年間を過ごした。

また大学時代には八幡先生が調査団長の松戸市貝の花貝塚の調査に授業を自主休講して積極的に参加し、多様に検出される貝に興味を覚え、岩崎卓也先生の御指導の下にブロックサンプリングを行った結果を発表した。これが小生の考古学に関する報告の第1号であった(「貝の花貝塚・貝類とその分布」『大塚考古』第7号、1966年)。またこの時期岩崎先生が展開されていた長野県の古墳や集落遺跡の発掘に何度も参加することができ、発掘調査経験の幅を拡げたことは筆者の研究生活上で有形無形に大いに役立った。

1967年1月、八幡先生の後任として東京教育大学にこられた国分直一先生の知遇を得て以降、西日本での発掘に参加する機会が多くなった。そこで山口県中ノ浜遺跡や鹿児島県鳥ノ峰遺跡などの砂丘遺跡の調査を経験して多くの新しい知見を得ることができ、また砂丘の調査に参加したことが、後に気候変動を考えるときに良いヒントを与えてくれた。何事も出来るときに出来ることに邁進することの大切さを感じた。

東京教育大学を卒業した後に、東京大学の大学院に進んでからは「東アジアの初期農耕文化」を研究のテーマとして、まず朝鮮や中国東北地方の研究に勤しんだ。朝鮮支石墓の編年や本書に掲載した「朝鮮の初期農耕文化(『考古学研究』第77号所収、1973年)はその頃構想をまとめたものである。支石墓の研究の前に、まずその生産基盤を概略掴むことを企図したのが初期農耕文化論で、動物遺存体の分析結果を援用することで従来とは異なった世界を把握できた。ほぼ同じころ発表した「朝鮮支石墓の編年」(『朝鮮学報』第66輯、1973年)は「型式学」の適応対象がそれまでは遺物に偏重していたのに対して、遺構でも型式学的検討が可能なことを示したものであり、おおいなる達成感がえられた。その後北朝鮮の石光濬氏が筆者と同様の観点から支石墓の変遷を説かれたので、その説を紹介しながら改めて支石墓の編年を取上げたのが「朝鮮支石墓の再検討」(『鏡山猛先生古稀記念古文化論攷』所収、1980年)である。こうした支石墓の研究が注目を浴びたのか、国際会議に呼ばれることが多くなり、そのときに発表したのが Megalithic Monuments in Japan. *Megalithic Cultures in*

Asia. Hanyang University Press, 1982. と Extension of East Asian Megalithic Culture. *Meeting on Megalithic Culture.* The Cultural Heritage Protection Cooperation Office, Asia/Pacific Cultural Center for UNESCO, 2003. である。

またこの時期書き上げた「弥生時代の社会」(『古代史発掘』第 4 巻、1975 年、『日本の初期農耕文化と社会』2004 年、同成社に再録)は、大学紛争当時、単位を取らない学生に対して奨学金が打ち切られる可能性があったために、1 日半で書き上げて阿佐ヶ谷の大林太良先生宅に提出し、奨学金の受給に関して事なきを得た。このレポートの写しを国分先生に見せたところ、大変興味をもたれ、各所に吹聴されたことから佐原・金関両先生に取上げられ、日の目をみたのであった。

大学院博士課程を修了したのち、1972 年から 5 年間京都の古代学協会にお世話になった。理事長の角田文衞先生は西洋古典学にも造詣が深く、考古資料と文献を駆使しての「古代世界」の探求にあたることを強く主張され、平安京の報告書もそれに則って進めることが要求されて大変苦労を重ねた。しかしなんとか内裏内郭廻廊址の調査報告でそれを不充分ながら実行し(「平安宮内裏内郭廻廊第 2 次調査」『平安博物館紀要』第 6 号、1976 年。なおこの報文を掲載した『紀要』では伊藤玄三氏との連名となっているが、すべて筆者が記述を行ったものである)、それを基にして考古遺物の年代的把握に文献の焼出記事との対応関係を考えることができた(「平安宮内裏罹災記事と考古学的遺物について」『日本古代学論集』古代学協会、1979 年)。

32 歳の時、国分先生により創設された熊本大学考古学研究室に招聘され、教育活動も併せ行うこととなった。着任まもなくの法文学部分離に伴って授業負担が増え、学内の委員負担が増加したこと、研究室の基礎固めのために、発掘調査担当者の育成を目指して実習教育に力を注ぎ、発掘調査と整理、報告書作成までの一貫したシステムを構築することにつとめ、さらには学生の就職活動推進に追われて、研究のほうに充分には時間を振り向けることができなかった。また熊本大学は国分先生が創設された研究室であることから、南島考古学を推進するというのが研究室のテーマになり、未経験の南島地域の考古学の調査と研究に時間を費やす必要があった。その延長上でフィリピンのバタン島での調査に入ることになり、慣れない英語を使いながらバタン島の遺跡分布調査

をおこなった。遺跡の調査にあたって「発掘調査では必ず遺跡周辺の分布調査をおこなう」という八幡先生の教えを忠実に履行したことが評判を呼び (General Survey in Batan Island. *Batan Island and Northern Luzon*, The University of Kumamoto, 1983)、エヴァンゲリスタ氏から国際会議で話をするように請われたが、まったく考えられない事情で取りやめになった。南島の調査研究にあたりながらも、東北アジアの研究は少しずつおこない、「東北アジアの石製鋳型」を三上先生の古稀記念論文集、『東洋史・考古学論集』1979年に書いた。これについては春成秀爾さんから失稿を指摘され、しばらくたって新出資料を加えて1995年書き改めたが、発表することに躊躇を覚えそのままにしていたものを今回採録した。

　30代から40代初めにかけては日本から東アジアを見るという視点から抜け切れなかった。日本列島で生じる現象が大陸とはどのようなメカニズムで関連するかという意識が高く、「先史時代の対外交流」(『岩波講座日本の社会史』第1巻、1987年)、「朝鮮・対馬海峡」(『えとのす』第2号、1975年) などを請われるままに執筆した。40代になると東北アジアから中国への関心が高まり、自然遺物の検討を通して生業活動を具体的に検討するとともに、東アジア全体の歴史的変動に関して考えることが多くなった。これは一つには熊本大学の同僚に東洋史の足立啓二さんがいて、学問領域の垣根を越えてあれこれと談論するのが日常の生活となって、東アジア的な視点からの歴史像の構築が求められたことにもよる。足立さんは新たな観点から「専制国家論」を提唱していて、盛に世界の考古学の到達点に関して質問と疑問を浴びせかけてきた。そのさいふと思い出したのは大林先生に教わったモートン・フリードの「文明の中心と周辺説」で (M. Fried *The Evolution of Political Society*. 1967)、これによって専制国家論を止揚できることに気づき、中国中原社会の解析にこの立場から接近するようになった。東アジアの歴史的世界を考えるとき、西嶋定生先生の「冊封体制論」はそれなりに意味のある歴史像の把握を可能にするが、中国との直接的な関係のみが重視され、周辺地域相互の歴史的関係が捨象されるという側面をもっていることから、フリードの学説がこれに替わる有力な理論であることに真実味が感じられるようになってきた。そして中原的世界の解明に向けて、暇なときを見つけて金文の学習を再開したが、その結果を論文の形で表すのにそ

あとがき　465

の後20年近くを要した。そうした過程で中国的世界とその周辺地域という観点から書いた論文は『東北アジアの青銅器文化と社会』(同成社、2006年) としてまとめたが、より中原世界の形成を問題にしたのが、「安陽殷墓の構造」 (『東アジアの文化構造と日本的展開』熊本大学、2008年) である。なお「文明の中心と周辺」の観点から「東アジアからみた弥生文化」を青木書店の『考古学講座』に執筆したが、刊行が3年以上遅れ現在も未刊のため、今回これに集録できなかった。

　40代と50代はじめには専ら生業活動の分析に研究の中心をおいた。そのとき手本にしたのは、Jacqueline Murray の *The First European Agriculture*.1970 で、量的分析を通して生業活動の実態を把握することをめざした。遺跡出土の自然遺物を集成検討して、石器や土器などの文化遺物以外の資料から具体的な生業活動の展開を把握することに努め、生業活動全体を「選別的」、「多角的」「網羅的」とする3個の経済類型を設定することで、東アジア初期農耕文化期の、地域的・時代的特色を把握することが可能になった (『中国新石器時代の生業と文化』中国書店、2001年)。その過程で書き上げたのが、「東アジア先史時代の漁撈活動」(『東アジアと日本の考古学』同成社、2002年)、「農耕経済の日本的特性」(『古代の日本』第1巻、角川書店、1993年)、「縄紋と弥生―複合と重層」(『週間朝日百科日本の歴史』第39号、1993年) であり、生業活動に関して英文で紹介したのが Prehistoric Subsistence Economy in North East Asia. *Russia and China*. Vol. 1, 2001. であった。これらは40代には構想が出来上がっていた。ところがその後多くの研究者が東アジアの自然遺物の分析を通しての先史時代の社会活動の展開を考えるようになり、面白みがなくなって次第に生業活動を許容する生態環境の変動に関心が移ってゆき、50代後半からは生態環境のことが研究の中心テーマとなっていった。

　その手懸りは、これまで多く発掘してきた西日本沿岸地帯の砂丘に立地する遺跡での経験がもたらしてくれた。砂丘の断面にはしばしば黒色バンド、いわゆるクロスナ層がみられる。先史時代の遺物は大概このクロスナ層に含まれるし、砂丘に形成された遺構もこのクロスナ層から切り込まれるのを常とする。このクロスナ層が形成された時期を特定できると、クロスナ層に挟まれた砂丘が出来上がった時期が判明することとなる。日本列島の砂丘の多くは風成砂丘

であり、海水面が低下した時期に遠浅になった沿岸から砂が吹き寄せられて砂丘が形成されることから、砂丘の形成と寒冷化現象は即応することか分る。こうしたメカニズムに気づくことで、生態環境の変動を考古学的な見地から解析することを可能にした。また西日本の砂丘遺跡に含まれる鉱物の一部が中国の黄土起源であるという報告は、東アジアでの寒冷化現象が同一の時期に生じたものであり、地球規模の気候変動とも結びつくことが分った。こうして60代には生態環境の変動を如何にして把握するかという見地からの研究を推進して、Formation of Sand Dunes and the Climatic Deteriorations.（『砂丘形成と寒冷化現象』熊本大学2007年）、「気候変動と考古学」（『熊本大学文学部論叢』第97号、2008年）を執筆し、その一端を熊本大学で開催された日本考古学協会秋季大会の冒頭に発表したが（「環境変化の考古学的検証」『日本考古学協会2007年度熊本大会発表資料集』2007年）、さしたる、というより殆ど反響もなく、これが日本考古学研究の現実かと思い知らされた。

「先史学研究と文化人類学」は岩崎先生から慫慂され、八幡先生の学問研究が目指された方向がどのようなものであったかを、原点に立ち返って検討したものであり、原題は「考古学と文化人類学」（『現代社会の考古学』朝倉書店、2007年）であったが、八幡先生の研究法をより的確に表すものとして、今回改題した。

学生時分の所属は、東京教育大学文学部史学科史学方法論講座であり、考古学と民俗学が併設されていたために、学生は2年まで両方の学問を履修する必要があった。「ゴムの方法論」はその頃に問題となっていた民俗学の方法論に対する考古学の立場からの後年の意見表明である。これは国立歴史民俗博物館の共同研究での発表が下敷きであり（国立歴史民俗博物館研究紀要）第27集、1990年）、歴博の紀要には民俗学の諸先輩にすこし遠慮して発表したが、今回は当時の思いのままをそのまま提示した。これら2本の論文は自分自身の研究法の原点が何であるかを意識させるものであり、筆者の体内で長い時間かけて熟成された基本的な立場である。

今後は1年かけて考古学特殊講義で「東北アジアの古代墓制」を講じ、私の基本的な研究法とそれより齎された先史学的・考古学的事実を論理化して、熊本大学での研究生活を終える予定である。

先史学研究の基礎を教えていただいた八幡一郎先生、人間の活動を考える上で生業活動の分析が必須の研究手法であると教授された藤本強先生、考古学的資料は社会集団を表示するものであり、社会関係を究明することが考古学の本質であるとの指摘を常に示唆された岩崎卓也先生、民族誌の世界を広げていただき、いつも新しい外国人の学説を紹介してくださった大林太良先生、これら4人の先生方の御教示を礎として、これまで研究生活を続けることができたことに関して、深甚たる御礼を申し述べたい。

　最後に熊本大学での研究生活をなに不自由なく送ることを可能にしてくれた家族と同僚、国分直一、永井昌文両先生をはじめとする諸先達及び春成秀爾、都出比呂志、後藤直、山崎純男氏をはじめとする同学の諸氏にも心からの感謝を申し上げたい。なお英文は通して熊本大学の齋藤靖氏の御校閲をいただいた、記して厚く御礼を申し上げたい。

　この度の出版をお願いした慶友社の先代社長の宮嶋秀氏とは不思議な縁で、学生時分よりなにかと目にかけていただき、論文を書くたびに、この論文はこうすればすばらしくなると、その都度コメントをいただき、あとこの関係の論文をいくつかものすると1冊の書籍にまとめることができるなどと、激励を受けてきた。無名の、将来どうなることかも分からない一研究者の卵に、常に過分な励ましをいただき、本の草稿ができたらお願いに上がりますと約束したにもかかわらず、怠慢の故今日までそれを履行することはできなかった。熊本大学での研究生活の最後を締め括るにあたり、学生時分からの約束を果たすべく、ようやく宮嶋氏の激励にお応することができた。これまでの御厚情に深く御礼を申し上げます。また採算を度外視して出版を引き受けていただいた、慶友社の伊藤ゆり現社長、編集担当の原木加都子氏にも深く感謝致します。

　最後に私事であるが、母代わりに育ててくれ、この2月に崑崙に旅立った叔母の田丸キヨに本書を捧げることを記して擱筆したい。

2009年2月

著者略歴
甲元　眞之（こうもと　まさゆき）
1944年　広島県に生れる
1967年　東京教育大学文学部卒業
1972年　東京大学大学院博士課程終了
1977年　熊本大学文学部助教授
1994年　熊本大学文学部教授。現在に至る

〔主要著書〕
『東北アジアの初期農耕文化と社会』（同成社、2008年）、『東北アジアの青銅器文化と社会』（同成社、2006年）、『日本の初期農耕文化と社会』（同成社、2004年）、『中国新石器時代の生業と文化』（中国書店、2001年）。

□考古・民俗叢書□

東アジア先史学・考古学論究

2009年4月19日　第1刷発行

著　者　甲　元　眞　之
発行所　慶　友　社
〒101-0051
東京都千代田区神田神保町2-48
電話03-3261-1361
FAX03-3261-1369
組版／製本＝亜細亜印刷株式会社
装幀＝中村泰之

Ⓒ Kōmoto Masayuki 2009　Printed in Japan
ISBN978-4-87449-138-6　C3039